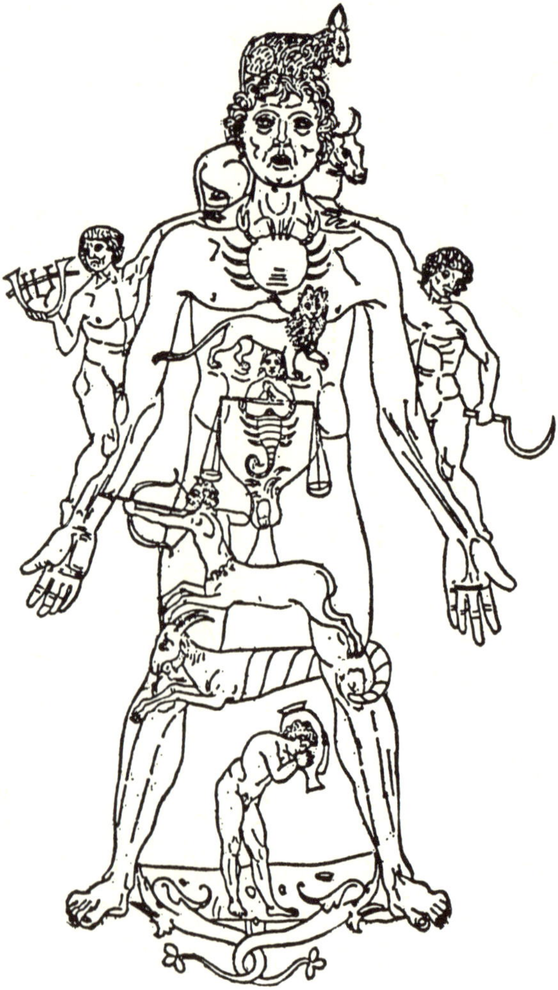

MILORAD PAVIĆ

DAS CHASARISCHE WÖRTERBUCH

Lexikonroman in 100 000 Wörtern

Aus dem Serbokroatischen
von Bärbel Schulte

Männliches Exemplar

Carl Hanser Verlag

Hier liegt jener Leser,
der dieses Buch niemals öffnen wird;
er liegt hier für immer begraben.

LEXICON COSRI

Das Wörterbuch
der
Wörterbücher
über die
chasarische
Frage

Rekonstruktion
der ursprünglichen
Daubmannus-Ausgabe
von 1691
(vernichtet 1692)
mit den Ergänzungen
bis in die
allerneueste Zeit

Inhalt

Einleitende Anmerkungen zur zweiten, rekonstruierten und ergänzten Ausgabe

Der derzeitige Autor dieses Buches beteuert dem Leser, daß er, sollte er es zu Ende lesen, nicht zu sterben braucht, wie das mit seinem Vorgänger, dem Benutzer der Ausgabe des *Chasarischen Wörterbuchs* aus dem Jahre 1691, der Fall war, als dieses Buch noch seinen ersten Verfasser hatte. Im Zusammenhang mit dieser Ausgabe sind hier ein paar Erklärungen angebracht; damit dies jedoch nicht zu langwierig gerät, schlägt der Lexikograph den Lesern einen Vergleich vor. Er wird sich, um diese Anmerkungen zu schreiben, vor dem Abendessen niedersetzen, der Leser hingegen möge sie nach der Mahlzeit zur Hand nehmen. So soll der Hunger den Autor antreiben, sich kurz zu fassen, während dem satten Leser die Einführung nicht allzulang erscheinen wird.

1. Historische Grundlagen des *Chasarischen Wörterbuchs*

Das Ereignis, das in diesem Lexikon abgehandelt wird, trug sich irgendwann im 8. oder 9. Jahrhundert unserer Zeitrechnung zu (vielleicht gab es auch mehrere Ereignisse dieser Art); man bezeichnet diesen Gegenstand in der Fachliteratur gewöhnlich als »Chasarische Polemik«▽. Die Chasaren▽ waren ein unabhängiger und mächtiger Stamm, ein kriegerisches und nomadisches Volk, das zu unbestimmbarer Zeit, getrieben von einer heißen Stille, aus dem Osten kam, um im Zeitraum zwischen dem 7. und 10. Jahrhundert das Festland zwischen zwei Meeren, dem Kaspischen und dem Schwarzen Meer, zu besiedeln.*

* Ein Überblick zur Literatur über die Chasaren erschien in New York *(The Khazars, a bibliography,* 1939); zur Geschichte der Chasaren veröffentlichte ein Russe, M. I. Artamonov (Leningrad 1936 und 1962), eine Monographie, während die Geschichte der jüdischen Chasaren D. M. Dunlop 1954 in Princeton publizierte.

Man

Man weiß, daß die Winde, die sie herbeitrieben, männlicher Art waren, solche, die niemals Regen mit sich brachten – Winde, auf denen Gras wuchs, das sie gleich Bärten über den Himmel trugen. Eine späte mythologische Quelle der Slawen erwähnt das *Kozije more* (Meer der Chasaren), was man so auffassen könnte, als habe ein Meer die Bezeichnung »Chasarisches Meer« getragen, nannten doch die Slawen die Chasaren »Kosari«. Man weiß auch, daß die Chasaren zwischen den zwei Meeren ein mächtiges Reich gründeten und eine uns heute unbekannte Glaubenslehre predigten. Die chasarischen Frauen erhielten nach dem Tod ihrer im Krieg umgekommenen Männer jede ein Kissen zur Aufbewahrung der Tränen, die sie den Kriegern nachweinen würden. In der Geschichte meldeten sich die Chasaren zu Wort, als sie in die Kriege mit den Arabern eintraten und ein Bündnis mit dem byzantinischen Kaiser Herakleios im Jahre 627 abschlossen, ihre Herkunft aber blieb unbekannt, so wie auch alle Spuren verschwanden, die Auskunft darüber geben könnten, unter welchem Namen und unter welchem Volk man die Chasaren heute zu suchen hätte. Es blieb von ihnen eine Grabstätte an der Donau, doch weiß man nicht, ob sie wirklich eine chasarische war, und ein Berg von Schlüsseln, die anstelle eines Griffes eine silberne oder goldene dreigehörnte Münze trugen, so daß Daubmannus✡ annimmt, Chasaren hätten sie gegossen. Von der historischen Bühne verschwanden die Chasaren samt ihrem Staat, nachdem sich abgespielt hatte, wovon hier am meisten die Rede sein wird – nachdem sie von ihrem ursprünglichen und uns heute unbekannten Glauben zu einem der drei (wieder weiß man nicht, zu welchem) bekannten Glaubensbekenntnisse jener und dieser Zeit bekehrt worden waren – zum hebräischen, islamischen oder christlichen. Alsbald nach der Bekehrung erfolgte nämlich der Zerfall des chasarischen Reiches. Einer der russischen Heerführer des 10. Jahrhunderts, Fürst Svjatoslav, verspeiste, ohne vom Pferd zu steigen, das Chasarenreich wie einen

Apfel. Die Residenz der Chasaren am Kaspischen Meer, im Mündungsgebiet der Wolga gelegen, zerstörten die Russen im Verlauf acht schlaflos zugebrachter Nächte im Jahre 943, und zwischen 965 und 970 zerschlugen sie den chasarischen Staat. Augenzeugen vermerkten, daß die Schatten der Häuser in der chasarischen Residenz noch lange nicht einstürzen wollten, nachdem die Gebäude selbst schon längst vernichtet waren. Sie verharrten im Wind und im Wasser der Wolga. Nach einer russischen Chronik aus dem 12. Jahrhundert nannte sich Oleg schon im Jahre 1083 Archon von Chasarien, doch zu dieser Zeit, also im 12. Jahrhundert, befand sich auf dem Gebiet des einstigen chasarischen Staates bereits ein anderes Volk, die Kumanen. Die materiellen Überreste der chasarischen Kultur sind sehr spärlich. Keinerlei Inschriften, weder öffentliche noch private, sind entdeckt worden, es gibt keine Spur von chasarischen Büchern, wie sie Halevi✡ erwähnt, noch eine Spur von ihrer Sprache, obwohl Kyrillos† vermerkte, daß sie ihren Glauben in chasarischer Sprache bekannten. Das einzige öffentliche Gebäude, ausgegraben in Suwar, auf dem einstigen Gebiet der Chasaren, ist allem Anschein nach nicht chasarisch, sondern bulgarisch. Selbst bei den Nachforschungen auf dem Boden von Sarkel wurde nichts Besonderes gefunden, nicht einmal Spuren der dortigen Befestigung, von der wir wissen, daß sie die Byzantiner für die Bedürfnisse der Chasaren errichtet hatten. Nach dem Zerfall des Staates finden sich die Chasaren kaum erwähnt. Im 10. Jahrhundert lud eines der ungarischen Oberhäupter sie ein, sich auf seinem Gebiet anzusiedeln. Im Jahre 1117 gelangten irgendwelche Chasaren nach Kiew zu Fürst Vladimir Monomach. In Preßburg verbot man 1309 den Katholiken die Heirat mit Chasaren, und der Papst bestätigte 1346 diesen Beschluß. Das ist fast alles.

Der erwähnte Vorgang der Bekehrung, der für das Geschick der Chasaren ausschlaggebend war, spielte sich wie folgt ab. Der Herrscher der Chasaren – der

Kagan

Kagan▽ –, so berichten alte Chroniken, hatte einen Traum; und er schickte nach drei Philosophen verschiedener Herkunft, damit sie seinen Traum deuteten. Dies war für den chasarischen Staat insofern von Bedeutung, als der Kagan beschlossen hatte, mit seinem Volk zu dem Glauben desjenigen Weisen überzutreten, dessen Deutung am annehmbarsten sein werde. Einige Quellen behaupten, daß dem Kagan am Tage, als er diesen Entschluß faßte, das Haar auf dem Kopf abstarb; er wußte davon, und dennoch trieb ihn etwas dazu fortzufahren. So fanden sich in der Sommerresidenz des Kagan ein islamischer, ein jüdischer und ein christlicher Missionar ein: ein Derwisch, ein Rabbiner und ein Mönch. Jeden von ihnen beschenkte der Kagan mit einem Messer, das aus Salz gearbeitet war; worauf man das Streitgespräch eröffnete. Die Standpunkte der drei Weisen, ihre Zusammenstöße, die in den Ausgangspositionen der drei verschiedenen Glaubensbekenntnisse begründet lagen, ihre Persönlichkeiten selbst und der Ausgang der Chasarischen Polemik riefen große Neugier hervor, äußerst gegenteilige Beurteilungen des Ereignisses und seiner Folgen, der Sieger und der Besiegten in dieser Polemik; und im Verlauf der Jahrhunderte wurden ihnen unzählige Erörterungen aus hebräischer, christlicher und islamischer Mitte gewidmet; all das dauert bis heute an, da es die Chasaren schon längst nicht mehr gibt. Irgendwann im 17. Jahrhundert lebte das Interesse für die chasarischen Angelegenheiten unerwartet auf, und das unüberschaubare Material der bisherigen Studien zu den Chasaren wurde systematisiert und 1691 in Borussia (Preußen) veröffentlicht. Man studierte die Exemplare der dreigehörnten Münze; die Namen auf den alten Ringen; die Bilder auf den Salzkrügen; diplomatische Briefwechsel; Literatenporträts, auf denen man alle Titel der Bücher entzifferte, die sich im Hintergrund abgebildet fanden; Spionageberichte; Testamente; die Stimmen der Schwarzmeerpapageien, von denen man glaubte, sie sprächen die verklungene chasarische Sprache; gemalte Ansichten Musizierender (auf denen man die Musikstücke dechiffrierte, die auf die Notenhefte gezeichnet waren); ja selbst eine tätowierte menschliche Haut; ungerechnet des Archivmaterials byzantinischer, hebräischer und arabischer Herkunft. Mit einem Wort, es wurde alles benutzt, was die Phantasie des Menschen im 17. Jahrhundert bändigen und in ihren Dienst zu stellen vermochte. Und all das befand sich zwischen den Einbanddeckeln eines Wörterbuchs. Die Begründung für das im 17. Jahrhundert, also tausend Jahre nach dem Ereignis erwachte Interesse hinterließ ein Chronist in ein paar unklaren Sätzen, die lauten: »Jeder von uns führt seinen Gedanken vor sich her spazieren wie einen Affen am Strick. Wenn du liest, hast du immer zwei solcher Affen: einen, der dir gehört, und einen fremden. Oder, was schlimmer ist, einen Affen und eine Hyäne. Nun sieh zu, was du wem zu fressen gibst. Da die Hyäne nicht das gleiche frißt wie der Affe ...«

Mag es gewesen sein, wie es will, der Drucker eines polnischen Wörterbuchs, Joannes Daubmannus✡ (oder irgendein Nachfolger unter seinem Namen), veröffentlichte in dem erwähnten Jahr 1691 eine Zusammenfassung der Quellen über die chasarische Frage in der einzigen Form, die geeignet war, den ganzen bunten Lesestoff zu umfassen, den jene mit der Feder im Ohrring, die aus dem Munde ein Tintenfaß machen, über die Jahrhunderte anhäuften und wieder verloren. Das Werk wurde in Form eines Wörterbuchs über die Chasaren unter dem Titel *Lexicon Cosri* veröffentlicht. Nach einer christlichen Version diktierte das Buch irgendein Mönch namens Teoktist Nikoljski[A] dem Herausgeber, nachdem er zuvor auf dem Kriegsschauplatz zwischen dem österreichischen und dem türkischen Heer das Material verschiedenen Ursprungs über die Chasaren gefunden und auswendig gelernt hatte. So erschien die Ausgabe von Daubmannus in drei Lexika aufgeteilt: in ein gesondertes Glossar islamischer Quellen zur chasarischen Frage, in ein Alephbet des Materials, das aus den hebräischen

hebräischen Schriftstücken und Überlieferungen herrührte, während das dritte Wörterbuch auf der Grundlage christlicher Nachrichten über diese Frage zusammengestellt war. Diese Ausgabe von Daubmannus – das Wörterbuch der Wörterbücher über das Chasarenreich – erlebte ein ungewöhnliches Schicksal.

Unter den 500 Exemplaren dieses ersten Wörterbuchs über die Chasaren druckte Daubmannus auch ein Exemplar mit giftiger Druckerfarbe. Neben diesem vergifteten, das mit einen goldenen Schlößchen verriegelt war, ging ein Kontrollexemplar desselben Lexikons mit silbernem Schloß einher. Die Inquisition vernichtete 1692 alle Exemplare der Daubmannus-Ausgabe, und im Umlauf verblieben nur jenes vergiftete Exemplar des Buches, das der Wachsamkeit der Zensur entgangen war, sowie das Kontrollexemplar mit silbernem Schloß, das jenes begleitete. Es waren also dem Tode ausgesetzt die Ungehorsamen und die Ungläubigen, die sich erdreisteten, das verbotene Wörterbuch zu lesen. Wer immer das Buch öffnete, der sollte alsbald erstarren, aufgespießt auf das eigene Herz wie auf eine Stecknadel. Der Leser nämlich pflegte an der neunten Seite bei den Wörtern zu sterben, die lauteten: *Verbum caro factum est* (das Wort ward Fleisch). Das Kontrollexemplar ermöglichte es, parallel zum vergifteten Exemplar gelesen, den Zeitpunkt vom Eintritt des Todes in Erfahrung zu bringen. In diesem Exemplar lag eine Notiz: »Wenn ihr erwacht, und es schmerzt euch nichts, so wißt, daß ihr nicht mehr unter den Lebenden seid.«

Aus den Rechtsstreitigkeiten um den Nachlaß der Familie Dorfmer, die im 18. Jahrhundert lebte, ersieht man, daß das »goldene« (vergiftete) Exemplar des Wörterbuchs von Generation auf Generation in dieser preußischen Familie in Besitz befindlich war: der älteste Sohn erhielt die Hälfte des Buches, die übrigen Kinder je ein Viertel oder weniger, wenn es ihrer mehr waren. Jedem Teil des Buches entsprachen auch die übrigen Erbanteile der Dorfmer: Obstgärten, Wiesen,

Felder, Häuser und Gewässer oder Vieh; folglich brachte man über lange Zeit den Tod der Menschen nicht mit der Lektüre des Buches in Verbindung. Als einmal eine Viehseuche und eine Dürre hereinbrachen, sagte jemand zu den Hausbewohnern, daß jedes Buch, wie jedes Mädchen, zum Dämon werden, daß sein Geist in die Welt hinausgehen und alle um sich herum martern und verpesten könne. Man solle daher in das Schloß jedes Buches ein kleines Holzkreuz stecken, von jenen, die man den Mädchen, wenn sie zum Dämon werden, auf den Mund legt, damit der Geist nicht in die Welt entweiche und die Hausbewohner quäle. So verfuhr man jetzt auch mit dem *Chasarischen Wörterbuch*: übers Schlößchen legte man wie über einen Mund ein Holzkreuz, doch nun wütete die Not noch schlimmer als bisher, die Hausbewohner begannen im Traum zu ersticken und starben. Da ging man zum Priester, sagte, wie es stehe, und er kam, nahm das Kreuz vom Buch, und das Sterben nahm noch am selben Tag ein Ende. Er fügte noch hinzu: Merkt in Zukunft darauf, daß ihr das Kreuz, während der Geist außerhalb des Buches weilt, nicht auf das Schloß legt wie dieses Mal. Denn aus Angst vor dem Kreuz wagt er nicht, ins Buch zurückzukehren, und begeht Schimpf- und Schandtaten. So wurde das vergoldete Schlößchen verriegelt, und das *Chasarische Wörterbuch* blieb über Jahrzehnte unbemerkt auf dem Regal. Nachts hörte man von dorther ein ungewöhnliches Geräusch, das vom Wörterbuch des Daubmannus herrührte; und irgendwelche Tagebuchnotizen aus jener Zeit, niedergeschrieben in Lwow, besagen, daß eine Sanduhr in das Lexikon von Daubmannus eingebaut gewesen sei, die irgendein Nehama angefertigt habe, ein Kenner des *Zohar,* bewandert darin, zu gleicher Zeit zu sprechen und zu schreiben. Dieser Nehama behauptete, daß er in der eigenen Hand den Mitlaut *He* seiner hebräischen Sprache wiedererkenne und im Buchstaben *Waw* seine männliche Seele. Die Klepsydra, die er in den Buchdeckel eingebaut hatte, war unsichtbar, doch jeder vermochte bei der

der Lektüre in vollständiger Stille zu hören, wie der Sand verrann. Hörte der Sand auf zu rinnen, galt es, zurückzublättern und mit dem Lesen in umgekehrter Abfolge fortzufahren, von da bis zum Anfang: dort enthüllte sich sein geheimer Sinn. Andere Notizen hingegen sprechen davon, daß die Rabbiner diese Aufmerksamkeit, die ihr Landsmann dem *Chasarischen Wörterbuch* zukommen ließ, nicht guthießen, so daß das Buch zeitweise Angriffen aus jüdischen Gelehrtenkreisen ausgesetzt war. Dabei hatten die Rabbiner keine Einwände, was die Rechtgläubigkeit der hebräischen Quellen des Wörterbuchs anging, vielmehr vermochten sie nicht, mit den Ausführungen der übrigen Quellen übereinzustimmen. Schließlich muß gesagt werden, daß dem *Lexicon Cosri* auch in Spanien kein Glück beschieden war, wo für das »silberne Exemplar« in der maurisch-islamischen Umgebung ein Leseverbot von 800 Jahren ausgesprochen wurde; diese Frist ist noch nicht abgelaufen, das Verbot ist also noch immer gültig. Die Erklärung für ein solches Vorgehen läßt sich aus der Tatsache ableiten, daß es auch zu jener Zeit in Spanien noch Familien gab, die dem Chasarenreich entstammten. Es steht vermerkt, daß diese »letzten Chasaren« eine merkwürdige Angewohnheit hatten. Sie trachteten danach, jene, mit denen sie in einen Streit gerieten, unter allen Umständen im Zustand des Schlafs zu beschimpfen und zu verfluchen, gleichzeitig darum bemüht, sie mit ihren Beschimpfungen und Flüchen nicht aufzuwecken. Offensichtlich meinten sie, daß die Verwünschung auf diese Weise stärker wirke und der Fluch den Gegner schneller einhole, als wenn dieser wach sei. So verfluchten – sagt Daubmannus – die chasarischen Frauen schon Alexander den Großen, was sich mit dem Zeugnis des Pseudokallisthenes deckt, dem zufolge die Chasaren zu denjenigen Völkern gehörten, die Alexander der Große unterworfen hatte.

2. Aufbau des Wörterbuchs

Wie die Daubmannus-Ausgabe des *Chasarischen Wörterbuchs* von 1691 ausgesehen hat, läßt sich nicht feststellen, denn die einzigen erhaltenen Exemplare, das vergiftete und das silberne Kontrollexemplar, wurden jedes an seinem Ende der Welt vernichtet. Das »goldene Exemplar« wurde – wie eine Urkunde bezeugt – auf eine ganz unwürdige Art und Weise beseitigt. Sein letzter Besitzer war ein alter Mann aus der Familie Dorfmer, dafür bekannt, daß er einen guten Säbel nach seinem Klang einzuschätzen wußte – wie eine Glocke. Er hatte niemals Bücher gelesen und stets gesagt: »In meine Augen legt die Sonne ihre Eier wie die Fliege ihre Larven in die Wunde. Man weiß, was da ausgebrütet werden kann ...« Dem Alten schadete Fettes, und heimlich vor den Hausbewohnern legte er jeden Tag ein Blatt des *Chasarischen Wörterbuchs* in seinen Teller mit der Suppe, damit es das Fett aufsauge, und warf dann das fettdurchtränkte Papier weg. So hatte er, noch bevor es die Hausbewohner gewahr wurden, das *Lexicon Cosri* vergeudet. Dieselbe Urkunde spricht davon, daß das Buch mit Bildern geschmückt war, die der Alte nicht benutzen wollte, da sie den Geschmack der Suppe verdarben. Einzig diese illustrierten Seiten des Wörterbuchs blieben erhalten, und heute könnte man sie vielleicht auffinden, wenn man überhaupt in der Lage wäre, unter den Spuren eines Weges jene erste Spur ausfindig zu machen, der alle späteren Spuren, den Weg bildend, folgen. Ein Professor der Orientalistik und Archäologie des Mittelalters, Dr. Isajlo Suk†, besaß, wie man glaubt, ein Exemplar oder eine Abschrift des *Chasarischen Wörterbuchs,* doch ließ sich nach seinem Tode unter dem Nachlaß nichts finden. So sind von der Daubmannus-Ausgabe des Wörterbuchs nur Bruchstücke auf uns gekommen, so wie vom Traum nur der Sand in den Augen bleibt.

Anhand dieser Bruchstücke, aufgeführt in den Schriften, die mit dem Autor oder den Autoren des *Chasarischen*

Chasarischen Wörterbuchs polemisieren, wird (wie bereits erwähnt) zuverlässig bestätigt, daß es sich bei der Daubmannus-Ausgabe um eine Art chasarischer Enzyklopädie handelte, einen Sammelband von Biographien und Lebensläufen derjenigen Persönlichkeiten, die auf jede erdenkliche Weise, wie der Vogel ein Zimmer, den Himmel des Chasarenreiches durchkreuzt hatten. Die Aufzeichnung und die Erforschung der *vitae sanctorum* und die anderer Personen, die an der Chasarischen Polemik teilgenommen hatten, bildeten über Jahrhunderte hinweg die Grundlage zu diesem Buch; alles aber war aufgeteilt in drei Teile.

Ebendieser Aufbau des Wörterbuchs von Daubmannus, das aus hebräischen, islamischen und christlichen Quellen über die Bekehrung der Chasaren zusammengestellt war, gab auch die Grundlage zu dieser zweiten Ausgabe ab. Der Lexikograph entschloß sich dazu erst – entgegen allen unüberwindlichen Schwierigkeiten, die aus der Spärlichkeit des Quellenmaterials zum Wörterbuch resultierten –, nachdem er folgenden Satz aus dem chasarischen Lexikon gelesen hatte: »Der Traum ist des Teufels Garten, und alle Träume sind längst ausgeträumt auf der Welt. Jetzt tauscht man sie nur noch gegen eine ebenso abgenutzte wie abgetragene Wirklichkeit, so wie Silbergeld gegen Gläubigerbriefe und umgekehrt von Hand zu Hand geht ...« In einer solchen Welt, oder besser gesagt, in einer solchen Phase dieser Welt, konnte man in der Tat die erwähnte Verpflichtung eingehen.

Dabei muß man folgendes bedenken: der Herausgeber dieser zweiten Ausgabe des *Chasarischen Wörterbuchs* ist sich vollständig darüber im klaren, daß das Material des Daubmannus aus dem 17. Jahrhundert nicht zuverlässig, daß es vielmehr in höchstem Maße legendär ist, daß es so etwas darstellt wie im Traum ein Mittagessen und in einem Netz von Irrtümern unterschiedlicher Altertümlichkeit befangen ist. Und dennoch wird dieses Material dem Leser hier zur Einsicht angeboten, denn dieses Wörterbuch beschäftigt sich nicht mit den Chasaren, so wie wir sie heute sehen, es ist vielmehr nur der Versuch einer Rekonstruktion der verlorenen Ausgabe von Daubmannus. Die heutigen Erkenntnisse über die Chasaren werden demzufolge nur als nicht zu umgehende und unabdingbare Ergänzung zu den Bruchstücken des nicht erhaltenen Originals genutzt.

Ebenso sei erwähnt, daß hier aus einsichtigen Gründen nicht Reihenfolge und Alphabet des Wörterbuchs von Daubmannus beibehalten werden konnten, in welchem drei Schriften und drei Sprachen – die griechische, die hebräische und die arabische – benutzt und auch die Daten gemäß der drei Chronologien, wie sie in den Kalendern der erwähnten drei Sphären gelten, angegeben wurden. Hier werden alle Daten einem einzigen Kalender folgend umgerechnet, es wird eine Übersetzung des Materials von Daubmannus und seiner Ordnungswörter aus drei Sprachen in eine einzige gegeben; verständlicherweise waren im Original des 17. Jahrhunderts alle Wörter anders angeordnet, von Sprache zu Sprache tauchte in jedem der drei Wörterbücher (dem hebräischen, dem arabischen und dem griechischen) derselbe Name an verschiedenen Stellen auf; denn in den einzelnen Alphabeten folgen die Wörter nicht in der gleichen Reihenfolge aufeinander, die Bücher werden nicht in der gleichen Richtung geblättert, so wie die Hauptdarsteller in den Theatern nicht von derselben Seite her auf die Bühne treten. Entsprechend würde daher dieses Buch auch in jeder neuen Übersetzung – in welche Sprache auch immer – anders aussehen: man müßte unweigerlich das Material dieses Wörterbuchs über die Chasaren in jeder neuen Sprache und in jeder neuen Schrift neu gruppieren; die Stichwörter hätten immer an neuen Stellen zu erscheinen und Namen stets eine neue Hierarchie zu erfahren. Wichtige Ordnungswörter der Ausgabe von Daubmannus, wie *hl. Kyrillos*†, *Juda Halevi*✡ oder *Jusuf Masudi*☾ und andere, finden sich hier nicht an denselben Stellen

wie

wie in der ersten Ausgabe des *Chasarischen Wörterbuchs*. Das stellt zweifellos die wichtigste Unzulänglichkeit dieser Version im Verhältnis zu der des Daubmannus dar, denn nur derjenige, der es versteht, die Teile eines Buches in ihrer richtigen Reihenfolge zu lesen, vermag aufs neue die Welt zu erschaffen. Man ist jedoch so vorgegangen, weil es nicht möglich ist, das Alphabet von Daubmannus zu rekonstruieren.

Alle diese Unzulänglichkeiten brauchen indes nicht als großer Schaden aufgefaßt zu werden: der Leser, der aus der Reihenfolge der Ordnungswörter den verborgenen Sinn eines Buches herauszulesen vermag, ist längst von der Erde verschwunden; das heutige Leserpublikum ist der Meinung, die Frage der Phantasie sei ausschließlich Sache des Autors, und diese Sache gehe sie überhaupt nichts an. Erst recht nicht, wenn es sich um ein Wörterbuch handelt. Für einen solchen Leser braucht man auch keine Klepsydra im Buch, die darauf aufmerksam macht, wann die Lesart zu ändern ist, denn der heutige Leser ändert seine Art und Weise zu lesen niemals.

3. Zur Benutzung des Wörterbuchs

Entgegen allen Schwierigkeiten wußte dieses Buch einige Vorzüge der ursprünglichen Ausgabe von Daubmannus zu bewahren. Man vermag es, gleich jener Ausgabe, auf unzählige Arten zu lesen. Es ist ein offenes Buch, und wenn man es schließt, kann man es weiterschreiben: so wie es einen früheren und einen gegenwärtigen Lexikographen besitzt, kann es in Zukunft neue Autoren, Fortsetzer und Ergänzer gewinnen. Es besitzt Ordnungswörter, Konkordanzen und Stichwörter wie die heiligen Bücher oder Kreuzworträtsel, und alle Namen und Begriffe, die hier mit dem kleinen Zeichen des Kreuzes, des Halbmondes, des Davidsterns oder anderen Zeichen vermerkt sind, muß man im entsprechenden Wörterbuch dieses Wörterbuchs ausfindig machen, um eine eingehendere Erklärung zu ihnen zu erhalten. Das heißt, Wörter mit dem Zeichen

† – sind im Roten Buch dieses Wörterbuchs zu suchen (christliche Quellen zur chasarischen Frage)

☾ – sind im Grünen Buch dieses Wörterbuchs zu suchen (islamische Quellen zur chasarischen Frage)

✡ – sind im Gelben Buch dieses Wörterbuchs zu suchen (hebräische Quellen zur chasarischen Frage).

Ordnungswörter, die mit dem Zeichen ▽ markiert sind, wird man in allen drei Wörterbüchern finden und jene mit dem Zeichen A im *Appendix* I am Ende des Buches.

So kann der Leser das Buch benutzen, wie er es selbst als am angenehmsten empfindet. Die einen werden wie in jedem anderen Lexikon das Wort oder den Namen suchen, der sie im Augenblick interessiert; andere können das Buch als ein Material auffassen, das es in Gänze durchzulesen gilt, von Anfang bis Ende, in einem Zug, um so ein Gesamtbild über die chasarische Frage und die damit in Zusammenhang stehenden Personen, Dinge und Ereignisse zu erhalten. Das Buch läßt sich von links nach rechts blättern und von rechts nach links, so wie das Lexikon, in Preußen veröffentlicht, zumeist auch umgeblättert wurde (hebräische und arabische Quellen). Die drei Bücher dieses Wörterbuchs, das Gelbe, das Rote und das Grüne, lassen sich in der Reihenfolge lesen, nach der es den Benutzer verlangt: zuerst jenes, das sich beim Aufschlagen dieses Wörterbuchs als erstes öffnet. Deshalb waren die Bücher in der Ausgabe des 17. Jahrhunderts allem Anschein nach auch gesondert gebunden, jedes für sich, was hier aus technischen Gründen nicht der Fall ist. Das *Chasarische Wörterbuch* kann man auch diagonal lesen, um einen Querschnitt durch alle drei Namensverzeichnisse zu erhalten – das islamische, das christliche und das hebräische. Eine solche Art der Benutzung des Wörterbuchs ist dann

am

am erschöpfendsten, wenn man sich an Dreierzahlen hält: sei es, daß man die Ordnungswörter mit dem Zeichen ▽ auswählt, für die sich alle drei Wörterbücher interessieren, wie es der Fall ist bei den Begriffen *Ateh, Kagan, Chasarische Polemik* oder *Chasaren*; sei es, daß man drei verschiedene Personen auswählt, die durch dieselbe Rolle, die sie innerhalb der Geschichte der chasarischen Frage spielen, miteinander verbunden sind. Auf diese Weise lassen sich während des Lesens die Ordnungswörter aus den drei verschiedenen Büchern dieses Wörterbuchs zu einer Einheit zusammenfügen: so diejenigen, die über die Beteiligten an der chasarischen Polemik reden *(Sangari, Kyrillos, Ibn Kora)*, über die Chronisten *(Bakri, Methodios, Halevi)* oder über die Erforscher der chasarischen Frage im 17. *(Koën, Masudi, Branković)* und im 20. Jahrhundert *(Suk, Muawija, Schulz)*. Natürlich sollte man bei diesen Dreiergruppierungen diejenigen Personen nicht außer acht lassen, die aus den drei Höllen kommen, der islamischen, der hebräischen und der christlichen *(Efrosinija Lukarević, Sevast, Akschani)*. Sie haben die längsten Wege zurückgelegt, um in dieses Buch zu gelangen.

Diese ins einzelne gehenden Anweisungen sollten jedoch den Benutzer dieses Wörterbuchs nicht entmutigen. Er kann guten Gewissens all diese einleitenden Anmerkungen überspringen und lesen, wie er ißt: indem er liest, kann er das rechte Auge als Gabel, das linke als Messer benutzen und die Knochen hinter sich werfen. Auch das ist genug. Es kann allerdings geschehen, daß er sich verirrt und unter den Wörtern dieses Buches verliert, so wie es Masudi erging, einem der Autoren dieses Wörterbuchs, der sich in fremden Träumen verlor und den Weg zurück nie wiederfand. In diesem Fall bleibt ihm nichts anderes übrig, als von der Mitte her irgendeine Richtung einzuschlagen, um sich einen eigenen Weg zu bahnen. Dann wird er sich durch dieses Buch bewegen wie durch einen Wald, von Zeichen zu Zeichen, Orientierung suchend im Betrachten der Sterne, des Mondes und des Kreuzes.

Ein anderes Mal wird er es lesen wie der Vogel Mäusefalk, der nur des Donnerstags herumfliegt, auch kann er es erneut umstellen und umschichten, auf unzählige Weisen, wie einen Zauberwürfel. Hier wird weder eine Chronologie respektiert, noch ist sie notwendig. So wird jeder Leser selbst sein Buch in ein Ganzes verwandeln, wie eine Partie Domino oder Karten, und von diesem Wörterbuch, wie von einem Spiegel, so viel erhalten, wie er hineingesteckt hat; denn von der Wahrheit – so steht auf einer Seite dieses Lexikons geschrieben – vermag man nicht mehr zu erlangen, als man in sie einbringt. Im übrigen braucht man das Buch nie vollständig zu lesen, man kann aus ihm eine Hälfte herausnehmen oder nur einen Teil und es dann dabei belassen, wie man es gewöhnlich mit Wörterbüchern hält. Je mehr man sucht, desto mehr gewinnt man, so daß hier dem glücklich Suchenden alle Beziehungen zwischen den Namen dieses Wörterbuchs zufallen werden. Der Rest ist für die anderen.

4. Erhaltene Bruchstücke aus dem Vorwort zur vernichteten Ausgabe von 1691 (in der Übersetzung aus dem Lateinischen)

1. Der Autor rät dem Leser, sich dieses Buches nicht ohne große Not zu bemächtigen. Sollte er aber nach ihm greifen, so möge es an Tagen geschehen, an denen er verspürt, daß sein Verstand und seine Wachsamkeit tiefer gründen als gewöhnlich; dann möge er es lesen, als ob Fieber ihn packe, das »Rückfallfieber«, die Krankheit, die jeden zweiten Tag überspringt und dich nur an den weiblichen Tagen der Woche schüttelt …

2. Denkt euch zwei Männer, die einen gefangenen Puma an Lassos halten. Will sich einer dem anderen nähern, greift der Puma an, denn das Lasso gibt nach, und nur, wenn beide gleichzeitig anziehen, ist er von beiden gleich weit entfernt. Derjenige, der liest, und

und derjenige, der schreibt, kommen deshalb so schwer zusammen, weil der gemeinsame Gedanke zwischen ihnen ist, geknüpft an die Leinen, die in entgegengesetzte Richtungen ziehen. Fragen wir nun den Puma – oder auch den Gedanken –, was er von den beiden hält, so mag er sagen, daß am Ende der Leinen jene, die als Mahlzeit vorgesehen, jemanden festhalten, den zu verdauen sie nicht imstande sind …

8. Hüte dich, Mitbruder, daß du nicht allzusehr dich einschmeichelst und nicht aufdringlich jenen Menschen den Hof machst, die die Macht im Ring haben und die Gewalt über das Singen des Schwertes. Um sie herum ist stets der größte Hauf derjenigen, die sich nicht aus guter Absicht und aus Überzeugung einschmeicheln, sondern weil sie es müssen. Und sie müssen es, weil sie die Biene auf der Kappe oder die Butter unter dem Gürtel hüten; geschnappt wurden sie bei irgendeiner Untat und büßen es nun; ihre Freiheit hängt am Faden, sie aber sind zu allem bereit. Das wissen nun jene von da oben, die über alle herrschen, gut, und sie nutzen es. Gib nur acht, daß sie dich nicht, ehe du dich's versiehst, für solche halten. Das aber wird dir widerfahren, solltest du nur damit anfangen, sie heftig zu loben und um sie herumzuscharwenzeln in dieser Schmeichlermenge: Man wird dich zu den Gesetzlosen und Verbrechern zählen und meinen, du seist einer von denen mit einem Schandfleck über dem Auge, und all das, was du tust, sei nicht aus freien Stücken und weil du daran glaubst getan, sondern weil du es tun mußt, um deine Untat zu sühnen. Solche Menschen aber werden zu Recht nicht geachtet, und man tritt sie mit Füßen wie einen Hund, oder man treibt sie an zu Arbeiten, die denen gleichen, die sie bereits begangen …

9. Was euch angeht, ihr Schriftsteller, denkt immer an folgendes: Der Leser ist ein Reitpferd, man muß ihn daran gewöhnen, daß nach jeder erfolgreich gelösten Aufgabe als Belohnung ein Stück Zucker auf ihn war-

tet. Bleibt der Zucker aus, wird nichts aus der Aufgabe. Was dann noch die Begutachter und Kritiker von Büchern angeht, so gleichen sie betrogenen Ehemännern: sie erfahren stets als letzte von der Neuigkeit ...

LEXICON
COSRI

Continens

COLLOQUIUM
SEU DISPUTATIONEM
DE RELIGIONE

Regiemonti Borussiae
excudebat
typographus
Ioannes
Daubmannus

Anno
1691

Titelseite der Erstausgabe des
»Chasarischen Wörterbuchs« von Daubmannus
aus dem Jahre 1691 (vernichtet)
(Rekonstruktion)

ROTES BUCH

Christliche
Quellen
zur chasarischen
Frage

ATEH▽ (9. Jahrhundert) – chasarische Prinzessin, deren Teilnahme an der Polemik um die Bekehrung der Chasaren▽ ausschlaggebend war. Man deutet ihren Namen als Bezeichnung für die vier Bewußtseinslagen der Chasaren. Auf jedem Augenlid trug sie des Nachts je einen Buchstaben, geschrieben gleich jenen, mit denen man vor dem Rennen den Pferden die Lider markiert. Die Buchstaben stammten aus dem verbotenen chasarischen Alphabet, dessen jedes Schriftzeichen tötete, sobald man es las. Die Buchstaben schrieben Blinde, morgens aber vor dem Waschen diente der Prinzessin Gesinde, das die Augen geschlossen hielt. So war sie, während sie schlief, vor dem Feind geschützt. Das aber war für die Chasaren die Zeit, da der Mensch am wenigsten widerstandsfähig ist. Ateh war sehr schön und fromm, die Buchstaben standen ihr vollendet, und auf ihrem Tisch standen stets sieben Sorten Salz; sie pflegte, bevor sie ein Stück Fisch zu sich nahm, ihre Finger immer in ein anderes Salz zu tauchen. So betete sie. Man sagt von ihr, sie habe sieben Gesichter gehabt, so, wie sie sieben Arten Salz hatte. Einer Überlieferung zufolge nahm sie jeden Morgen einen Spiegel und setzte sich nieder, um zu malen: ein Sklave oder eine Sklavin, jeweils ein anderer oder eine andere, kam, um zu posieren. Sie aber machte an jedem Morgen aus ihrem Gesicht ein neues, bis dahin nicht gesehenes. Anderen Erzählungen zufolge war Ateh überhaupt nicht schön, sie übte jedoch ihr Gesicht vor dem Spiegel, einen solchen Ausdruck anzunehmen und ihre Gesichtszüge in der Weise zu ordnen, daß es eine schöne Form erhielt. Diese eingeübte Schönheit verlangte ihr eine außerordentliche körperliche Anstrengung ab, und sobald die Prinzessin allein blieb und sich entspannte, pflegte ihre Schönheit zu zerfließen wie ihr Salz. Jedenfalls nannte ein romäischer (byzantinischer) Kaiser im 9. Jahrhundert den berühmten Philosophen und Patriarchen Photios ein »chasarisches Gesicht«, was entweder auf verwandtschaftliche Beziehungen

Beziehungen des Patriarchen zu den Chasaren anspielen mochte oder eine Heuchelei war.

Nach Daubmannus✡ stimmt weder das eine noch das andere. Mit dem chasarischen Gesicht ist die Eigenschaft aller Chasaren – so auch die von Prinzessin Ateh – gemeint, an jedem Tag als ein anderer zu erwachen, mit ganz neuem und unbekanntem Gesicht, so daß selbst die nächsten Anverwandten Mühe haben, einander wiederzuerkennen. Reisende wiederum vermerken, alle chasarischen Gesichter seien gleich und veränderten sich niemals, und es komme daher zu Komplikationen und Verwechslungen. Sei es nun so oder so, die Sache läuft auf das gleiche hinaus, und das chasarische Gesicht ist der Inbegriff von einem Gesicht, das man nur schlecht im Gedächtnis behält. So läßt sich auch die Legende erklären, die besagt, Prinzessin Ateh habe für jeden der Teilnehmer an der Chasarischen Polemik▽ am Hof des Kagan▽ ein anderes Gesicht gehabt, oder es habe gar drei Prinzessinnen Ateh gegeben – eine für den islamischen, eine zweite für den christlichen und eine dritte für den hebräischen Missionar und Traumdeuter. Es ist indessen erwiesen, daß die damalige christliche Quelle, auf griechisch verfaßt und ins Slawische übersetzt (die *Vita des Konstantin aus Saloniki* – des heiligen Kyrillos†), ihre Anwesenheit am Chasarenhof nicht vermerkt; folgt man dagegen dem *Chasarischen Wörterbuch,* so bestand eine Zeitlang in griechischen und slawischen Mönchskreisen eine Art Kult Prinzessin Atehs. Dieser Kult entstand aus dem Glauben heraus, Ateh habe in der Polemik den jüdischen Theologen besiegt und das Christentum zusammen mit dem Kagan angenommen, von dem man wiederum nicht wisse, war er ihr Vater, Ehegemahl oder Bruder. Erhalten geblieben sind in griechischer Übersetzung auch zwei Gebete von Prinzessin Ateh, die niemals kanonisiert wurden, von Daubmannus aber als »Vaterunser« und »Freue dich, Maria!« der chasarischen Prinzessin angeführt werden. Das erste dieser beiden Gebete lautet:

Auf unserem Schiff, mein Vater, wimmelt es von Besatzung wie von Ameisen: heute morgen wusch ich es mit meinem Haar, und nun kriechen sie über die reinen Masten und ziehen die grünen Segel wie die süßen Blätter der Weinrebe in ihren Ameisenhaufen; der Steuermann versucht, das Steuer herauszureißen und es auf seinen Rücken zu laden gleich einer Beute, von der er essen und eine ganze Woche lang leben wird; die Schwächsten ziehen das salzige Tauwerk heran und verschwinden damit im Eingeweide unseres schwimmenden Hauses. Nur du, mein Vater, hast kein Recht auf ihre Art von Hunger. Bei diesem Verzehr von Geschwindigkeit fällt dir, mein Herz, das du mein einziger Vater bist, der schnellste Teil zu. Du nährst dich von zerstückeltem Wind.

Das zweite Gebet der Prinzessin Ateh scheint die Geschichte ihres chasarischen Gesichtes zu erklären:

Ich lernte das Leben meiner Mutter auswendig; und jeden Morgen spiele ich das Leben meiner Mutter eine Stunde vor den Spiegeln wie eine Schauspielrolle. Das dauert so fort, von einem Tag zum anderen, jahraus, jahrein. Ich tue es, mit den Gewändern der Mutter bekleidet, ihren Fächer tragend und gekämmt wie sie, denn mein Haar habe ich zu der Form einer wollenen Haube geflochten. Ich spiele sie auch vor anderen, sogar im Bett meines Geliebten. In den Augenblicken der Leidenschaft gibt es mich längst nicht mehr, ich bin nicht ich, sondern sie. Dann aber spiele ich sie so gut, daß meine Leidenschaft versiegt und nur die ihre bleibt. Mit anderen Worten, sie hat mir im voraus alle Berührungen der Liebe gestohlen. Ich verarge es ihr aber nicht, denn ich weiß, daß auch sie einmal auf dieselbe Art von ihrer Mutter beraubt wurde. Sollte mich jetzt jemand fragen, wozu so viel Schauspielerei, werde ich antworten: Ich versuche, mich selbst noch einmal zu gebären, aber auf bessere Weise …

Man weiß von Prinzessin Ateh, daß es ihr nie gelang zu sterben. Es gibt jedoch eine Aufzeichnung, eingeritzt in ein Messer, verziert mit winzigen Löchern, die von ihrem Tode spricht. Diese vereinzelte und wenig glaubwürdige Überlieferung vermittelt Daubmannus, aber nicht als eine Erzählung darüber, wie Prinzessin

zessin Ateh wirklich starb, sondern wie es geschehen konnte, daß sie überhaupt zu sterben vermochte. Wie vom Wein das Haar nicht ergraut, so wird auch aus der Wiedergabe dieser Erzählung kein Schaden entstehen. Sie lautet:

Der schnelle und der langsame Spiegel

Als einmal Frühling war, sprach Prinzessin Ateh: »Ich habe mich an meine Gedanken gewöhnt wie an meine Kleider. Sie haben immer den gleichen Taillenumfang, und ich sehe sie überall, sogar an den Wegekreuzungen. Am schlimmsten aber ist, daß man vor ihnen nicht einmal mehr die Wegekreuzungen erkennen kann.«

Um sie zu zerstreuen, brachte das Gesinde der Prinzessin eines Tages zwei Spiegel. Sie unterschieden sich nicht viel von den anderen chasarischen Spiegeln. Beide waren aus geschliffenem Salz hergestellt, doch war der eine ein schneller, der andere ein langsamer Spiegel. Was immer jener schnelle vorwegnahm, indem er die Welt als Vorschuß abbildete, gab der zweite, jener langsame, zurück und beglich so die Schuld des ersteren: Im Verhältnis zur Gegenwart verspätete er sich um genau so viel, wie der erste vorauseilte. Als man Prinzessin Ateh die Spiegel brachte, hatte sie sich noch nicht vom Bett erhoben, und von ihren Augenlidern waren die Buchstaben noch nicht abgewaschen. In den Spiegeln sah sie sich mit geschlossenen Lidern und verstarb sogleich. Sie verblich zwischen zwei Augenaufschlägen, oder besser gesagt, sie las zum erstenmal auf ihren Augenlidern die Schriftzeichen, die todbringend waren, weil sie im vorausgegangenen und im nachfolgenden Augenblick zwinkerte und die Spiegel dies wiedergegeben hatten. Sie starb, gleichermaßen getötet durch die Schriftzeichen aus Vergangenheit und Zukunft.

BRANKOVIĆ, AVRAM (1651–1689) – einer der Autoren dieses Buches. Bestallter Diplomat in Adrianopel und an der Hohen Pforte in Konstantinopel, Heerführer in den österreichisch-türkischen Kriegen, Polyhistor und Gelehrter. Das Stifterporträt des Branković war an die Wand des Gotteshauses der heiligen Paraskeva in Kupinik gemalt, dem Erbgut der Brankovići. Dort war er dargestellt, wie er gemeinsam mit den Anverwandten auf seinem Schwerte die der heiligen Petka errichtete Kirche seiner Urahnin, der serbischen Despotin und Heiligen, der seligen Mutter Angelina, zum Geschenk darbrachte.

Quellen: Die Angaben zu Avram Branković sind über die Berichte der österreichischen Späher verstreut, vor allem über die Ermittlungen, die einer der beiden Schreiber des Branković, Nikon Sevast†, für den Markgrafen von Baden und General Veterani zusammenstellte. Ein paar Zeilen widmete seinem Anverwandten auch Graf Georgije Branković (1645–1711) in seiner Walachenchronik sowie in seinen umfangreichen serbischen Chroniken in Fragmenten, die heute leider verlorengegangen sind. Brancović' letzte Tage beschrieb sein Diener und Meister des Schwertes Awerkije Skila†. Die Chronologie seines Lebens und Wirkens läßt sich am besten anhand der schriftlichen Lebensbeichte erstellen, die der zweite Schreiber Avram Branković', Teoktist Nikoljski[A], dem Patriarchen in Peć aus Polen zusandte, sowie anhand einer Ikone, auf der die Wunder des heiligen Propheten Elia abgebildet waren, denn Branković paßte die Ereignisse seines Lebens jeder einzelnen Szene aus dem Leben seines Heiligen an und verzeichnete die entsprechenden Daten auf der Rückseite des Bildes.

»Avram Branković entstammt einer Familie, die nach dem Fall des serbischen Imperiums unter türkische Herrschaft vom Süden her ins Land an der Donau übersiedelte.« So steht es in einem vertraulichen Bericht des Nikon Sevast an den Wiener Hof. »Die Mitglieder dieser Familie, die von der Wanderbewegung aus den Gebieten unter türkischer Herrschaft erfaßt worden waren, siedelten sich im 16. Jahrhundert in Lipova und im Bezirk von Jenova an. Seither heißt es von den Siebenbürger Brankovići, daß sie auf walachisch lügen, auf griechisch schweigen, auf zinzarisch zählen, daß sie in der Kirche russisch singen, am weisesten auf türkisch sind und nur, wenn sie

töten

töten wollen, in ihrer Muttersprache, das heißt serbisch, reden. Ihr Herkunftsland ist die westliche Herzegowina, die Umgebung von Trebinje, der Ort Koreníći, nahe dem Ort Lastva in Gornja Polica, daher auch ihr zweiter Name – Koreníći, »die Verwurzelten«. Seit ihrer Übersiedelung nehmen die Brankovići eine angesehene Stellung in Siebenbürgen ein, sie besitzen schon seit zweihundert Jahren den besten Wein in der Walachei, und das Sprichwort sagt, daß du dich an ihrer Träne betrinken kannst. So wie sich die Familie Branković kriegerisch hervortat in den Scharmützeln entlang der Grenze zweier Jahrhunderte und zweier Staaten – dem ungarischen und dem türkischen –, so brachte sie auf ihrem neuen Gebiet entlang des Flusses Moriš, in Jenova, Lipova und Pankota, eine Reihe bedeutender geistlicher Persönlichkeiten hervor. Mojsej Branković war als Bischof Matej Metropolit von Jenova, und die Nuß, die er in die Donau fallen ließ, gelangte immer schneller als andere Nüsse ins Schwarze Meer. Sein Sohn Solomon, Onkel des Grafen Georgije Branković (als Bischof von Jenova Sava I. genannt), regierte die Diözese von Jenova und Lipova, wobei er nicht vom Pferd absaß und ausschließlich im Sattel sitzend trank, bis Lipova im Jahre 1607 von den Türken eingenommen wurde. Die Brankovići behaupten, ihr Geschlecht von den serbischen Despoten der Brankovići herzuleiten, woher dagegen ihr Besitz stammt, läßt sich nur schwer sagen. Ein Sprichwort besagt, daß in den Geldsack der Brankovići am Tage hineingeht, was in den Träumen der Zinzaren von Kawala bis Zemun eingenommen wird. Ihre Ringe sind kalt wie die Schlange, ihre Besitzungen vermag ein Vogel nicht zu überfliegen, und das Volkslied mischt sie gar unter die Herrscherfamilien. Die Brankovići sind die Schutzherren der Klöster in der Walachei und auf dem Athos in Griechenland, sie errichten Befestigungen und Kirchen, wie jene in Stoni Beograd, in Kupinik oder im Ort, den man Teus nennt. Fürst Sigmund Rákóczi beschenkte die Verwandten von Branković' weiblichem Stammbaum mit

Siedlungen, Bauernhöfen und mit dem Adelsstand; in weiblicher Linie sind die Brankovići mit den Siebenbürger Sekelji verwandt, so daß ein Teil ihres Vermögens auch von dort in Form einer Mitgift zufloß. Es ist zu vermerken, daß die Hinterlassenschaften in der Familie Branković nach der Farbe des Bartes verteilt werden. Alle Nachfolger mit rotem Bart (vererbt über die weibliche Linie, denn die Brankovići nehmen sich rothaarige Frauen) überlassen die Führung den Schwarzbärtigen, deren Bart bezeugt, daß sie die Erben männlichen Blutes sind. Die Besitzungen der Brankovići werden heute auf einen Wert von annähernd 27 000 Forint geschätzt, deren Jahresertrag schätzt man auf über 1500 Forint. Sind ihre Stammbaumtafeln auch nicht die zuverlässigsten, ihr Reichtum ist zuverlässig und fest wie die Erde, über die sie reiten, und über mehr als zweihundert Jahre haben einige der Goldstücke ihre Truhen gar nicht erst verlassen.

Nach Konstantinopel gelangte Avram Branković hinkend, mit doppeltem Absatz; hier nun geht das Gerücht darüber um, wie er verstümmelt wurde. Als Avram noch ein Knabe von fünf Jahren war – so lautet das Gerücht –, fielen die Türken eines Tages in die Besitzungen seines Vaters ein und begegneten auf ihrem Weg einer kleinen Gruppe von Höflingen mit einem Kind beim Spaziergang. Die Begleitung stob vor den Türken nach allen Seiten auseinander, nur ein alter Mann, der mit einem langen Stab sehr geschickt alle Angriffe der Reiter abwehrte, blieb Avram zur Seite, bis zu dem Augenblick, als ihr Anführer aus seinem Munde einen Pfeil abschnellte, den er zwischen den Zähnen hielt, verborgen in einem Stück Schilfrohr. Der Alte fiel getroffen zu Boden, und Avram, der selbst auch einen Knüppel in der Hand hielt, holte mit aller Kraft aus und streifte die Stiefel des Türken. Mit wieviel Verzweiflung und Haß dieser kindliche Schlag auch geführt worden sein mochte, es fruchtete nichts. Der Türke lachte nur und ritt davon mit dem Befehl, das Dorf in Brand zu stecken. Die

Jahre

Jahre krochen vorüber gleich Schnecken, Avram Branković wuchs auf, der Vorfall war vergessen; doch es gab neue Gefechte, und Branković selbst führte jetzt seine Kriegsleute an, wobei er eine Fahne auf dem Handschuh trug und im Munde ein Stück Schilfrohr mit dem vergifteten Pfeil darin. Eines Tages überraschten sie auf ihrem Wege einen feindlichen Späher, der mit seinem Sohn unterwegs war, einem Kinde noch. Sie wanderten dahin, fürs Auge unschuldig, jeder nur einen Stab tragend. Einer der Krieger erkannte den Alten, trieb sein Pferd auf ihn zu und versuchte ihn zu fesseln. Der Alte jedoch wehrte sich mit dem Stab und ergab sich nicht, so daß alle argwöhnten, im Stab eingerollt befinde sich eine geheime Nachricht. Da schnellte Branković den vergifteten Pfeil ab und tötete den Alten. Im selben Augenblick schlug ihn mit seinem Stab der Knabe, der hinter dem Alten hergegangen war. Er war kaum sieben Jahre alt, und wollte man hiernach urteilen, vermochten all seine Kraft, sein Haß und seine Liebe nicht, Branković ein Leid zuzufügen. Doch Branković lachte auf und stürzte nieder wie umgemäht. Seit diesem Schlag blieb er auf einem Fuße lahm, er gab das Kriegshandwerk auf, und sein Verwandter, Graf Georgije Branković, führte ihn in die diplomatischen Geschäfte in Adrianopel, Warschau und Wien ein. Hier nun, in Konstantinopel, arbeitet Branković für den englischen Botschafter und bewohnt einen geräumigen Turm zwischen den Türmen Yoros Kalesi und Karataş am Bosporus. Im ersten Geschoß dieses Turmes befahl Branković, genau die Hälfte der Kirche zu erbauen, die der Mutter Angelina geweiht ist, seiner Urahnin, die die Ostkirche zu ihrer Heiligen proklamierte, während sich die andere Hälfte derselben Kirche in Siebenbürgen befindet, der Heimat seines Vaters.

Avram Branković ist ein stattlicher Mann mit riesigem Brustkorb, ähnlich einem Käfig für größere Vögel oder kleineres Getier, und häufig fallen Mörder über ihn her – denn es gibt im Volk ein Lied, das sagt, seine Knochen seien aus Gold.

So wie er Konstantinopel erreichte, so verläßt er es auch, wenn er sich auf eine Reise begibt: auf dem Rücken eines großen Kamels, das mit Fischen gefüttert wird, auf ihm begibt er sich auch auf Reisen. Das Tier bewegt sich unter ihm ganz gleichmäßig und verschüttet keinen Wein aus dem Glas, das in das Kopfzeug eingenäht ist. Seit seiner frühesten Kindheit schläft er nicht wie alle Menschen, die Augen haben, in der Nacht, sondern nur am Tage; wann er aber die Sense herumwarf und den Tag für die Nacht hergab, kann niemand sagen. Doch auch in der Nacht, während er wach ist, vermag er nicht lange an einem Ort zu verweilen, so als habe er sich von fremder Träne ernährt. Deshalb deckt man für ihn den Tisch stets mit zwei Tellern; zwei Stühle und zwei Gläser werden vor ihn hingeschoben; er aber springt plötzlich unter der Mahlzeit auf und wechselt den Platz. Ebenso vermag er nicht, sich lange bei einer Sprache aufzuhalten, er wechselt sie wie die Geliebte und spricht einmal walachisch, ein andermal ungarisch oder türkisch; von einem Papagei aber begann er chasarisch zu lernen. Man sagt, daß er im Traum auch spanisch spricht, doch zerrinnt ihm dieses Wissen bei Tage. Unlängst sang ihm jemand im Traum ein Lied in unverständlicher Sprache. Das Lied behielt er im Gedächtnis, und damit er es gedeutet bekam, waren wir gezwungen, jemanden zu suchen, der der Sprachen kundig ist, die Branković nicht kennt. So stießen wir auf einen Rabbiner, und Branković rezitierte ihm die im Gedächtnis bewahrten Verse. Es waren wenige, und sie lauteten:

לִבִּי בְמִזְרָח וְאָנֹכִי בְּסוֹף מַעֲרָב
אֵיךְ אֶטְעֲמָה אֵת אֲשֶׁר־אֹכַל וְאֵיךְ יֶעֱרָב
אֵיכָה אֲשַׁלֵּם נְדָרַי וֶאֱסָרַי בְּעוֹד
צִיּוֹן בְּחֶבֶל אֱדוֹם וַאֲנִי בְּכֶבֶל עֲרָב
יֵקַל בְּעֵינַי עֲזֹב כָּל־טוּב סְפָרַד כְּמוֹ
יֵקַר בְּעֵינַי רְאוֹת עַפְרוֹת דְּבִיר נֶחֱרָב:

Als

Als der Rabbiner den Anfang hörte, unterbrach er Branković und fuhr fort, den Rest des Liedes auswendig herzusagen. Dann schrieb er den Namen seines Autors auf. Das Lied war noch im 12. Jahrhundert niedergeschrieben worden, sein Verfasser war ein gewisser Juda Halevi✡. Seither lernt Branković auch das Hebräische. Seine alltägliche Beschäftigung ist jedoch etwas ganz Praktisches. Denn er ist ein Mann mit vielen Händen, und sein Lächeln ist die Alchimie unter den anderen Wissenschaften und Künsten seines Gesichtes.

Jeden Abend, wenn er aufsteht, bereitet er sich auf den Krieg vor. Tatsächlich übt er sich mit einem einheimischen berühmten Experten in der Schnelligkeit der Säbelführung. Dieser Säbelkünstler ist ein Kopte namens Awerkije Skila, und Kir Avram hat ihn als seinen Diener eingestellt. Dieser Awerkije zeigt ein fleischiges und ein mageres Auge, alle seine Runzeln aber sind zwischen den Augenbrauen zu einem Knoten zusammengebunden. Er besitzt die vollständigste Beschreibung und Aufstellung von Säbelgriffen, die jemals ausgeführt worden sind, und bevor er einen neuen in sein handgeschriebenes Nachschlagewerk der Säbelkunststücke einträgt, überprüft er sie persönlich am lebendigen Fleisch. In einem geräumigen Saal, in dem ein Teppich, groß wie eine kleinere Wiese, ausgebreitet liegt, schließen sich Herr Branković und besagter Kopte ein und üben sich in vollständigem Dunkel mit ihren Säbeln. Awerkije Skila nimmt dann für gewöhnlich ein Ende des langen Kamelzügels in die linke Hand, während das andere Ende des Zügels Kir Avram ergreift, in der Rechten den Säbel, dem Gewicht nach der gleiche, wie ihn dort in der Finsternis auch Awerkije Skila hält. Langsam wickeln sie jenen Zügel um den Ellenbogen, und wenn sie fühlen, daß sie einander nahe sind, hauen sie einer auf den anderen schonungslos ein, und das in einer Finsternis, die taub macht. Von Branković' Schnelligkeit singt man zur Gusla, und ich habe im letzten Herbst gesehen, wie er mit gezogenem Säbel unter einem Baum stand und darauf wartete, daß der Wind blies; dann aber erfaßte er mit dem Säbel die erste Frucht, die herabfiel, im Flug und schnitt sie entzwei. Er hat eine Hasenscharte, und um sie zu verbergen, läßt er sich einen Bart wachsen, doch sieht man, während er schweigt, durch die Lippenspalte seine Zähne. Das sieht aus, als habe er überhaupt keine Lippen und als wachse ihm der Schnurrbart auf den Zähnen.

Die Serben sagen, daß er sein Land liebe und daß er den Seinen Kerze und Salz sei, doch hat er seltsame Makel, die nicht zu seinem Ruf passen. Er versteht es nicht, beim Gespräch einen Punkt zu setzen, und niemals erfaßt er den Augenblick, wann es aufzustehen und zu gehen gilt. Dabei zaudert er stets und verspätet sich schließlich, so daß andere häufiger beim Abschied als bei der ersten Begegnung an ihm zweifeln. Er nimmt Haschisch, das ein Eunuch aus Kawala speziell für ihn zubereitet und niemand sonst. Merkwürdigerweise aber benötigt er das Rauschmittel nicht ständig, und um sich von ihm zu befreien, schickt er von Zeit zu Zeit eine versiegelte Kiste mit dem Haschisch durch einen Kurier gar bis nach Pest, um es von dort nach zwei Monaten unter demselben Siegel ungeöffnet zurückzuerhalten, gerade dann, wenn er, wie berechnet, das Rauschmittel wieder braucht. Sein riesiger Kamelsattel mit den Glöckchen befindet sich, wann immer er nicht gerade auf Reisen ist, in der geräumigen Bücherei und dient als Tisch, an dem man schreiben und stehend lesen kann. In den Zimmern um ihn herum häuft sich eine Unmenge Hausgerät, das wie erschreckt aussieht, doch nirgends in seiner Nähe gibt es zwei gleiche Dinge, noch wird es sie je geben. Jedes Ding, jedes Tier und jeder Mensch in seiner Umgebung müssen aus einem anderen Dorf stammen. Unter seinen Dienern hält er Serben, Rumänen, Griechen und Kopten, und unlängst nahm er einen Türken aus Anatolien zum Kammerdiener. Kir Avram besitzt ein großes und ein kleines Bett, und beim Ruhen (er schläft immer nur tagsüber) wechselt

er

er von dem einen in das andere. Während er schläft, schaut sein Kammerdiener, der Anatolier namens Jusuf Masudi☾, mit einem Blick auf ihn, von dem die Vögel herabfallen. Wenn er aber erwacht, singt, wie vor Angst, Kir Avram im Bett seinen Vorfahren, die die serbische Kirche zu Heiligen erklärte, orthodoxe Kirchenlieder.

Man bekommt nicht heraus, in welchem Maß er sich für Frauen interessiert. Auf Branković' Tisch hockt ein hölzerner Affe in natürlicher Größe mit einem mächtigen Geschlechtsteil. Manchmal gebraucht Kir Avram die Redensart: ›Ein Weib ohne Hintern ist wie ein Dorf ohne Kirche!‹, und das ist alles. Einmal im Monat begibt sich unser Herr Branković stets zur selben Wahrsagerin nach Galata; sie liest ihm auf eine sehr altertümliche und langsame Art das Schicksal aus den Karten. Die Wahrsagerin hat in ihrer Behausung einen gesonderten Tisch für Branković, und auf diesen Tisch wirft sie eine neue Karte, wann immer sich draußen der Wind dreht. Davon, welcher Wind wehen wird, hängt ab, welche Karte auf Branković' Tisch fällt, und das dauert so fort, über Jahre. Beim letzten Osterfest wehte, sobald wir eingetreten waren, ein Südwind, und sie erhielt Gelegenheit, ihm neue Prophezeiungen zu bieten:

›Sie werden einen Mann mit einer grauen Schnurrbarthälfte träumen. Jung, mit roten Augen und gläsernen Fingernägeln an der Hand, bewegt er sich auf Konstantinopel zu, und bald schon werden Sie ihm begegnen …‹

Diese Nachricht erfreute unseren Herrn so sehr, daß er augenblicklich befahl, mir einen goldenen Ring durch die Nase zu ziehen, und nur mit Mühe vermochte ich mich dieser Wohltat zu erwehren …

Da ich weiß, wie sehr sich der Wiener Hof für die Pläne des Herrn Branković interessiert, kann ich sagen, daß er zu denjenigen zählt, die mit besonderer Aufmerksamkeit und Inbrunst die eigene Zukunft wie einen großen Gemüsegarten hegen. Er gehört nicht zu jenen, die im Eilschritt das Leben durchwandern. Die Zukunft besiedelt er äußerst langsam und gewissenhaft. Er entdeckt sie Stück für Stück wie irgendeinen unbekannten Kontinent, er rodet sie zunächst, um dann an günstigem Standort zu bauen; in diesem Gebäude ändert er schließlich lange die Anordnung der bereits aufgestellten Dinge. Er ist darum bemüht, daß seine Zukunft ihr Anwachsen nicht verlangsamt, und achtet darauf, selbst nichts zu überstürzen und sich nicht schneller fortzubewegen, als sie sich vor ihm fortbewegt. Das ist eine Art Wettrennen. Der, der schneller ist, verliert. Zum jetzigen Zeitpunkt ist die Zukunft des Kir Avram wie ein Garten, in den bereits der Same geworfen wurde; niemand außer ihm jedoch weiß, was aufgehen wird. Und dennoch, worauf es Branković ankommt, kann man vielleicht aus einer Legende erahnen, die flüsternd über ihn verbreitet wird. Es ist

Die Legende
von Petkutin und Kalina

Der ältere Sohn des Kir Avram Branković, Grgur Branković†, steckte frühzeitig seinen Pantoffel in den Steigbügel und zückte seinen mit Kameldreck gehärteten Säbel. Sein spitzenbesetztes und blutiges Gewand sandte man zu dieser Zeit aus Djula, wo Grgur mit seiner Mutter lebte, nach Konstantinopel, damit es unter väterlicher Aufsicht gewaschen und geglättet würde, trockne im duftreichen Wind des Bosporus und ausbleiche unter griechischer Sonne, um dann mit der ersten Karawane nach Djula zurückzukehren.

Der andere, der jüngere Sohn des Avram Branković, lag zu jener Zeit irgendwo in der Bačka hinter einem bunten Ofen, der wie eine Kirche gebaut war, und litt. Man erzählte, daß der Teufel ihn angepißt habe

habe und das Kind nachts aufstehe, aus dem Haus laufe und die Straßen kehre. Denn des Nachts habe ihn die Mora gesäugt, seine Hacken angenagt, und Mannesmilch fließe ihm aus den Brustwarzen. Vergeblich hatte man eine Gabel in seine Tür gestoßen, ihm die Feige gewiesen und über seinen Brustwarzen das Kreuz geschlagen. Schließlich riet ihm eine Frau, mit einem in Essig getauchten Messer zu übernachten: falle ihn dann die Mora an, so solle er ihr für den Morgen Salz zu leihen versprechen und sie mit jenem Messer erstechen. Der Knabe tat es, und als die Mora an ihm zu saugen begann, bot er sich an, ihr Salz zu leihen, erstach sie und vernahm einen Klageschrei, in dem er eine seit langem vertraute Stimme wiedererkannte. Am dritten Morgen reiste seine Mutter aus Djula in der Bačka an, bat auf der Schwelle um Salz und fiel tot um. Man fand an ihr den Einstich des Messers, und als man ihre Wunde beleckte, war sie sauer... Seither versank der Knabe gänzlich in Schrecken, das Haar begann ihm auszufallen, und mit jedem Haar (so sprachen die Ärzte zu Branković) fiel von ihm ein Jahr seines Lebens ab. Und man schickte ihm in Jutehüllen Büschel dieses Kinderhaares. Er klebte es an einen weichen Spiegel, auf dem das Kinderantlitz abgebildet war, so daß er wußte, wie viele Lebensjahre seinem Sohne noch verblieben.

Fast niemand indessen weiß, daß Kir Avram neben den beiden erwähnten Söhnen noch einen Wahlsohn hatte, wenn man das so nennen kann. Dieser dritte Sohn, oder Wahlsohn, besaß keine Mutter, Branković hatte ihn aus Lehm erschaffen und las ihm den 40. Psalm vor, um ihn in Bewegung zu setzen und ihm Leben einzuhauchen. Als er beim Lesen zu der Stelle kam: »Ich habe gehofft, ja gehofft auf Jahwe, und er neigte sich zu mir herab, und er hörte mein Rufen. Er zog mich heraus aus der Todesgrube, aus Schlamm und Morast, er stellte meine Füße auf Felsengrund, sicher machte er meine Schritte ...«, ertönte dreimal die Glocke von der Kirche in Dalj, der Jüngling bewegte sich und sprach:

»Als es zum ersten Male läutete, war ich in Indien, beim zweiten Läuten in Leipzig, beim dritten aber gelangte ich in meinen Körper ...«

Da band ihm Branković den Salomonsknoten ins Haar, hängte an seinen Zopf einen Weißdornlöffel, verlieh ihm den Namen Petkutin und entließ ihn in die Welt. Sich selbst aber legte er einen Strick mit einem Stein um den Hals, und mit diesem Strick um den Hals überstand er die ganze Liturgie der Mittfastenwoche.

Der Vater war selbstverständlich gezwungen (damit alles so sei wie bei den Lebenden), Petkutin in seine Brust auch den Tod einzupflanzen. Dieser Keim des Endes, dieser kleine und noch nicht volljährige Tod, war in Petkutin zunächst ängstlich und einfältig, mit schwachem Verlangen nach Speise und von verkümmerten Gliedmaßen. Doch schon damals freute er sich maßlos, daß Petkutin wuchs, und er wuchs derart, daß seine zierlichen Arme bald so groß waren, daß ein Vogel zwischen ihnen zu fliegen vermochte. Der Tod in Petkutin wurde indes bald schneller und klüger als dieser, er wurde die Gefahren früher gewahr als er. Dann aber war es, als habe er eine Nebenbuhlerin bekommen, von der noch die Rede sein wird. Er wurde ungeduldig und eifersüchtig und wußte die Aufmerksamkeit auf sich zu ziehen, indem er bei Petkutin einen Juckreiz am Knie hervorrief. Petkutin kratzte sich, und sein Nagel begann sogleich Buchstaben über die Hand zu schreiben, so daß man es lesen konnte. So schrieben sie einander. Der Tod duldete vor allem Petkutins Krankheiten nicht. Der Vater war jedoch gezwungen, Petkutin auch mit Krankheit zu versorgen, damit er um so mehr den lebendigen Wesen gleiche, sind doch die Krankheiten für die lebendigen Wesen eine Art Augen. Branković bemühte sich indessen, daß diese Krankheit Petkutins möglichst harmlos sei, und er beschenkte ihn mit dem Heufieber, jenem, das mit dem Frühling erscheint, wenn die Gräser sprießen und die Blüten Wind und Wasser mit Staub besäen.

Branković

Branković brachte Petkutin auf seinem Gut in Dalj unter, in einem Haus, dessen Zimmer stets voller Spürhunde waren, schneller darin zu töten als zu fressen. Einmal im Monat kämmten die Diener die Teppiche mit Kämmen und entfernten lange Büschel buntfarbigen Haares, das Hundeschwänzen ähnlich war. Die Zimmer, in denen Petkutin lebte, nahmen nach einer gewissen Zeit immer dieselben besonderen Farben an, und an ihnen vermochte man sogleich Petkutins Domizil unter tausend anderen herauszufinden. Die Abdrücke und Streifen, die er und sein Schweiß an den gläsernen Türgriffen zurückließen, an den Kissen, Sitzen und Lehnen, an Pfeifen, Messern und Tassenhenkeln, ergaben einen Regenbogen nur ihnen eigener Farbübergänge. Es war eine Art von Porträt, Ikone oder Unterschrift. Branković ertappte Petkutin zuweilen in den Spiegeln des geräumigen Hauses, wie er eingemauert stand in die grüne Stille. Er lehrte ihn, in sich Herbst, Winter, Frühling und Sommer mit dem Wasser, der Erde, dem Feuer und dem Wirbelwind, die der Mensch ebenfalls in seinen Eingeweiden trägt, in Harmonie zu bringen. Die umfangreiche Arbeit, die zu tun war, währte lange, Petkutin bekam Blasen an seinen Gedanken, die Muskeln seiner Erinnerung waren angespannt bis zum Zerspringen; Branković indes lehrte ihn, mit dem linken die eine und mit dem rechten Auge die andere Seite eines Buches zu lesen, mit der rechten Hand serbisch, mit der linken türkisch zu schreiben. Sodann unterrichtete er ihn in Literatur, und Petkutin begann mit Erfolg bei Pythagoras Spuren von einer Lektüre der *Bibel* zu entdecken, und er unterschrieb so schnell, wie man eine Fliege fängt.

Kurzum, er wuchs zu einem schönen und gebildeten jungen Mann heran, und nur zuweilen sah man an kaum sichtbaren Zeichen, daß er nicht war wie die anderen. So vermochte er zum Beispiel am Montagabend anstelle des folgenden Tages irgendeinen ihm gehörenden Tag aus der Zukunft herauszunehmen, um ihn dann am Morgen anstelle des Dienstags zu benutzen. War er bis zu dem benutzten Tag gelangt, benutzte er an dieser Stelle den übersprungenen Dienstag, und so war die Summe wieder ausgeglichen. Bei solchen Gelegenheiten konnten allerdings die Fugen zwischen den Tagen nicht so aufeinanderpassen, wie es notwendig gewesen wäre, es zeigten sich Risse in der Zeit, doch diese Tatsache belustigte Petkutin nur.

Bei seinem Vater war das nicht so. Er zweifelte unablässig an der Vollkommenheit seines Werkes, und als Petkutin einundzwanzig Jahre alt war, faßte Branković den Entschluß, zu überprüfen, wieweit sich Petkutin in allem mit richtigen lebendigen Wesen messen konnte. Er dachte so: Die Lebenden haben ihn geprüft, jetzt sollen ihn auch die Toten prüfen. Nur dann, wenn sich auch die Toten täuschen lassen würden und beim Anblick Petkutins auf den Gedanken kämen, vor ihnen stünde ein richtiger Mensch aus Blut und Fleisch, der zuerst salzt und dann ißt, konnte man den Versuch als gelungen ansehen. Und da er diesen Beschluß gefaßt hatte, fand er für Petkutin eine Braut.

Da die Mächtigen in der Walachei stets je einen Leibwächter und einen Seelenwächter bei sich führten, war auch Branković einst so verfahren. Unter seinen Seelenwächtern hatte er einen Zinzaren, der sagte, alles auf der Erde sei Wahrheit geworden. Er besaß eine sehr schöne Tochter. Das Mädchen hatte von seiner Mutter das Schönste genommen, so daß diese nach der Geburt für immer häßlich blieb. Als das Mägdlein zehn Jahre zählte, lehrte es die Mutter mit ihren einstmals schönen Händen, Brot zu kneten, der Vater aber rief es zu sich, sprach zu ihm, daß die Zukunft kein Wasser sei, und starb. Das Mädchen weinte dem Vater Sturzbäche nach, so daß die Ameisen entlang der Tränen bis zu seinem Gesicht emporzusteigen vermochten. Nun war sie Waise, und Branković richtete es ein, daß sie sich mit Petkutin traf. Sie hieß Kalina, ihr Schatten duftete nach Zimt, und Petkutin hatte erfahren, daß sie jenen lieben würde, der

der im März Kornelkirschen gegessen hatte. Er wartete den März ab, aß sich an Kirschen satt und lud Kalina ein, mit ihm längs der Donau spazierenzugehen. Beim Abschied streifte sie den Ring vom Finger und warf ihn in den Fluß.

»Wenn ein Mensch etwas Angenehmes erlebt«, erklärte sie Petkutin, »muß man es immer mit einer unangenehmen Kleinigkeit würzen, so wird man diesen Augenblick besser im Gedächtnis behalten. Denn der Mensch erinnert sich stets länger der unangenehmen als der angenehmen Dinge ...«

Kurz, Petkutin hatte ihr gefallen, sie hatte Petkutin gefallen, und die Hochzeit wurde noch im selben Herbst mit großer Freude begangen. Die Trauzeugen verabschiedeten sich auf der Hochzeit einer vom anderen, sie küßten sich, denn sie würden sich über Monate nicht sehen, worauf man Arm in Arm fortging, um zu trinken, von einem Rakijakessel zum anderen. Bei Frühlingsanbruch dann waren sie endlich nüchtern geworden, sie schauten um sich, und nach dem langen winterlichen Kater wurden sie wieder einer des anderen gewahr. Darauf kehrten sie nach Dalj zurück und begleiteten die Jungvermählten auf dem üblichen Frühlingsausflug, wobei sie mit ihren Gewehren schossen. Man muß wissen, daß die Jungvermählten aus Dalj auf ihren Frühlingsausflügen oder ihren Landpartien gewöhnlich zu den antiken Ruinen gingen, wo es schöne Steinsitze gab und griechisches Dunkel, das dichter ist als alle anderen Finsternisse, so wie das griechische Feuer heller ist als jedes andere Feuer. Dahin brach auch Petkutin mit Kalina auf. Aus der Ferne sah es aus, als treibe Petkutin ein Gespann Rappen an, aber wenn er um ihres Duftes willen eine Blüte brach oder mit der Peitsche knallte, flog von den Pferden ein Schwarm schwarzer Fliegen auf, und man erkannte, daß es Schimmel waren. Das störte indessen weder Petkutin noch Kalina.

Im verflossenen Winter hatten sie sich ineinander verliebt. Sie aßen abwechselnd mit derselben Gabel, und sie trank den Wein aus seinem Munde. Er liebkoste sie, daß die Seele in ihrem Körper aufschrie, sie aber vergötterte ihn und trieb ihn an, sein Wasser in sie zu vergeuden. Sie sprach, ihre Altersgenossinnen verlachend, daß nichts so gut kratze wie der drei Tage alte, von der Liebe gewachsene Bart eines Mannes. Bei sich jedoch dachte sie ernsthaft: Die Augenblicke meines Lebens sterben wie Fliegen, wenn Fische sie verschlucken. Wie soll ich sie nahrhaft machen für seinen Hunger? Sie bat ihn, ihr Ohr abzubeißen und es aufzuessen, und niemals schloß sie die Schubladen und Türen des Schrankes hinter sich, um das Glück nicht enden zu lassen. Sie war schweigsam, denn sie war in der Stille der unaufhörlichen väterlichen Lesungen immer ein und desselben Gebetes aufgewachsen, um das herum stets die gleiche Art von Stille herrschte. Nun, da sie sich auf der Landpartie befanden, war es ähnlich, und es gefiel ihr. Petkutin legte sich die Zügel ihrer Kutsche um den Hals und las irgendein Buch, Kalina aber plapperte, und nebenbei spielten sie ein Spiel. Erwähnte sie im Erzählen irgendein Wort in ebendem Augenblick, da er dieses Wort im Buch las, tauschten sie die Rollen, nun las sie weiter, und er versuchte zu raten. Als sie so mit dem Finger auf ein Schaf im Feld zeigte und er sagte, daß er gerade in seinem Buch zu einer Stelle gelangt sei, an der ein Schaf erwähnt werde, vermochte sie dies kaum zu glauben und übernahm die Lektüre, um es zu überprüfen. Und wirklich, im Buch stand geschrieben:

Und nachdem ich flehend die Scharen der Toten beschworen,
Griff ich die Schafe und schlachtete beide über der Grube;
Schwarz entströmte das Blut, und aus dem Erebos kamen
Viele Seelen herauf der abgeschiedenen Toten.
Bräute und Jünglinge kamen, und kummerbeladene Greise,
Und noch kindliche Mädchen, in früher Trauer der Herzen.

Da es Kalina erraten hatte, fuhr sie, wie folgt, mit dem Lesen fort:

Viele

Viele kamen auch, von ehernen Lanzen verwundet,
Kriegerschlagene Männer, mit blutbesudelter Rüstung.
Dicht umdrängten sie alle von allen Seiten die Grube
Mit grauenvollem Geschrei; und es faßte mich bleiches Entsetzen …
Aber ich selbst riß schnell das scharfe Schwert von der Hüfte,
Setzte mich hin und wehrte den schwankenden Häuptern der Schatten,
Sich dem Blute zu nahn, eh' ich Teiresias fragte …

In jenem Augenblick, als sie zu dem Wort »Schatten« gelangte, wurde Petkutin den Schatten gewahr, den das zerstörte römische Theater auf ihren Weg warf. Sie waren angekommen.

Sie betraten es durch den Eingang für die Schauspieler; die Flasche mit Wein, die Pilze und die Blutwürste, die sie mitgenommen hatten, legten sie auf einen großen Stein inmitten der Bühne, worauf sie sich alsbald in den Schatten zurückzogen. Petkutin sammelte trockenen Büffelkot, ein paar Zweiglein voll hart gewordenen Lehms, brachte all dies auf die Bühne und entzündete ein Feuer. Das Schlagen des Feuersteins vernahm man vollständig klar bis zum letzten Platz in der letzten Reihe am oberen Rand des Theaters. Draußen jedoch, außerhalb der Tribüne, wo Gräser und Düfte von Föhre und Lorbeer wucherten, vermochte man nicht zu hören, was drinnen geschah. Petkutin salzte das Feuer, damit sich der Geruch des Kots und des Lehms verlor, dann wusch er die Pilze in Wein und legte sie zusammen mit den Blutwürsten auf die Glut. Kalina saß da und sah zu, wie die untergehende Sonne die Plätze im Zuschauerraum wechselte und sich dann dem Ausgang des Theaters näherte. Petkutin schritt über die Bühne und begann, als er die Namen der ehemaligen Eigentümer der Sitze erblickte, die in die Vorderseite der Sitzreihen eingemeißelt waren, die uralten unbekannten Wörter zu buchstabieren: Caius Veronisu Aet … Sextus
Clodius Cai filius, Publica tribu …
Sorto Servilio … Veturia Aeia …

»Ruf nicht die Toten herbei!« ermahnte ihn darauf Kalina. »Rufe sie nicht, sie werden kommen!«

Sobald die Sonne das Theater verlassen hatte, holte sie die Pilze und die Blutwürste aus dem Feuer, und sie begannen zu essen. Die Akustik war vollendet, und jeder ihrer Bissen hallte von jedem der Sitze gleichmäßig stark wider, von der ersten bis zur achten Reihe, von überall jedoch auf andere Art und Weise, ihnen den Klang zum Mittelpunkt der Bühne zurückgebend. Es war, als ob da jene Zuschauer, deren Namen auf den Vorderseiten der Steinsitze eingemeißelt waren, zusammen mit ihren Gemahlinnen speisten oder als schmatzten sie bei jedem neuen Bissen begehrlich mit den Lippen. Hundertundzwanzig Paare toter Ohren lauschten mit gespannter Aufmerksamkeit, und die ganze Tribüne schmatzte hinter den Eheleuten her, begierig den Duft der Blutwürste einziehend. Wenn sie im Essen innehielten, hielten auch die Toten inne, als sei ihnen der Bissen im Halse steckengeblieben, und angestrengt verfolgten sie, was der junge Mann und das Mädchen tun würden. In solchen Augenblicken achtete Petkutin besonders darauf, sich beim Zerkleinern der Nahrung nicht in den Finger zu schneiden, denn er hatte das Gefühl, daß der Geruch des lebendigen Blutes die Zuschauer aus dem Gleichgewicht bringen würde, und sie könnten, schnell wie der Schmerz, von der Galerie aus über ihn und Kalina herfallen und sie zerfleischen, getrieben von ihrem zwei Jahrtausende alten Durst. Einen leisen Angstschauer verspürend, zog er Kalina zu sich heran und küßte sie. Sie küßte ihn, und man hörte, wie hundertundzwanzig Münder schmatzten, so als würden auch sie sich auf der Galerie lieben und küssen.

Nach der Mahlzeit warf Petkutin den Rest der Blutwurst, damit sie verbrannte, in die Flammen und löschte dann das Feuer mit Wein; das Zischen der erloschenen Glut wurde von der Tribüne mit einem erstickten Pssssst begleitet. Gerade wollte er das Messer in die Scheide zurückstecken, als plötzlich ein Wind blies und etwas Blütenstaub auf die Bühne trug. Petkutin

Petkutin mußte niesen und schnitt sich im selben Augenblick in die Hand. Das Blut fiel auf den warmen Stein und begann zu duften …

Im Nu stürzten sich unter Geschrei und Geheul hundertundzwanzig tote Seelen auf sie. Petkutin zog sein Schwert, doch sie zerfleischten Kalina, indem sie ihr Stück für Stück ihres lebendigen Fleisches herausrissen, bis sich ihre Schreie in ebensolche Schreie verwandelten, wie sie die Toten ausstießen, und bis sie sich selbst am Auffressen der noch nicht verzehrten Teile des eigenen Leibes beteiligte.

Petkutin wußte nicht, wie viele Tage vergangen waren, bevor er begriff, wo sich der Ausgang des Theaters befand. Er irrte über die Bühne, um Brandstätte und Überreste der Abendmahlzeit herum, bis ein Unsichtbarer seinen Umhang vom Boden aufhob und sich ihn umhängte. Der leere Umhang trat auf ihn zu und redete ihn mit Kalinas Stimme an.

Er umarmte sie erschreckt, aber unter dem Pelz und am Grunde der Stimme vermochte er nichts zu sehen außer dem purpurnen Futter des Überwurfs.

»Sag mir«, sprach Petkutin zu Kalina, sie fest in seiner Umarmung haltend, »es kommt mir vor, als sei hier vor tausend Jahren Schreckliches mit mir geschehen. Jemand wurde zerfleischt und gefressen, und das Blut liegt noch immer über der Erde. Ich weiß nicht, ob sich das wirklich ereignet hat oder nicht und wann es geschah. Wen haben sie verspeist? Mich oder dich?«

»Es ist dir nichts geschehen, sie haben dich nicht zerfleischt«, entgegnete Kalina. »Und es war gerade vor einem Augenblick, nicht vor tausend Jahren«.

»Aber ich sehe dich nicht, wer von uns beiden ist tot?«

»Du siehst mich nicht, junger Mann, weil die Lebenden die Toten nicht sehen können. Du kannst nur meine Stimme hören. Was mich aber angeht, so weiß ich nicht, wer du bist, und ich vermag dich nicht zu erkennen, bis ich nicht einen Tropfen deines Blutes geschmeckt habe. Doch ich sehe dich, beruhige dich, ich sehe dich gut. Und ich weiß, daß du lebst.«

»Aber Kalina!« schrie er nun auf. »Ich bin es, dein Petkutin, erkennst du mich denn nicht, vor einem Augenblick noch, wenn das vor einem Augenblick war, hast du mich geküßt.«

»Was macht das für einen Unterschied, vor einem Augenblick oder vor tausend Jahren, jetzt, da es so ist, wie es ist?«

Auf diese Worte hin zog Petkutin sein Messer, näherte seinen Finger dem Ort, von dem er vermutete, daß er die unsichtbaren Lippen seiner Frau verbarg, und schnitt sich.

Der Blutstropfen begann zu duften, fiel aber nicht auf den Stein, denn Kalina erwartete ihn begehrlich mit ihren Lippen. Sie schrie auf, Petkutin erkennend, und zerfleischte ihn wie ein Aas, mit Begierde sein Blut trinkend, und warf dabei die Knochen in die Tribüne, von woher die anderen nachdrängten.

Am selben Tag, da dieses geschah, schrieb Kir Avram Branković folgende Worte nieder: ›Das Experiment mit Petkutin ist erfolgreich abgeschlossen. Er hat seine Rolle so vollkommen gespielt, daß er Lebende und Tote täuschte. Jetzt kann ich zum schwierigeren Teil der Aufgabe übergehen. Vom kleinen zum großen Versuch. Vom Menschen zu Adam.‹

So kommen wir nun also zu den Plänen des Kir Avram Branković. Die Pläne, auf denen er seine Zukunft gründet, sind an zwei Schlüsselpersonen geknüpft. Die eine steht in Zusammenhang mit dem angesehenen Verwandten des Branković, Graf Georgije (Djordje) Branković, über den der Wiener Hof zweifellos zuverlässigere Auskünfte besitzt als wir hier. Bei der anderen handelt es sich um eine Person, die Kir Avram Kuros nennt (was auf griechisch Knabe heißt), und ihre Ankunft erwartet er hier in Konstantinopel wie die Juden die Ankunft des Messias. Diese Person kennt Branković, soviel zu erfahren war, nicht persönlich, er kennt nicht einmal

ihren

ihren Namen (daher jenes griechische Kosewort), und er sieht sie nur in seinen Träumen. Aber in seinen Träumen kehrt diese Person regelmäßig wieder, und wenn Branković träumt, träumt er sie. Was die Beschreibung des Herrn Avram selbst angeht, so ist der Kuros ein jüngerer Mann, dessen eine Schnurrbarthälfte grau ist, der gläserne Fingernägel hat und rotäugig ist. Branković wartet darauf, eines Tages mit ihm zusammenzutreffen, um mit seiner Hilfe irgendeine Sache zu erfahren oder zu erlangen, an der ihm sehr gelegen ist. Von seinem Kuros lernte Branković im Traum auf hebräische Art von rechts nach links zu lesen und die Träume vom Ende zum Anfang hin zu träumen. Diese ungewöhnlichen Träume, in denen sich Kir Avram in den Kuros verwandelt oder, wenn Sie so wollen, in einen Juden, begannen vor vielen Jahren. Branković selbst sagt über seinen Traum, daß er sich zunächst gleich einer gewissen Unruhe gemeldet habe, die, wie ein Stein in seine Seele geworfen, tagelang durch sie hindurch gefallen sei, um nur während der Nacht innezuhalten, wenn auch die Seele gemeinsam mit dem Stein falle. Dann aber begann dieser Traum vollständig sein Leben zu beherrschen, und er fing an, im Traum zweimal jünger zu sein als im Wachen. Aus seinen Träumen verschwanden für immer zuerst die Vögel, dann seine Brüder, dann Vater und Mutter, bei der Trennung Abschied nehmend. Darauf verschwanden alle Personen und Städte seiner Umgebung und seines Erinnerns spurlos; zuletzt löste sich aus dieser völlig fremden Welt der Träume auch er selbst, als ob er sich nachts während des Schlafs in irgendeinen ganz anderen Menschen verwandle, dessen Gesicht ihn, in einem Spiegel des Traums gesehen, erschauern ließ, als habe sich seine Mutter oder seine Schwester einen Bart stehen lassen. Dieser andere hatte rote Augen, eine graue Schnurrbarthälfte und gläserne Fingernägel.

In diesen Träumen, in denen er sich von allen um sich herum verabschiedete, träumte Branković am längsten seine verstorbene Schwester, doch verlor sie in diesen Träumereien jedesmal irgendeinen Teil ihres Branković gut bekannten Äußeren und bekam neue, unbekannte, ja fremde Körperteile. Sie tauschte mit der unbekannten Person, in die sie sich verwandelte, zuerst die Stimme, dann die Farbe ihres Haares und die Zähne, und schließlich umfingen Branković nur noch ihre Arme, immer leidenschaftlicher. Alles übrige war schon nicht mehr sie selbst. Dann jedoch, in einer Nacht, so schmal, daß sich zwei Menschen die Hand zu reichen vermochten, der eine im Dienstag stehend, der andere im Mittwoch, kam sie zu ihm, vollständig verwandelt, schön, daß die Welt an ihrem Wege vor ihrer Gestalt erschrak. Sie hängte sich an seinen Hals mit Händen, von denen eine jede zwei Daumen hatte. Zuerst fehlte nicht wenig, und er wäre vor ihr aus seinem Traum geflohen, dann aber gab er nach und pflückte eine ihrer Brüste wie einen Pfirsich. Nun aber, als habe er seine Tage von ihr gepflückt wie von einem Baum, bot sie ihm immer neues Obst, eines süßer als das andere, so daß er mit ihr am Tage in verschiedenen Träumen schlief wie andere Männer mit ihren Geliebten nachts in gemieteten Häusern. Nur daß er, wenn dann und wann aus diesen Umarmungen eine von ihren Händen mit den zwei Daumen auftauchte, nicht zu bestimmen vermochte, mit welcher ihrer Hände sie ihn liebkoste, denn es gab keinen Unterschied. Diese geträumte Liebe erschöpfte ihn indessen wahrhaft und so heftig, daß er fast gänzlich aus seinen Träumen in sein Bett ausgelaufen war. Da kam sie ein letztes Mal zu ihm und sprach:

›Wer aus bitterer Seele flucht, der wird erhört werden. Vielleicht treffen wir uns noch, irgendwo in einem anderen Leben.‹

Branković aber erfuhr nie, ob sie dies zu ihm sprach, zu Kir Avram Branković, oder zu seinem Doppelgänger im Traum mit der einen grauen Schnurrbarthälfte, zum Kuros, in den sich Branković während des Schlafs verwandelte. Denn er fühlte sich im Traum seit langem nicht mehr als Avram Branković. Er empfand sich

sich völlig als jener andere, der gläserne Fingernägel trug. Schon seit Jahren pflegte er in seinen Träumen nicht mehr zu lahmen, so wie er es im Wachen tat. Abends hat er das Gefühl, als wecke ihn jemandes Müdigkeit, so wie er morgens fühlt, daß er einschlummern wird davon, daß irgendwo jemand ausgeschlafen ist und immer wacher und munterer wird. Er hat Augenlider, die sich schließen, wann immer sich die Augenlider des anderen irgendwo öffnen. Er und der Unbekannte besitzen untereinander verbundene Gefäße der Kraft und des Blutes, so daß diese Kraft ausgetauscht wird, als gieße man Wein um, damit er nicht sauer wird. Je mehr sich der eine im Laufe der Nacht und des Traumes erfrischt und Kraft gewinnt, desto mehr verläßt den anderen diese selbe Kraft und treibt ihn in Müdigkeit und Schlaf. Das Schrecklichste bei alldem ist, plötzlich, mitten auf der Straße oder wo auch immer, in Schlaf zu verfallen, so als sei es gar kein Schlaf, sondern der Widerhall von irgend jemandes jähem Erwachen. Kir Avram geschah es unlängst, daß er, während er eine Mondfinsternis betrachtete, so unvermittelt in Schlaf verfiel, daß er augenblicklich zu träumen begann, wie man ihn mit einer Reitpeitsche schlug, und er war sich überhaupt nicht dessen bewußt, daß er beim Fallen aufgeschlagen war und sich an jener Stelle der Stirn verletzt hatte, an der er im Traum den Schlag mit der Reitgerte empfing.

Mein Eindruck ist, daß diese ganze Sache – sowohl der Kuros als auch jener Juda Halevi – in unmittelbarer Beziehung zu einer Arbeit steht, die unser Herr Branković und wir, seine Diener, schon seit Jahren betreiben. Es handelt sich dabei um ein Glossar oder ein Alphabetarium, das man als *Chasarisches Wörterbuch* bezeichnen könnte. An ihm arbeitet Branković unermüdlich und mit besonderer Zielsetzung. Er beförderte aus dem Bezirk von Arad und aus Wien acht Kamele mit Büchern nach Konstantinopel, noch immer aber kommen neue an, so daß er sich vor der Welt durch Mauern von Wörterbüchern und alten Handschriften abschirmt. Ich, der ich bewandert bin in Farben, Tinte und Buchstaben, erkenne während feuchter Nächte jeden Buchstaben in ihnen am Duft, und in meiner Ecke liegend lese ich aus den Düften ganze Seiten unaufgewickelter vergilbter Rollen, die irgendwo auf dem Dachboden des Turmes liegen. Kir Avram dagegen liest am liebsten im Kalten, nur im Hemd, seinen Körper einem Zittern aussetzend; und nur das, was sich vom Gelesenen durch dieses Zittern zu seiner Aufmerksamkeit durchschlägt, hält er für wichtig genug, um sich daran zu erinnern und es in seinem Buch zu vermerken. Branković' Kartothek, die der Bibliothek beigefügt ist, umfaßt Tausende von Blättern zu verschiedenen Themen: sie reicht von einem Katalog der Seufzer und Ausrufe in den altslawischen Gebeten bis zu Verzeichnissen über Salzsorten und Tees, über riesige Sammlungen von Haar, Bärten und Schnurrbärten der unterschiedlichsten Farben und Zuschnitte von lebenden und verstorbenen Personen aller Rassen, die der Herr auf gläserne Flaschen klebt und als eine Art Museum alter Frisuren führt. Sein Haar ist allerdings in dieser Sammlung nicht vertreten, doch hat er befohlen, daß man von den Strähnen dieses Haares auf den Westen, die er trägt, ein Wappen mit einäugigem Adler und den Wahlspruch ›Jeder Herr liebt seinen Tod‹ aufstickt.

Über seinen Büchern, den Sammlungen und der Kartothek arbeitet Branković jede Nacht; doch unter allergrößter Geheimhaltung und mit außergewöhnlicher Aufmerksamkeit widmet er sich der Ausarbeitung eines Alphabets, eines Wörterbuchs über die Bekehrung der Chasaren▽ – eines längst verschollenen Stammes vom Ufer des Schwarzen Meeres, der seine Toten auf Booten bestattete. Es handelt sich um eine Art Väterbuch, einen Katalog oder Sammelband aus den Lebensbeschreibungen all jener Personen, die vor ein paar hundert Jahren an der Bekehrung der Chasaren zum christlichen Glauben Anteil hatten, sowie all jener anderen, nachfolgenden Personen, die zu diesem Ereignis irgend etwas Schriftliches hinterließen. Zugang zum *Chasarischen Wörterbuch* des

Avram

Avram Branković haben nur zwei seiner Schreiber, ich und Teoktist Nikoljski. Diese Vorsicht läßt vermutlich darauf schließen, daß sich Branković hier auf die Betrachtung unterschiedlicher Häresien einläßt, nicht nur christlicher, sondern auch jüdischer und islamischer, und unser Patriarch in Peć würde sicher eines seiner Anatheme, die er in jedem August zum Tag der Auferstehung der heiligen Anna nachzählt, für Kir Avram zur Seite tun, wenn er wüßte, worauf der Gedanke Kir Avrams zielt. Branković verfügt über alle zugänglichen Daten zu Kyrillos† und Methodios†, den christlichen Heiligen und Missionaren, die auf griechischer Seite an der Bekehrung der Chasaren teilnahmen. Besondere Schwierigkeiten verursacht ihm allerdings, in diesem Namensverzeichnis den hebräischen und den arabischen Vertreter bei der Bekehrung der Chasaren nicht alphabetisieren zu können, obwohl beide an dem Ereignis und an der Polemik, die bei dieser Gelegenheit am Hof des chasarischen Kagan▽ geführt wurde, teilgenommen hatten. Nicht nur, daß er über diesen Juden und über diesen Araber nichts weiter erfahren konnte, als daß sie existiert hatten: er kennt nicht einmal ihre Namen, weder er noch irgendeine griechische Quelle zu den Chasaren, deren er habhaft werden konnte. Seine Leute suchen die walachischen Klöster und die Keller Konstantinopels auf, um die hebräischen und arabischen Urkunden zur Chasarenbekehrung aufzutreiben; ja er selbst ist hierher nach Konstantinopel gekommen, von wo einst Kyrillos und Methodios zu ihrer Mission in die chasarische Residenz aufbrachen, um Urkunden und Menschen aufzufinden, die sich hiermit beschäftigen. Doch mit Schlamm läßt sich der Brunnen nicht auswaschen, es sprang nichts dabei heraus. Branković kann nicht glauben, daß nur er sich mit den Chasaren beschäftigt und daß sich auch sonst in der Vergangenheit niemand hiermit befaßte außer dem Kreis jener christlichen Missionare, die Nachricht von den Chasaren hinterließen, seit dem heiligen Kyrillos bis zum heutigen Tag. Zweifellos muß es jemanden unter den

Derwischen oder auch unter den jüdischen Rabbinern geben – so behauptet er –, der Einzelheiten über das Leben und Wirken des hebräischen beziehungsweise des arabischen Teilnehmers an der Polemik weiß, doch gelingt es ihm nicht, in Konstantinopel an solche zu geraten, es sei denn, diese wollen nicht sagen, was sie wissen. Er vermutet, daß es neben den christlichen Quellen zu den Chasaren genauso ausführliche arabische und jüdische Quellen zu ebendieser Frage und zu diesem Volk gibt, aber irgend etwas hindere die Leute, die sich hiermit beschäftigen, sich zu treffen und ihre Kenntnisse zu vereinen, die erst zusammen ein reines und vollständiges Bild von allem, was sich auf diese Frage bezieht, ergeben würden.

›Ich begreife es nicht‹, sagt er oft, ›wahrscheinlich höre ich stets verfrüht auf, über eine Sache nachzudenken. So nimmt sie in mir nur zur Hälfte Gestalt an und taucht nur bis zum Gürtel auf ...‹ Der Grund für ein so unangemessenes Interesse des Kir Avram an einer so unbedeutenden Angelegenheit ist meiner Meinung nach nicht schwer auszumachen. Unser Herr Branković beschäftigt sich aus den eigensüchtigsten Beweggründen mit den Chasaren. Er ist bemüht, sich von den Traumgesichten zu heilen, in denen er gefangen liegt. Der ›Kuros‹ aus seinen Träumen beschäftigt sich ebenfalls mit der Chasarenfrage, und das weiß Kir Avram besser als wir. Die einzige Möglichkeit, die eigenen Träume von der Sklaverei zu befreien, besteht für Kir Avram darin, diesen Fremden zu finden; finden wird er ihn jedoch nur über die chasarischen Urkunden, denn sie sind die einzige Spur, die zu jenem anderen führt. Ich meine, daß auch dieser andere das gleiche denkt. Ihre Begegnung ist folglich ebenso unausweichlich wie die Begegnung des Kerkermeisters mit seinem Gefangenen. Es ist deshalb nicht verwunderlich, daß sich Kir Avram in letzter Zeit so inbrünstig mit seinem Meister im Fechten übt. Seinen ›Kuros‹ haßt er so sehr, daß er seine Augen wie Vogeleier austrinkt, sobald er seiner habhaft wird ...

Das

Das wäre eine Vermutung. Sollte sie jedoch nicht zutreffen, dann müßte man sich der Worte des Avram Branković über Adam und seines geglückten Experiments mit Petkutin erinnern. In diesem Fall wäre er gefährlich, und das, was er beabsichtigt, würde unabsehbare Folgen haben, sein *Chasarisches Wörterbuch* aber wäre lediglich eine literarische Vorübung mit dem Ziel intensiver Wirkung ...«

Mit diesen Worten endet der Bericht des Nikon Sevast in der Angelegenheit Avram Branković. Über die letzten Tage seines Herrn konnte Sevast allerdings niemanden in Kenntnis setzen, denn Herr und Diener wurden an einem Mittwoch, der sich in Nebel gekleidet und in der Walachei verirrt hatte, erschlagen. Zu diesem Ereignis hinterließ ein anderer Diener des Branković eine Aufzeichnung, der erwähnte Meister am Säbel, Awerkije Skila. Diese Aufzeichnung sieht aus, als habe sie Skila mit der Spitze seiner Waffe, in Tinte getaucht, auf dem Erdboden geschrieben, während er das Papier mit dem Stiefel festhielt.

»Am letzten Abend vor seinem Aufbruch aus Konstantinopel«, schrieb Awerkije Skila, »versammelte uns Papas Avram in seinem Gemach mit Blick auf drei Meere. Grüne Winde wehten vom Schwarzen Meer, durchsichtige blaue vom Ägäischen, trokkene und bittere von der weiten Fläche des Ionischen Meeres herüber. Unser Herr stand vor dem Kamelsattel und las, als wir eintraten. Die anatolischen Fliegen stachen vor dem Regen, er wehrte sich und vertrieb sie mit der Peitsche, unfehlbar mit ihrer Spitze die Stelle des Einstichs auf seinem Rücken treffend. An diesem Abend hatten wir die tägliche Säbelübung bereits erledigt, und hätte ich nicht sein kürzeres Bein in Rechnung gestellt, so hätte er mich in der Finsternis wohl aufgeschlitzt. Nachts war er stets schneller als am Tage. Jetzt trug er auf diesem kürzeren Bein anstelle des wollenen Überzugs ein Vogelnest, denn es wärmt am besten.

Da saßen wir vier Herbeigerufenen – ich, zwei seiner Schreiber und der Kammerdiener Masudi, der in einem grünen Hafersack schon die vorbereiteten Sachen für die Reise trug. Wir nahmen jeder einen Löffel von einer Süßspeise aus Kirschen zusammen mit einer scharfen Paprika zu uns und tranken ein Glas Wasser aus dem Brunnen, der hier im Raum steht und irgendwo im Keller des Turmes widerhallt, unsere Stimmen begrabend. Nun zahlte uns Papas Avram aus und sagte, daß der, der wolle, bleiben könne. Die übrigen zögen mit ihm in den Krieg an die Donau.

Wir dachten, das sei alles, was er uns zu sagen habe, und daß er uns nicht länger bei sich behalten wolle. Branković aber besaß eine besondere Eigenschaft: er war stets dann der weiseste, wenn er sich von seinen Gesprächspartnern verabschiedete. Dann stellte er sich ungeschickt und verabschiedete sich stets etwas später, als angemessen und natürlich war. Immer überschritt er den Augenblick, wenn alles schon gesagt war und längst alle um ihn herum die Masken fallen gelassen hatten und begannen, das Aussehen anzunehmen, das sie hatten, wenn sie allein mit sich waren. So verweilte er auch bei dieser Gelegenheit. Er preßte die Hand des Anatoliers in der seinen und blickte, unbemerkt von den anderen, regungslos auf alle Anwesenden. Da blitzte unversehens ein furchtbarer Haß zwischen Masudi und Nikon Sevast auf, bis dahin unbemerkt und von beiden Seiten sorgsam verborgen gehalten. Es geschah, weil Masudi zu Kir Avram sagte:

›Herr, so will ich dir für deine Gabe einen Dienst erweisen, bevor wir auseinandergehen. Ich werde dir etwas sagen, was dich erfreuen wird, denn seit langem bist du begierig, es zu hören. Jener, den du träumst, nennt sich Samuel Koën✡.‹

›Er lügt!‹ schrie indem Sevast völlig unerwartet auf, riß Masudis grünen Hafersack an sich und schleuderte ihn ins Feuer, das im Zimmer brannte. Daraufhin wandte sich Masudi seltsam ruhig an Papas Avram und sprach, auf Nikon Sevast weisend:

›Sieh

›Sieh ihn an, Herr, dieser hat nur ein einziges Nasenloch. Und er pißt mit dem Schwanz wie jeder Satan.‹

Papas Avram ergriff den Papagei, der mit seinen Krallen die Laterne hielt, und setzte beide auf den Boden. In diesem Licht zeigte sich in der Nase des Nikon Sevast in der Tat nur ein einziges Nasenloch, schwarz und in der Mitte durch keinerlei Nasenbein geteilt, geradeso, wie es bei Teufeln zu sein pflegt. Da sprach Papas Avram zu ihm:

›Du bist also einer von jenen, die nicht wagen, das Schuhwerk zu wechseln?‹

›Ja, Herr, aber ich bin nicht von jenen, deren Scheiße nach Angst riecht. Ich leugne nicht, ein Teufel zu sein‹, gestand er ohne Zögern, ›ich erinnere nur daran, daß ich der Unterwelt der christlichen Sphäre und ihres Himmels angehöre, den bösen Geistern des griechischen Territoriums und dem Hades des orthodoxen Ritus. Denn so wie der Himmel über uns aufgeteilt ist unter Jehova, Allah und Gottvater, so ist auch die Hölle aufgeteilt unter Asmodaios, Iblis und Satan. Zufall ist, daß ich auf dem Boden des heutigen türkischen Imperiums ergriffen wurde, das aber gibt Masudi und anderen Vertretern der islamischen Welt nicht das Recht, über mich zu richten. Das steht allein den Vertretern des christlichen Ritus zu, deren Rechtsprechung in meinem Fall als allein rechtskräftig anzuerkennen ist. Im entgegengesetzten Fall kann es geschehen, daß auch die christlichen oder jüdischen Gerichte damit beginnen, über die Angehörigen der islamischen Hölle Recht zu sprechen, sollte es geschehen, daß sie ihnen in die Hände fallen. Mag unser Masudi über diese Warnung nachdenken ...‹

Darauf entgegnete Papas Avram:

›Mein Vater, Joanikije Branković‹, sprach er, ›besaß Erfahrung mit solchen wie dir. Jedes unserer Häuser in der Walachei hatte stets seine kleinen Haushexen, Teufelchen und Werwölfe, mit denen wir zu Abend speisten; wir sandten ihnen unsere *tenčomorci* und *subotani,* denen sie nichts anzuhaben vermochten, gaben ihnen Siebe, damit sie die Löcher zählen sollten, und fanden ums Haus ihre abgefallenen Schwänze; wir pflückten mit ihnen Brombeeren, banden sie an die Schwelle oder an den Stier, peitschten sie zur Strafe und schlossen sie im Brunnen ein. Eines Abends in Djula ertappte der Vater auf dem Abort einen über dem Loch aufgepflanzten riesigen Schneemann. Er schlug mit der Laterne auf ihn ein, tötete ihn und ging zu Tisch. Zum Abendessen gab es eine Kohlsuppe mit Wildschweinfleisch. Er war dabei, seine Suppe zu löffeln, als er plötzlich, blubs! Sein Kopf fiel in den Teller. Er küßte sein eigenes Gesicht, das von dort heraussah, und ertrank in der Kohlsuppe. Vor unseren Augen und bevor wir noch begriffen hatten, was da vor sich ging. Ich erinnere mich wie heute: während er in dieser Suppe ertrank, betrug er sich, als befände er sich in irgendeiner Liebesumarmung, er umfing mit den Händen die Holzschüssel, als halte er anstelle des Wildschweinfleisches den Kopf irgendeines anderen Wesens. Mit einem Wort, wir begruben ihn, als rissen wir ihn aus irgend jemandes kräftiger Umarmung ... Seinen Stiefel jedoch warfen wir in den Maros, damit er nicht zum Vampir würde. Wenn du ein Satan bist, wie du sagst, sprich, was bedeutete der Tod meines Vaters Joanikije Branković?‹

›Das werdet Ihr allein und ohne meine Hilfe herausfinden‹, entgegnete Sevast, ›doch ich werde Euch etwas anderes sagen. Ich kenne die Worte, mit denen im Ohr Euer Vater verstarb. Sie lauteten: ›Zuwenig Wein, um die Hände zu waschen!‹ Das klang ihm in den Ohren, während er starb. Und jetzt noch etwas, damit Ihr nicht sagt, ich hätte all dies aus meinen hohlen Knochen gesogen.

Ihr beschäftigt Euch schon seit Jahrzehnten mit dem chasarischen Alphabet, so mag auch ich Eurem *Chasarischen Wörterbuch* etwas hinzufügen.

Hört also, was Ihr nicht wißt. Drei Flüsse der antiken Welt der Toten – der Acheron, der Pyriphlegethon und der Kozytus – gehören heute den Höllen des Islam, des Judentums und der Christenheit an; sie durchfließen

durchfließen und teilen somit drei Höllen unter der ehemaligen chasarischen Erde – Gehenna, Hades und die eisige Hölle der Moslems. Und dort, an dieser Dreiergrenze, stehen sich die drei Welten der Toten gegenüber: der Feuerstaat Satans mit den neun Kreisen des christlichen Hades, mit Luzifers Thron und den Fahnen des Höllenkaisers; die islamische Unterwelt mit des Iblis Reich der eisigen Qualen; und das Gebiet Gebburas auf der linken Seite des Tempels, wo die hebräischen Götter des Bösen, der Begierde und des Hungers sitzen, Gehenna in der Macht Asmodaios. Diese drei Unterwelten vermischen sich nicht, die Grenzen zwischen ihnen sind mit einem eisernen Pflug gezogen, und es wird niemandem erlaubt sein, sie zu überschreiten. Ihr allerdings habt eine falsche Vorstellung von diesen drei Unterwelten, denn Ihr verfügt über keine Erfahrung. In der jüdischen Hölle, im Staat des Engels der Finsternis und der Sünde Belials, brennen nicht, wie Ihr meint, Juden. Dort brennen solche, die Euch ähnlich sind, alles Araber und Christen. In gleicher Weise trifft man in der christlichen Hölle nicht auf Christen – dort gelangen die Moslems oder die des Davidglaubens ins Feuer; während sich am islamischen Folterplatz des Iblis, wo es wiederum nicht einen Türken oder Araber gibt, lauter Christen und Juden einfinden. Stellt Euch nun Masudi vor, wie er vor seiner so schrecklichen, aber ihm gut bekannten Hölle zittert und dort an ihrer Stelle auf den hebräischen Scheol trifft oder auf den christlichen Hades, wo ich ihn erwarten werde. Anstatt auf Iblis wird er auf Luzifer treffen. Stellt Euch den christlichen Himmel über der Hölle vor, in der der Jude seine Sünden büßt!

Begreift das als eine letzte allerhöchste Warnung, Herr! Als die tiefste Weisheit. Keine Angelegenheiten, in die sich hier am hellen Tage drei Welten gleichzeitig mischen: Islam, Christentum und Judaismus! Wenn wir nur nichts mit den Unterwelten dieser Welten zu tun bekämen. Denn auf dieser Welt gibt es mit denen, die sich hassen, keine Schwierigkeiten. Bei solchen ähneln immer die einen den anderen. Feinde sind sich immer gleich oder werden es doch mit der Zeit, sie könnten sonst niemals Feinde sein. Diejenigen aber, die sich voneinander wirklich unterscheiden, sie sind wahrlich die größte Gefahr. Sie streben danach, sich kennenzulernen, denn die Unterschiede stören sie nicht. Sie sind daher die schlimmsten. Mit denen, die uns zugestehen, daß wir uns von ihnen unterscheiden, ohne daß dieser Unterschied ihnen den Schlaf verdirbt, werden wir und unsere Feinde mit vereinten Kräften abrechnen, und wir werden sie vernichten, von drei Seiten her, auf einen Schlag ...‹

Darauf sagte Kir Avram, daß ihm bei dieser Sache dennoch etwas unklar sei, und er fragte:

›Warum habt ihr es nicht schon getan, wenn nicht du, dem der Schwanz noch nicht abgefallen ist, so doch jene älteren und erfahreneren? Was wartet ihr, während wir unser Haus auf dem Vaterunser erbauen?‹

›Wir warten die Zeit ab, Herr. Außerdem vermögen wir Teufel einen Schritt immer erst nach euch Menschen zu tun. Jeder von unseren Schritten muß in eure Fußstapfen passen. Immer sind wir einen Schritt hinter euch, unsere Abendmahlzeit folgt auf die eure, und wir sehen die Zukunft ebensowenig, wie ihr sie seht. Also immer erst ihr, dann wir. Aber, um dir auch das zu sagen, bis jetzt hast du, Herr, noch keinen Schritt getan, der uns zwingen würde, dich zu jagen. Wenn du es einmal tun wirst, du oder einer deiner Nachfahren, dann werden wir euch einholen, an jenem Tag der Woche, dessen Namen man nicht nennt. Aber für jetzt ist alles in Ordnung. Denn Ihr könnt Euch mit jenem Eurem Kuros in keiner Weise treffen, sollte er auch hier in Konstantinopel erscheinen. Wenn er Euch träumt, so wie Ihr ihn träumt, wenn er im Traum Eure Wirklichkeit baut, so wie seine Wirklichkeit durch Euren Traum umgrenzt ist, dann könnt Ihr zwei Euch niemals in die Augen sehen, da Ihr niemals zu gleicher Zeit wach sein werdet. Und dennoch, führt uns nicht in Versuchung: Glaubt mir, Herr, es ist weitaus gefährlicher,

licher, aus verstreuten Wörtern ein Wörterbuch über die Chasaren zusammenzufügen, hier in diesem stillen Turm, als in den Krieg an der Donau zu ziehen, wo sich bereits die Österreicher und die Türken schlagen; es ist viel gefährlicher, hier in Konstantinopel auf irgendeine Erscheinung in einem Traum zu warten, als das Schwert zu ziehen und vorwärts zu stürmen, was Ihr, Herr, doch sehr hübsch versteht. Denkt darüber nach und brecht ohne Sorge auf, wohin Ihr beabsichtigt hattet, und hört nicht auf diesen Anatolier, der die Orange in Salz taucht …

Was das übrige angeht, Herr‹, schloß Sevast, ›so könnt Ihr mich selbstverständlich der christlichen Geistlichkeit ausliefern und dem Gericht übergeben, das für Teufel und Hexen vorgesehen ist. Aber bevor Ihr es tut, erlaubt, daß ich Euch eine einzige Frage stelle. Glaubt Ihr, daß Eure Kirche auch noch nach 300 Jahren bestehen und Recht sprechen wird, so wie sie es heute vermag?‹

›Natürlich glaube ich das‹, entgegnete Papas Avram.

›Dann beweist das auch: genau in 293 Jahren werden wir uns wieder treffen, zur gleichen Jahreszeit, zum Frühstück, hier in Konstantinopel, und dann verurteilt mich ebenso, wie Ihr mich heute verurteilen würdet …‹

Papas Avram lachte, sagte, daß er einwillige, und erschlug noch eine Fliege mit der Peitschenspitze.

Den Weizen kochten wir in der Frühe, wickelten ihn zusammen mit dem Topf in ein Kissen und steckten ihn in das Reisenetz, damit er Papas Avram bei der Rast erwärme. Wir brachen mit dem Schiff zu unserer Reise auf, über das Schwarze Meer, das Donaudelta flußaufwärts. Die letzten Schwalben flogen rücklings, ihre Bilder in der Donau zeigten einen schwarzen Rücken anstelle weißer Bäuche. Wir tauchten in die Nebel ein, sie aber zogen weiter und trugen in sich durch die Wälder und über den Djerdap hinweg eine harte Stille, die taub macht, eine Stille, in die alle andere Stille einfließt. Am fünften Tage erwartete uns bei Kladovo eine Reitereinheit aus Siebenbürgen, voll des bitteren rumänischen Staubes von der anderen Seite des Wassers. Sobald wir uns im Lager des Markgrafen von Baden befanden, erfuhren wir, daß auch Graf Georgije zum Kriegsschauplatz zog, daß die Generale Haydersheim, Veterani und Haisler schon bereit waren zum Angriff auf die türkischen Stellungen und daß die Barbiere, hin und her rennend, sie bereits seit zwei Tagen im Lauf rasierten und kämmten. In derselben Nacht wurden wir Augenzeugen der unglaublichen Geschicklichkeit unseres Herrn.

Die Jahreszeiten lösten sich ab; die Morgen waren kalt, doch die Nächte noch warm – bis Mitternacht Sommer, am Morgen Herbst. Papas Avram wählte den Säbel, man sattelte sein Pferd, und aus dem serbischen Lager ritt eine kleinere Abteilung der Reiterei heran mit lebenden Tauben in den Händen. So reitend rauchten sie lange Pfeifen, während sie die Rauchringe den Pferden auf die Ohren bliesen. Als sich Branković aufs Pferd schwang, reichte man auch ihm eine angezündete Pfeife, und alle, auf solche Weise rauchend, begaben sich zu General Veterani, um seinen Befehl entgegenzunehmen, als im österreichischen Lager Stimmen laut wurden:

›Da kommen nackte Serben!‹ Und in der Tat, hinter den Reitern erschien ein Trupp Fußsoldaten, die alles außer den Kappen von sich geworfen hatten. Nackt gingen sie durch das Licht der Lagerfeuer wie durch Tore, und hinter ihnen her durchs Dunkel etwas schneller ihre nackten Schatten, zweimal älter als sie selbst.

›Wollen Sie etwa in der Finsternis angreifen?‹ fragte Veterani, während er einen Hund streichelte, der so groß war, daß er einem Menschen mit dem Schwanz über die Lippen fahren konnte.

›Ja, das wollen wir‹, entgegnete Kir Avram, ›die Vögel werden uns den Weg zeigen.‹

Über

Über den österreichischen und serbischen Stellungen befand sich der Hügel Rs, auf den niemals Regen fällt, und auf ihm die türkische Stellung mit den Kanonen. Schon drei Tage lang hatte man sich ihr von keiner Seite nähern können. Der General sagte Branković, daß er diese Stellung angreifen solle.

›Wenn Sie die Stellung eingenommen haben, zünden Sie ein grünes Feuer aus Feldahornzweigen an‹, fügte der General hinzu, ›damit wir die Stellung beziehen können.‹

Die Reiter empfingen den Befehl und ritten ihre Pfeifen rauchend davon. Wenig später sahen wir, wie über der türkischen Stellung die angezündeten Tauben aufflogen – erst eine, dann zwei, eine dritte; eine kleine Schießerei verebbte, und gleichzeitig kehrten Papas Branković und die Reiter ins Lager zurück, weiterhin ihre Pfeifen rauchend wie zuvor. Der General fragte sie erstaunt, weshalb sie die Kanonen nicht stürmten, Papas Avram jedoch zeigte schweigend auf den Hügel. Dort loderte ein grünes Feuer, und die türkischen Kanonen waren nicht länger zu hören. Die Stellung war genommen.

Am darauffolgenden Morgen ruhte Papas Avram, ermüdet vom nächtlichen Kampf, vor seinem Zelt, Masudi jedoch und Nikon Sevast setzten sich nieder, um zu würfeln. Schon seit drei Tagen verlor Nikon riesige Summen, Masudi aber brach das Spiel nicht ab. Sie mußten irgendwelche schrecklich starken Gründe haben, daß sie unter dem Regen der Geschosse als Zielscheibe ausharrten – Branković im Schlaf und die beiden beim Würfelspiel. Ihre Gründe waren in jedem Fall stärker als die meinen, so daß ich mich rechtzeitig in einem sicheren Unterschlupf verbarg. In diesem Augenblick fielen in unsere Schanze türkische Soldaten ein, alles niedermetzelnd, was sich bewegte, gleich unmittelbar nach ihnen Sabljak-Pascha☾ von Trebinje, der auf die Toten blickte, nicht auf die Lebenden. Hinter ihm stürzte auf den Kampfplatz ein blasser junger Mann, an dem nur die Hälfte des Schnurrbarts grau war, so, als sei dieser Mensch nur zur Hälfte gealtert. Auf der seidenen Weste des Papas Avram war ein Wappen der Brankovići aufgestickt mit einäugigem Adler. Ein türkischer Soldat traf mit dem Speer diesen gestickten Vogel mit solcher Wucht, daß man hörte, wie das Eisen, die schlafende Brust durchbohrend, auf dem Stein unter ihm aufschlug. In seinen Tod erwachend, erhob sich Branković auf eine Hand, und das letzte, was er im Leben sah, war der rotäugige junge Mann mit den gläsernen Fingernägeln und der silbernen Schnurrbarthälfte. Branković brach in Schweiß aus, und zwei Ströme dieses Schweißes verflochten sich unter seinem Hals zu einem Knoten. Die Hand unter ihm begann so sehr zu zittern, daß er, solchermaßen durchbohrt, verwundert auf sie blickte, und er stützte sich mit seinem ganzen Gewicht auf diese Hand, um sie zu beschwichtigen. Allein, sie bebte noch eine Zeitlang nach, sich beruhigend wie eine gespannte Saite; als sie aber vollständig zur Ruhe gekommen war, fiel er wortlos über sie. Im gleichen Augenblick stürzte auch jener junge Mann geradewegs in den eigenen Schatten, wie niedergemäht durch den Blick des Branković, und der Hafersack rollte ihm davon, den er über der Schulter getragen hatte.

›Ist da Koën gefallen?‹ schrie der Pascha, und die Soldaten, die dachten, einer der Würfelspieler habe auf den jungen Mann geschossen, metzelten Nikon Sevast augenblicklich nieder, gleichsam mit noch nicht geworfenen Würfeln in der Hand. Sie wandten sich auch Masudi zu, der aber sprach etwas auf arabisch zum Pascha und machte darauf aufmerksam, daß der junge Mann nicht tot sei, vielmehr schlafe. Das verlängerte Masudi das Leben um einen Tag, denn der Pascha befahl, ihn nicht an diesem, sondern am folgenden Morgen niederzumachen, wie es dann auch geschah.

Ich bin ein Meister des Säbels«, beschloß Awerkije Skila seine Aufzeichnung über Avram Branković, »ich weiß: wenn du tötest, ist es mit jedem anders, so wie es mit jeder neuen Frau im Bett jedesmal anders ist. Nur, daß

daß du manche hinterher vergißt, manche nicht. Einige der Erschlagenen wiederum, auch einige der Frauen, vergessen dich niemals. Der Tod des Kir Avram Branković war von jenen, deren man sich erinnert. Und das war so. Von irgendwoher liefen die Knaben des Paschas herbei mit einem Trog warmen Wassers, man wusch Kir Avram und übergab ihn einem Alten, der um den Hals einen dritten Schuh trug, voller Düfte, Balsam und Hanf. Ich dachte, er würde Papas Avram die Wunden heilen, doch rieb er ihn ein, mit roter und weißer Schminke, rasierte und kämmte ihn, und so brachte er ihn dann unter das Zelt Sabljak-Paschas.

Also noch ein nackter Serbe, dachte ich. Am folgenden Morgen ist er in diesem Zelt dann auch gestorben. Das war im Jahre 1689 nach östlicher Zeitrechnung, am Tage des heiligen Märtyrers Eutymius. Im Augenblick, als Avram Branković sein Leben aushauchte, trat Sabljak-Pascha aus seinem Zelt und rief nach etwas Wein, um sich die Hände zu waschen.«

BRANKOVIĆ, GRGUR – siehe: Stolpnik

ČELAREVO (7.–11. Jahrhundert) – archäologischer Fundort mit mittelalterlicher Grabstätte nahe der Donau, in Jugoslawien. Eine Siedlung, die die Grabstätte versorgt hätte, wurde nicht gefunden. Es läßt sich nicht mit Sicherheit sagen, wer in der Grabstätte von Čelarevo bestattet wurde; es steht jedoch fest, daß man hier Eigenheiten der Awaren zu beobachten vermag, persische Einflüsse an den Gegenständen, die in den Gräbern gefunden wurden, und daß man Darstellungen der Menora (des jüdischen siebenarmigen Kultleuchters) zusammen mit anderen jüdischen Symbolen und in hebräischer Sprache gehaltenen sparsamen Inschriften darin

Menora aus Čelarevo

entdeckte. Fundstätten in Kertsch auf der Krim bewahren Platten des gleichen Typus von Menora wie die aus Čelarevo. All dies ließ die Fachleute zu folgendem Schluß gelangen: in der Umgebung von Novi Sad (wo sich auch Čelarevo befindet) sind Gegenstände gefunden worden, die von den üblichen awarischen Fundstücken abweichen und darauf hinweisen, daß man möglicherweise an ein anderes Substrat zu denken hat, das von einer Bevölkerung stammt, die sich vor den Magyaren in der Pannonischen Tiefebene ansiedelte. Davon zeugen auch schriftliche Spuren. Der anonyme Notar von König Béla, Abdul Chamid aus Andalusien, wie auch Kinnamos sind der Auffassung, daß in diesem Gebiet längs der Donau Bewohner türkischer Abstammung (Ismailiten) angesiedelt waren, die für sich in Anspruch nahmen, Nachfahren von Zuwanderern aus Choresmien gewesen zu sein. Alles scheint darauf hinzuweisen, daß die Nekropole in Čelarevo teilweise judaisierten Chasaren zugehörte. Dr. Isajlo Suk†, Archäologe und Arabist, für diese Gegend zuständig, der sehr früh an den

den Ausgrabungen in Čelarevo arbeitete, hinterließ eine nach seinem Tode aufgefundene Notiz. Sie bezieht sich nicht auf Čelarevo selbst, sondern auf die Beurteilungen, die es fand: »Was jene angeht, die in Čelarevo begraben liegen, so möchten die Ungarn, daß es Magyaren oder Awaren, die Juden, daß es Juden, die Moslems, daß es Mongolen sind; niemand will, daß es sich um Chasaren handelt. Sie aber sind es vor allem... Die Grabstätte ist voll von zerbrochenen Tongefäßen mit eingeritzten Menora. Und so wie bei den Juden ein zerbrochenes Tongefäß einen zugrunde gegangenen und verlorenen Menschen bedeutet, so ist auch dies die Grabstätte zugrunde gegangener und verlorener Menschen, was die Chasaren an diesem Ort und vielleicht zu dieser Zeit auch waren.«

CHASAREN▽ – über die Herkunft der Chasaren vermerkte Theophanes folgende Worte: »Es tauchte das große Volk der Chasaren auf aus den entferntesten Gegenden Berziliens, des ursprünglichen Sarmatien, und es beherrschte das ganze Land, das sich vom Schwarzen Meer aus erstreckte...« Die Chasaren gehörten, wie Priskos glaubt, im 5. Jahrhundert unter dem Namen Akatzir zum hunnischen Reich. Der heilige Kyrillos† hob hervor, daß die Chasaren zu jenen Völkern gehörten, die Gott in ihrer, der chasarischen, Sprache lobpreisten und nicht in griechischer, hebräischer oder lateinischer. Die griechischen Quellen nennen die Chasaren χαεαϱοι oder auch χοτξιϱοι. Der chasarische Staat dehnte sich von der Linie Krim–Kaukasus–Wolga beträchtlich nach Westen aus. Im Juni fiel der Schatten der chasarischen Gebirge zwölf Tage weit nach Sarmatien ein, im Dezember jedoch griff dieser Schatten eine Monatsreise weit nach Norden aus. Schon um das Jahr 700 herum hielten sich chasarische Beamte am Bosporus und in Phanagorien auf. Christliche (russische) Quellen, wie die *Nestorchronik*, behaupten, daß Stämme südlich des mittleren Dnjepr im 9. Jahrhundert den Chasaren Abgaben leisteten, und zwar in Fellen des weißen Eichhörnchens pro Kopf oder Schwert. Im 10. Jahrhundert bestanden diese Abgaben aus Münzen.

Die griechischen Quellen zur chasarischen Frage werden durch ein wichtiges Dokument gestützt, das die Daubmannus✡-Ausgabe als »Großes Pergament« erwähnt. Dem byzantinischen Kaiser Theophilos wurde laut dieser Quelle eine Gesandtschaft aus Chasarien zugeschickt; einer der Gesandten trug auf seinem Körper die eintätowierte chasarische Geschichte und Topographie, aufgezeichnet in chasarischer Sprache, doch in hebräischen Schriftzeichen. Zur Zeit der Tätowierung des Abgesandten bedienten sich die Chasaren bereits gleichberechtigt der griechischen, hebräischen oder arabischen Schriftzeichen als dem Alphabet ihrer Sprache; ließ sich aber einer der Chasaren taufen, so benutzte er nur eines dieser drei Alphabete, nämlich dasjenige, das seinem neuen Glauben entsprach. Auf diese Weise begannen die Chasaren, die sich teils zum griechischen Glauben, teils zum Islam bekehrten oder auch den Judaismus annahmen, ihre chasarische Sprache dergestalt zu verdrehen, daß sie möglichst wenig der Sprache derjenigen Chasaren glich, die auch weiterhin in ihrem ursprünglichen Glauben verharrten. Einige Quellen indes akzeptieren die Behauptung, wie sie bei Daubmannus über den tätowierten Gesandten vorgetragen wird, nicht, sie sind vielmehr der Ansicht, daß von einem reich verzierten Gefäß aus Salz die Rede gewesen sei, das man dem byzantinischen Imperator als Geschenk zugesandt hatte, damit dieser von ihm die chasarische Geschichte ablesen konnte, und daß die ganze Erzählung vom »Großen Pergament« in Wahrheit nur das Ergebnis einer falsch gelesenen historischen Quelle sei. Mit diesem vernünftigen Einwand hat es jedoch seine Schwierigkeiten. Akzeptiert man, daß die Rede von einem Salzgefäß ist, vermag man den Rest der Erzählung vom »Großen Pergament« nicht zu begreifen; die aber lautet wie folgt:

Auf

Auf dem »Großen Pergament« wurden die Jahre anhand der chasarischen großen Jahre berechnet, die lediglich die Kriegszeiten berücksichtigten, so daß man sie in kleine griechische Jahre umrechnen mußte. Der Anfang des Pergaments war verlorengegangen, und das, weil dem Gesandten aus Anlaß einer Bestrafung der Teil seines Körpers abgehauen wurde, auf dem das erste und das zweite große chasarische Jahr aufgezeichnet gewesen waren. So beginnt die chasarische Geschichte in ihrem erhalten gebliebenen Teil mit dem dritten großen Jahr, als nämlich im 7. Jahrhundert (nach heutiger Zeitrechnung) der byzantinische Kaiser Herakleios mit Hilfe der Chasaren Kriegszüge gegen Persien unternahm. Die Chasaren nahmen unter der Führung ihres Königs Ziebel an der Belagerung von Tiflis teil, um sich im Jahre 627 zurückzuziehen und die griechischen Truppen vor dem Feind allein zurückzulassen. Sie behaupteten, für jede Sache gelte die eine Ordnung, solange diese Sache anwachse, eine andere dagegen, wenn diese Sache im Abflauen begriffen sei; Abreise und Rückkehr unterlägen nicht denselben Gesetzen, vor und nach dem Erfolg gälten nicht dieselben Absprachen. Auch die Pflanzen wüchsen nach einem Erdbeben auf neue Weise und anders als bisher. Das vierte große Jahr beschrieb die Siege der Chasaren über das bulgarische Bündnis, als ein Teil dieses hunnisch-onogurischen Stammes von den Chasaren unterworfen wurde, während sich der andere unter Asparuch nach Westen bis zum Donaulauf zurückzog, zu Stämmen, die den Wind peitschten, auf deren Kopf anstelle von Haar Gras wuchs und deren Gedanken frostig war. Das fünfte und sechste große Jahr (auf der Brust des Gesandten verzeichnet) enthielten die Historie der Kriege des Chasarenreichs zur Zeit des byzantinischen Kaisers Justinian II. Nach seiner Absetzung wurde Justinian, verjagt und verstümmelt, in Cherson gefangengesetzt, von wo aus er zu den Chasaren floh, vollständig nackt und auf seinem Wege unter schweren Steinen schlafend, um nicht zu erfrieren. Am Hof des chasarischen Kagan▽ wurde er gut aufgenommen und mit der Schwester des Kagan verheiratet, die den griechischen Glauben und den Namen Theodora annahm (nach dem Namen der Kaiserin Justinians I.) und dennoch weiterhin, getreu chasarischer Sitte, der Meinung war, Gott habe sich der Jungfrau Maria im Traum gezeigt und sie mit dem geträumten Wort geschwängert. So fand Justinian II. das erste Mal bei den Chasaren Rettung. Beim zweiten Mal sollte er seinen Weg unter ihnen beenden, denn Zuflucht vermag man bei ihnen zu finden, entfliehen aber kann man ihnen nicht. Als eine Botschaft von Kaiser Tiberius den chasarischen Hof mit der Aufforderung erreichte, Justinian den Griechen auszuliefern, floh dieser erneut und wandte sich der Hauptstadt zu. Nachdem er wiederum Herrscher geworden war, erinnerte sich Justinian nicht der Gastfreundschaft der Chasaren und schickte im Jahre 711 eine Strafexpedition nach Cherson, dem Ort, an dem er einst verfolgt worden war und der sich unter chasarischem Einfluß befand. Dieses Mal kostete ihn der Vorstoß auf das chasarische Reich den Kopf. Die Chasaren unterstützten die rebellierenden kaiserlichen Truppen (die Krim war ihnen zu jener Zeit bereits anheimgefallen), und während dieses Aufstandes wurden Justinian II. und sein kleiner Sohn Tiberius, Kind der chasarischen Prinzessin und letzter Sproß der Dynastie Herakleios in Byzanz, erschlagen. Kurz, die Chasaren nahmen sich desjenigen an, der verfolgt war, vernichteten aber den, der verfolgen ließ, alles in ein und derselben Person. Das siebente und letzte große chasarische Jahr, eingeschrieben auf dem »Großen Pergament«, vermerkte auf dem Bauch des chasarischen Abgesandten, daß es neben den Chasaren noch einen anderen Stamm gleichen Namens auf der Welt gab und daß dieser Doppelgänger der Chasaren fern vom eigentlichen Stamm der Chasaren lebte; es kam daher häufig zu Verwechslungen mit den wahren Chasaren und zeitweise zu Begegnungen der Reisenden zwischen beiden Völkern. Diese anderen Chasaren

ren

ren versuchten ständig aus dieser Ähnlichkeit des Namens Nutzen zu ziehen, und auf den Schenkeln des wahren Abgesandten fand sich der Hinweis, an den Höfen des Kalifen und des Basileus fänden sich zuweilen in gleicher Weise tätowierte Abgesandte ein, die nicht die Geschichte der Chasaren auf sich trügen, sondern die Geschichte jenes anderen Volkes gleichen Namens. Diese anderen Chasaren verstünden es sogar, chasarisch zu sprechen, doch halte diese Kenntnis bei ihnen nur drei bis vier Jahre an, so lange, wie ein Haar braucht, um grau zu werden. Ihre Redefertigkeit gehe zuweilen mitten im Satz verloren, und sie vermöchten nicht einmal mehr einen Laut hervorzubringen. Der Abgesandte bezeugte auf diese Weise mündlich und mit Hilfe der eintätowierten Botschaft, daß er der Vertreter des wahren Kagan und der wahren Chasaren sei. Er erwähnte auch, daß sich die Griechen einmal – anstatt an die wahren Chasaren – an dieses Doppelgängervolk angeschlossen hätten, und zwar im Zeitabschnitt, der das siebente große Jahr abdeckt. Im Jahre 733 (nach heutiger Zeitrechnung), im erwähnten chasarischen Jahr, verheiratete Kaiser Leon III., der Isaurer und Ikonenfeind, seinen Sohn Konstantin mit der Tochter des chasarischen Kagan, Irina. Aus dieser Ehe ging der spätere griechische Kaiser Leon IV., der Chasar, hervor (775–780). Zur gleichen Zeit bat man Kaiser Leon III., eine Gesandtschaft an den chasarischen Hof zu entsenden, die bereit wäre, den christlichen Glauben auszulegen. Dieses Verlangen wurde dann hundert Jahre später zur Zeit des griechischen Kaisers Theophilos (829 bis 842) wiederholt, als die russischen Normannen und die Magyaren die Krim bedrohten, das griechische Kaiserreich und den chasarischen Staat. Auf Ersuchen des chasarischen Kagan errichteten griechische Ingenieure damals die Festung Sarkel, und im linken Ohr des Abgesandten konnte man gut sehen, wie sich an der Mündung des Don eine Befestigungsanlage erhob. Auf einem seiner Daumen fand sich der chasarische Angriff auf Kiew im Jahre 862 dargestellt; da dieser Daumen jedoch ständig von einer Wunde eiterte, die er derselben Belagerung verdankte, war das Bild verschmiert und blieb ein dauerndes Geheimnis, denn diese Belagerung hatte sich, als man den Abgesandten auf den Weg nach Konstantinopel geschickt hatte, noch nicht ereignet, so daß man noch rund zwei Jahrzehnte auf sie zu warten hatte.

An dieser Stelle bricht die Aufzeichnung über das »Große Pergament« ab, und man stellt sofort fest, daß derjenige, der den »Auszug« aus der chasarischen Vorlage schuf, lediglich die Nachrichten hinsichtlich der griechisch-chasarischen Beziehungen übernahm, die übrigen aber, die zweifellos ebenfalls auf der Haut des chasarischen Diplomaten eintätowiert waren, ließ er aus und überließ es dem »laufenden Brief«, seine Mission in einem anderen Land fortzusetzen. Davon scheint das Gerücht zu sprechen, der chasarische Abgesandte habe sein Leben am Hof irgendeines Kalifen abgeschlossen, wobei er seine Seele umkrempelte und sie wie einen umgedrehten Handschuh anzog. Seine geschundene Haut, gegerbt und eingebunden zu einem großen Atlas, habe an einem Ehrenplatz am Kalifenhof in Samarra gestanden. Anderen Quellen zufolge war der Abgesandte zahlreichen Unannehmlichkeiten ausgesetzt. So mußte er es sich in Konstantinopel gefallen lassen, daß man ihm die Hand abschlug, denn einer der mächtigen Männer am griechischen Hof zahlte in barem Gold für das zweite große chasarische Jahr, das auf der linken Hand des Gesandten aufgezeichnet war. Wieder anderen Quellen zufolge mußte der Abgesandte zwei- oder dreimal in die chasarische Hauptstadt zurückkehren, um dort Ausbesserungen von historischen und anderen Daten unterzogen zu werden, die er auf sich trug, oder er fand sich gar durch einen anderen Abgesandten ersetzt, dem man die verbesserte und ergänzte Geschichtsversion in die Haut geritzt hatte. Er lebte – wie das *Chasarische Wörterbuch* vermerkt – gleich einer lebenden Enzyklopädie der Chasaren, und das vom Geld, das er für regloses Stehen während langer Nächte

Nächte empfing. Und er wachte, versunken in den Anblick der silbrigen Wipfel der Bäume am Bosporus, die Rauchschwaden glichen. Währenddessen übertrugen griechische und andere Schreiber die chasarische Geschichte von seinem Rücken und seinen Schenkeln in ihre Bücher. Man sagt, daß er nach chasarischem Brauch ein gläsernes Schwert trug und behauptete, die Buchstaben des chasarischen Alphabets seien nach Speisen benannt worden, die Zahlen aber nach den sieben Sorten Salz, wie sie die Chasaren unterschieden. Erhalten ist sein Ausspruch: »Ginge es den Chasaren in Itil (der chasarischen Residenz) besser, so würde es ihnen auch in Konstantinopel besser gehen.« Auch sonst sagte er viele Dinge, die jenen auf seiner Haut widersprachen.

Er oder einer seiner Nachfolger erklärte die Chasarische Polemik▽, die am Hof des Chasarenkagan abgehalten wurde, wie folgt. Einmal träumte dem Kagan ein Engel, der zu ihm sprach: »Deine Werke sind dem Herrn nicht angenehm, wohl aber sind es deine Absichten.« Sogleich schickte er nach einem der angesehensten Priester aus der Sekte der Traumjäger und forderte ihn auf, den Traum zu deuten. Der Jäger lachte und sprach zum Kagan: »Gott hat keine Ahnung von dir; er sieht weder deine Absichten noch deine Gedanken und Taten. Daß dir der Engel im Traum erschien und was er faselte, bedeutet nur, daß er nicht wußte, wo er übernachten sollte, denn draußen regnete es wahrscheinlich. Und daß er nur kurz verweilte, entspricht den Umständen, denn es stank ihm allzusehr in deinem Traum. Reinige deine Träume ein anderes Mal ...« Ob dieser Rede wurde der Kagan sehr zornig und rief Fremde herbei, damit sie ihm den Traum auslegten. »Ja, die menschlichen Träume stinken erbärmlich«, kommentierte der chasarische Abgesandte diese Erzählung. Er starb, weil ihn die Haut, beschrieben mit der chasarischen Geschichte, schrecklich zu jucken begann. Dieses Jucken war unerträglich, und er verschied, erleichtert und glücklich, da er endlich von der Geschichte gereinigt war.

Chasarische Polemik▽ – ein Ereignis, das die christlichen Quellen in das Jahr 861 verlegen, gemäß dem Wortlaut der Vita Konstantins aus Saloniki, des heiligen Kyrillos†, jener Vita, die im 9. Jahrhundert geschrieben wurde und in der sogenannten Handschrift der Theologischen Akademie in Moskau wie auch in der Version von Vladislav Grammatik aus dem Jahre 1469 erhalten ist. In dem erwähnten Jahr 861 kamen Abgesandte der Chasaren▽ zum byzantinischen Kaiser und sprachen: »Seit alters kennen wir nur den einen Gott, der über allem ist, und vor ihm verneigen wir uns gen Osten, auch halten wir uns an unsere anderen heidnischen Bräuche. Die Juden überreden uns nun, ihren Glauben und ihren Gottesdienst anzunehmen; die Sarazenen ihrerseits ziehen uns, während sie uns Frieden und zahlreiche Geschenke anbieten, zu ihrem Glauben hinüber, indem sie sprechen: ›Unser Glaube ist besser als der aller anderen Völker‹ – deshalb wenden wir uns an euch, die wir gegen euch alte Freundschaft und Liebe hegen, denn ihr Griechen seid ein großes Volk und empfangt die kaiserliche Macht von Gott; wir bitten daher um euren Rat und ersuchen euch, uns einen eurer gelehrten Männer zu entsenden; sollte er denn im Streitgespräch Juden und Sarazenen besiegen – so werden wir euren Glauben annehmen.«

Als der griechische Kaiser Kyrillos befragte, ob er bereit sei, zu den Chasaren zu gehen, antwortete dieser, er werde zu einer solchen Reise zu Fuß, und das barfuß, aufbrechen. Daubmannus ist der Auffassung, Kyrillos habe damit sagen wollen, daß er zur Vorbereitung dieser Reise so viel Zeit benötige, wie man von Konstantinopel zur Krim zu Fuß brauche, denn Kyrillos sei zu jener Zeit im Traum noch Analphabet gewesen und habe nicht gewußt, wie man den Traum von innen aufschließt, das heißt, er verstand nicht aufzuwachen, wann er es selbst wünschte. Dennoch nahm er sich der Aufgabe an, lernte unterwegs in Cherson Hebräisch und übersetzte die hebräische

Grammatik

Grammatik ins Griechische, um sich auf die angekündigte Polemik am Hof des chasarischen Kagan vorzubereiten. Er und sein Bruder Methodios† passierten den See von Maeotia und das Kaspische Tor zu den kaukasischen Bergen, als ihnen auch schon der Bote des Kagan entgegentrat. Er fragte Konstantin den Philosophen, warum er, wenn er spreche, immer ein Buch vor sich halte, während die Chasaren alle Weisheit aus ihrer Brust sögen, als hätten sie sie zuvor verschluckt. Konstantin gab ihm zur Antwort, daß er sich ohne Buch nackt fühle, von welchem nackten Menschen aber würde man glauben, daß er viele Kleider besäße? Dieser Abgesandte der Chasaren war, um Konstantin und Methodios zu begrüßen, aus der chasarischen Hauptstadt Itil nach Sarkel am Don gekommen, von wo aus er nach Cherson gelangte. Er führte darauf die byzantinischen Gesandten nach Semender am Kaspischen Meer, der Sommerresidenz des Kagan, und dort wurde die Polemik geführt. Als am Hof, wo bereits der jüdische und der sarazenische Vertreter zugegen waren, die Frage gestellt wurde, welcher Rang ihm bei Tisch gebührte, entgegnete Konstantin: »Ich hatte einen bedeutenden und überaus berühmten Großvater, der dem Kaiser nahestand; da er jedoch aus freien Stücken dem ihm zugedachten Ruhm entsagte, wurde er davongejagt, und in die Fremde gelangt, verarmte er; ich aber wurde dort geboren. Mir, der ich nach dem vergangenen Ruhm meines Großvaters begehre, ist es nicht gelungen, ihn zu erlangen; folglich bin ich ein Enkel Adams.«

»Ihr verherrlicht die Dreifaltigkeit«, sagte der Kagan unter der Mahlzeit gelegentlich eines Trinkspruches, »wir dagegen den einen Gott, wie es in den Büchern steht. Woher kommt das?«

Der Philosoph darauf:

»Die Bücher predigen das Wort, und sie predigen den Geist. Wenn dir jemand Ehre erweist, dein Wort aber und deinen Geist nicht ehrt, ein anderer dagegen alle drei ehrt, wer von beiden erweist dir dann die größere Ehre?«

Darauf fragten die jüdischen Abgesandten:

»Sag an, wie nun vermag eine Frau Gott in ihrem Leib Platz zu geben, den sie nicht zu schauen und noch weniger zu gebären vermag?«

Der Philosoph hingegen sprach, während er auf den Kagan und seinen ersten Ratgeber wies:

»Wenn jemand sagte, daß der erste Ratgeber dem Kagan nicht zu huldigen wisse, und wiederum sagte, daß der letzte seiner Diener sowohl dem Kagan zu dienen als ihm Ehre zu erweisen wisse, sagt mir, sollten wir diesen als töricht oder als verständig ansehen?«

In diesem Augenblick mischten sich die Sarazenen in die Polemik ein, und Konstantin wurde über einen Brauch befragt, den er schon beim Kalifen der Sarazenen in Samarra kennengelernt hatte. Die Sarazenen hatten nämlich außen an den Häusern der Christen Bilder des Teufels angebracht. An jeder christlichen Tür befand sich das Bild eines Dämons. Und die Sarazenen, die schon seit langem versucht hatten, Konstantin zu vergiften, fragten:

»Kannst du, Philosoph, verstehen, was das bedeutet?«

Und er sprach:

»Ich sehe das Bild der Dämonen und denke, daß da drinnen Christen wohnen, und weil nun jene mit diesen gemeinsam nicht zu leben vermögen, fliehen sie vor ihnen nach draußen. Dort aber, wo es außen am Hause solche Bilder nicht gibt, da sind sie drinnen mit den Bewohnern…«

Eine weitere christliche Quelle über die Chasarische Polemik ist sehr entstellt in Form einer Legende über die Bekehrung der Kiewer im 10. Jahrhundert auf uns gekommen. Hinter dieser Legende, in der sich – als einer der Beteiligten an der Kiewer Polemik über die drei Religionen – Konstantin der Philosoph (Kyrillos) zu Wort meldet (obwohl er hundert Jahre früher lebte), läßt sich undeutlich ein Dokument erkennen, das ursprünglich von der Chasarischen Polemik sprach. Entfernte man die Ablagerungen und nachträglichen

nachträglichen Reaktionen aus dem 10. Jahrhundert sowie späterer Jahrhunderte, würde der Bericht über die Chasarische Polemik aus dieser Quelle etwa wie folgt aussehen:

Einer der chasarischen Kagane, der sehr erfolgreich war in den Kriegen gegen die Petschenegen und Griechen, denen er Cherson abnahm (Kertsch auf der Krim), verschrieb sich nach seinen militärischen Erfolgen dem angenehmen Leben. Er wünschte so viele Frauen zu besitzen, wie er Krieger in seinen Kriegszügen verloren hatte. »Er besaß viele Frauen«, so eine Version dieser Legende, veröffentlicht in Venedig im Jahre 1772 in serbischer Sprache, »und da er Frauen aller Glaubensrichtungen begehrte, verneigte er sich nicht nur vor verschiedenen Idolen, vielmehr wünschte er auch selbst aus Zuneigung gegenüber seinen Frauen und Geliebten, sich zu verschiedenem Glauben zu bekennen.« Das wurde verschiedenen Fremden, Griechen, Arabern und Juden, zum Anlaß, sich eiligst mit ihren Botschaftern zum Kagan zu begeben, da sie wünschten, ihn so bald wie möglich zu ihrem eigenen Glauben zu bekehren. Etwas mehr Erfolg als den Juden und Sarazenen war in der Polemik, die sich am Hofe des Kagan entspann – so diese Quelle –, Konstantin dem Philosophen beschieden, den die griechischen Kaiser geschickt hatten. Eine endgültige Entscheidung vermochte der Kagan jedoch nicht zu fällen, er wurde unschlüssig, so daß schließlich die Teilnahme einer seiner Verwandten den Ausschlag gab, worin man die Rolle der chasarischen Prinzessin Ateh▽ wiederzuerkennen vermag, wie wir sie aus einer dritten Quelle kennen. Ihre Anhänger überredeten den Kagan, sie unter die Juden, Griechen und Sarazenen zu entsenden, damit sie sich an Ort und Stelle davon überzeugen könnten, wie ihre Lehren beschaffen seien. Als nun diese »weibliche« Gesandtschaft zurückkehrte, empfahl sie das Christentum als den tauglichsten Glauben, und die Abgesandten entdeckten dem Kagan, daß seine Verwandte, deren Anhänger sie waren, schon seit langem das Christentum angenommen hatte.

Die dritte Quelle, die sich mit den christlichen Zeugnissen zur Chasarischen Polemik beschäftigt – Daubmannus –, ist der Ansicht, daß diese Nachricht den Kagan erschreckte. So ging das Glück in dem Augenblick auf die Seite des jüdischen Abgesandten über, als der Kagan feststellte, daß sowohl die Christen als auch die Juden das *Alte Testament* achteten. Da ihm dies auch Konstantin bestätigte, wandte sich der Kagan ganz der Seite eines gewissen Romagnot zu, der aus Griechenland zu den Chasaren geflohen war und flammend das Judentum vertrat.

»Von uns drei Traumdeutern«, sagte dieser Romagnot zum Kagan, »habt ihr Chasaren nur mich nicht zu fürchten, den Rabbiner. Denn hinter dem Juden steht weder der Kalif mit den grünen Segeln seiner Flotte noch der griechische Basileus mit dem Kreuz über seiner Armada. Hinter Konstantin von Saloniki kommen Speere und Reiterscharen, hinter mir aber, dem jüdischen Rabbiner, der Überwurf fürs Gebet.«

So sprach der Rabbiner, und der Kagan hatte sich ganz ihm und seinen Argumenten zugewandt, als sich Prinzessin Ateh in die Polemik einmischte und noch einmal den Ausgang des Gesprächs in eine andere Richtung lenkte. Dieses entscheidende Wort in der Chasarischen Polemik, das Ateh sprach, sich dem jüdischen Teilnehmer zuwendend, lautete:

Du sagst, wer Reichtum begehre, der möge sich gen Norden wenden, wer Weisheit will, gen Süden! Warum aber sprichst du diese süßen und weisen Worte hier zu mir im Norden anstatt zur Weisheit, die dich erwartet im Land deiner Väter? Warum bist du nicht dorthin gegangen, wo das Licht seine Eier gebiert, wo die Jahrhunderte sich an den Jahrhunderten reiben, um den sauren Regen des Toten Meeres zu trinken, um den Sand zu küssen, der anstelle des Wassers in schrägem Strahl gleich einem gespannten goldenen Faden aus den Brunnen Jerusalems fließt? Du aber sagst nur, ich träumte die finstere Nacht, und nur in deinem Wachen gebe es ein wenig Mondschein. Warum sprichst du so zu mir?

Wieder

Wieder ist eine Woche arm geworden und ist verblaßt. Sie hat ihren feierlichsten Tag vergeudet, von dem du sagst, er beginne in Palästina, jenen Tag, den sie eifersüchtig hütete bis heute, doch ist die Reihe jetzt auch an ihn gekommen. Sie gibt ihn ungern, Stück für Stück. Nimm deinen Teil, nimm deinen Sabbat, und dann geh. Geh zur Weisheit, und dann sag alles, was du mir sagen wolltest. Du wirst glücklicher sein. Nur gib acht: wer eine Festung erobern will, muß zuerst die eigene Seele erobern...

Zu dir aber rede ich all dies vergeblich, denn du trägst die Augen im Munde und siehst nur dann, wenn du zu sprechen beginnst. Ich komme zu dem Schluß: entweder taugt dein Sprichwort nicht, oder dich erwartet im Süden niemand, denn man erwartet einen anderen. Wie denn sonst soll ich verstehen, daß du hier bist, im Norden und bei mir?

Diese Worte Prinzessin Atehs schreckten den Kagan auf, und er sprach zum Rabbiner, er habe gehört, daß die Juden sich selbst eingestünden, ihr Gott habe sie verworfen und über die Welt verstreut.

»Wollt ihr uns denn in euren Glauben hinüberziehen, auf daß ihr Freunde in eurem Elend hättet und wir, die Chasaren, wie ihr durch Gott gestraft und über die ganze Welt zerstreut würden?«

So wandte sich der Kagan vom Juden ab und überzeugte sich aufs neue, daß die Argumente Konstantins des Philosophen die wahren seien. Er trat mit seinen Oberhäuptern zum Christentum über und schickte dem griechischen Kaiser einen Brief, der in Kyrillos' Vita unter folgendem Wortlaut erwähnt wird:

»Du hast uns, Herr, einen solchen Menschen gesandt, der uns das Licht des christlichen Glaubens in Wort und Tat erklärte, und wir überzeugten uns, daß dies der rechte Glaube ist, und wir befahlen den Menschen, sich freiwillig taufen zu lassen...«

Einer anderen Quelle zufolge faßte der Kagan, während er sich die Argumente Konstantins zu eigen machte, damals völlig unerwartet den Entschluß, mit den Griechen einen Krieg anzufangen, anstatt ihren

Glauben anzunehmen. Er sprach: »Um den Glauben wirbt man nicht, man gewinnt ihn mit dem Schwert.« Er griff sie von Cherson her an, und als er den Kriegszug erfolgreich beendet hatte, forderte er vom griechischen Kaiser eine griechische Prinzessin zur Frau. Der Kaiser stellte eine einzige Bedingung – der chasarische Kagan möge zum Christentum übertreten. Zur großen Verwunderung Konstantinopels willigte der Kagan ein, und also wurden die Chasaren getauft.

KAGAN▽ – Bezeichnung für den chasarischen Herrscher. Seine Hauptstadt war Itil, seine Sommerresidenz befand sich am Kaspischen Meer und nannte sich Semender. Man ist der Auffassung, der Empfang der griechischen Missionare am chasarischen Hof sei eine politische Entscheidung gewesen. Noch im Jahre 740 ersuchte einer der chasarischen Kagane in Konstantinopel um einen Missionar, der das christliche Gesetz beherrsche. Im 9. Jahrhundert galt es dann, das griechisch-chasarische Bündnis angesichts der gemeinsamen Gefahr zu stärken: damals schmiedeten die Russen bereits ihren Schild an die Tore von Konstantinopel und nahmen den Chasaren Kiew ab. Es gab noch eine zusätzliche Gefahr. Der damalige Kagan besaß keinen Nachfolger auf dem Thron. Eines Tages kamen ein paar griechische Kaufleute zu ihm, und er empfing und bewirtete sie. Sie waren ohne Ausnahme von kleinem Wuchs, dunkelhäutig und so behaart, daß man auf ihrer Brust einen Haarscheitel zu erkennen vermochte. Der Kagan saß unter ihnen wie ein Riese und hielt Mahlzeit. Es war aber die Zeit vor einem Unwetter, die Vögel schlugen gegen die Fenster und die Fliegen gegen die Spiegel. Nachdem die Reisenden hinausbegleitet und belohnt worden waren, kehrte der Kagan in den Saal zurück und warf zufällig einen Blick auf die Bissen, die von der Mahlzeit übriggeblieben waren. Die Bissen der Griechen waren gewaltig wie von Riesen, die des Kagan winzig

wie

wie von einem Kind. Schnell rief er die Höflinge zu sich, damit sie sich erinnerten, was die Fremden zu ihm gesagt hatten, doch niemand erinnerte sich an irgend etwas. In der Hauptsache hätten sie geschwiegen, folgerten alle. Da wandte sich ein Jude an den Kagan, einer derer aus seinem Gefolge, und sagte, er werde die Schwierigkeiten des Kagan lösen.

»Ich will sehen, wie«, sagte der Kagan und leckte ein wenig vom heiligen Salz. Der Jude führte einen Sklaven heran und befahl ihm, den Arm zu entblößen. Sein Arm war dem rechten Arm des Kagan vollständig gleich.

»Gut«, sagte der Kagan, »behalte ihn. Behalte ihn und arbeite weiter. Du bist auf dem rechten Weg.«

Boten zerstreuten sich über das ganze Kaganenreich, und binnen drei Monaten führte der Jude einen jungen Mann vor ihn hin, dessen Füße ganz wie die des Kagan aussahen. Auch ihn behielt man am Hof. Auf diese Weise fand man darauf noch zwei Knie, ein Ohr und eine Schulter – alles gleich den Gliedern des Kagan. Nach und nach versammelte sich am Hof eine Gruppe junger Leute, teils Soldaten, teils Sklaven, auch Seiler, Juden, Griechen, Chasaren und Araber, die, hätte man von jedem von ihnen ein Glied oder einen Teil des Körpers genommen, einen jungen Kagan ergeben hätten gleich dem, der in Itil herrschte. Nur der Kopf fehlte. Ihn vermochte man auf keine Weise zu finden. Da aber rief eines Tages der Kagan den Juden zu sich und forderte entweder dessen oder seinen, des Kagan, Kopf. Der Jude zeigte sich keineswegs erschrocken, und der Kagan fragte ihn verwundert nach dem Grund.

»Der Grund liegt darin, daß ich schon vor einem Jahr erschrak und nicht heute. Vor einem Jahr fand ich auch den Kopf. Und ich bewahre ihn hier am Hof schon viele Monate auf, doch wage ich es nicht, ihn zu zeigen.«

Als der Kagan befahl, auch den Kopf zu zeigen, führte der Jude ein Mädchen vor ihn hin. Es war jung und schön, und ihr Kopf ähnelte in solchem Maße dem

Kopf des Kagan, daß man ihn im Spiegel verwechseln konnte. Erblickte man im Spiegel seinen Umriß, konnte man denken, den Kagan zu sehen, nur eben einen jüngeren. Da befahl der Kagan, alle herbeizuführen, die man angesammelt hatte, und dem Juden, aus ihren Gliedern noch einen Kagan zu schaffen. Während die überlebenden Krüppel, deren Glieder in den zweiten Kagan eingebaut wurden, auseinandergingen, schrieb der Jude auf die Stirn des neugeschaffenen irgendwelche Wörter, und der junge Kagan, der Nachfolger-Kagan, streckte sich auf dem Lager des Kagan aus. Darauf galt es, ihn auf die Probe zu stellen, und der Jude schickte ihn auf das Lager der Geliebten des Kagan, zu Prinzessin Ateh▽. Am Morgen sandte die Prinzessin dem wahren Kagan eine Botschaft:

»Jener, den man gestern abend zu mir auf mein Lager schickte, ist beschnitten, du aber bist es nicht. Also ist er entweder ein anderer und nicht Kagan, oder der Kagan hat sich den Juden ergeben und sich beschneiden lassen und ist ein anderer geworden. Entscheide also, was geschehen ist.«

Der Kagan befragte alsdann den Juden, was dieser Unterschied zu bedeuten habe. Dieser gab zur Antwort:

»Werden die Unterschiede nicht verschwinden, sobald du dich auch selbst beschneiden läßt?«

Der Kagan fand sich unschlüssig und fragte Prinzessin Ateh um Rat. Sie führte ihn in die Kellerräume seines Hofes und deutete auf des Kagan Doppelgänger. Sie hatte ihn in Ketten und hinter Gitter werfen lassen, er jedoch hatte bereits alle Ketten zerrissen und rüttelte mit gewaltiger Kraft an den Gittern. Innerhalb einer Nacht war er dermaßen gewachsen, daß der wahre, unbeschnittene Kagan vor ihm aussah wie ein Kind.

»Willst du, daß ich ihn befreie?« fragte die Prinzessin. Da erschrak der Kagan so sehr, daß er befahl, den beschnittenen Kagan zu töten. Prinzessin Ateh spie dem Riesen an die Stirn, und dieser stürzte tot zu Boden.

Da

Da wandte sich der Kagan den Griechen zu, knüpfte mit ihnen ein neues Bündnis und nahm ihren Glauben als den seinen an.

KYRILLOS (Konstantin aus Saloniki oder Konstantin der Philosoph; 826–869) – Heiliger der Ostchristenheit, griechischer Vertreter in der Chasarischen Polemik▽, einer der Apostel des slawischen Schrifttums. Als siebtes Kind des *drungar* Leon, der in Saloniki militärische und staatliche Angelegenheiten für den byzantinischen Hof besorgte, hatte Konstantin eine Reihe von diplomatischen und administrativen Ämtern inne und wuchs unter Kirchen auf, die kahl und ohne Ikonen waren, zu einer Zeit, als in Konstantinopel die Ikonenfeinde an der Macht waren. Viele von ihnen waren aus Saloniki, und Konstantin lernte bei Leuten, die berühmte Gegner der Ikone waren. Leo der Mathematiker, der ihn Homer lehrte, die Geometrie, die Arithmetik, die Astronomie und die Musik, war Ikonenfeind und ein Verwandter des Patriarchen von Konstantinopel, des Ikonenfeindes Johannes Grammatikos (837–843); er stand mit den Sarazenen und deren Kalifen Mamun in Verbindung. Konstantins zweiter Lehrer, der berühmte Philosoph und spätere Patriarch Photios, der ihn die Grammatik lehrte, die Rhetorik, die Dialektik und die Philosophie, trug den Beinamen des christlichen Aristoteles und war zusammen mit Leo dem Mathematiker der Begründer der humanistischen Erneuerung, während der die byzantinische Welt noch einmal begriff, daß sie der Nachfahre des antiken hellenischen Geschlechts war. Photios betrieb hermetische und verbotene Wissenschaften, Astrologie und Magie, der byzantinische Kaiser nannte ihn eine »chasarische Schnüffelnase«, und am Hof ging die Legende um, daß Photios noch in der Jugend seine Seele irgendeinem hebräischen Zauberer verkauft habe. Konstantin liebte Sprachen, er hielt sie für ewig wie die Winde, und er wechselte sie wie der chasarische Kagan die

Frauen unterschiedlichen Glaubens. Er studierte neben dem Griechischen das Slawische, Hebräische, Arabische, Samaritische und die Sprachen, die in gotischer oder »russischer« Schrift geschrieben wurden. Mit dem unstillbaren Durst nach Wanderschaft wuchs er auf und lebte mit ihm auch späterhin. Stets pflegte er ein Leintuch bei sich zu tragen und sprach: Wo mein Leintuch ist, da ist auch mein Zuhause, und er verbrachte sein Leben unter wilden Stämmen, wo er stets, wenn er Hände gedrückt, seine Finger zählen mußte. Nur seine Krankheiten waren in seinem Leben leidliche Inseln der Ruhe. Sobald er krank wurde, vergaß er außer seiner Muttersprache alle anderen Sprachen. Seine Krankheiten pflegten indessen wenigstens zwei Ursachen zu haben. Als die Saloniki-Partei der Ikonenfeinde 843 entmachtet und nach dem Tode des Kaisers Theophilos eine Erneuerung des Ikonenkultes proklamiert wurde, mußte sich Konstantin in ein Kloster auf dem kleinasiatischen Festland zurückziehen. Er dachte: Auch Gott hat sich zurückgezogen, um der Welt Platz zu machen. Unser Auge ist das Ziel der Dinge vor uns. Alles zielt auf sie und nicht umgekehrt. Dann zwang man ihn, in die Hauptstadt zurückzukehren und öffentlich gegen seine ehemaligen Lehrer und Landsleute aufzutreten, um die Ikonen zu verteidigen. Daß die Gedanken in unserem Kopfe sind, ist eine Illusion, schloß er damals. Der Kopf und wir sind ganz in den Gedanken. Wir und unsere Gedanken sind wie das Meer und die Strömungen in ihm – unser Körper ist die Strömung im Meer, die Gedanken aber sind das Meer selbst. So schafft sich der Körper in der Welt Platz, während er sich durch die Gedanken hindurchschlägt. Die Seele allein ist dem einen wie dem anderen das Strombett.

Damals verließ er nach den Ikonengegnern, die seine Lehrer gewesen waren, seinen älteren Bruder Methodios†, der Gleichdenkende niemals angegriffen hat. Er gewahrte, wie er seinen ehemaligen geistlichen Vater und Bruder hinter sich ließ und zu seinem Oberhaupt wurde.

Im

Im Dienste des kaiserlichen Hofes war er zunächst Archon einer slawischen Provinz, dann lernte er an der hauptstädtischen Schule des Hofes; als Priester wurde er Bibliothekar des Patriarchats bei der Kirche der heiligen Sophia zu Konstantinopel und Professor der Philosophie an der Universität der Kaiserstadt; hier erhielt er ob seiner außergewöhnlichen Belesenheit den ehrenvollen Namen eines »Philosophen«, den er bis zu seinem Ende trug. Dennoch hielt er sich an einen anderen Weg und an den Matrosenglauben, daß das Fleisch der weisen Fische schädlich ist, dazu zäher als das Fleisch der dummen. So essen nur die Dummen dumme und weise, die Weisen dagegem probieren und verlangen dumme Fische.

Porträt Konstantins aus Saloniki, des heiligen Kyrillos, nach einer Freske aus dem 9. Jahrhundert

Er, der die erste Hälfte seines Lebens damit verbracht hatte, vor den Ikonen davonzulaufen, verbrachte die zweite Hälfte dieses Lebens damit, sie wie einen Schild vor sich herzutragen. Es stellte sich aber heraus, daß er sich an die Ikone der Gottesmutter gewöhnen konnte, an die Gottesmutter jedoch nicht. Als er sie viele Jahre später in der Chasarischen Polemik▽ mit einer Dienerschaft aus dem Gefolge des Kagan verglich, verglich er sie mit einem Mann, nicht mit einer Frau.

Damals war die Hälfte seines Jahrhunderts zurückgelegt und die Hälfte seines Lebens vollendet.

Er nahm drei Goldstücke, steckte sie in seinen Beutel und dachte: Das erste werde ich einem Hornisten geben, das zweite den Sängern in der Kirche, das dritte aber den himmlischen Sängern, den Engeln. Und so brach er auf zu seinen endlosen Reisen. Niemals konnte er die Krümel der Mittagsmahlzeit mit den Krümeln der Abendmahlzeit vermischen. Er war in ständiger Bewegung. Im Jahre 851 ging er zum arabischen Kalifen nach Samarra bei Bagdad; als er aber von dieser diplomatischen Reise zurückkehrte, erblickte er im Spiegel die erste Falte auf seiner Stirn, und er nannte sie die sarazenische. Das 859. Jahr ging zu Ende, und Konstantin wurde zum Altersgenossen Alexanders des Großen, der im 33. Jahr starb, im Alter, in dem er sich selbst gerade befand.

Ich habe viel mehr Altersgenossen unter der Erde als auf ihr, kam ihm in den Sinn, Altersgenossen aus allen Zeiten; aus der Zeit Ramses' III., des kretischen Labyrinths oder aus den Zeiten der ersten Belagerung Konstantinopels. Und auch ich werde ein unterirdischer Altersgenosse für viele der Lebenden sein. Nur daß ich, solange ich hier, auf der Erde, älter werde, fortwährend die Altersgenossen unter der Erde wechsle, und die Toten, die jünger sind als ich, verrate...

Dann aber kam es zu einer weiteren Belagerung der Stadt, deren Namen er trug. Während die Slawen 860 Konstantinopel belagerten, baute ihnen Konstantin auf dem kleinasiatischen Olymp in der Stille seiner Mönchszelle eine Falle – er bildete die ersten Buchstaben des slawischen Alphabets. Zunächst fertigte er runde Buchstaben an, doch die slawische Sprache war derart

derart wild, daß die Tinte sie nicht zu halten vermochte, und er formte daher ein zweites Alphabet mit gitterartigen Buchstaben, und darin sperrte er diese widerspenstige Sprache wie einen Vogel ein. Später, als sie gebändigt war und des Griechischen mächtig (denn Sprachen lernen andere Sprachen), konnte man die slawische Sprache auch in jene ursprünglichen glagolitischen Buchstaben fassen…

Folgende Erzählung über die Entstehung des slawischen Alphabets überliefert Daubmannus. Die Sprache der Barbaren wollte sich in keiner Weise zähmen lassen. In einem schnellen drei Wochen langen Herbst saßen die Brüder in der Zelle und versuchten vergeblich, die Buchstaben zu formen, die man später Kyrilliza nannte. Die Arbeit ging ihnen nicht von der Hand. Aus der Zelle heraus vermochte man die Hälfte des Oktober gut zu sehen und in ihm die Stille, eine Wegstunde in die Länge und eine in die Breite. Da lenkte Methodios die Aufmerksamkeit seines Bruders auf vier Tonkrüge, die im Fenster ihrer Zelle standen, doch draußen, jenseits des Gitters.

»Wie würdest du an einen dieser Krüge kommen, wenn deine Tür verriegelt wäre?« fragte er. Konstantin zerschlug einen der Krüge, holte die Scherben Stück für Stück durch das Gitter in die Zelle und setzte dort den Krug wieder zu einem Ganzen zusammen, während er ihn mit seinem Speichel und dem Lehm des Fußbodens unter seinen Füßen leimte.

So hielten sie es auch mit der slawischen Sprache, sie zerschlugen sie in Stücke, holten sie durch das Gitter der kyrillischen Buchstaben in ihre Münder und leimten die Scherben mit ihrem Speichel und dem griechischen Lehm unter ihren Fußsohlen…

Im selben Jahr erreichte den byzantinischen Kaiser Michael III. eine Botschaft des chasarischen Kagan▽, der bat, daß man ihm aus Konstantinopel eine Person sende, die fähig sei, die Grundlagen der christlichen Lehre zu verdeutlichen. Der Imperator wandte sich um Rat an Photios, den er die »chasarische Schnüffelnase« nannte. Dieses Vorgehen war zweideutig, aber Photios nahm die Aufforderung ernst und empfahl seinen Schützling und Schüler Konstantin den Philosophen; dieser nun brach mit seinem Bruder Methodios zu der diplomatischen Mission auf, die man die chasarische nennt. Unterwegs hielten sie sich in Cherson auf der Krim auf, und Konstantin erlernte dort die chasarische und die hebräische Sprache, womit er sich auf die diplomatische Arbeit vorbereitete, die ihm bevorstand. Er dachte: Jeder ist das Kreuz seines Opfers, doch die Nägel durchschlagen auch das Kreuz. Als er an den Hof des chasarischen Kagan kam, traf er dort mit den Vertretern des islamischen und des hebräischen Glaubens zusammen, denn der Kagan hatte auch sie geladen, so daß Konstantin mit ihnen in eine Polemik eintrat, während der er seine *Chasarischen Reden* hielt, die Methodios später in die slawische Sprache übertrug. Indem er die Argumente der Rabbiner und Derwische zerschlug, die den Judaismus und den Islam vertraten, bewegte Konstantin der Philosoph den chasarischen Kagan dazu, das Christentum anzunehmen; er belehrte ihn, daß es nutzlos sei, zu einem zerborstenen Kreuz zu beten, und trug auf seinem Gesicht die zweite Falte davon, die chasarische.

Das Jahr 863 ging zu Ende, Konstantin war nun ein Altersgenosse von Philon dem Alexandriner, dem Philosophen, der im 37. Lebensjahr verstarb, so alt, wie er jetzt selbst war. Konstantin vollendete das slawische Alphabet und ging zusammen mit seinem Bruder nach Mähren, unter die Slawen, die er von seiner Heimat her kannte.

Er übersetzte Kirchenschriften vom Griechischen ins Slawische, und um ihn versammelte sich die Menge der Menschen. Sie trugen die Augen an der Stelle, wo einst die Hörner saßen, und man merkte das; sie gürteten sich mit Schlangen, schliefen den Kopf nach Süden gewandt; ausgefallene Zähne warfen sie übers Haus. Er sah sie, wie sie ihren Rotz mit den Fingern herauszogen und ihn aßen, während sie Gebete flüsterten. Sie wuschen ihre Füße, ohne sich auszuziehen,

auszuziehen, spuckten vor der Mahlzeit ins Essen und warfen ins »Vaterunser« ihre barbarischen Namen, männliche und weibliche, nach jedem Wort, so daß das »Vaterunser« anwuchs wie ein Brot und sich gleichzeitig verflüchtigte, man es also alle drei Tage jäten mußte, während man es weder sah noch hörte vor diesen wilden Namen, die es verschlangen. Unwiderstehlich zog sie der Geruch eines Kadavers an, sie waren voll schneller Gedanken und sangen überaus schön, so daß er weinte, wenn er sie hörte, und seine dritte, slawische Falte betrachtete, wie sie schräg die Stirn hinablief, gleich einem Regentropfen...

Von Mähren aus ging er 867 zum pannonischen Fürsten Kocelj und von da aus nach Venedig, wo er in die Auseinandersetzung mit den Dreisprachlern eintrat, den Vertretern der Auffassung, daß allein die griechische, die hebräische und die lateinische Sprache des Gottesdienstes würdig seien. Die Venezianer fragten ihn: »Hat der ganze Judas Christus getötet, oder war es nur ein Teil von ihm?« Konstantin spürte, wie auf seinem Antlitz die vierte, venezianische Falte hervortrat und wie sie sich mit jenen früheren Falten, der sarazenischen, der chasarischen und der slawischen, auf seinem Gesicht schnitt und kreuzte gleich vier Netzen, die über denselben Fisch geworfen sind. Er gab das erste Goldstück aus seinem Sack einem Trompeter, damit er trompetete, und fragte die »Dreisprachler«, ob das Heer dem Aufruf folge, wenn es das Zeichen der Trompete nicht verstehe. Es war das Jahr 869, und Konstantin dachte an Boethius von Ravenna, der im 43. Lebensjahr starb. Jetzt war er sein Altersgenosse. Auf den Ruf des Papstes hin ging er nach Rom, wo es ihm gelang, die Rechtmäßigkeit seiner Anschauungen und seines slawischen Amtes zu verteidigen. Bei ihm waren Methodios und seine Schüler, die in Rom getauft wurden.

Während er seines Lebens gedachte und dem Gesang in der Kirche lauschte, sann er: So wie der Mensch, der für eine Arbeit begabt ist, diese Arbeit während einer Krankheit unter Widerstand und ungeschickt ausführt, so wird, ohne krank zu sein, doch unter demselben Widerstand und ungeschickt, sie derjenige ausführen, der für sie nicht geeignet ist...

Aus diesem Anlaß wurde in Rom die slawische Liturgie gesungen, und Konstantin gab sein zweites Goldstück den Sängern. Nach uraltem Brauch legte er sein drittes Goldstück unter die Zunge, trat in eines der griechischen Klöster in Rom ein und starb unter seinem neuen Mönchsnamen, als Kyrillos, im Jahre 869.

Ausgewählte Literatur: Eine umfangreiche Bibliographie der Arbeiten über Kyrillos und Methodios wurde im Werk von G. A. Iljinskij zusammengestellt *(Versuch einer systematischen kyrillo-methodianischen Bibliographie),* mit zahlreichen späteren Ergänzungen (Popruženko, Romanski, Ivanka Petrović u. a.). Eine Übersicht über die neuesten Forschungen enthält die Neuausgabe der Monographie von F. Dvornik, *Les Légendes de Constantin et Méthode vue de Byzance* (1969). Einige Angaben, bezogen auf die Chasaren und die Chasarische Polemik, brachte die Daubmannus-Ausgabe des *Chasarischen Wörterbuchs,* das *Lexicon Cosri,* Regiemonti Borrusiae, excudebat Ioannes Daubmannus 1691; diese Ausgabe wurde jedoch vernichtet.

METHODIOS AUS SALONIKI (815–885) – griechischer Chronist der Chasarischen Polemik▽, einer der Slawenapostel und Heiliger der Ostchristenheit, der ältere Bruder Konstantins aus Saloniki, Kyrillos†. Der Familie des byzantinischen Kommandanten in Saloniki, *drungar* Leon, entsprossen, erprobte Methodios seine Fähigkeiten als Verwalter eines slawischen Destrikts, allem Anschein nach auf dem Gebiet des Flusses Strumica (Strymon). Er kannte die Sprache seiner slawischen Untergebenen, die eine bärtige Seele besaßen und im Winter Vögel unter dem Hemd trugen, die sie wärmen sollten. Alsbald, im Jahre 840, ging er nach Vitinia am Marmarameer, doch das Andenken an seine slawischen Untergebenen rollte er sein ganzes Leben wie einen Ball vor sich her. Die Bücher, die Daubmannus✡ anführt, vermerken, daß er dort

dort bei einem Mönch lernte und daß ihm dieser bei einer Gelegenheit gesagt habe: »Es ist uns nicht gegeben, beim Lesen alles aufzunehmen, was geschrieben steht. Unser Gedanke ist eifersüchtig auf jeden fremden Gedanken und verdunkelt sich in jedem Augenblick; es gibt in uns keinen Platz für zwei Gerüche zu gleicher Zeit. Jene im Zeichen der Heiligen Dreifaltigkeit, einem männlichen Zeichen, nehmen während der Lektüre die ungeraden Sätze auf, wir aber, im Zeichen der Zahl vier, einer weiblichen Zahl, nehmen beim Lesen nur die geraden Sätze unserer Bücher auf. Du und dein Bruder, ihr werdet aus demselben Buch nicht dieselben Sätze lesen, denn unsere Bücher bestehen nur in der Verknüpfung des männlichen mit dem weiblichen Zeichen...«

In der Tat lernte Methodios noch bei einer anderen Persönlichkeit – bei seinem jüngeren Bruder Konstantin. Zuweilen wurde er gewahr, daß sein Bruder weiser war als der Verfasser des Buches, das er im Augenblick las. Wenn Methodios also bemerkte, daß er seine Zeit vergeudete, schlug er sein Buch zu und unterhielt sich mit dem Bruder. Auf dem kleinasiatischen Festland, in der Eremitenkolonie, genannt Olymp, nahm Methodios das Mönchsgewand, und hier gesellte sich ihm später auch der Bruder zu. Sie sahen, wie der Sand, auseinandergetrieben vom österlichen Wind, an jedem Feiertag an einem neuen Ort einen uralten Wüstentempel freilegte und ihn nur für so lange zeigte, daß sie über ihm ihr Kreuz schlagen und in ihm ihr »Vaterunser« verlesen konnten, und ihn dann wieder für immer zuschüttete. Damals begann er jeweils zwei Träume nebeneinander zu träumen, woraus die Legende entstand, daß er auch zwei Gräber haben werde. Im Jahre 861 ging er mit seinem Bruder zu den Chasaren. Das war nichts Neues für die beiden Brüder aus Saloniki. Sie hatten von ihrem Lehrer Photios, der mit den Chasaren in Verbindung stand, von diesem mächtigen Volk gehört, und sie wußten, daß es seinen Glauben in der eigenen Sprache predigte. Auf Anweisung aus der Hauptstadt nahm

Porträt des Methodios aus Saloniki
nach einer Freske aus dem 9. Jahrhundert

Methodios jetzt als Zeuge und Mitarbeiter Konstantins an der Polemik am chasarischen Hof teil. Das *Chasarische Wörterbuch* aus dem Jahre 1691 verzeichnet, daß bei dieser Gelegenheit der chasarische Kagan▽ seinen Gästen auch etwas zur Sekte der Traumjäger erklärte. Der Kagan verachtete diese Sekte, die der Partei der chasarischen Prinzessin Ateh▽ angehörte, und er verglich die armselige Arbeit der Traumjäger mit der griechischen Geschichte von der mageren Maus, die wohl behend durch das Loch des Kornspeichers schlüpfte, die jedoch, nachdem sie sich sattgefressen hatte, vollen Bauches nicht wieder hinausgelangte: »Aus dem Kornspeicher hinaus gelangst du nicht, wenn du satt bist. Nur hungrig gelingt es dir, dergestalt, wie du hineingelangtest. So auch jener Traumschlucker; hungrig schlüpft er leicht durch den engen Spalt zwischen Traum und Wirklichkeit, hat er sich dort aber sattgejagt an Beute und sattgepflückt

gepflückt an Früchten, so vermag er, gesättigt an Träumen, nicht zurückzukehren, denn hinaus gelangst du nur als der, als der du auch hineingelangtest. So muß er seine Beute zurücklassen oder für immer in den Träumen verweilen. Weder in dem einen noch in dem anderen Fall ist er für uns von irgendeinem Nutzen...«

Nach der Chasarenreise zog sich Methodios wieder auf den kleinasiatischen Olymp zurück, und als er dort wiederum dieselben Ikonen sah, wirkten sie ermüdet. Er wurde Iguman des Klosters Polychron, von dem man später über Jahrhunderte nichts wußte, außer daß es vielleicht über der Grenze dreier Zeiten erbaut worden war – der arabischen, der griechischen und der hebräischen, so daß sein Name daher rührt.

Im Jahre 863 kehrte Methodios unter die Slawen zurück. Es galt, eine slawische Schule unter griechischem Einfluß zu gründen, mit Schülern, slawischen Schriftkundigen und Büchern, die vom Griechischen ins Slawische übersetzt waren. Er und sein Bruder Konstantin wußten seit ihrer Kindheit, daß die Vögel in Saloniki und die Vögel in Afrika nicht dieselbe Sprache sprechen, daß sich die Schwalbe von der Strumica und die Schwalbe vom Nil nicht verstehen und allein die Albatrosse überall auf der Welt dieselbe Sprache sprechen. Mit diesen Gedanken brachen sie nach Mähren auf, nach der Slowakei und nach Niederösterreich, während sie um sich junge Leute versammelten, die ihnen mehr auf die Zunge schauten, als daß sie dem zuhörten, was sie sprachen. Methodios entschloß sich, einem dieser Menschen, die er und sein Bruder unterwiesen, einen schön geschmückten Stab zu schenken. Alle hofften, er werde ihn dem besten unter seinen Schülern schenken, und schauten daher, wer dieser sein werde. Methodios aber übergab den Stab dem schlechtesten. Und er sprach: »Ein Lehrer lehrt seine besten Schüler nur kurze Zeit. Am längsten verweilt er bei den schlechtesten. Die schnellen aber gehen schnell vorüber...«

In einem Zimmer mit zerfressenem Fußboden, der in die bloßen Füße schnitt, hörte er zum erstenmal, daß man ihn und seinen Bruder angriff. Ihre Zusammenstöße mit den Dreisprachlern, den deutschen Befürwortern der Auffassung, daß es an Liturgiesprachen nur drei gäbe (die griechische, die lateinische und die hebräische), begannen. In Pannonien, am Plattensee, wo im Winter das Haar gefriert und die Augen im Wind gleichsam zu einem großen und einem kleinen Löffel werden, hielt sich Methodios mit seinem Bruder in der Hauptstadt des dortigen slawischen Fürsten Kocelj auf. Seine Soldaten bissen in den Schlachten so gut wie Pferde und Kamele, sie trieben die Schlangen mit Prügelschlägen aus ihrer Haut, und die Frauen entbanden sie in der Luft, aufgehängt am heiligen Baum. Sie zähmten die Fische im Schlamm der pannonischen Sümpfe und zeigten den Ankömmlingen einen Alten, der auf die Weise betete, daß er einen Fisch aus dem Schlamm heraustrug und ihn von seiner Handfläche auffliegen ließ wie einen Jagdfalken. Er erhob sich auch in die Luft und flog, den Schlamm abschüttelnd und die Flossen als Flügel benutzend.

Im Jahre 867 begaben sich die Brüder mit ihren Gefolgsleuten und Schülern auf eine jener Reisen, auf denen jeder Schritt zu einem Buchstaben, jeder Pfad zu einem Satz, jeder Aufenthalt zu einer Zahl gereicht im großen Buch. In Venedig gerieten sie 867 in einen neuen Streit mit den »Dreisprachlern«, dann jedoch erreichten sie Rom, wo Papst Hadrian II. die Lehre der Brüder aus Saloniki als rechtmäßig anerkannte und die slawischen Schüler in der Kirche St. Peter zu Priestern weihte. Dort wurde aus diesem Anlaß die slawische Liturgie gesungen, in einer Sprache, die gerade erst gezähmt und aus den balkanischen Weiten wie ein Tier in den Käfig glagolitischer Schriftzeichen gesperrt worden war, um in die Hauptstadt der Welt befördert zu werden. Hier, in Rom, an einem Abend des Jahres 869, starb, während seine slawischen Nachfolger einer dem anderen in den Mund spien, Methodios' Bruder Konstantin als der heilige Kyrillos; Methodios aber kehrte nach Pannonien zurück. In

Rom

Rom weilte er ein zweites Mal im Jahre 870, als er vom Papst in den Stand des pannonisch-syrmischen Erzbischofs erhoben wurde, so daß der salzburgische Erzbischof den Plattensee verlassen mußte. Als er im Sommer 870 nach Mähren zurückkehrte, nahmen ihn die deutschen Bischöfe gefangen, und er lag zwei Jahre lang im Gefängnis, einzig der Donau lauschend, und wurde in Regensburg zur Urteilsfällung vor das Konzil berufen; hier wurde er gefoltert und nackt dem Frost ausgesetzt. Während er so vornübergebeugt ausgepeitscht wurde, daß sein Bart den Schnee berührte, dachte Methodios darüber nach, wie doch Homer und der heilige Prophet Elia Zeitgenossen gewesen seien, wie Homers dichterischer Staat größer sei als der Staat Alexanders von Mazedonien, denn er reichte von Pontus bis hinter Gibraltar. Er dachte daran, wie Homer nicht hatte wissen können, was sich in den Meeren und Städten seines Staates alles befand und bewegte, ebenso wie Alexander der Große nicht wissen konnte, was alles in seinem Staat zu finden war. Er dachte weiter daran, wie Homer in sein Werk auch die Stadt Sidon aufnahm und zusammen mit ihr, ohne es zu wissen, den Propheten Elia, den die Vögel ernährten nach dem Fortgang Gottes. Er dachte daran, wie Homer in seinem riesigen dichterischen Staat Meere und Städte beherbergte, ohne zu wissen, daß in einer von ihnen, in Sidon, der Prophet Elia saß, der der Bewohner eines anderen dichterischen Staates werden sollte, ebenso ausgedehnt, ewig und mächtig, wie es der Homers war – ein Bewohner der *Heiligen Schrift.* Und er fragte sich schließlich, ob sich die beiden Zeitgenossen begegnet waren, Homer und der heilige Elia Tisbiter, Neuansiedler aus Galatien – beide unsterblich, beide nur mit dem Wort ausgerüstet, der eine besessen in die Vergangenheit schauend und blind, der andere besessen von der Zukunft und hellsichtig, der eine ein Grieche, der besser als alle anderen Dichter Wasser und Feuer besang, und der andere ein Jude, der durch das Wasser belohnte und mit dem Feuer strafte, indem er sich seines Mantels als einer Brücke bediente. Es gibt einen Gürtel Erde, dachte schließlich Methodios, nicht breiter als zehn Kameltode, auf dem zwei Menschen aneinander vorübergegangen sind. Dieser Raum zwischen ihren Schritten ist enger als irgendeine enge Kehle auf der Welt. Niemals waren zwei größere Dinge eins dem anderen näher. Oder wir täuschen uns, wir alle, deren Blick der Erinnerung dient und nicht der Erde unter uns...

Auf die Fürsprache des Papstes hin wurde Methodios freigesprochen, und er bewies 880 zum drittenmal in Rom die Rechtgläubigkeit seiner Arbeit und der slawischen Liturgie, während der Papst noch einmal mit einem Hirtenbrief die Rechtmäßigkeit des slawischen Gottesdienstes bekräftigte. Daubmannus▽ führt zu Methodios neben der erwähnten Erzählung über die Auspeitschung auch an, daß dieser sich dreimal im römischen Fluß Tiber gebadet, wie zu Geburt, Heirat und Tod, und daselbst drei Feenbrote empfangen habe. Im Jahre 882 wurde Methodios mit den höchsten Ehrungen in Konstantinopel begrüßt und später auch im Patriarchat, an dessen Spitze sein Jugendfreund saß, der Patriarch und Philosoph Photios. Methodios starb in Mähren im Jahre 885 und hinterließ in slawischer Übersetzung die *Heilige Schrift*, das *Nomokanon* (Gesetzbuch) und die *Reden der heiligen Väter*.

In seiner Eigenschaft als Augenzeuge und Mitarbeiter Konstantins des Philosophen bei der chasarischen Mission tritt Methodios zweimal als Chronist der Chasarischen Polemik auf. Er übersetzt Kyrillos' *Chasarische Reden* ins Slawische und leitet – nach dem Wortlaut der Kyrillos-Vita zu urteilen – auch die Redaktion dieser Schriften (er teilt sie in acht Bücher). Da Kyrillos' *Chasarische Reden* weder im griechischen Original noch in der slawischen Übersetzung des Methodios erhalten sind, bleibt die wichtigste christliche Quelle, die von der Chasarischen Polemik spricht, die slawische Vita Konstantins des Philosophen, Kyrillos', die unter der Aufsicht von Methodios

dios selbst angefertigt wurde. Hier ist auch das Datum der Polemik (861) bewahrt, wie auch die detaillierte Beschreibung des Auftretens von Konstantin und seiner allerdings ungenannten Widersacher und Mitredner – des hebräischen und islamischen Vertreters am chasarischen Hof. Daubmannus führt folgende Beurteilung zu Methodios an: »Am schwersten ist es, einen fremden Acker und die eigene Frau zu pflügen«, vermerkt er, »da aber jedermann auf seine Frau wie ans Kreuz geschlagen ist, folgt daraus, daß es schwerer ist, sein eigenes Kreuz zu tragen als ein fremdes. So war es auch mit Methodios, der niemals das Kreuz seines Bruders trug... Denn der jüngere Bruder war sein geistlicher Vater.«

SEVAST, NIKON (17. Jahrhundert) – der Volksglaube sagt, daß an der Morava, in der Schäferschlucht auf dem Balkan, unter diesem Namen zeitweilig der Satan lebte. Er war außergewöhnlich zahm, rief alle Leute bei seinem eigenen Namen und arbeitete als Protokalligraph des Klosters Nikolje. Wo er sich jedoch auch niedersetzte, hinterließ er den Abdruck zweier Gesichter, anstelle eines Schwanzes aber hatte er eine Nase. Er behauptete, in seinem vergangenen Leben ein Teufel in der jüdischen Hölle gewesen zu sein und dem Belial wie dem Gebbura gedient zu haben; Goleme habe er auf den Dachböden der Synagogen begraben, und einmal im Herbst, als die Vögel giftigen Kot hatten und Laub und Gras, das sie verkoteten, versengten, habe er sich einen Menschen gedungen, daß dieser ihn töte. Dies sei seine Art und Weise gewesen, von der jüdischen in die christliche Hölle überzuwechseln, und jetzt in seinem neuen Leben diene er Satan.

Anderen Erzählungen zufolge war er gar nicht gestorben, vielmehr ließ er einen Straßenköter ein wenig von seinem Blute lecken, drang in das Grab irgendeines Türken ein, ergriff ihn bei den Ohren, zog ihm die Haut ab und zog sie sich an. Deshalb schauten aus seinen hübschen türkischen Augen Ziegenaugen heraus. Er floh den Feuerstein, aß nach den anderen zu Abend und stahl einmal jährlich einen Salzstein. Man glaubt, daß er des Nachts Kloster- und Dorfpferde ritt, und diese waren dann bei Tagesanbruch tatsächlich in Schweiß gebadet, mit Schlamm bedeckt und hatten zerzauste Mähnen. Man sagt, er habe es getan, um sein Herz zu kühlen, denn es sei in siedendem Wein gekocht. Darum flocht man den Pferden in die Mähnen das Wort Salomons, vor dem er floh, und schützte sich so vor ihm und vor seinen Stiefeln, die stets von Hundezähnen zerbissen waren. Er pflegte sich reich zu kleiden, zeigte sich im Anfertigen von Wandgemälden sehr bewandert, und folgt man der Überlieferung, so hatte er diese Gabe vom Erzengel Gabriel. In den Kirchen der Schäferschlucht hinterließ er auf seinen Fresken Inschriften, die, wenn sie in bestimmter Reihenfolge von Bild zu Bild und von Kloster zu Kloster gelesen werden, eine Botschaft enthalten. Sie wird sich zusammenfügen lassen, solange es Fresken gibt. Nikon hinterließ solcherart für sich selbst eine Botschaft für den Fall, daß er nach dreihundert Jahren wieder aus dem Tode unter die Lebenden zurückkehren sollte, denn die Dämonen, so sagte er, erinnern sich aus ihrem vorangegangenen Leben an nichts und müssen sich auf diese Weise besinnen. Zu Anfang seiner Malertätigkeit war er keineswegs ein besonders erfolgreicher Künstler. Er arbeitete mit der linken Hand, seine Bilder waren recht gut, doch gelang es einem nie, sie im Gedächtnis zu behalten; als seien sie von der Wand verschwunden, sobald sie niemand betrachtete. Eines Morgens saß Sevast verzweifelt vor seinen Farben und spürte, wie ein Stück irgendeiner andersartigen Stille in sein Schweigen hineinschwamm und es zerschlug. Noch jemand war da, der schwieg, doch nicht in Nikons Sprache. Damals begann Nikon, den Erzengel Gabriel zu bitten, ihn der Gnade der Farben würdig werden zu lassen. Es gab aber zu jener Zeit in den Klöstern der Schlucht, in Jovanje, Blagoveštenje,

Nikolje

Nikolje oder Sretenje, immer junge Mönche, Maler und Ikonographen, die die Wände bemalten und miteinander im Wettstreit lagen, wie in einem stummen Gebet oder im Chorgesang, wer seinen Heiligen besser malen würde. Deshalb fiel es niemandem auch nur im Traum ein, daß gerade das Gebet des Nikon Sevast erhört werden könnte. Gerade das aber ereignete sich.

Im August des Jahres 1670, am Vorabend der Heiligen Sieben Märtyrer von Ephesus, als man begann, Rehbraten zu essen, sprach Nikon Sevast:

»Einer der sicheren Wege in die wahre Zukunft (es gibt ja auch eine falsche) heißt dich in die Richtung gehen, in der deine Angst wächst.«

Und er begab sich auf die Jagd. Den Mönch Teoktist Nikoljski[A], der ihm im Kloster bei der Abschrift der Bücher half, führte er mit sich. Wahrscheinlich ging diese Jagd dank der Aufzeichnungen jenes Mönches in die Überlieferung ein. Folgt man ihr, so hob Sevast einen Windhund in den Sattel hinter sich, und sie machten sich auf, Hirsche zu jagen. Plötzlich fuhr der Windhund von der Kruppe des Pferdes aus auf etwas los, doch Teoktist sah keinen Hirsch vor sich. Der Windhund aber kläffte, als triebe er wirklich ein Wild vor sich her, und langsam jagte etwas, unsichtbar, aber schwer, auf die Jäger zu. Man hörte, wie das Gestrüpp knackte. Sevast verhielt sich indessen wie der Hund. Er benahm sich, als habe er einen Hirsch vor sich. Man hörte tatsächlich das Röhren eines Hirsches ganz in der Nähe, und Teoktist schloß daraus, daß Nikon endlich in der Gestalt des Hirsches der Erzengel Gabriel erschien, das heißt verwandelt in die Seele des Nikon Sevast. Besser gesagt, der Erzengel brachte Nikon seine Seele als Geschenk dar. So jagte und erjagte Nikon an jenem Morgen die eigene Seele und knüpfte mir ihr ein Gespräch an.

»Die große Tiefe ruft die große Tiefe in deiner mächtigen Stimme, hilf mir, dich selbst mit meinen Farben zu lobpreisen!« rief Sevast dem Erzengel zu oder dem Hirsch oder seiner Seele, was es auch immer war. »Ich will die Nacht zwischen Samstag und Sonntag malen, deine schönste Ikone auf ihr, damit man auch an anderen Orten, ohne sie zu sehen, dich anbete!«

Da erhob der Erzengel seine Stimme und sprach:

»Preobidev potašta se ozlobiti...«, und der Mönch begriff, daß der Erzengel sprach, indem er die Substantive mied. Denn diese sind für Gott, die Verben aber für den Menschen. Darauf entgegnete der Ikonenmaler:

»Wie soll ich mit der Rechten arbeiten, da ich doch Linkshänder bin?« Der Hirsch aber war nicht länger bei ihnen, und der Mönch fragte Nikon:

»Was war das?« Dieser jedoch erwiderte völlig gefaßt:

»Nichts Besonderes, all das ist vorläufig, auf der Durchreise bin ich hier, nach Konstantinopel...«

Dann fügte er hinzu:

»Du bewegst den Menschen aus seiner Verankerung, und du findest daselbst Würmer, Käfer, durchsichtig wie Edelsteine und Schimmel...«

Und es ergriff ihn die Freude gleich einer Krankheit, er verlagerte seinen Pinsel von der Linken in die Rechte und begann zu malen. Die Farben flossen wie Milch aus ihm, und er kam gerade noch dazu, sie aufzutragen. Plötzlich wußte er alles: wie er die Tusche mit dem Sekret des Moschusmännchens zu mischen hatte und daß die gelbe Farbe die schnellste unter den Farben ist, die schwarze dagegen die langsamste und daß sie am längsten braucht, um zu trocknen und ihr wahres Gesicht zu erlangen. Am hübschesten gingen ihm die Blässe des heiligen Johannes von der Hand und das Drachenblut, die Bilder aber überstrich er anstelle von Lack mit einem in Essig getauchten Pinselchen, damit sie die Farbigkeit der hellen Luft annahmen. Er malte nährend und heilend mit seinen Farben überall um sich herum, auf Türpfosten und Spiegel, Bienenstöcke und Kürbisse, Goldstücke und Opanken. Auf die Hufe seines Pferdes malte er die vier Evangelisten, Matthäus, Markus, Lukas und Johannes,

nes, auf die Nägel seiner Hände die zehn göttlichen Gebote, auf den Brunneneimer Maria aus Ägypten, auf die Fensterläden beide Evas, die erste Eva (Lilith) und die zweite (Adams) Eva. Er malte auf abgenagten Knochen, auf Zähnen, eigenen und fremden, auf umgestülpten Taschen, auf Kappen und Zimmerdecken. Auf lebendige Schildkröten malte er die zwölf Apostel und schickte sie in den Wald, damit sie in alle Richtungen kriechen sollten. Die Nächte waren still wie Zimmer, er wählte aus, welches er wollte, ging hinein, stellte eine Leuchte hinter einen Balken und malte eine zweiteilige Ikone. Auf dieser Ikone malte er, wie die Erzengel Gabriel und Michael sich gegenseitig durch die Nacht, aus dem einen in den anderen Tag, die Seele einer Sünderin zureichten, wobei Michael im Dienstag stand, Gabriel aber im Mittwoch. Sie schritten über die ausgeschriebenen Namen dieser Tage, und aus dem Fuß spritzte ihnen das Blut vom Gehen über die spitzigen Buchstaben. Die Bilder des Nikon Sevast waren schöner im Winter, im Widerschein des schneeigen Weiß, als im Sommer bei Sonne. Es war dann etwas wie Bitterkeit in ihnen, als seien sie in der Finsternis gemalt, mit einem Lachen auf den Gesichtern, das im April erlosch und sich bis zum ersten Schnee verlor. Dann jedoch pflegte er sich wieder niederzusetzen, um zu malen, und nur von Zeit zu Zeit rückte er mit dem Ellenbogen zwischen den Beinen sein riesiges Glied zurecht, damit es ihn bei der Arbeit nicht störe.

Seine neuen Bilder behielt man für ein ganzes Leben in Erinnerung; die Mönche aus der Schlucht und die Freskenmaler aus ihren Klöstern ritten wie auf einen Pfiff hin hinab nach Nikolje, um Nikons Farben zu sehen. Die Klöster begannen, sich um ihn zu reißen, eine Ikone von ihm brachte soviel wie ein Weinberg, und eine Freske an der Wand war schneller als das schnellste Pferd. Darüber, wie der Ikonograph Nikon zu malen verstand, spricht die auf uns gekommene Eintragung in einem alten Kirchenbuch aus dem Jahre 1674, die lautet:

»Vor zwei Jahren, am Tag des Andrej Stratilat, da man begann, Rebhühner zu essen, saß ich«, so notierte der unbekannte Mönch in dieser Eintragung, »in meiner Zelle in Nikolje, las ein Buch mit neujerusalemischen Liedern aus Kiew, und im benachbarten Raum saßen drei Mönche und ein Hund: die zwei Idiorhythmiker hatten bereits gespeist, der Maler Nikon Sevast dagegen aß wie gewöhnlich nach ihnen. Am Schmatzen vermochte ich durch die Stille der Lieder, die ich las, zu erraten, daß Nikon eine Rinderzunge aß, die vor dem Kochen, um weich zu werden, kräftig gegen einen Pflaumenbaum vor der Tür geschlagen worden war. Noch kauend trat Nikon heraus und setzte sich nieder, um zu malen. Ich aber fragte, während ich zusah, wie er die Farben zubereitete, was er arbeite.

›Die Farben mische nicht ich, sondern dein Auge mischt sie‹, antwortete er mir. ›Ich trage sie nur auf der Wand auf, eine neben der anderen, im natürlichen Zustand, derjenige aber, der sie betrachtet, mischt in seinem Auge die Farben wie einen Brei. Das ist das Geheimnis. Wer den besseren Brei kocht, wird das bessere Bild bekommen, schlechter Buchweizen allerdings wird keinen guten Brei abgeben. Wichtiger also ist der Glaube des Sehens, Hörens und Lesens als der Glaube des Malens, Singens oder Schreibens.‹

Er nahm die blaue und die rote Farbe, setzte die eine neben die andere, während er so das Auge eines Engels malte. Und ich sah, daß der Engel veilchenfarbene Augen bekam.

›Ich arbeite mit etwas, was wie ein Wörterbuch der Farben ist‹, fügte Nikon hinzu. ›Der Betrachtende selbst setzt aus diesem Wörterbuch Sätze und Bücher zusammen, was heißen soll, Bilder. So könntest auch du arbeiten, wenn du schreibst. Warum sollte nicht jemand ein Wörterbuch der Wörter schaffen, die ein Buch ausmachen, und es dem Leser überlassen, aus diesen Wörtern ein Ganzes zusammenzufügen?‹

Darauf wandte sich Nikon Sevast dem Fenster zu und wies mit dem Pinsel durch die Scheibe auf einen Acker vor dem Kloster, während er sprach:

›Siehst du die Furche dort? Nicht der Pflug hat sie gefurcht. Das ist die Furche von des Hundes Bellen...‹

Darauf, als dächte er ein wenig nach, fügte er für sich selbst hinzu:

›Wenn ich so mit der Rechten male, da ich doch Linkshänder bin, wie erst würde ich mit der Linken malen?‹ Und er verlagerte den Pinsel von der rechten in die linke Hand.

Das wurde augenblicklich in den Klöstern ringsum bekannt, und alle erschraken, überzeugt davon, daß Nikon Sevast wieder zu Satan zurückgekehrt sei und daß er bestraft werden würde. In der Tat, seine Ohren wurden wieder scharf wie ein Klappmesser, so daß man sagte: Er kann ein Stück Brot mit dem Ohr abschneiden. Doch seine Kunst blieb dieselbe, mit der Linken malte er so gut wie mit der Rechten, und nichts änderte sich, der Fluch des Engels erfüllte sich nicht. Eines Morgens wartete Nikon Sevast, daß aus dem Kloster Blagoveštenje der Iguman komme, um mit ihm wegen der Bemalung irgendwelcher Türen übereinzukommen. Aber aus Blagoveštenje kam niemand, weder an jenem noch am folgenden Tage. Dann, als erinnere sich Sevast an etwas, las er das fünfte »Vaterunser«, das man für die Ruhe der Seele eines Selbstmörders aufsagt, und ging selbst in das erwähnte Kloster. Dort traf er den Iguman vor der Kirche an, und er fragte ihn gemäß seiner Gewohnheit, andere beim eigenen Namen zu rufen:

›Sevast, Sevast, was ist geschehen?‹ Der Alte führte ihn wortlos in eine Zelle und zeigte ihm einen wie Hunger jungen Freskenmaler, wie dieser bereits die Tür bemalte. Nikon vertiefte sich in das Bild und erstarrte. Der junge Mann winkte mit den Augenbrauen wie mit Flügeln und malte ebenso gut wie Nikon. Er war weder besser noch schlechter als er. Und da begriff Nikon, welcher Strafe er ausgesetzt war. Man vernahm, daß auch in der Kirche von

Prnjavor ein junger Mann arbeite, ebenso gut wie Nikon Sevast, und auch das stellte sich als richtig heraus. Alsbald begannen auch die übrigen, die älteren Maler und Ikonographen, einer nach dem anderen, als machten sie im Hafen los und führen auf das weite Wasser hinaus, immer besser und besser zu malen und Nikon Sevast einzuholen, der ihnen bis dahin als unerreichbares Vorbild gegolten hatte. So erstrahlten und erneuerten sich die Wände aller Klöster in der Schlucht, und Nikon kehrte an den Ort zurück, von dem aus er begonnen hatte, von der Linken zur Rechten überzugehen. Er hielt das nicht aus und sagte:

›Was nützt es mir, ein Ikonenmaler wie alle anderen zu sein? Jetzt, da jeder zu malen vermag wie ich…‹

Und dann warf er für immer seine Pinsel fort, und niemals wieder malte er ein Bild. Nicht einmal auf einem Ei. Er weinte alle Farben aus seinen Augen in den klösterlichen Mörser und ging mit jenem Gehilfen Teoktist fort aus Nikolje, hinter sich die Spur des fünften Hufes zurücklassend. Beim Aufbruch sagte er:

›Ich kenne in Konstantinopel einen großen Herrn, der einen Zopf trägt, dick wie ein Pferdeschwanz, er wird uns in seine Dienste nehmen.‹

Und er nannte den Namen. Er lautete: Kir Avram Branković†.«

SKILA, AWERKIJE (17. bis Anfang 18. Jahrhundert) – der Herkunft nach Kopte, Fechtlehrer, einer der bekanntesten Säbelmeister in Konstantinopel gegen Ende des 17. Jahrhunderts. Skila war als Diener bei einem Diplomaten in Konstantinopel, Avram Branković†, eingestellt, und er übte mit seinem Herrn die Fechtkunst in vollständiger Dunkelheit, an seinen Gegner mit einem langen Lederriemen gefesselt. Er verstand es, Wunden zu heilen, und trug immer eine Sammlung chinesischer Nadeln aus Silber mit sich sowie einen Spiegel, auf dem mit roten Punkten die Umrisse seines Kopfes aufgezeichnet waren; mit

grünen

grünen Punkten indessen die Richtungen, in die sich die Falten auf seinem Gesicht ausbreiteten. Wenn er verwundet worden war oder Schmerzen hatte, stellte sich Skila vor den Spiegel und stach sich an der Stelle, wohin die grünen Punkte fielen, selbst die chinesischen Nadeln ins Gesicht. Die Schmerzen pflegten zu verschwinden, die Wunden zu vernarben, nur das eine oder andere chinesische Wort auf der Haut zurücklassend. Dieser Spiegel vermochte niemand anderen zu heilen als ihn. Und wo er auch ging und stand, stets liebte er die Spaßmacher und zahlte gut, damit sie ihn zum Lachen brachten. Jedem Scherz aber bestimmte er seinen Preis auf andere Weise. Das Lachen kann, so meinte er, alltäglich sein, wenn der Mensch nur über eine Sache lacht. Das ist am billigsten. Das teurere Lachen ist jenes, wenn der Mensch über zwei oder drei Dinge gleichzeitig lacht. Aber ein solches Lachen fand er, wie alles andere, was teuer ist, selten.

Awerkije Skila sammelte jahrzehntelang auf den Kriegsschauplätzen und in den Vororten der kleinasiatischen Städte mit großer Aufmerksamkeit die erfolgreichsten Säbelgriffe, erlernte sie gründlich, erprobte sie am lebendigen Fleisch und beschrieb schließlich die Art und Weise ihrer Handhabung in einer Schrift voller Diagramme und schematisch dargestellter Verfahren dieser uralten Kunst. Er verstand es, mit dem Säbel einen Fisch im Wasser zu töten oder an dem nachts in die Erde gebohrten Schwert eine Laterne aufzuhängen, um dann den Widersacher, wenn er sich gegen das Licht wandte, aus der Dunkelheit mit dem Messer anzufallen. Jede dieser Verfahrensweisen verzeichnete er unter einem anderen Tierkreiszeichen, und jeder Stern dieser Sternbilder bedeutete je einen Tod. Es ist bekannt, daß Skila im Jahre 1689 bereits das Zeichen des Wassermanns, des Schützen und des Stieres erobert hatte und sich im Zeichen des Widders befand. In diesem Zeichen fehlte ihm lediglich noch die praktische Erprobung des letzten Säbelgriffes, um auch hiermit abzuschließen. Dieser Griff bedeutete einen schlangenartigen Schnitt und hinterließ eine schreckliche geschlängelte Schnittwunde, die klaffte und wie aus einem Munde Laute entweichen ließ, gleich dem Schrei befreiten Blutes. Irgendwo in der Walachei, auf dem österreichisch-türkischen Kriegsschauplatz, erprobte Skila, wie er selbst schrieb, im Jahre 1689 auch diesen letzten seiner Handgriffe, um sich endlich nach Venedig zurückzuziehen, wo er seine Erfahrung in der Säbelführung und als Säbelmeister im Jahre 1702 in einem Buch mit dem Titel *Die schönsten Unterschriften mit dem Säbel* veröffentlichte. Dem Buch lagen Karten mit den Schemata der Fechthandgriffe bei, und Awerkije Skila war auf diesen Karten dargestellt, als stehe er zwischen den Sternen oder, noch besser gesagt, in einem Käfig oder Netz seiner säbelkundigen Bewegungen. Für Uneingeweihte sah es aus, als sei er in einem hübschen durchsichtigen Pavillon eingeschlossen, den er mit dem Pfeifen des Säbels und den Schnitten der Klinge in der Luft um sich herum zeichnete und gestaltete. Der Käfig aber war von solch üppigen Formen, so leicht und luftig, voll gelungener Wendungen, schwebender Kuppeln, Brücken, Bögen und schlanker Türme an den Ecken, daß dies zuallererst wirkte, als sei Awerkije Skila im Flug irgendeiner Hummel gefangen, deren unendliche Handschrift in der Luft auf einmal lesbar geworden sei. Das Gesicht des Awerkije Skila hinter diesen gelösten Aufgaben oder Gefängnisgittern war ruhig, es trug lediglich doppelte Lippen und sah immer aus, als wollte in ihm ein anderes an seiner Stelle zu reden beginnen. Er behauptete, daß jede Wunde ein neues Herz sei, das für sich schlage; über diesen Wunden schlug er mit dem Säbel das Kreuz, und er hatte eine behaarte Nase, an der man ihn erkannte und vor der man sich verbarg.

Eine interessante Notiz über Awerkije Skila hinterließ der Musiker und Traumdeuter Jusuf Masudi☾. Er arbeitete gemeinsam mit Awerkije Skila als Diener bei dem erwähnten Diplomaten an der Hohen Pforte in Konstantinopel und beschäftigte sich mit der Jagd auf

Gestalten,

Gestalten, die durch die Träume der Menschen reisen. Er vermerkte, daß in Fällen, da zwei Personen sich gegenseitig träumen und der Traum der einen die Wirklichkeit der anderen baut, immer etwas Traum überlaufe, sowohl von der einen als auch von der anderen Seite. Das sind die »Kinder des Traums«. Der Traum nun ist von kürzerer Dauer als die Wirklichkeit des Geträumten, dafür aber unvergleichlich tiefer als jedwede Wirklichkeit, und es bleibt daher stets ein wenig Schutt, ein »Mehr an Material«, das ohne einen Rest keinen Platz in der Wirklichkeit des Geträumten findet, es läuft vielmehr über und heftet sich an die Wirklichkeit irgendeiner dritten Person, die deshalb bedeutsame Beschwernisse und Veränderungen erleidet. Dieser dritte ist in der Regel in einer komplizierteren Position als die ersteren beiden, seine Willensfreiheit ist zweimal mehr durch das Unterbewußtsein begrenzt, als es bei jenen beiden der Fall ist, denn die Überschüsse an Energie und Material, die übrigbleiben in den Träumen des einen wie des anderen, laufen wechselweise in das geistige Leben eines dritten über, und dieser wird so eine Art doppelt Gepolter, der sich einmal diesem, einmal jenem Träumer zuneigt.

Masudis Überzeugung zufolge litt Awerkije Skila an dieser Art Willensbehinderung und führte ein totes Rennen mit den beiden Träumern, deren Namen Masudi ebenfalls anführte. Es waren der Arbeitgeber des Awerkije, Avram Branković, und irgendein Koën✡, den Awerkije Skila überhaupt nicht kannte. Sei es, wie es wolle, Skila vermochte gleich einem Musikinstrument mit tiefer Stimme und dicksten Saiten nur das Gerippe der Melodie, nur das einfachste Klingen seines Lebens zu formen, das allergröbste. Alles andere entging ihm und war nach dem Maß der anderen und für andere. Seine schrecklichsten Nöte und höchsten Erfolge waren irgendwo da, wo andere sich mühelos und in der Mitte ihrer Möglichkeiten behaupteten.

Masudis Version der Ereignisse zufolge hatte

Awerkije Skila seine Kollektion der Säbelgriffe auch nicht aus irgendwelchen fachlich-militärischen Gründen heraus geschaffen, um etwa die Kenntnis der Fechtkunst voranzutreiben, sondern in der verzweifelten Suche nach jenem Griff, der ihn aus dem verzauberten Kreis erretten würde, in dem er sich bewegte und darauf wartete, daß die Peiniger in Reichweite seines Säbels kämen. Er investierte in seinen letzten Jahren große und unverständliche Hoffnungen in die Lösung seines Falles mit Hilfe eines Säbelstreichs, der, wie er selbst behauptete, im Zeichen des Widders stehe. Zuweilen aber erwachte er mit Augen voller getrockneter Tränen aus seinem Traum; wenn er sie zerrieb, zerschlugen und verrannen sie unter seinen Fingern wie Stücke zerschlagenen Glases oder wie Sand, und an diesen Bruchstücken vermochte der Kopte zu erkennen, daß es nicht seine, sondern fremde Tränen waren.

Wie es auch gewesen sein mag, in der venezianischen Ausgabe des Buches von Awerkije, *Die schönsten Unterschriften mit dem Säbel,* zeigt das letzte Diagramm Awerkije Skila im Käfig seiner durch unterbrochene Linien mit der Waffe gezeichneten Handgriffe, doch erweist sich eine besondere geschlängelte Säbelbewegung im Zeichen des Widders auf dieser Zeichnung als ein Durchlaß, der einen Ausweg aus dem Käfig oder Netz ermöglicht. So ist Awerkije Skila auf dem letzten Diagramm seines Buches dargestellt, wie er den Käfig seiner kämpferischen Kunst durch die Öffnung dieser ungewöhnlichen geschlängelten Bewegung verläßt und gleichsam durch irgendwelche Türflügel hindurch in die Freiheit schreitet. Durch diesen Schlitz geht er hinaus wie durch eine Wunde, als würde er aus dem besternten Gefängnis in die Welt und in ein neues Leben geboren. Und in seinem stummen äußeren Mund lachen freudig jene anderen inneren Lippen.

STOLPNIK (BRANKOVIĆ, GRGUR; 1676 bis 1701) – das Wort *stolpnik* selbst bezeichnet in der Ostchristenheit einen Eremiten, der das Gelübde abgelegt hat, auf einer Säule ein Jahrhundert im Gebet zu verbringen. Im Fall des Grgur Branković wurde indessen die Bezeichnung »Stolpnik« zu einem Beinamen, und das auf ganz besondere Weise. Grgur Branković war eigentlich ein Truppenführer aus der Familie der Siebenbürger Brankovići, der ältere Sohn eines bestallten Diplomaten und Heerführers des 17. Jahrhunderts, Avram Branković†. Er überlebte den Vater um nur zwölf Jahre. Es ist vermerkt, daß er sommersprossig war wie ein Leopard und sehr geschickt bei nächtlichen Überfällen. Er trug einen kostbaren Säbel aus 70 metallenen Blättern, die nicht eher geschmiedet waren, als bis der Schmied neun »Vaterunser« nacheinander gebetet hatte. Den Beinamen »Stolpnik« hat er niemals gehört, denn er, ermordet in türkischer Gefangenschaft, erhielt ihn nachträglich aufgrund seines ungewöhnlichen Todes. Der Kanonengießer Hasan Agribirdi der Jüngere beschrieb seinen Tod, so daß er auch in das Volkslied einging; Grgur Branković selbst aber wird durch seinen Beinamen gleichsam den heiligen Eremiten der christlichen Kirche an die Seite gestellt.

Der erwähnten Beschreibung zufolge war Branković mit einigen Reitern in der Nähe der Donau zufällig auf eine starke türkische Abteilung gestoßen. Die Türken waren gerade erst angekommen, sie saßen auf ihren Pferden und pißten vom Sattel herab in den Fluß. Sobald er sie erblickte, wandte sich Branković zur Flucht. Der türkische Kommandant hatte ihn gesehen, das Pissen aber nicht unterbrochen. Erst als er sich völlig entleert hatte, schüttelte er sich, verfolgte ihn und nahm ihn gefangen. Sie führten ihn gefesselt ins Lager, während sie mit ihren Lanzen auf die Trommeln schlugen. Gefangen stellten die Türken Branković auf eine griechische Säule, und die Schützen zielten mit ihren Pfeilen auf ihn. Bevor sie begannen, sagten sie, man schenke ihm das Leben, sollte er den fünften Pfeil überleben, und man würde ihm in diesem Falle einen Bogen mit Pfeilen geben, um auf jene drei zu zielen, die ihn zu Tode zu bringen hatten. Er bat daraufhin, sie sollten nicht zwei Pfeile zugleich abschnellen, denn er »vermöchte nicht die Schmerzen zu zählen, wohl aber die Treffer«. Und so zielten die drei auf ihn, er aber zählte. Der erste Pfeil traf ihn in die Gürtelschließe, trat ins Eingeweide ein und weckte dort alle Schmerzen, die während seines Lebens schon einmal geboren waren. Den zweiten Pfeil gelang es ihm mit der Hand zu fassen, der dritte durchschlug sein Ohr und blieb wie ein Ohrring in ihm zurück, er aber zählte. Der vierte verfehlte das Ziel, der fünfte traf sein Knie, kehrte um und durchschlug das andere Bein, er aber zählte, der sechste verfehlte wiederum sein Ziel, der neunte schmiedete seine geöffnete Hand an seinen gewaltigen Oberschenkel, er aber zählte, der elfte trug seinen Ellenbogen auseinander, der zwölfte traf den Unterleib, er aber zählte. Er zählte bis siebzehn, doch dann fiel er tot von der Säule. An diesem Ort wuchs eine *jagurida,* ein wilder Wein, der nicht verkauft wird und den man niemals kauft, denn es ist Sünde.

SUK, DR. ISAJLO (15. März 1930 – 2. Oktober 1982) – Archäologe, Arabist, Professor an der Universität Novi Sad; er erwachte an einem Morgen im April 1982 mit dem Haar unter dem Kopfkissen und einem leichten Schmerz im Munde. Etwas Hartes und Gezahntes drückte ihn. Während er zwei Finger hineinsteckte, als ziehe er einen Kamm aus der Tasche, zog er aus dem Munde einen Schlüssel. Einen kleinen Schlüssel mit einem goldenen Griff. Die menschlichen Gedanken und Träume haben ihre hornhäutigen, unverwundbaren äußeren Teile, die wie eine Hülle den weichen Kern vor einer Verletzung schützen, dachte Dr. Suk auf seinem Lager, den Schlüssel vor Augen. Und diese Gedanken wiederum erlöschen

in

in Berührung mit den Worten so schnell wie die Worte in Berührung mit den Gedanken. Uns fällt nur das zu, was dieses wechselseitige Sterben überlebt. Kurz, Dr. Suk blinzelte mit den Augen, flaumhaarig wie Hoden, und vermochte nichts zu begreifen. Nicht daß er sich so sehr darüber wunderte, woher der Schlüssel in seinem Munde kam. Was stopft der Mensch nicht alles im Laufe seines Lebens in diesen seinen einzigen Mund, den er hat (wär's nicht der einzige, vielleicht würde er sogar wählerisch sein)! So hatte er unlängst nach einem Trinkgelage aus seinem Rachen einen ganzen Schweinerüssel samt dem Maulkorb gezogen. Ihn wunderte etwas anderes. Seinem Urteil nach war dieser Schlüssel mindestens tausend Jahre alt, und das Urteil Professor Suks wurde in der Archäologie für gewöhnlich ohne Einwendungen hingenommen. Das fachliche Ansehen Professor Suks war unantastbar. Er steckte das Schlüsselchen in die Tasche seiner Beinkleider und biß sich in den Bart. Sobald er sich morgens auf diese Art in den Bart biß, pflegte er sich daran zu erinnern, was er am Vorabend gespeist hatte. Er wußte zum Beispiel sofort – das war doch Ajvar mit gebratener Leber in Knoblauch. Manchmal allerdings fing bei solcher Gelegenheit sein Bart ganz unerwartet an, nach Austern mit Zitrone zu riechen oder eben nach etwas, was Dr. Suk niemals in den Mund genommen hätte. Dann erinnerte sich Dr. Suk für gewöhnlich, mit wem er am Vorabend im Bett Eindrücke über die Abendmahlzeit gewechselt hatte, und so gelangte er auch an diesem Morgen zu Djelsomina Mohorovičić. Sie läßt sich stets drei Freitage Zeit bis zum Abendessen, hat ein gut gewürztes Lächeln und ein wenig schräg stehende Augen, so daß sie, wenn sie mit den Augenlidern klimpert, die Nase zusammenquetscht. Ihre Händchen sind müßig und so warm, daß du ein Ei in ihnen kochen kannst. Ihr Haar ist seidig, Dr. Suk wickelt mit ihm seine Neujahrsgeschenke ein, die Frauen aber erkennen, wem es gehört und wann es abgeschnitten wurde.

Unter diesen Gedanken, mit frisch ausrasierten

Ohren und gut geschärften Blickes machte sich Dr. Suk daran, das Haus zu verlassen. Er befand sich augenblicklich in der Hauptstadt, wo er noch immer sein Elternhaus zu besuchen pflegte. In diesem Haus hatte Professor Suk vor dreißig Jahren seine Forschungen begonnen, und seither hatten sie ihn immer weiter von diesem Haus fortgeführt, und er fühlte unwillkürlich, daß sein Weg irgendwo in einem fernen Land enden würde, wo die Hügel, auf denen die Kiefer sprießt, wie aufgeschnittenes Brot mit schwarzer Kruste stehen. Und dennoch, seine archäologischen Nachforschungen und seine Entdeckungen auf dem Gebiet der Arabistik, vor allem aber seine Studien, die an die Chasaren geknüpft waren – ein uraltes Volk, das längst von der Bühne weltlicher Ereignisse verschwunden ist und die Redensart hinterließ, daß auch die Seele ein Skelett habe, nämlich die Erinnerungen –, blieben mit diesem Hause verknüpft. Das Haus hatte einmal seiner linksfüßigen Großmutter gehört, nach der auch er Linkshänder war. Jetzt standen im Haus seiner Mutter, Frau Anastasia Suk, die Bücher Dr. Suks an den Ehrenplätzen der Bibliothek aufgereiht, eingebunden in das Fell alter Mäntel, rochen nach Johannisbeeren und wurden durch eine besondere Brille gelesen, die Frau Anastasia nur bei feierlichen Anlässen benutzte. Sommersprossig wie eine Bachforelle, trug Frau Anastasia ihren Namen wie ein kleines Geldstück im Munde, das drückt; niemals hatte sie auch nur ein einziges Mal auf ihn gehört und ihn bis zu ihrem Tode nicht über die Zunge gebracht. Sie hatte schöne blaue Augen wie eine Gans, und der Sohn traf sie regelmäßig mit einem seiner Bücher im Schoß an und mit dem Happen von irgend jemandes Namen (allem Anschein nach dem des Vaters), der ausgespuckt auf ihren Lippen lag und in ein wenig Blut gebadet war. Jahre, dickflüssig wie Brei und unwegsam, durch die sich Dr. Suk in den letzten Dezennien hindurchschlug, während er Archivabschriften, Photographien alter Geldstücke und Bruchstücke von Salzkrügen sammelte,

melte, um aus ihnen eine Säule der Wahrheit zu erbauen, gaben ihm in letzter Zeit immer deutlicher zu verstehen, daß die Mutter sich ihm aus großer Entfernung näherte und in sein Leben zurückkehrte. Sie kehrte zurück durch sein Alter und durch seine Stirnfalten hindurch und ergriff, je reifer er wurde, in seinem Gesicht und in seinem Körper immer mehr Besitz von den Wesenszügen und Eigenschaften, die die Spuren seines verstorbenen Vaters trugen. Er verwandelte sich offensichtlich immer mehr aus ihm in sie, und jetzt, da er gezwungen war, allein zu leben und sich mit Frauenarbeiten abzugeben, verblieb in seinen Händen immer weniger von des Vaters Geschicklichkeit, immer häufiger dagegen erkannte er in der Langsamkeit und Ungeschicklichkeit der eigenen Finger die Bewegungen der Mutter. Auch seine Besuche im elterlichen Hause, selten und gewöhnlich an Geburtstage geknüpft (was auch jetzt der Fall war), begannen sich zu verändern. Die Mutter empfing ihn nun am Eingang, küßte ihn auf das Haar und führte ihn in die Ecke, wo früher sein Laufstall und jetzt sein Lehnstuhl stand, mit einem Bindfaden an die Türklinke gebunden, als sei es ein Schweinchen.

»Sašenjka, du warst immer so unaufmerksam zu mir«, sagte sie zu ihrem Sohn. »Die schönsten und glücklichsten Stunden in meinem Leben waren mit einer so schrecklichen Anstrengung verbunden, daß ich mich noch immer an sie erinnere. Ich erinnere mich an sie, das heißt auch an dich, nicht wie an ein Glück, sondern wie an eine freudige Anstrengung, die fast unerträglich war. Warum war es nur so erschöpfend schwer, glücklich zu sein? Das aber ist alles längst vorbei wie der Wind in den Weiden. Ich bin ruhig geworden, seit ich nicht mehr glücklich bin. Und doch, schau her, es gibt jemanden, der mich noch immer liebt, der sich noch immer an mich erinnert!«

Und sie trug ein Bündel seiner Briefe an sie herbei.

»Denk dir, Saša, von Professor Suk!«

Die Mutter verschnürt diese Briefe mit dem Haar von Djelsomina Mohorovičić, küßt sie und liest sie laut und siegesgewiß wie irgendwelche Kriegsgedichte vor, wobei sie fast vergißt, ihn hinauszubegleiten, wenn er zum Schlafen in sein Hotel aufbricht. Oder sie küßt ihn, sich eilig verabschiedend, so daß er unter dem Kleid unwillkürlich ihre Brüste wie ein Kompott aus Birnen fühlt.

Im Augenblick, da Professor Suk in das dritte Jahrzehnt seiner Forschungsarbeit eintrat, da seine Augen schnell geworden waren, sein Mund aber langsamer als seine Ohrmuscheln, da man begann, seine Bücher in der Archäologie und in der Orientalistik immer häufiger heranzuziehen, zeigte sich ein weiterer Grund, in die Hauptstadt zu kommen. Dort in dem hohen Gebäude in der Form eines Salzkuchens legte man eines Morgens zum erstenmal den Namen Dr. Isajlo Suks aus Anlaß des Zettelchenziehens in einen Hut. Allerdings wurde er weder dieses noch die folgenden Male herausgezogen, doch erreichten Dr. Suk jetzt regelmäßig Einladungen zu Versammlungen in dem erwähnten Gebäude. Er ging zu diesen Sitzungen, während er das gestrige Lächeln über die Lippen spannte wie ein Spinnengewebe, und er verlor sich in den Gängen des schönen Gebäudes, Gängen, die kreisförmig waren, in denen es dir, wenn du ihnen folgst, jedoch nicht gelingt, den Ort zu erreichen, von dem du ausgegangen bist. Er dachte daran, wie dieses Gebäude einem Buch glich, das in einer fremden Sprache geschrieben war, die er noch nicht beherrschte, diese Gänge den Sätzen einer fremden Sprache, die Zimmer aber fremden Wörtern, die er niemals gehört hatte. Und er war keineswegs erstaunt, als ihm eines Tages gesagt wurde, daß er in einem der Zimmer im ersten Stock, die nach ranzigen Schlüssellöchern rochen, einer gewohnheitsmäßigen Prüfung unterzogen werden sollte. Das Ansehen seiner Bücher im zweiten Stock, wo die Zettelchen gezogen wurden, war unbestritten, aber einen Stock tiefer in diesem selben Gebäude fühlte er sich kurzbeinig, so als würden seine Hosenbeine ständig wachsen. Hier kroch die Menge umher, die jenen da oben vom

zweiten

zweiten Stock untergeben war, hier wurden seine Bücher außer acht gelassen, und er wurde jedes Jahr Prüfungen unterzogen, nachdem zuvor aufmerksam überprüft worden war, wer er war. Isajlo Suk atmete auf, als er, da er zum erstenmal in die Prüfung ging, gewahrte, daß der Vorsitzende einer der Assistenten seiner Fakultät war, für den er unlängst der Vorsitzende in der Kommission für die Doktorprüfung gewesen war und den er häufig durchs Fenster in der »Wirtschaft zum dritten Stiefel« gesehen hatte. Nach der Prüfung erhielt Dr. Suk zwar keine Zensur, die allerdings mit Sicherheit irgendwo vermerkt wurde, aber der Vorsitzende der Prüfungskommission äußerte sich sehr lobend über die fachlichen Fähigkeiten des Kandidaten. So ging Dr. Suk an diesem Tage mit dem Gefühl der Erleichterung von der Prüfung zu seiner Mutter. Sie führte ihn wie gewöhnlich in das Speisezimmer und zeigte ihm hier, mit niedergeschlagenen Augen, an ihre Brust gedrückt die neueste Abhandlung von Dr. Isajlo Suk mit der eigenhändigen Widmung des Autors. Er sah aus Höflichkeit in das Buch und auf die eigene Unterschrift darin, dann aber setzte ihn die Mutter mit der gewohnheitsmäßigen Ermahnung, deren sich Dr. Suk noch aus der Kindheit erinnerte – hock dich ein wenig nieder! –, auf ein Schemelchen in der Ecke des Zimmers, und sie erklärte ihm den Kern des wissenschaftlichen Unterfangens, das in der Studie dargelegt war. Während sie sprach, glich ihre Freude nicht so sehr der Trauer eines Komödianten als der Fröhlichkeit eines Helden aus der Tragödie. Mit ziemlicher Genauigkeit erklärte sie dem Sohn, wie Professor Suk festgestellt habe, daß die Schlüssel, die man in einem Tongefäß auf der Krim gefunden hatte, anstelle eines Griffes silberne, kupferne oder goldene barbarische Imitationen von Geldstücken aufwiesen. Alles in allem seien 135 Schlüssel entdeckt worden (Dr. Suk sei der Ansicht, es hätten sich 10000 in einem Gefäß befunden), und auf jedem habe er je ein kleines Zeichen oder einen Buchstaben bemerkt. Zunächst habe er diese für das Zeichen des Gießers oder etwas ähnliches gehalten, später aber beobachtet, daß auf anderen Exemplaren ähnlicher Geldstücke von etwas höherem Wert ein weiterer Buchstabe eingeprägt war, auf dem Silberstück ein dritter, auf den Goldstücken jedoch, so habe er angenommen, ein vierter, denn einen Schlüssel mit einem goldenen Griff fand man nicht. Daraufhin aber sei er auf eine geniale Idee gekommen (an dieser wichtigen Stelle bat sie ihn, nicht nervös zu werden und sie nicht dauernd mit Fragereien zu unterbrechen): Er habe das Geld nach seinem Wert geordnet und die verborgene Inschrift oder Botschaft entziffert, die man auf ihnen entdeckt, wenn man die Buchstaben der Geldstücke der Reihe nach zusammenfügt. Diese Aufschrift lautete *Ate,* und es fehlte lediglich noch ein Buchstabe (der des Goldstückes, das nicht gefunden wurde). Dr. Suk habe angenommen, daß dieser Buchstabe, der fehle, einer der heiligen Buchstaben des hebräischen Alphabets sein könne, vielleicht der Buchstabe *He,* der vierte Buchstabe des göttlichen Namens… Der Schlüssel aber, der ihn trage, kündige den Tod an.

»Denk nur, welche Erfindungsgabe!« rief sie an dieser Stelle aus und fügte, als sie bemerkte, daß sein Glas leer war, hinzu: »Ein Glas ist genug, zwei sind wenig!«

Nun wurde in jedem zweiten Frühling der Name Dr. Suks erneut in jenen Hut hinter der Tür geworfen, die nach ranzigem Schlüsselloch roch. Er wurde davon nicht unterrichtet und kannte das Resultat nicht. Zu dieser Zeit hustete er mit dem Gefühl, ein Blutgefäßgeflecht aus den Wurzeln zu heben, das sich so tief in Schultern und Nacken hineingeschlagen und verwachsen hatte, daß er sich kaum davon zu erholen vermochte. Die Prüfungen fanden jetzt häufiger statt, und immer saß dort als Vorsitzender irgendein anderer. Dr. Suk hatte eine Studentin, die frühzeitig ihre Haare verloren hatte, doch leckte ihr des Nachts ein Hund den Scheitel, so daß auf ihrem Kopf dichtes buntes Fell sproß. Sie war dickleibig und vermochte ihre Ringe nicht abzustreifen, sie trug die Augenbrauen

brauen in Gestalt kleiner Fischskelette und einen Wollstrumpf anstelle einer Mütze. Sie schlief auf ihren Spiegeln und Kämmen und pfiff, während sie in ihren Träumen auf der Suche nach ihrem kleinen Sohn war, der neben ihr lag, derart, daß das Kind nicht zu schlafen vermochte. Jetzt prüfte sie Dr. Suk, das Kind aber saß neben ihr, unausgeschlafen und glatzköpfig. Um ihr behilflich zu sein und die Sache möglichst schnell abzuwickeln, antwortete Dr. Suk im Verlauf der Prüfung auch auf die Zwischenfragen des Kindes. Als er endlich nach alledem auf das elterliche Haus zuging und sich dann zum Essen niedersetzte, war er so zerstreut, daß ihn die Mutter besorgt ansah und sagte: »Paß auf, Saša, deine Zukunft wird dir die Vergangenheit zerstören! Du siehst nicht gut aus. Man muß irgendein Kind ausfindig machen, damit es deinen Rücken mit seinen Füßen bearbeitet.«

In der Tat keimten und erblühten in der letzten Zeit in ihm unbekannte Arten von Hunger, und gleich einer Frucht reifte schnell eine klebrige unbegründete Hoffnung, die nach dem ersten hinuntergeschluckten Bissen zusammen mit dem Hunger dahinstarb.

»Weißt du, wie viele Mundöffnungen die Juden haben?« fragte ihn an diesem Tag die Mutter, während er aß. »Sicher weißt du es nicht... Darüber hat jemand geschrieben, den ich unlängst gelesen habe, es wird Dr. Suk gewesen sein. Es war zu der Zeit, als er sich mit der Verbreitung der biblischen Auffassungen in den Steppen Eurasiens beschäftigte. Auf der Grundlage von Forschungen, denen er bereits 1959 an der Lokalität Čelarevo nahe der Donau nachging, stellte er fest, daß sich dort die Siedlung einer uns gänzlich unbekannten Population von beträchtlich primitiverer und anthropologisch älterer Charakteristik als die der Awaren befand. Er nahm an, daß dort Chasaren begraben wurden, die noch im 8. Jahrhundert vom Schwarzen Meer an die Donau gekommen waren. Jetzt ist es zu spät, aber erinnere mich morgen daran, wenn du zu Djelsominas Geburtstag kommst, damit ich dir die erregende Seite vorlese, auf der diese Sache beschrieben wird. Es ist außergewöhnlich interessant...«

Mit diesem Versprechen erwachte Dr. Isajlo Suk und fand jenen Schlüssel in seinem Mund.

Als er auf die Straße hinaustrat, war der Mittag erkrankt, irgendeine Pest des Lichts verzehrte den Glanz der Sonne, Blattern und Geschwüre der Luft breiteten sich aus und barsten über dem Himmel in einer Epidemie, die die Wolken erfaßte, so daß diese in einem immer langsameren Flug faulten und verwesten.

Die Woche bekam ihre monatliche Waschung, und ihr Sonntag stank schon im voraus und ließ Winde fahren wie ein Krüppel, der gesundet. Und dort, am Grunde des krätzigen Horizonts, blauten Suks vergeudete Tage, klein und kerngesund in der Ferne, der Kalendernamen beraubt, in einer Herde, die sich fröhlich entfernte, befreit von ihm und seinen Sorgen, Staub hinter sich zurücklassend...

Einer der Straßenlümmel, die spielten, indem sie die Unterhosen tauschten, blieb in diesem Augenblick vor dem Kiosk, an dem Dr. Suk seine Zeitung kaufte, stehen und pißte an dessen Hosenbein. Dr. Suk wandte sich mit dem Ausdruck eines Menschen um, der abends bemerkt, daß die Knöpfe an seinen Beinkleidern den ganzen Tag über aufgeknöpft waren, indem jedoch ohrfeigte ihn ein gänzlich unbekannter Mann, was das Zeug hielt. Dr. Suk spürte, da die Witterung kalt war, durch die Ohrfeige hindurch, daß die Hand des Angreifers sehr warm war, und das erschien ihm unter jenem Schmerz auch ein klein wenig angenehm. Er drehte sich zu dem Frechling um, zur Auseinandersetzung bereit, fühlte aber im selben Augenblick, daß sich sein Hosenbein völlig durchnäßt an seine Wade geklebt hatte. Da schlug auch schon ein zweiter Mann auf ihn ein, der neben jenem ersten auf das Wechselgeld für seine Zeitung gewartet hatte. Und

Und nun begriff Dr. Suk, daß es besser sei, sich zu entfernen, was er auch tat, ohne auch nur das geringste zu verstehen; er merkte nur, daß die zweite Ohrfeige nach Zwiebel roch. Aber es galt keine Zeit zu verlieren, denn hinter ihm scharten sich noch weitere Passanten; die Schläge begannen wie etwas ganz Natürliches herniederzuprasseln, und jetzt spürte Dr. Suk auch, daß der eine oder andere von denen, die die Ohrfeigen verteilten, kalte Hände hatte, und das tat ihm in dieser absolut mißlichen Lage ungewöhnlich gut. Er war schon erhitzt. In dieser Verwirrung lag noch ein günstiger Umstand. Zwar fand er keine Gelegenheit, einen Gedanken zu fassen – zwischen zwei Ohrfeigen läßt sich schlecht denken –, doch bemerkte er, daß die Ohrfeigen zuweilen schwitzig waren und daß sie ihn von der Kirche des heiligen Markus zum Marktplatz trieben, also den Weg entlang, den er selbst vorgehabt hatte zu gehen, den Weg, der geradewegs zu dem Laden führte, wo er einzukaufen beabsichtigt hatte. Und er überließ sich den Ohrfeigen, die ihn seinem Ziel näher brachten.

Unterdessen gelangte er vor einem Gebäude an, hinter dem man noch niemals etwas gesehen oder gehört hatte. Und da er jetzt unter dem Regen der Schläge, die nicht abflauten, gezwungen war zu laufen, verbanden sich in seinen Augen die Abstände der Umzäunung, und er sah zum erstenmal (obwohl er hier schon früher vorübergekommen war), daß sich hinter der Umzäunung ein Haus befand, und sah, daß am Fenster des Hauses ein junger Mann stand und Violine spielte. Er bemerkte auch das Pult mit den Noten, und er erkannte für einen Augenblick Bruchs Konzert für Violine und Orchester in g-Moll, doch hörte er keinen Laut, obwohl das Fenster geöffnet war und der junge Mann hingebungsvoll spielte. Verwundert flog Dr. Suk unter dem Regen der Schläge endlich in den Laden, der das Ziel seines Spaziergangs an diesem Morgen war, erleichtert schlug er die Tür hinter sich zu. Es war eine Stille wie in einem Gurkentopf, und nur der Mais stank. Der Laden war leer, in einer Ecke aber lag in einer Kappe eine Henne. Sie blickte Dr. Suk mit einem Auge an und sah an ihm alles, was man hätte aufessen können. Dann blickte sie ihn mit dem anderen Auge an und sah an ihm alle unverdaulichen Teile. Sie vertiefte sich für einen Augenblick in ihre Gedanken, und Dr. Suk tauchte schließlich in ihrem Verstand vollständig auf, erneut zusammengefügt aus verdaulichen und unverdaulichen Teilen, und sie war sich schließlich darüber im klaren, mit wem sie es zu tun hatte. Wie die Sache sich weiterentwickelte, mag er selbst erzählen.

Erzählung vom Ei und dem Geigenbogen

Ich stehe in einer angenehmen Kühle und nehme den Geruch von Lack wahr, sagte er. Die Violinen antworten einander auf ihren gegenseitigen Ruf, eine ganze Polonaise läßt sich aus ihren stillen Seufzern komponieren, als komponiere man eine Partie Schach. Man muß nur die Klänge und ihre Reihenfolge ein wenig durcheinanderbringen. Schließlich tritt der Ungar heraus, der Besitzer der Musikalienhandlung. Seine Augen haben die Farbe von Molke. Rot, als wolle er Eier legen, weist er ein Kinn in Gestalt eines kleinen Bauches mit einem Nabel auf. Er zieht einen Taschenaschenbecher hervor, streift die Asche ab, klappt ihn vorsichtig zu und fragt, ob ich mich im Laden geirrt hätte. Der Kürschner sei nebenan. Immer kämen sie irrtümlich herein. Bei ihm sei seit sieben Tagen niemand hereingekommen, außer irrtümlich. Eigentlich habe er keine Tür zu seinem Laden, eher ließe sich sagen, daß er einen Noteingang habe, aber eine Türe gebe es nicht, nur eine kleine Auslage mit einer Türklinke, die sich beim Eintreten vollständig in den Laden hinein öffne und so den Käufer in den engen Raum einlasse. Ich frage ihn, ob er eine kleine Violine für ein kleines Fräulein oder irgendein Zwergcello habe, wenn sie nicht zu teuer kämen.

Der

Der Ungar dreht sich um und will zurückkehren, woher er gekommen und woher der Geruch von Paprikasch dringt. Indem erhebt sich die Henne von ihrer Kappe und wendet gackernd die Aufmerksamkeit auf ein frisch gelegtes Ei. Der Ungar nimmt sorgsam das Ei, legt es in eine Schublade, nachdem er zuvor mit einem Bleistift etwas auf ihm notiert hat. Es ist irgendein Datum, der 2. Oktober 1982, und ich stelle verwundert fest, daß es ein Datum ist, das erst in einigen Monaten eintreten wird.

»Wozu eine Violine oder ein Violoncello?« fragt er mich, indem er sich dem Eingang ins Zimmerchen hinter dem Laden zuwendet. »Sie haben Schallplatten, ein Radio, einen Televisor. Eine Violine aber, wissen Sie, was eine Violine ist? Von hier bis Subotica müssen Sie pflügen, säen und ernten, jedes Jahr! So viel muß man eine kleine Violine beackern, sehen Sie, damit, mein Herr!« Und er zeigt mir den Geigenbogen, den er am Gürtel trägt wie einen Säbel. Er zieht ihn heraus und spannt die Sehnen mit seinen Fingern, die um die Nägel herum mit Ringen bereift sind, als paßten sie auf, daß die Nägel nicht davonfliegen oder herabfallen. Dann beendet er die Unterhaltung, winkt mit der Hand ab und wendet sich wieder zum Gehen. »Für wen soll das gut sein?« fragt er mich beim Hinausgehen. »Kaufen Sie etwas anderes, kaufen Sie ihr ein Moped oder einen Hund.«

Ich bleibe hartnäckig im Laden stehen, finde mich nicht besonders gut zurecht dieser Entschlossenheit gegenüber, die sich in einer unentschlossenen, schwebenden Sprache ausdrückt, die als Nahrung gebraucht wird, die sättigt, aber nicht schmeckt. Der Ungar beherrscht meine Sprache in Wirklichkeit recht gut, aber nach jedem Satz fügt er am Schluß wie einen Kuchen noch irgendein mir vollständig unverständliches ungarisches Wort hinzu. So macht er es auch jetzt, mir einen Rat erteilend:

»Gehen Sie, mein Herr, suchen Sie für Ihr kleines Mädchen ein anderes Glück. Dieses Glück ist zu schwer für sie. Und ein verspätetes Glück. Verspätet«, fügt er aus jenem Paprikaduft heraus hinzu. »Wie alt ist sie?« fragt er mich sodann geschäftlich.

Er verschwindet, und ich höre, daß er sich umzieht und fertigmacht, um das Haus zu verlassen. Ich nenne ihm das Alter von Djelsomina Mohorovičić. Sieben. Er zuckt bei dieser Zahl zusammen, als sei er mit einem Zauberstab berührt worden. Er übersetzt sie sich ins Ungarische, offensichtlich vermag er nur auf ungarisch zu zählen, und ein seltsamer Duft verbreitet sich im Zimmer, es ist der Duft von Kirschen, und ich merke, daß dieser Duft die Veränderung seiner Stimmung begleitet. In seinem Mund erscheint jetzt eine gläserne Pfeife, aus der er Kirschschnaps einzieht. Er durchwandert den Laden, stellt sich wie zufällig auf meinen Fuß, während er ein kleines Kinderviolon-cello herauszieht, und indem er es mir anbietet, steht er auch weiter auf meinem Fuß, gleichzeitig darauf hinweisend, wie eng es bei ihm ist. Ich stehe da und stelle mich dumm, wie er auch, er auf meine Rechnung, ich zu meinem Schaden.

»Nehmen Sie das«, sagt er. »Das Holz ist älter als Sie und ich zusammen. Auch der Lack ist gut... ansonsten, hören Sie!«

Und er streicht mit einem Finger über die Saiten. Das Cello gibt einen viertönigen Klang von sich, und er steigt von meinem Fuß herunter, als könne der Akkord alle Beschwernisse dieser Welt leichtermachen.

»Hören Sie?« fragt er. »Jede Saite enthält alle übrigen. Aber damit man das zu hören vermag, muß man vier verschiedene Dinge auf einmal hören, wir sind aber zu träge dazu. Hören Sie? Oder hören Sie nicht? 450 000«, übersetzt er mir den Preis aus dem Ungarischen. Diese übersetzte Summe trifft mich wie ein Stein. Das ist, als habe er mir in die Tasche geschaut. Genau so viel habe ich bei mir. Das ist seit langem für Djelsomina zurückgelegt. Das ist nicht was weiß für ein Betrag, aber ich habe auch das nur mit Mühe in drei Jahren auftreiben können. Erfreut sage ich, daß ich das Cello nehmen will.

»Wie wollen Sie das nehmen?« fragt der Ungar und schüttelt tadelnd den Kopf. »Eh, mein Herr, nimmt man denn einfach so ein Musikinstrument? Wollen Sie es nicht ausprobieren?«

Ich suche im Laden verwirrt etwas außer jener Kappe, auf das ich mich setzen könnte, so als wolle ich es wirklich ausprobieren.

»Wissen Sie nicht, wie das ohne Stuhl geht?« fragt er mich. »Die Ente setzt sich aufs Wasser, und Sie wissen nicht einmal auf dem Trockenen, wie's geht? Nein?« Und er nimmt mit Verachtung das kleine Cello, hebt es hoch und setzt es an die Schulter wie eine Violine.

»So!« fügt er hinzu und reicht mir das Instrument.

Ich nehme es und spiele zum erstenmal in meinem Leben auf einem Cello wie auf einer Violine. De Falla klingt gar nicht so übel in den tiefen Quinten, es kommt mir vor, als hörte ich die Klänge durch das Holz, das gegen mein Ohr gelehnt ist, sogar besser, der Ungar ändert indessen plötzlich wieder seinen Duft. Dieses Mal ist es beißender männlicher Schweiß, den man wahrnimmt; er hat den Mantel abgelegt, steht jetzt im Unterhemd da, und zwei graue Bärte hängen zu Zöpfen geflochten unter jeder Achselhöhle. Er zieht eine Schublade heraus, setzt sich auf eine Kante, nimmt mir das Cello ab und beginnt zu spielen. Ich bin betroffen von der glänzenden Improvisation.

»Sie spielen ausgezeichnet«, sage ich.

»Ich spiele überhaupt nicht Cello. Ich bin Cembalist und liebe *hegede*. Aber Cello verstehe ich nicht zu spielen. Und das, was Sie gehört haben, ist gar keine Musik, obwohl Sie davon nichts verstehen. Das sind nur so aneinandergereiht die Töne von den tiefsten zu den höchsten, damit man die Tragfähigkeit und andere Eigenschaften des Instruments einzuschätzen vermag... Soll ich es einwickeln?«

»Ja«, sage ich und greife nach dem Geldbeutel.

»500 000, bitte«, sagt der Ungar.

Ein eiskalter Schauer läuft mir über den Rücken.

»Hatten Sie nicht 450 000 gesagt?«

»Ja, aber das ist für das Cello. Der Rest ist für den Bogen. Oder nehmen Sie den Bogen nicht? Brauchen Sie keinen Bogen? Und ich habe gedacht, daß zur Gusle auch der Guslebogen gehört…«

Er zieht den Bogen aus der Verpackung heraus und legt ihn zurück in die Auslage.

Ich stehe da und weiß nichts zu sagen. Versteinert. Und zu guter Letzt erhole ich mich von jenen Ohrfeigen, von diesem Ungarn wie von einer Krankheit, einem Katzenjammer oder einer Schläfrigkeit, ich erwache, werde ernst, höre endlich auf, in dieser Komödie zu spielen, in der der Ungar die Zähne kratzt. Ich habe den Bogen in der Tat vergessen. Und ich habe kein Geld, auch den Bogen zu kaufen. Und das sage ich ihm.

Er zieht auf einmal seinen Mantel über, man riecht das Naphthalin, und sagt:

»Mein Herr, ich habe keine Zeit, zu warten, bis Sie das Geld für den Bogen zusammen haben. Um so mehr, als Sie dies bis zu Ihrem fünfzigsten Lebensjahr oder darüber hinaus nicht erarbeitet haben. Besser Sie warten als ich.«

Und er geht aus dem Laden und läßt mich allein darin zurück. An der Tür bleibt er stehen, kehrt zurück und fügt hinzu:

»Sollen wir einen Kompromiß schließen? Sie nehmen den Bogen auf Abzahlung.«

»Scherzen Sie?« entgegne ich, nicht länger auf sein Spiel eingehend, und will den Laden verlassen.

»Nein, ich scherze nicht. Ich schlage einen Vergleich vor. Sie müssen nicht darauf eingehen, aber hören Sie mich an.«

Der Ungar zündet seine Pfeife so stolz an, daß es offensichtlich ist, daß er mit ihr schon Pest beweihräuchert hat.

»Ich höre«, sage ich.

»Sie werden von mir außer dem Bogen auch noch das Ei kaufen.«

»Das Ei?«

»Ja,

»Ja, vorhin haben Sie das Ei gesehen, das die Henne gelegt hat. Davon ist die Rede«, fügt er hinzu, zieht aus der Schublade das Ei hervor und hält es mir unter die Nase. Auf das Ei hatte er mit Bleistift jenes Datum geschrieben: 2. Oktober 1982.

»Sie werden mir dafür genausoviel zahlen wie für den Bogen, mit einem Zahlungsziel von zwei Jahren...«

»Was haben Sie gesagt?« frage ich ungläubig.

Und aus dem Ungarn beginnt es wiederum nach Kirsche zu duften.

»Könnte es sein, daß Ihre Henne goldene Eier legt?«

»Meine Henne legt keine goldenen Eier, aber sie legt etwas, was Sie und ich, mein Herr, nicht imstande sind zu legen. Sie legt Tage, Wochen und Jahre. Jeden Morgen legt sie etwa einen Freitag oder einen Dienstag. Dieses Ei von heute zum Beispiel enthält einen Donnerstag anstelle des Eigelbs. Das von morgen wird einen Mittwoch enthalten. Anstelle des Kükens wird sich aus ihm ein Tag des Lebens für seinen Eigentümer herausschälen! Was für ein Leben! Sie sind demnach nicht golden, aber sie sind zeitbringend. Noch dazu biete ich es Ihnen preisgünstig an. In diesem Ei, mein Herr, ist ein Tag Ihres Lebens. Eingeschlossen wie ein Küken, von Ihnen wird abhängen, ob er ausschlüpfen wird oder nicht.«

»Wenn ich Ihrer Erzählung auch Glauben schenken würde, warum sollte ich einen Tag kaufen, den ich bereits habe?«

»Wie kommt es, mein Herr, daß Sie nicht denken können? Wie kommt es nur, daß Sie nicht denken können? Denken Sie denn mit den Ohren? Alle unsere Probleme auf dieser Welt resultieren doch aus der Tatsache, daß wir unsere Tage so verbrauchen müssen, wie sie kommen. Aus der Tatsache, daß wir die übelsten nicht überspringen können. Das ist es ja gerade. Mit meinem Ei in der Tasche sind Sie vor Mißgeschikken bewahrt. Wenn Sie bemerken, daß der Tag, der beginnt, allzu schwarz ist, zerschlagen Sie einfach Ihr

Ei, und Sie werden allen Ungelegenheiten aus dem Wege gehen. Am Ende allerdings werden Sie einen Tag des Lebens weniger haben, dafür aber können Sie dann aus diesem häßlichen Tag ein schönes Rührei braten.«

»Wenn Ihr Ei wirklich diesen Wert besitzt, warum behalten Sie es nicht für sich?« sage ich, sehe ihm in die Augen und verstehe nichts darin. Er sieht mich an in fließendem Ungarisch.

»Der Herr scherzt? Was meinen Sie, wie viele Eier habe ich schon von dieser Henne? Was meinen Sie, wie viele seiner Tage der Mensch zerschlagen kann, um glücklich zu sein? Tausend? Zweitausend, fünftausend? Ich habe so viele Eier, wie Sie wollen, aber nicht so viele Tage. Im übrigen ist, wie bei allen Eiern, auch bei diesen die Lebensdauer begrenzt. Auch diese werden nach einer gewissen Zeit faul und unbrauchbar. Deshalb, mein Herr, verkaufe ich sie, bevor sie ihre Wirkung verlieren. Sie aber haben keine Möglichkeit zu wählen. Sie geben mir die Bestätigung für die Anleihe«, fügt er zum Schluß hinzu, kritzelt schnell etwas auf einen Zettel und schiebt ihn mir zu, damit ich unterschreibe.

»Vermag denn Ihr Ei«, frage ich ihn, »auch irgendeinen Gegenstand, sagen wir ein Buch, um einen Tag zu berauben oder zu verschonen?«

»Natürlich kann es das, man muß das Ei nur mit seiner stumpfen Seite aufschlagen. Aber in diesem Fall haben Sie die Möglichkeit verloren, das Ei selbst zu benutzen.«

Ich unterschreibe auf meinem Knie, bezahle, erhalte die Rechnung, höre noch einmal die Henne, wie sie im anderen Zimmer gackert, er aber verpackt mir Cello und Bogen und wickelt das Ei sorgfältig ein, so daß ich endlich den Laden verlassen kann. Er geht hinter mir her, ersucht mich, die Klinke gut anzuziehen, während er die Türauslage verschließt, und so werde ich wiederum in eines seiner Spiele hineingezogen. Er geht wortlos in seine Richtung, und erst an der Ecke wendet er sich um und wirft mir zu:

»Lassen

»Lassen Sie nicht außer acht – das Datum, das auf dem Ei geschrieben steht, ist das Haltbarkeitsdatum. Nach diesem Tag ist das Ei nichts mehr wert...«

Auf dem Rückweg befürchtete Dr. Suk eine Zeitlang, es werde auf der Straße zu erneuten Ausschreitungen kommen, aber das geschah nicht. Unter diesen Gedanken holte ihn der Regen ein. Er befand sich gerade neben jenem Gebäude, in dem am Morgen der junge Mann gespielt hatte. Während er lief, verbanden sich in der Umzäunung wiederum die Abstände untereinander, und er erblickte hinter der Umzäunung aufs neue das Fenster und in ihm den jungen Mann, wie er spielte. Und wieder hörte er nichts, obwohl das Fenster geöffnet war. Für die einen Laute war er taub, für andere wieder nicht. Und so näherte er sich im Laufschritt dem Hause seiner Mutter. Unterwegs tasteten seine Hände über die Haut, als taste ein Blinder den Weg ab. Seine Finger erkannten die Richtung wieder und den gut ausgetrampelten Pfad. In seiner Rocktasche lagen der Schlüssel, der den Tod ankündigte, und das Ei, das ihn vor dem todbringenden Tag erretten konnte... Das Ei mit dem Datum versehen und der Schlüssel mit dem kleinen goldenen Griff. Die Mutter war noch allein, gegen Abend liebte sie es stets, ein wenig einzunicken; sie war verschlafen.

»Reich mir, bitte, meine Brille herüber«, wandte sie sich an den Sohn, »und erlaube, daß ich dir ebenjenes Detail über das Chasarengrab vorlese. Hör nur, was Dr. Suk über die Chasaren in Čelarevo schreibt:

›Sie liegen in Familiengräbern, unordentlich verstreut am Ufer der Donau, in jedem Grab aber ist der Kopf Jerusalem zugewandt. Sie liegen mit ihren Pferden in Doppelgräbern und blinzeln in die den Tieren entgegengesetzte Richtung der Welt; sie liegen unter ihren Frauen, die über ihren Bäuchen zusammengeknäuelt sind, jedoch so, daß sie nicht ihre Gesichter, sondern ihre Schenkel sehen. Zuweilen sind sie aufrecht begraben und furchterregend gealtert, ja geradezu aus den Fugen geraten vom unaufhörlichen Starren gen Himmel, sie tragen Tonscherben bei sich mit dem eingeritzten Namen Jehudas oder mit dem Wort *schahor* – schwarz. In den Winkeln der Gräber entzünden sie Feuer, bei den Füßen steht die Nahrung, um den Gürtel haben sie Messer. Neben ihnen liegen von Grab zu Grab jedesmal andere Tiere: hier ein Schaf, ein Rind oder eine Ziege, dort ein Huhn, ein Schwein oder ein Hirsch, in die Gräber der Kinder aber legen sie Eier. Zuweilen liegen neben ihnen ihre Waffen, Sensen, auch einmal eine Gießerei- oder Goldschmiedzange. Ihre Augen, Ohren und Münder tragen als Deckel Ziegelstücke mit dem Bild eines siebenarmigen jüdischen Leuchters, wobei das Ziegelbruchstück römischer Herkunft ist, aus dem 3. oder 4. Jahrhundert, das Bild auf ihm jedoch aus dem 7., 8. oder 9. Jahrhundert. Die Zeichnungen der Leuchter (Menora) ritzen sie, wie die anderen jüdischen Symbole, mit spitzen Werkzeugen äußerst ungeschickt in den Ziegel, wie in großer Eile, vielleicht heimlich, so als dürften sie nicht hübsch gezeichnet sein. Oder so, als erinnerten sie sich nicht genau genug an den Gegenstand, den sie einritzen, als hätten sie nie einen Leuchter gesehen, eine Aschenschaufel, eine Zitrone, ein Widderhorn oder eine Palme, sondern als zeichneten sie sie nach fremder Beschreibung. Diese gemeißelten Zudecken für die Augen, Münder und Ohren verwehren den Dämonen und »Schedini« den Zugang zu ihren Gräbern, dabei aber sind die Ziegel über das ganze Grab verstreut, als habe sie irgendeine Riesengewalt oder die Flut der Erdanziehungskraft von ihren Plätzen in alle Richtungen geschleudert, und nicht einer ist mehr an dem Ort, wo er zu wachen hat. Man könnte sich sogar vorstellen, daß irgendeine unbestimmbare nachträgliche und fieberhafte Notwendigkeit diese Zudecken für die Augen, Ohren und Münder aus anderen Gräbern in diese herbeigetragen hat, während sie den einen

Dämonen

Dämonen den Weg freigaben, ihn für andere dagegen versperrten...‹«

In diesem Augenblick begannen alle Glocken an den Türen zu läuten, und die geladenen Gäste schwärmten ins Haus. Djelsomina Mohorovičić kam herein, in grellfarbenen Stiefelchen, mit schönen unbeweglichen Augen, als seien es Steine aus Ringen. Die Mutter Professor Suks überreichte ihr vor allen Anwesenden das Violoncello, küßte sie zwischen die Augen, wobei sie ihr dort noch ein weiteres, mit Lippenstift gezeichnetes Auge zurückließ, und sagte:

»Was meinst du, Djelsomina, von wem ist dieses Geschenk? Rate! Von Professor Suk! Du mußt ihm einen schönen Brief schreiben und dich bedanken. Er ist ein junger und hübscher Herr. Und ich reserviere für ihn stets den schönsten Stuhl an der Stirnseite der Tafel!«

Voller Hingabe und mit schwerem Schatten, mit dem sie wie mit einem Stiefel zuzutreten vermochte, plazierte Frau Suk ihre Gäste an der Tafel, wobei sie den Platz an der Stirnseite freiließ, gerade als erwarte sie noch immer den wichtigsten Gast, und sie pflanzte zerstreut und eilig Dr. Suk neben Djelsomina und die übrige Jugend nahe einem gut gegossenen Fikus, der hinter ihren Rücken schwitzte und auf die Blätter tränte, so daß man es auf den Boden tropfen hörte.

An diesem Abend wandte sich Djelsomina nach dem Essen Dr. Suk zu, indem sie seine Hand mit ihren heißen Fingerchen berührte, und sprach:

»Die Verhaltensweisen im Leben des Menschen gleichen den Speisen, die Gedanken aber und Gefühle sind wie Gewürze. Derjenige, der eine Kirsche salzt oder einen Kuchen mit Essig übergießt, wird nicht gut davonkommen...«

Während Djelsomina dies zu ihm sagte, schnitt Dr. Suk Brot und dachte, daß sie in seinen Augen mit ihm gleichaltrig, für andere Leute dagegen in einem anderen Alter sei.

Als er nach der Feier in sein Hotelzimmer kam, zog Professor Suk den Schlüssel aus seiner Tasche, nahm eine Lupe und betrachtete ihn. Auf dem Goldstück, das als Griff diente, las er den hebräischen Buchstaben *He*. Er lachte und legte den Schlüssel beiseite, zog aus seiner Tasche das *Chasarische Wörterbuch*, veröffentlicht im Jahre 1691 von Daubmannus, und las vor dem Einschlafen das Ordnungswort *Amme*. Er war überzeugt, jenes vergiftete Exemplar zu besitzen, bei dem der Leser stets an der neunten Seite starb, deshalb las er niemals mehr als vier Seiten und setzte sich auf solche Weise keiner Gefahr aus. Er dachte: Es taugt nicht, ohne Not den Weg zu gehen, der Regen bringt. Das Ordnungswort, das er für diesen Abend ausgewählt hatte, war ebenfalls nicht lang:

»Es gab bei den Chasaren«, so heißt es im Wörterbuch des Daubmannus, »Ammen, die es verstanden, die eigene Milch zu vergiften. Sie waren sehr gesucht. Man glaubt, daß sich ihre Herkunft aus dem einen der zwei arabischen Stämme ableitet, die Mohammed aus Medina vertrieb, denn sie beteten zu Manat, der vierten beduinischen Gottheit. Sie stammten aller Wahrscheinlichkeit nach aus dem Stamm der Chazraj oder aus dem Stamm der Auz und wurden gedungen, um einen unerwünschten Prinzen oder reichen Erben zu stillen (einmal genügte), den seine Miterben zu beseitigen wünschten. Es wurden folglich auch ›Leute zum Abschmecken der vergifteten Milch‹ bestimmt, Jünglinge, die mit den Ammen schliefen und an ihnen saugten, unmittelbar bevor diese zugelassen wurden, das Kind zu stillen, das ihnen anvertraut war. Erst wenn ihren Liebhabern nichts zustieß, durften sie das Zimmer des Säuglings betreten…«

Dr. Suk schlief vor dem Morgengrauen ein, wobei er daran dachte, daß er niemals erfahren würde, was ihm Djelsomina an diesem Abend gesagt hatte. Er war für ihre Stimme vollständig taub.

TRAUMJÄGER – Sekte chasarischer Priester, deren Schutzherrin Prinzessin Ateh▽ war. Sie verstanden sich darauf, fremde Träume zu lesen, in ihnen zu

wohnen

wohnen wie im eigenen Haus und, während sie durch sie hindurcheilten, auf Wild Jagd zu machen, das ihnen aufgegeben war – auf einen Menschen, eine Sache oder ein Tier. Die Aufzeichnung eines der ältesten Traumjäger blieb erhalten, sie lautet: »Im Traum fühlen wir uns wie ein Fisch im Wasser. Von Zeit zu Zeit tauchen wir aus dem Traum auf, streifen mit dem Auge die Welt am Ufer, doch dann wieder sinken wir mit Eile und begierig, denn wohl fühlen wir uns nur in den Tiefen. Während dieses kurzfristigen Auftauchens gewahren wir ein seltsames Geschöpf auf dem Festland, das, träger als wir, gewohnt ist, auf andere Art zu atmen, und mit all seiner Schwere festgeleimt ist an sein Land, dabei der Lust beraubt, in der wir wie im eigenen Körper leben. Denn hier unten sind Lust und Körper unzertrennlich und ein und dasselbe. Jenes Geschöpf da droben, auch das sind wir, doch wir in einer Million von Jahren, auch liegt zwischen uns und ihm neben den Jahren ein furchtbares Unheil, das über jenes droben hereinbrach, als es seinen Körper von der Lust trennte...«

Einer der berühmtesten Traumdeuter nannte sich nach der Überlieferung Mokaddasa al Safer☾✡. Es gelang ihm, weit bis ins Geheimnis einzudringen, es gelang ihm, Fische in fremden Träumen zu zähmen, in fremden Traumgesichten Türen zu öffnen, in Traumreiche tiefer zu tauchen als irgend jemand vor ihm, bis hin zu Gott, denn Gott liegt am Grunde jedes Traums. Dann aber geschah es ihm, daß er fortan keine Träume mehr zu deuten vermochte. Lange dachte er, daß er den Gipfel erreicht habe und daß man in dieser mystischen Kunst weiter auch gar nicht gehen könne. Jenem, der ans Ende des Weges gelangt, taugt der Weg nicht mehr, und es ist ihm nicht länger an ihm gelegen. Doch die um ihn waren, dachten nicht so. Einmal vertrauten sie die Sache Prinzessin Ateh an, und diese erklärte ihnen dann den Fall des Mokaddasa al Safer:

Einmal in jedem Monat, am Feiertag des Salzes, kämpfen die Anhänger des chasarischen Kagan auf Leben und Tod in den Vorstädten unserer drei Residenzen gegen euch, meine Anhänger und Schutzbefohlenen. Wenn der Abend fällt, zur Stunde, da wir seine Toten in jüdischen, arabischen oder griechischen, meine aber in chasarischen Gräbern begraben, öffnet der Kagan still die kupferne Tür meines Schlafgemachs und trägt die Kerze, deren Flamme von seiner Leidenschaft duftet und zittert. In diesem Augenblick sehe ich ihn nicht an, denn er gleicht allen vom Glück ins Gesicht geschlagenen Liebhabern auf der ganzen Welt. Wir verbringen die Nacht miteinander, doch in der Morgendämmerung, wenn er fortgeht, sehe ich im geschliffenen Kupfer meiner Flügeltür in sein Gesicht und erkenne hinter seiner Müdigkeit, was er beabsichtigt, woher er kommt und wer er ist.

So ist es auch mit eurem Traumjäger. Es gibt keinen Zweifel, daß er einen der Gipfel seiner Kunst erreichte, daß er betete in den Tempeln fremder Träumereien und daß man ihn im Bewußtsein der Träumer unzählige Male tötete. Alles tat er mit solchem Erfolg, daß die schönste Materie, die es gibt – die Materie des Traums –, begann, sich ihm zu unterwerfen. War ihm auch kein einziger Fehler unterlaufen, da er zu Gott emporstieg und es ihm also gelang, ihn auf dem Grunde des Traumes zu sehen, so machte er doch gewiß einen Fehler bei der Rückkehr, als er zu dieser Welt hinabstieg von den Höhen, zu denen er emporgeklommen war. Und diesen Fehler bezahlte er. Auf die Rückkehr gebt acht! schloß Prinzessin Ateh. Ein schlechter Abstieg vermag einen glücklichen Aufstieg im Gebirge zu verderben.

GRÜNES BUCH

Islamische
Quellen
zur chasarischen
Frage

AKSCHANI, JABIR IBN (17. Jahrhundert) – wie anatolische Lautenspieler (Spieler von Def oder Tambura) glauben, trug diesen Namen eine Zeitlang der Schejtan (Teufel); unter diesem zeigte er sich einem der berühmtesten Lautenspieler des 17. Jahrhunderts, Jusuf Masudi☾. Ibn Akschani war auch selbst ein äußerst geschickter Spieler. Der ihm eigene Fingersatz eines Liedes findet sich aufgezeichnet, und man weiß daher, daß er beim Spiel mehr als zehn Finger benutzte. Er war ein stattlicher Mensch, besaß keinen Schatten und hatte seichte Augen, wie zwei ausgetretene Pfützen. Seine Gedanken über den Tod wollte er den Menschen nicht offenbaren, gab sie jedoch mittelbar weiter, indem er ihnen Geschichten erzählte und sie anleitete, Träume zu lesen oder auf dem Wege über die Traumjäger zur Erkenntnis vom Tode zu gelangen. Ihm werden zwei Aussprüche zugeschrieben: 1. Der Tod ist ein Namensvetter des Traums, doch ist uns der Name unbekannt. 2. Der Traum ist das tagtägliche Ende des Lebens, eine Vorübung zum Tode, dessen Schwester er ist; nur steht nicht jeder Bruder der Schwester gleich nahe. Einmal wollte er den Menschen auch praktisch zeigen, welche Wirkung der Tod zeitigt, und führte dies am Beispiel eines christlichen Heerführers aus, dessen Name bewahrt geblieben ist. Er hieß Avram Branković† und führte Krieg in der Walachei, wo jeder Mensch, wie der Teufel behauptete, als Dichter geboren wird, als Dieb lebt und als Vampir stirbt. Eine gewisse Zeit verbrachte Jabir ibn Akschani als Hüter der Türbe Sultan Murats, dort aber zeichnete ein unbekannter Besucher etwas von dem auf, was Akschani gesagt hatte:

»Der Hüter verschließt die Türbe«, schreibt der Unbekannte, »und läßt in ihr Dunkel den schweren Klang des Schlosses fallen, als lasse er drinnen den Namen des Schlüssels zurück. Mißgelaunt gleich mir, setzt er sich neben mich auf einen Stein und schließt die Augen. Als ich bereits glaube, daß er in seinem Teil des

des Schattens eingeschlafen ist, hebt der Hüter die Hand und zeigt auf eine Motte, die irgendwo im Säulenumgang der Türbe schwebt, aufgeflogen aus unseren Kleidern oder den persischen Teppichen des Grabmals.

›Siehst du‹, wendet er sich mir uninteressiert zu, ›das Insekt befindet sich hoch oben unter der weißen Mauer des Säulenumganges, und man bemerkt es nur, weil es sich bewegt. Von hier unten könnte man auf den Gedanken kommen, es sei ein Vogel hoch droben am Himmel, wenn man die Mauer als Himmel auffaßt. Die Motte begreift diese Mauer wahrscheinlich auch so, und nur wir allein wissen, daß sie unrecht hat. Sie aber weiß nicht einmal, daß wir es wissen, noch weiß sie, daß wir existieren. Und jetzt versuche, dich ihr verständlich zu machen, wenn du dazu in der Lage bist. Kannst du ihr irgend etwas sagen, gleich, was es ist, doch so, daß sie dich begreift und du sicher bist, daß sie dich vollständig begriffen hat?‹

›Ich weiß nicht‹, gab ich zur Antwort, ›vermagst du es denn?‹

›Ja‹, entgegnete ruhig der Alte, klatschte die Handflächen zusammen, erschlug die Motte und zeigte sie mir, zerschmettert auf seiner Handfläche.

›Meinst du, sie hätte nicht verstanden, was ich ihr sagen wollte?‹

›Auf diese Weise kannst du auch der Kerze, die du zwischen deinen zwei Fingern auslöschst, zeigen, daß du existierst‹, bemerkte ich.

›Natürlich, falls eine Kerze zu sterben vermag... Denk dir jetzt‹, fuhr er fort, ›daß es jemanden gibt, der, während wir all dies von der Motte wissen, ebensoviel von uns weiß. Jemanden, dem bekannt ist, auf welche Weise, wodurch und warum dieser unser Raum begrenzt ist, das, was wir für den Himmel halten und als unbegrenzt ansehen, jemanden, der nicht in der Lage ist, sich uns zu nähern, um uns zu verstehen zu geben, daß wir existieren, außer auf eine einzige Art und Weise – indem er uns tötet. Jemanden, von dessen Gewand wir uns ernähren, jemanden, der unseren

Tod in seiner Hand trägt wie eine Zunge, als Mittel seiner Verständigung mit uns. Indem er uns tötet, setzt uns dieser Unbekannte von sich selbst in Kenntnis. Und wir erschauen durch unsere Tode, die vielleicht nur eine Lehre für den Landstreicher sind, der neben dem Mörder sitzt, wir erschauen durch sie, wie durch eine halb aufgestoßene Tür, im letzten Augenblick neue Gefilde und neue Grenzen. Diese sechste und höchste Stufe der Todesangst (an die es keine Erinnerung gibt) hält uns, die unbekannten Teilnehmer, im Spiel zusammen und verbindet uns. Die Hierarchie der Tode ist in der Tat jenes einzige, das ein System der Berührungen unter den verschiedenen Ebenen der Wirklichkeit in einem sonst unüberschaubaren Raum ermöglicht, in welchem sich die Tode wie Widerklänge in Widerklängen unendlich wiederholen...‹

Während der Hüter spricht, komme ich zu folgendem Schluß: Wenn das, was er mir mitteilt, eine Angelegenheit der Weisheit, der Erfahrung oder der Belesenheit ist, verdient sie keine Beachtung. Was aber, wenn er sich in diesem Augenblick selbst auf einer solchen Plattform befände, von der aus er einen besseren Ausblick und eine bessere Übersicht hätte als wir übrigen oder als er selbst am Tage zuvor...?«

Jabir ibn Akschani lebte darauf noch einige Zeit gleich einem Landstreicher, wobei er sein Instrument, das aus dem Panzer der weißen Schildkröte gefertigt war, bei sich trug. Er schlenderte durch die Dörfer Kleinasiens, spielte und schnellte seine Zauberpfeile ab, während er pro Woche zwei Sieb Mehl stahl oder erbettelte. Im Jahre 1699 nach Isa kam er auf ungewöhnliche Weise ums Leben. Zu jener Zeit besuchte er die Donnerstagsmärkte, und wo er auch saß und stand, neckte er die Menschen. Er spuckte in ihre Pfeifen, band die Räder ihrer Wagen untereinander fest und ihre Turbane zu einem Knoten, so daß sie sich diese wechselseitig auseinanderknüpften, und so fort. Hatte er die Vorübergehenden derart herausgefordert, daß sie sich auf ihn stürzten, schlitzte er ihnen, bis daß sie ihn einträchtig verprügelten, die Säcke auf

und

und leerte ihnen die Taschen. Als warte er darauf, daß seine Zeit ablaufe. Eines Tages, als er meinte, sie sei um, suchte er einen Bauern auf, der eine gelbe Kuh besaß, und bezahlte ihn dafür, daß er sie zu angegebener Stunde an einen bestimmten Ort brachte. Der Ort war ein ganzes Jahr lang von jedem Laut unberührt geblieben. Der Bauer zeigte sich einverstanden, führte die Kuh herbei, und diese durchbohrte Ibn Akschani, so daß dieser auf der Stelle tot liegenblieb. Er starb leicht und schnell, als sei er eingeschlafen, und unter ihm zeigte sich in diesem Augenblick ein Schatten, einzig darum, wie es schien, um seinen Körper aufzunehmen. Hinter ihm blieb die Laute vom Panzer der weißen Schildkröte zurück, die an diesem Tage zu laufen begann, um sich wiederum in ein Tier zu verwandeln und ins Schwarze Meer davonzuschwimmen. Die Lautenspieler glauben, daß dann, wenn Jabir ibn Akschani auf die Welt zurückkehrt, auch seine Schildkröte wieder eine weiße Laute werden und ihm seinen Schatten ersetzen wird.

Begraben wurde er in Trnovo nahe der Neretva, an einem Ort, den man auch heute noch das »Teufelsgrab« nennt. Ein Jahr später begab sich ein Christ von der Neretva, der Akschani zu Lebzeiten gut gekannt hatte, aufgrund irgendwelcher Geschäfte auf den Weg nach Saloniki. In Saloniki betrat er einen Laden, um eine Gabel zu kaufen – eine zweigezackte, mit der man zweierlei Fleisch, Schweine- und Rindfleisch, auf einmal in den Mund stecken konnte. Als der Eigentümer des Ladens vor ihn trat, um ihn zu bedienen, erkannte der Mann in ihm sogleich Akschani und fragte ihn, wie er nach Saloniki komme, da man ihn doch vor einem Jahr in Trnovo begraben habe.

»Mein Freund«, antwortete ihm Akschani, »wohl bin ich gestorben, doch von Allah für alle Ewigkeit bestraft, treibe ich hier Handel und habe von allem reichlich. Nur verlange keine Waage von mir, denn abzuwiegen vermag ich nicht länger. Daher verkaufe ich auch Säbel, Messer, Gabeln und Waffen, die man zählen kann und nicht zu wiegen braucht. Hier halte ich mich die ganze Zeit über auf, nur am elften Freitag eines jeden Jahres habe ich mich im Grab einzufinden. Ich gebe dir Ware auf Pump, soviel du willst, wenn du mir einen Vertrag machst, daß du sie dann zurückgibst, wenn wir es wünschen...«

Der Mann von der Neretva war einverstanden, und obwohl ein Tag war, an dem die Pfeifen winselten anstatt zu ziehen, machte er einen Vertrag, befristet auf den elften Freitag, der in den Monat *rebi-ul-ewel* fiel, spitzte seinen schwarzen Stab am Buchweizenkorn zu und kehrte nach Hause zurück, nicht ohne so viel Ware mit sich genommen zu haben, wie es ihm beliebte. Unterwegs fiel ihn unmittelbar an der Neretva eine Art gräßlicher Keiler an, und er verteidigte sich nur mit Mühe mit seinem Stab, doch riß ihm das Tier ein Stück seines blauen Gürtels ab. Als der Monat *rebi-ul-ewel* herankam, nahm der Mann von der Neretva am Vorabend des elften Freitag seine Pistole und jene Gabel, die er in Saloniki gekauft hatte, schaufelte das »Teufelsgrab« auf und fand daselbst zwei, die da lagen. Der eine, auf dem Rücken liegend, rauchte eine Pfeife mit langem Rohr, der andere aber, abseits, schwieg. Als er die Pistole auf sie richtete, blies ihm der, der rauchte, seinen Qualm ins Gesicht und sagte:

»Ich bin Nikon Sevast†, du kannst mir nix, bin nämlich an der Donau begraben«, und verschwand im Nu; nur die Pfeife blieb hinter ihm in der Grube zurück. Da drehte sich auch jener andere um, und der Mann von der Neretva erkannte in ihm Akschani, der tadelnd zu ihm sagte:

»Hej, du mein Freund, ich hätt' dich in Thessalonike töten können, aber ich wollt's nicht, sondern ich hab' dir geholfen. Jetzt tötest du mich und brichst dein Wort...«

Und während er dies sagte, lachte Akschani, und der Mann von der Neretva sah in seinem Munde ein Stück des eigenen blauen Gürtels... Da fuhr er auf, hielt die Pistole mit dem Abzug nach oben und drückte ab. Akschani versuchte, ihn mit der Hand zu erreichen,

erreichen, aber es war zu spät, er streifte ihn nur, denn die Pistole ging los und traf. Akschani brüllte auf wie ein Ochse und füllte das Grab mit Blut.

Zu Hause legte der Mann von der Neretva die Waffe ab und wollte zu jener zweizackigen Gabel greifen, da war sie verschwunden. Während er auf Akschani schoß, hatte dieser ihm die Gabel gestohlen...

Folgt man einer anderen Überlieferung, so starb Jabir ibn Akschani keineswegs. Eines Morgens im Jahre 1699 warf er in Konstantinopel ein Lorbeerblatt in einen Zuber mit Wasser, um seinen Zopf zu waschen. Er blieb nicht länger als einige Augenblicke untergetaucht. Als er den Kopf aus dem Wasser zog und die Luft einsog, gab es um ihn herum nicht länger Konstantinopel noch das Kaiserreich, in dem er sich gewaschen hatte. Er befand sich im Istanbuler Hotel der A-Kategorie Kingston, man schrieb das Jahr 1982 nach Isa, er besaß eine Frau, ein Kind und einen belgischen Paß und sprach Französisch – nur, daß noch immer am Grunde des Waschbeckens, Marke *F. Primavesi & Son, Corella, Cardiff,* ein Lorbeerblatt schwamm.

ATEH▽ (Anfang 9. Jahrhundert) – islamischer Überlieferung zufolge lebte am Hofe des chasarischen Kagan▽ eine Verwandte des Herrschers, ob ihrer Schönheit berühmt. Vor ihren Gemächern standen riesige Hunde, silberhaarige Wächter, die peitschten sich mit dem Schwanz selbst über die Augen. Sie waren darin geübt, unbeweglich dazustehen, und man konnte sehen, wie sie von Zeit zu Zeit, ohne sich von der Stelle zu rühren, zwischen ihren Vorderbeinen Wasser ließen. In der Tiefe ihrer Brust kollerten sie Konsonanten wie Felsbrocken, und vor dem Einschlafen wickelten sie hinter sich ihre langen Schwänze wie Schiffsseile auf. Ateh hatte silberne Augen und trug anstelle von Knöpfen Schellen, so daß es möglich war, von der Straße her zu erkennen, ob sich die Prinzessin im Schloß anzog oder zur Ruhe entkleidete. Doch vermochte man ihre Schellen niemals zu hören. Die Prinzessin war neben ihrem Verstand noch mit einer ungewöhnlichen Trägheit begabt. Sie atmete seltener, als andere niesen, und in ihrer Trägheit hegte sie einen schrecklichen Haß gegen alles und jeden, der sie zu schnellerem Tun anzuregen bestrebt war, ungeachtet dessen, ob sie selbst die Absicht hatte, die Sache, zu der sie angetrieben wurde, zu erledigen oder nicht. Gleichsam als Futter zu diesem Gewand aus Trägheit äußerte sich in ihren Gesprächen eine weitere Neigung – nie hielt sie sich lange bei ein und demselben Gegenstand auf, und in ihrem Umgang mit den Menschen hüpfte sie wie ein Vogel von Zweig zu Zweig. Dafür aber pflegte sie einige Tage später unerwartet auf die begonnene Erzählung zurückzukommen und setzte auch ungefragt fort, was sie ein andermal zu erörtern abgeschlagen hatte, ihren flatterhaften Gedanken nachlaufend. Dieser völlige Mangel an Fähigkeit, im Gespräch wichtige von nebensächlichen Dingen zu unterscheiden, und die absolute Gleichgültigkeit gegenüber allen Themen eines Gesprächs ist man gewohnt, mit einem Unglück zu erklären, das die Prinzessin während der Chasarischen Polemik▽ ereilte. Ateh nämlich war Dichterin, das einzige jedoch, was von ihren Worten erhalten blieb, lautet: »Die Entfernung zwischen zwei ›Ja‹ vermag größer zu sein als die zwischen ›Ja‹ und ›Nein‹.« Alles übrige wird ihr lediglich zugeschrieben.

Man ist der Auffassung, daß in arabischen Übersetzungen eine gewisse Anzahl ihrer Gedichte oder der Texte, die auf ihr Bestreben hin entstanden, bewahrt blieb. Besonders die Gedichte, die der Chasarischen Polemik gewidmet waren, zogen die Erforscher chasarischer Begebenheiten zur Zeit der Bekehrung dieses Volkes an. Einige meinten, es handele sich um Liebesgedichte, die erst nachträglich zu Argumenten in der erwähnten Polemik wurden, als Chronisten begannen, die Ereignisse aufzuzeichnen. Wie es auch immer gewesen sein mag, Ateh beteiligte sich mit großem Eifer an der Polemik, und erfolgreich widerlegte sie des öfteren sowohl den hebräischen als auch den christlichen

christlichen Teilnehmer an der Polemik, in der Weise, daß sie am Ende dem islamischen Vertreter, Farabi ibn Kora☾, beisprang und zusammen mit dem chasarischen Kagan, ihrem Herrscher, zum Islam übertrat. Als er das Gefühl hatte zu verlieren, verbündete sich der Grieche, der an der Polemik teilnahm, mit dem jüdischen Abgesandten, und gemeinsam verurteilten sie Prinzessin Ateh dazu, den unterirdischen Mächten zweier Höllen – dem jüdischen Belial und dem christlichen Satan – übergeben zu werden. Um nicht derart enden zu müssen, entschloß sich Ateh, freiwillig in die dritte Hölle zu entfliehen, zum islamischen Iblis. Da dieser den Beschluß der anderen beiden Höllen nicht gänzlich abzuändern vermochte, nahm ihr Iblis das Geschlecht, verurteilte sie dazu, alle ihre Gedichte und ihre Sprache zu vergessen, außer einem Wort, das *Ku*☾ lautete, doch beschenkte er sie mit dem ewigen Leben. Er schickte den bösen Geist namens Ibn Hadrasch☾ zu ihr, der ihr in der Gestalt des Vogels Strauß erschien, und dieser vollstreckte das Urteil. So blieb Prinzessin Ateh ewig am Leben, und sie vermochte zu jedem ihrer Gedanken und ihrer Worte beliebig oft zurückzukehren, und dies ohne Eile, denn die Ewigkeit stumpfte ihr Gefühl dafür ab, was in der Zeit früher und was später kommt. Die Liebe aber vermochte sie nur im Traum zu erleben. So kam es, daß sich Prinzessin Ateh gänzlich ihrer Sekte der Traumjäger widmete, chasarischen Priestern, die sich damit beschäftigten, eine Art irdischer Version jenes himmlischen Registers zu erschaffen, wie es das *Heilige Buch* erwähnt. Die ihr und den Traumjägern eigene Geschicklichkeit ermöglichte es ihr, in fremde Träume Botschaften, eigene und fremde Gedanken oder sogar Gegenstände zu entsenden. Prinzessin Ateh war es möglich, einem Menschen im Traum zu erscheinen, der tausend Jahre jünger war als sie selbst, und sie konnte derjenigen Person, die sie, Ateh, träumte, jedwede Sache ebenso sicher zustellen, wie es durch einen Kurier zu Pferd, das mit Wein getränkt wurde, geschehen wäre. Nur viel, viel schneller... Ein solches Vorgehen von Prinzessin Ateh ist beschrieben worden. Es geschah, daß sie den Schlüssel ihres Schlafgemachs in ihren Mund steckte und dann wartete, bis sie Musik und die zarte Stimme einer jungen weiblichen Person vernahm, wie sie folgende Worte sprach:

»Die Handlungen im menschlichen Leben gleichen den Speisen, die Gedanken aber und Gefühle den Gewürzen. Derjenige, der Kirschen salzt und Kuchen mit Essig übergießt, wird nicht gut davonkommen…«

Als diese Worte ausgesprochen waren, verschwand der Schlüssel aus dem Munde der Prinzessin, und man sagt, sie wußte, daß auf diese Weise der Tausch vollzogen war. Der Schlüssel war zu demjenigen gelangt, dem die Worte zugedacht waren, die Worte dagegen gelangten als Ersatz für den Schlüssel zu Prinzessin Ateh…

Daubmannus✡ behauptet, Prinzessin Ateh sei zu seiner Zeit noch immer am Leben gewesen, und ein Lautenspieler des 17. Jahrhunderts, ein Türke aus Anatolien namens Masudi☾, sei ihr begegnet und habe mit ihr ein Gespräch geführt. Dieser Mensch erlernte die Kunst der Traumjäger und befand sich im Besitz einer Art arabischer Version von einer chasarischen Enzyklopädie oder einem Wörterbuch, doch kannte er zur Zeit seiner Begegnung mit der Prinzessin noch immer nicht alle Ordnungswörter des Registers, so daß er das Wort *Ku* nicht erkannte, als es die Prinzessin erwähnte. Dieses Wort stammt aus dem *Chasarischen Wörterbuch* und bezeichnet eine Art Obst, und wenn er es begriffen hätte, wäre es Masudi eingefallen, wer vor ihm stand, und er hätte sich alle späteren Bemühungen in seiner Kunst ersparen können; von der unglücklichen Prinzessin hätte er über die Traumjagd mehr zu erlernen vermocht als aus jedem anderen Wörterbuch. Er aber erkannte sie nicht und ließ seinen besten Fang fallen, weil er dachte, daß er wertlos sei. Deshalb spie, wie eine Legende berichtet, sein eigenes Kamel ihm, Masudi, in die Augen.

AL-BAKRI, SPANIARD (11. Jahrhundert) – wichtigster arabischer Chronist der Chasarischen Polemik▽. Sein Text wurde erst unlängst publiziert *(Kunik and Rosen,* 44); aus dem Arabischen übersetzte ihn Marquart *(Osteuropäische und asiatische Streifzüge,* Leipzig 1903, 7–8). Neben Al-Bakris Schrift sind zwei weitere Berichte über die Chasarische Polemik beziehungsweise die Bekehrung erhalten, doch sind sie nicht vollständig, es erscheint also nicht immer als gesichert, ob sie sich auf den Übertritt der Chasaren zum Judentum, zum Christentum oder zum Islam beziehen. Außer dem Bericht von Istakhri, der in diesem Abschnitt verlorenging, liegen uns die Berichte Masudis des Älteren vor, des Autors der Schrift *Goldene Weidegründe,* der der Auffassung ist, daß die Chasaren▽ ihren Glauben während der Herrschaft Harun al-Raschids (786–809) aufgegeben hätten, zu einer Zeit, als zahlreiche Juden aus Byzanz und aus dem Kalifat nach Chasarien vertrieben wurden, wo man sie ohne Widerstand aufnahm. Ein weiterer Chronist der Polemik wäre Ibn al-Athir, doch ist sein Zeugnis nicht in der originalen Fassung erhalten, es wird vielmehr von Dimaski überliefert. So bleibt schließlich als verläßlichste und erschöpfendste Quelle der Chronist der Chasarischen Polemik Al-Bakri, der behauptet, die Chasaren hätten nach dem Jahre 731 und den Kriegen mit den Kalifen zusammen mit dem Frieden auch den Islam angenommen. Tatsächlich erwähnen die arabischen Chronisten Ibn Rusta und Ibn Fadlan zahlreiche islamische Gotteshäuser im Chasarenreich. Sie sprechen auch von einem »Doppelkönigtum«, was bedeuten würde, daß der Islam im chasarischen Staat zeitweise gleichberechtigt neben einem anderen Glaubensbekenntnis ausgeübt wurde, der Kagan sich folglich zum Glauben Mohammeds, der chasarische König zum Judentum bekannte. Folgt man dem Zeugnis Al-Bakris, so traten die Chasaren daraufhin zum Christentum über und nahmen schließlich, nach der Polemik, unter

Kagan Sabriel-Obadja 763 das Judentum an, da der islamische Abgesandte der Polemik fernblieb, weil er noch auf dem Weg dorthin vergiftet worden war.

Al-Bakri nahm (der Auffassung Daubmannus'✡ zufolge) an, daß der erste Glaubenswechsel – der Übertritt der Chasaren zum Islam – der wichtigste und ausschlaggebende war. Das *Buch Gottes* ist vielschichtig, schrieb er. Davon legt der erste Imam Zeugnis ab, wenn er sagt: »Nicht ein einziges Wort dieses Buches, das gesandt ist vom Engel, kam vom Himmel herab, das er mir nicht in die Feder diktiert, nicht eines findet sich geschrieben, das ich nicht laut wiederholt. Jedes aber erklärte er mir achtmal: seine wörtliche Bedeutung und seinen die Erfahrung überschreitenden Sinn; die Zeile, die durch die vorangehende verändert wird, und die Zeile, die die nachfolgende ändert; das Geheimnis und die Zweideutigkeit; das einzelne und das allgemeine.« In Anlehnung an die Weisungen des Mediziners Sakarijja Rhases neigte Al-Bakri dazu, die drei Glaubensrichtungen – Islam, Christentum und Judentum – für drei Ebenen im *Buch Gottes* zu halten. Jedes Volk macht sich, genaugenommen, diese Ebenen aus dem *Buch Gottes* in derjenigen Reihenfolge zu eigen, die ihm am meisten entspricht, und darin äußert es seine tiefste Natur. Die erste der Bedeutungsebenen zog Al-Bakri erst gar nicht in Betracht, da es jene wörtliche ist, die sich *awam* nennt und die jedem Menschen ohne Rücksicht auf seinen Glauben zugänglich ist. Die zweite Ebene – die Ebene der Allusionen, der übertragenen Bedeutungen, die sich *kawas* nennt und von der Elite verstanden wird – stellt die christliche Kirche dar, sie deckt sich mit dem gegenwärtigen Augenblick und dem Klang (der Stimme) des *Buches*. Die dritte Ebene, *awlija* genannt, die die okkulten Bedeutungen umfaßt, stellt die jüdische Ebene im *Buch Gottes* dar, die Schicht der mystischen Tiefe und der Zahlen, die Ebene der Buchstaben des Buches. Die vierte aber, *anbija* – die Ebene der prophetischen Ausstrahlungen und des Zukünftigen – stellt die islamische Glaubenslehre in ihrer eigentlichen

eigentlichen Bedeutung dar, den Geist des *Buches* oder die siebente Tiefe der Tiefe. So zeigten die Chasaren, als sie zuerst die höchste Stufe *(anbija)* annahmen und erst danach die übrigen Ebenen des *Buches Gottes,* und das nicht einmal der Reihe nach, daß ihnen die islamische Glaubenslehre am meisten entsprach. Auf diese Weise gaben sie später den Islam eigentlich nie auf, obwohl sie zwischenzeitlich vom Christentum zum Judentum überwechselten.

Hierfür spricht die Tatsache, daß der letzte chasarische Kagan, noch bevor das Chasarenreich unterging, erneut zum ursprünglich angenommenen Glauben übertrat und den Islam annahm, wie es Ibn al-Athir sehr richtig aufgezeichnet hat.

Der Bericht von Al-Bakri, Spaniard, war in gewählter arabischer Sprache abgefaßt, in derselben, deren sich die Engel bedienten, jedoch änderte sich der Stil des Al-Bakri im Greisenalter seiner letzten Lebensjahre. Es geschah zu der Zeit, da er begann, sein siebenundsechzigstes Jahr zu nähren, er war kahlköpfig, linkshändig und rechtsfüßig, so daß er einzig noch ein Paar schöner großer Augen besaß gleich zwei kleinen blauen Fischen. Eines Nachts träumte ihm, eine Frau klopfe gegen seine Tür. Vom Bett her vermochte er gut ihr Gesicht zu erkennen, das sie mit Fischmehl gepudert hatte, wie es Jungfrauen tun, denn die Tür hatte zum Mondschein hin eine Öffnung. Als er hinzutrat, um sie einzulassen, stellte sich heraus, daß sie, während sie an die Tür geklopft, gar nicht vor der Tür gestanden, sondern gesessen hatte. Im Sitzen war sie so groß wie Al-Bakri. Als sie jedoch begann sich aufzurichten, dauerte dies so lange und ging so weit in die Höhe, daß Al-Bakri erschrak und anstatt in seinem Bett, wo er den erwähnten Traum träumte, in einem Käfig über dem Wasser erwachte. Er war ein Jüngling von zwanzig Jahren, linksfüßig, mit krausem Haar und einem Bart, an den eine gänzlich unbegründete Erinnerung geknüpft war – tauchte er doch diesen Bart in Wein ein und wusch mit ihm die Brüste eines Mädchens. Er verstand kein einziges Wort des Arabischen, und mit dem Gefängniswärter, der ihm Brot aus dem Mehl gemahlener Fliegen buk, sprach er fließend in einer Sprache, die der Gefängniswärter verstand, er jedoch nicht. So verstand er eigentlich überhaupt keine Sprache mehr, und dies war die letzte Spur seines früheren Selbst vor dem Erwachen. Der Käfig hing über dem Wasser, und wenn die Flut nahte, ragte nur sein Kopf aus den Wellen heraus, kam aber die Ebbe, vermochte er unter sich mit der Hand einen Krebs oder eine Schildkröte zu erfassen, denn dann zog sich das Wasser des Meeres zurück, das Flußwasser aber schwoll an, und er wusch mit dem süßen das salzige Wasser ab. Er schrieb in diesem Käfig, indem er mit den Zähnen Buchstaben in den Panzer des Krebses oder der Schildkröte ritzte, verstand es jedoch nicht, das Geschriebene zu lesen; dann ließ er die Tiere ins Wasser, ohne zu wissen, welche Botschaften er in die Welt entsandte. Bei anderer Gelegenheit empfing er, wenn er die Schildkröten zur Zeit der Ebbe einholte, Botschaften auf ihren Panzern, las sie, verstand aber kein einziges Wort des Gelesenen. Er starb, während er eine salzige Frauenbrust in einem Gemisch von Spucke und Zahnschmerzen träumte und aufs neue die Sprache des *Buches Gottes* von dem Baum erlernte, an dem er aufgeknüpft war.

BAUMEISTER DER MUSIK – die Chasaren besaßen Baumeister, die riesige Brocken von Salzwänden bemeißelten und auf den Wegen der Winde aufstellten. Auf jedem der Wege der vierzig chasarischen Winde (die zur einen Hälfte salzig, zur anderen süß waren) wurde eine Gruppierung von salzigen Marmorblöcken aufgebaut, und dann, wenn alljährlich die Winde wiederauflebten, versammelte sich an solchen Orten die Menschenmenge, um zu lauschen, welcher der Baumeister das schönste Lied zusammengefügt hätte. Die Winde spielten nämlich in Berührung mit den Felsblöcken, während sie durch sie hindurchschlüpften oder ihnen die Gipfel kämmten,

stets

stets ein neues Lied, bis die Marmorblöcke, vom Regen ausgewaschen, gepeitscht von den Blicken der Vorübergehenden und beleckt von den Zungen der Schafe und Büffel, zusammen mit ihren Baumeistern für immer verschwanden.

Einer dieser Baumeister der Musik, ein Araber, ging mit einem Juden und einem Chasaren hinaus, um zu lauschen, wie sein Steinblock im Frühling spiele. Bei einem Tempel, wo man in einer Gruppe gemeinsame Träume träumte, zerstritten sich Jude und Chasar, und beide kamen bei der gegenseitigen Abrechnung ums Leben. Der Araber, der unterdessen im Tempel geschlafen hatte, wurde angeklagt, den Juden getötet zu haben, denn man wußte, daß er dessen Nachbar gewesen war und daß sie sich nicht hatten leiden können. So verlangten die Juden seinen Tod. Der Araber dachte bei sich: Wer die Gunst auf drei Seiten verliert, wird nicht zur vierten hin entfliehen. Denn im chasarischen Staat schützt das christliche Gesetz die Griechen, das jüdische die Juden, der Islam die Araber, Gesetze also, die viel umfassender sind als der chasarische Staat. Der Araber verteidigte sich daher auf die Weise, daß er behauptete... (An dieser Stelle ist der Text beschädigt.) Und so wurde er anstatt zum Tode dazu verurteilt, auf der Galeere zu rudern, und kam noch dazu, der Musik der Marmorblöcke zu lauschen, bevor sie in der harten Stille, an der man die Stirn anschlägt, zerfielen.

CHASAREN▽ – arabisch *khazar,* chinesisch *k'osa,* Name eines Volkes türkischer Abstammung. Die Bezeichnung kommt von türkisch *qazmak* (herumirren, herumziehen) oder von *quz* (Seite eines Gebirges, die dem Norden zugekehrt ist, Schattenseite). Man trifft auch die Bezeichnung *aq-khazar,* was weiße Chasaren bedeutet. Offensichtlich erhielten sie den Namen, um sich von den schwarzen Chasaren *(qara-khazar)* zu unterscheiden, die Istakhri erwähnt. Seit dem Jahre 552 gehörten die Chasaren allem Anschein nach zum westlichen türkischen Reich und nahmen möglicherweise am Kriegszug des ersten Kagan▽ der westlichen Türken gegen die persische Befestigung Sul oder Derbend teil. Im 6. Jahrhundert beherrschten die Sabiri die Landschaft nördlich des Kaukasus (einer der zwei großen hunnischen Stämme). Masudi der Schreiber wiederum spricht im 10. Jahrhundert davon, daß die Türken die Chasaren *sabir* nannten. Doch weiß man, wenn moslemische Quellen die Chasaren erwähnen, keinesfalls, ob es sich immer um dasselbe Volk handelt. Das ganze Volk hatte, wie es aussieht, einen Doppelgänger, und so auch sein Herrscher. Daher läßt sich ihr Name als der weißer beziehungsweise schwarzer Chasaren in anderer Weise begreifen: da *chasar* auf arabisch weißer und schwarzer Vogel bedeutet, kann man sich vorstellen, daß die weißen Chasaren die Tage und die schwarzen Chasaren die Nächte darstellen. Im Anfang ihrer in der Erinnerung bewahrten Geschichte besiegten die Chasaren jedenfalls einen mächtigen Stamm aus dem Norden, der sich w-n-nd-r nannte und in der Schrift *Hudu al-Alam (Die Landschaften der Erde)* erwähnt wird. Der Name dieses Stammes entspricht dem Namen Onogundur, wie die Griechen die Bulgaren nannten. Demnach hätten die ersten chasarischen Zusammenstöße im Kaukasusgebiet mit den Bulgaren und mit den Arabern stattgefunden. Islamischen Quellen zufolge brach der erste arabisch-chasarische Krieg am Kaukasus im Jahre 642 aus. Während der Zusammenstöße bei Balandschar im Jahre 653 kam der arabische Heerführer ums Leben, und damit endete der Krieg. Wie Masudi der Schreiber aufgezeichnet hat, wurde die Residenz, die sich in Balandschar befand, daraufhin nach Semender verlegt und schließlich nach Atil oder Itil. Der zweite arabisch-chasarische Krieg begann 772 oder etwas früher und endete 773 mit der Niederlage der Chasaren. Das geschah zu Lebzeiten Muhammad Marwans; der Kagan bekannte sich in jener Zeit zum Islam. Das chasarische Reich umfaßte den unteren Lauf der

Wolga

Wolga und des Don, einschließlich Sarkel und Itil, wie die Karte des arabischen Geographen Al-Idrisi bezeugt. Istakhri spricht von einem Karawanenweg von Chasarien nach Choresmien, während gleichzeitig ein »Königsweg« von Choresmien zur Wolga Erwähnung findet.

Islamische Quellen halten die Chasaren für sehr geschickte Feldbauern und Fischer. Es gibt in ihrem Lande ein Tal, wo sich im Winter so viel Wasser ansammelt, daß ein See aus ihm wird. Dort züchten sie einen Fisch, der sehr dick wird, sie braten ihn ohne Fett in seinem eigenen Öl. Später, wenn im Frühling das Wasser verdunstet, säen sie in diesem Tal Korn, das, mit Fischabfall gedüngt, gut gedeiht, so daß sie am selben Ort und im selben Jahr eine Fisch- und eine Weizenernte erhalten. Sie sind so erfinderisch, daß auf ihren Bäumen Austern wachsen. So biegen sie die Zweige der Bäume, die sich am Ufer des Meeres befinden, herunter, befestigen sie mit Hilfe von Steinen am Boden, und innerhalb von zwei Jahren setzen sich so viele Austern an den Zweigen fest, daß sie im dritten Jahr den Baum befreien, die Zweige sich heben lassen und aus dem Wasser eine gewaltige Masse Muscheln erlesenen Geschmacks hervorziehen. Durch das chasarische Reich fließt ein Fluß, der zwei Namen trägt, denn die eine Strömung des Flusses drängt im selben Flußbett von Osten nach Westen, die andere hingegen von Westen nach Osten. Die Namen dieses Flusses sind die Namen zweier chasarischer Kalenderjahre. Die Chasaren sind nämlich der Ansicht, daß sich mit dem Verlauf von vier Jahreszeiten stets zwei Jahre ablösen und nicht ein Jahr das andere, wobei das erste in umgekehrter Richtung zum zweiten verläuft (wie das auch bei ihrem größten Fluß der Fall ist). Beide mischen dabei Tage und Jahreszeiten wie Karten, so daß sich daher Winter- mit Frühlingstagen und Sommer- mit Herbsttagen abwechseln. Und nicht nur das: eines der beiden chasarischen Jahre fließt aus der Zukunft der Vergangenheit, das andere dagegen aus der Vergangenheit der Zukunft zu.

Die Chasaren schnitzen in einen Stab alle wichtigeren Ereignisse ihres Lebens; diese Aufzeichnungen, in Tiergestalt, verweisen auf Zustände und Stimmungen, nicht auf Ereignisse. In der Gestalt des Tieres, das am häufigsten auf dem Stab erscheint, erbaut man dem Eigentümer des Stabes sein Grab. Deshalb sind die Gräber auf ihren Friedhöfen nach Gruppen eingeteilt, je nachdem, ob sie die Form eines Tigers, eines Vogels, eines Kamels, eines Luchses oder eines Fisches, eines Eies oder einer Ziege haben.

Die Chasaren glauben, daß in der tiefsten Finsternis des Kaspischen Meeres ein augenloser Fisch gleich einer Uhr die einzig genaue Zeit des Alls anschlägt. Im Anfang schwamm nach chasarischer Überlieferung alles Erschaffene, Vergangenheit und Zukunft, jedwedes Ereignis und Ding, aufgelöst im Flammenfluß der Zeit; die Geschöpfe des Gewesenen und des Künftigen vermischt wie Seife mit Wasser. Zu jener Zeit vermochte jedes lebendige Geschöpf zum Schrecken der übrigen jedes andere zu zeugen, und erst der chasarische Gott des Salzes begrenzte die Willkür und gebot den Geschöpfen, nur sich selbst ähnliche zu gebären. Er schied die Vergangenheit von der Zukunft, stellte seinen Thron in die Gegenwart, wandert durch die Zukunft und überfliegt, sie überschauend, die Vergangenheit. Er schafft aus sich selbst heraus die vielfältige Welt, aber er verschlingt sie auch und überlebt alles, was alt ist, um die Welt, verjüngt, wieder auszuspeien. Die Schicksale aller menschlichen Geschlechter, das Buch der Völker, ist im All eingeschrieben, wo jeder Stern eine Quelle darstellt und das bereits geformte Leben einer Sprache oder eines Volkes. So ist das Universum die sichtbare und zusammengefaßte Ewigkeit, in der die Schicksale der menschlichen Art wie Sterne flimmern.

Die Chasaren verstehen Farben zu lesen, als seien es musikalische Notierungen, Buchstaben oder Zahlen.

len. Wenn sie eine Moschee oder ein christliches Gotteshaus betreten, buchstabieren, lesen oder singen die Chasaren, sobald sie der Wandbilder ansichtig werden, den Inhalt aus den Bildern, den Ikonen und all dem, was gemalt ist, und das zeigt deutlich, daß die alten Meister um diese geheime und nicht anerkannte Kunst wußten. Wann immer sich der jüdische Einfluß im Chasarenreich verstärkte, entfernten sich die Chasaren von den Bildern und vergaßen diese Kunst, doch litt sie am meisten in Konstantinopel während des Bilderstreits, und sie hat sich seither nicht erholt.

Die Chasaren stellen sich die Zukunft im Raum vor, niemals in der Zeit. Ihre Gotteshäuser sind nach einer strengen und im voraus festgelegten Anordnung geschaffen, und wenn sie untereinander verbunden werden, ergeben sie das Bild von Adam Ruhani, dem dritten Engel, dem Symbol der chasarischen Prinzessin und ihrer Priestersekte. Die Gestalt eines Traumes siedelt bei den Chasaren von einem Traum in andere Träume über, und die Chasaren sind imstande, ihr von einem Dorf ins andere zu folgen. Es gibt Priester aus der Sekte der chasarischen Prinzessin Ateh[▽], die diesen Gestalten von Traum zu Traum nachreisen und ihre Viten schreiben, wie die Viten von Heiligen oder Propheten, samt ihren Siegen und ausführlichen Beschreibungen ihres Todes. Diese *Traumjäger*[†] liebt der chasarische Kagan nicht, doch vermag er ihnen nichts anzuhaben. Die Traumjäger tragen stets das Blatt einer Pflanze mit sich herum, die sie heimlich pflegen und *ku*[☾] nennen. Legt man solch ein Blatt auf die zerfetzte Stelle eines Segels oder auf eine Wunde, so wird alles geflickt und verheilt im Nu, wie von selbst.

Der Aufbau des chasarischen Staates ist äußerst kompliziert, seine Untertanen teilen sich auf in jene, die unter dem Wind (das sind die Chasaren), und die übrigen, die über dem Wind geboren werden, das heißt, sie kommen von allen Seiten ins Land, wie die Griechen, Juden, Sarazenen oder Russen. Die Chasaren sind im Reich am zahlreichsten, alle übrigen existieren in ganz kleinen Gruppen. Die administrative Einteilung des Reiches läuft indessen darauf hinaus, daß dies nicht ins Auge fällt. Das Reich ist in Bezirke eingeteilt, doch werden sie da, wo es jüdische, griechische oder arabische Bevölkerung gibt, nach dieser benannt, während der größte Teil des chasarischen Reiches, wo nur Chasaren leben, in mehrere Bezirke unter verschiedenen Namen aufgeteilt ist. Das wird so gehandhabt, daß nur einer dieser rein chasarischen Bezirke die Bezeichnung eines chasarischen Bezirkes trägt, die übrigen jedoch erhielten Namen und Zuordnung im Reich auf andere Art und Weise. Im Norden zum Beispiel hat man ein ganz neues Volk erdacht, das sich vom chasarischen Namen lossagte und seine chasarische Sprache wie seinen Bezirk anders benennt. Mit Rücksicht auf all diese Umstände und die ungünstige Stellung der Chasaren im Reich sagen sich in der Tat viele Chasaren von ihrer Herkunft und Sprache, ihrem Glauben und ihren Gebräuchen los und verbergen, wer sie sind, geben sich als Griechen oder Araber aus und meinen, so besser davonzukommen. Im Westen des chasarischen Reiches leben wenige Griechen und Juden, die aus dem romäischen (byzantinischen) Reich kamen. Bei ihnen überwiegen in einem der Bezirke die Juden (nach ihrer Vertreibung aus dem griechischen Kaiserreich), aber das ist nur in diesem Bezirk der Fall. Ähnlich verhält es sich mit den Christen in einem anderen Bezirk, wo man die Chasaren als nichtchristliche Einwohner bezeichnet. Indes verhält sich die Anzahl aller Chasaren im Reich zu der Anzahl der griechischen und jüdischen Einwanderer so, daß die letzteren ein Fünftel jener ersteren ausmachen, doch geht diese Tatsache unter, weil die Machtverhältnisse und Einwohnerverzeichnisse nicht aufgrund des Gesamtzustandes, sondern nur den Bezirken entsprechend erschlossen werden.

Die

Die Repräsentanten dieser Bezirke sind am Hof nicht im Verhältnis zur Zahl der Seelen vertreten, für die sie sich einsetzen, sondern gemäß der Anzahl von Distrikten, was heißt, daß es am Hofe stets am meisten von denjenigen gibt, die keine Chasaren sind, wogegen es im Reich umgekehrt ist. Die dienstliche Beförderung ist unter solchen Umständen und Machtverhältnissen durch blindes Unterwerfen unter die nichtchasarischen Abgeordneten bedingt. Bereits das Vermeiden des Namens »Chasar« bedeutet hier eine Empfehlung und ermöglicht, daß am Hof ein erster Schritt unternommen wird. Weitere Schritte setzen heftige vorbereitende Angriffe auf die Chasaren ebenso voraus wie die Unterordnung ihres Vorteils zum Vorteil der Griechen, Juden, Turkmenen, Araber und »Goten«, wie man hier die Slawen nennt. Warum das so ist, ist schwer zu sagen. Ein arabischer Chronist aus dem 9. Jahrhundert notierte: »Einer meiner Altersgenossen, ein Chasar, teilte mir unlängst einen ungewöhnlichen Satz mit: Auf uns Chasaren kommt nur ein Teil der Zukunft, der härteste, undurchdringlichste und am schwersten zu beherrschende, so daß wir uns seitwärts durch sie hindurchschlagen wie durch einen starken Wind; oder es breiten sich die Überbleibsel und Abfälle der Zukunft wie ein überquellender Sumpf, schon angeschimmelt und abgenutzt, unmerklich aus und überschwemmen unsere Füße. So gelangt entweder ihr unbarmherzigster Teil oder eine vom Gebrauch schon zerschlissene und ausgetrocknete Zukunft zu uns, und wir wissen nicht, wem bei ihrer allgemeinen Verteilung und Plünderung jener schönere und unzerkaute Teil zukommt...«

Solche Worte lassen sich verstehen, wenn man in Betracht zieht, daß der Kagan die jüngere Generation nicht an die Macht läßt, bevor sie ihr 55. Lebensjahr vollendet, was allerdings nur für Chasaren gilt. Die übrigen steigen schneller auf, denn der Kagan, selbst ein Chasar, ist der Auffassung, daß ihm jene anderen nicht gefährlich werden können, gibt es von ihnen doch nur wenige. Die Ränge innerhalb der chasarischen Administration werden, sobald sie derjenige verläßt, der sie zuvor innegehabt – also ein Altersgenosse des Kagan oder ein Fremder –, gemäß den neuesten Bestimmungen des Hofes abgewertet und nicht angehoben. Wenn also in ein paar Jahren eine neue Generation von Chasaren im Alter von 55 Jahren für die staatlichen Ämter ansteht, werden diese Ämter entweder bereits anderen zugeteilt sein, oder sie werden so viel an Bedeutung verloren haben, daß es nicht der Mühe wert sein wird, sie anzunehmen.

Es gibt da in Itil, der chasarischen Residenz, einen Ort, wo zwei (einander vielleicht ganz unbekannte) Menschen, wenn sie aneinander vorübergehen, fortan wechselseitig Namen und Schicksal des anderen übernehmen und das Leben in getauschten Rollen fortsetzen, als hätten sie die Mützen getauscht. Von denen, die an diesem Ort in einer Reihe warten, um ihr Schicksal mit einem anderen, wer es auch immer sei, zu tauschen, sind die meisten Chasaren.

In der Kriegsresidenz, die sich im Zentrum des mit chasarischer Bevölkerung am dichtesten besiedelten Teils des Landes befindet, werden Belohnungen und Auszeichnungen zu gleichen Teilen unter alle Einwohner aufgeteilt: man achtet stets darauf, daß eine gleich große Anzahl von Auszeichnungen auch an Griechen, »Goten«, Araber und Juden geht, die im Chasarenreich leben. Ähnlich verhält es sich mit den Russen und anderen, ja auch mit den Chasaren selbst, die die Auszeichnungen und die Geldbeträge, die diese begleiten, mit den übrigen zu gleicher Ehre teilen, obwohl sie in der Überzahl sind. In den Zentren der südlichen Provinzen, wo es Griechen gibt, oder der westlichen, wo sich Juden angesiedelt haben, oder auch jenen im Osten, wo es Perser gibt, Sarazenen und andere, verteilt man die Auszeichnungen ausschließlich an die Vertreter dieser Völker, nicht aber an Chasaren, denn diese Provinzen oder Bezirke hält man für nichtchasarisch, obwohl es Chasaren in ihnen ebenso viele gibt wie andere. So teilen die

Chasaren

Chasaren in ihrem Teil des Reiches das Brot mit allen, in den übrigen Teilen aber gibt ihnen niemand auch nur einen Krumen.

Die Chasaren tragen, da sie am zahlreichsten sind, im übrigen die größte Last der Kriegsverpflichtungen, doch entstammen die Befehlshaber allen übrigen Völkern zu gleichen Teilen. Den Soldaten sagt man, daß man auf dieser Welt stets einträchtig und einmütig miteinander Krieg führe, alles übrige sei nicht der Beachtung wert. So sehen sich die Chasaren zur Erhaltung des Staates und des Ganzen verpflichtet, sie müssen das Reich schützen und dafür kämpfen, während, natürlicherweise, von den übrigen – den Juden, Arabern, Griechen, »Goten« und Persern, die in Chasarien ansässig sind – jeder auf seiner Seite, zugunsten des eigenen Vaterlandes, den Vorteil sieht.

In Zeiten der Kriegsgefahr ändern sich im Reich aus begreiflichen Gründen die beschriebenen Verhältnisse. Dann läßt man den Chasaren mehr Freiheit, man schaut ihnen durch die Finger, Erinnerungen an ihre ruhmreichen Siege in der Vergangenheit werden aufgefrischt, denn sie sind gute Soldaten; Lanze und Säbel verstehen sie auch gut mit dem Fuß zu werfen, sie hauen mit beiden Händen auf einmal zu und sind niemals nur Rechts- oder Linkshänder, vielmehr sind bei ihnen beide Arme von Kindheit an für den Krieg trainiert. Alle übrigen schließen sich, sobald es zum Krieg kommt, ihren Heimatländern an. Die Griechen feuern zusammen mit den romäischen Truppen und verlangen nach der Enosis, der Verbindung zum christlichen Mutterland; die Araber gehen auf die Seite unseres Kalifen und seiner Flotte über, die Perser suchen die Unbeschnittenen. Doch nach jedem Krieg ist das alles schnell vergessen: die Orden, die die fremden Völker unter der Herrschaft des Feindes erhielten, werden ihnen im chasarischen Heer anerkannt, die Chasaren aber auf gefärbtes Brot gesetzt.

Das gefärbte Brot ist das Zeichen der chasarischen Stellung im Chasarenstaat. Die Chasaren stellen es her, denn die getreidebringenden Teile des Staates werden von chasarischer Bevölkerung bewohnt. Die hungrigen Gebiete am Gebirgsmassiv des Kaukasus verzehren das gefärbte Brot, das man spottbillig verkauft. Das ungefärbte Brot, das die Chasaren ebenfalls herstellen, wird mit Gold bezahlt. Die Chasaren hingegen dürfen nur dieses teure kaufen, das ungefärbte Brot. Verstößt einer der Chasaren gegen dieses Gesetz und kauft billiges gefärbtes Brot, was streng verboten ist, so läßt sich das sogar am Kot feststellen. Es gibt einen besonderen Zolldienst, der von Zeit zu Zeit die chasarischen Aborte überprüft und die Übeltäter bestraft.

CHASARISCHE POLEMIK▽ – Dimaski vermerkt, daß während der Polemik, von der abhing, welchem Glaubensbekenntnis sich die Chasaren zuwenden würden, eine große Unruhe im Lande herrschte. Im Verlauf der Gespräche, die am prunkvollen Hof des chasarischen Kagan▽ geführt wurden, begann das chasarische Land zu wandern. Es war ganz in Bewegung. Niemand vermochte jemanden zweimal am selben Ort anzutreffen. Ein Augenzeuge sah eine Ansammlung von Menschen, die Steine trugen und fragten: Wo sollen wir sie hintun? Es handelte sich um Grenzsteine des chasarischen Reiches, Marksteine ihrer Grenzen. Prinzessin Ateh▽ hatte nämlich befohlen, die Grenzsteine zu tragen und diese in der Luft und nicht auf dem Erdboden zu belassen, solange man sich nicht entschieden hatte, was mit dem chasarischen Glauben geschehen sollte. Das Jahr, in dem die Sache zur Entscheidung anstand, ist nicht gesichert, Al-Bakri☾ macht jedoch darauf aufmerksam, daß die Chasaren den Islam vor anderen Glaubensrichtungen annahmen, und zwar im Jahre 737 nach Isa. Die Frage, ob der Übertritt zum Islam und die Polemik gleichzeitig stattfanden, ist eine andere Sache. Offensichtlich nicht. So ist das Jahr der Polemik unbekannt. Ihr Kern liegt freilich offen zutage. Dem Drängen von zahlreichen Seiten ausgesetzt, sich einem der drei Glaubensbekenntnisse

Glaubensbekenntnisse anzuschließen – dem Islam, dem Christentum oder dem Judentum –, verlangte der Kagan nach drei gelehrten Männern: nach einem Juden (von denen, die aus dem Kalifat vertrieben worden waren), nach einem griechischen Theologen von der Universität in Konstantinopel und nach einem der arabischen Ausleger des *Koran*. Dieser dritte nannte sich Farabi ibn Kora☾, in die Polemik trat er als letzter ein, denn man hatte ihn in seiner Anreise gehindert. Daher begannen zunächst der christliche und der hebräische Vertreter das Gespräch, und der Grieche war im Begriff, den Kagan immer mehr für seine Ansichten zu gewinnen. Mit suppigen Augen und fleckigem Haar saß er an der Tafel des Hofes und sprach:

»Am Faß ist am wichtigsten das Loch, am Krug das, was nicht Krug, an der Seele das, was nicht Mensch, am Kopf das, was nicht Kopf ist, und das soll sagen, das Wort... Hört also, die ihr euch nicht von der Stille ernährt.

Wir Griechen werden, wenn wir euch das Kreuz geben, nicht wie die Sarazenen oder die Juden euer Wort pfänden. Wir verlangen nicht, daß ihr mit dem Kreuz auch die griechische Sprache annehmt. Im Gegenteil, behaltet eure chasarische Sprache. Aber gebt acht, dies ist nicht der Fall, wenn ihr das Judentum annehmt oder Mohammeds Gesetz. Mit ihrem Glauben werdet ihr zugleich ihre Sprache annehmen müssen.«

Auf diese Worte hin zeigte sich der Kagan bereit, den Ansichten des Griechen beizupflichten, als sich Prinzessin Ateh in die Polemik einmischte.

Sie sprach:

Ich hörte von einem Vogelhändler, daß in einer Stadt am Ufer des Kaspischen Meeres zwei Künstler von großem Ruhm leben – Vater und Sohn. Der Vater ist Maler, sagte mir der Händler, und du wirst ihn an der blauesten aller blauen Farben erkennen, die du je gesehen hast. Der Sohn ist Dichter, und seine Gedichte wirst du daran erkennen, daß es dir vorkommen wird, als habest du sie schon gehört, doch nicht von einem Menschen, vielmehr von einer Pflanze oder einem Tier...

Ich zog meinen Reisering auf den Finger und brach auf zum Ufer des Kaspischen Meeres. In der Stadt, die mir genannt worden war, hörte ich mich um und fand die Künstler, von denen die Rede war. Den Hinweisen des Vogelhändlers folgend, erkannte ich sie sofort: der Vater malte unvergleichliche Bilder, und der Sohn schrieb wundersame Gedichte in einer schönen und mir völlig unbekannten Sprache. Beide gefielen mir, aber auch ich gefiel ihnen, und sie fragten mich: Welchen von uns wirst du wählen?

Ich habe den Sohn gewählt, sprach ich zu ihnen, denn er bedarf keines Übersetzers.

Der Grieche ließ sich indessen nicht von einem Ohrring verführen und bemerkte, daß wir, die Männer, vollkommen seien, da man uns aus zwei Lahmen erschaffen habe, die Weiber dagegen sehend, seien sie doch aus zwei Blinden zusammengefügt. Erläuternd führte er folgende Episode aus seinem Leben an:

Als junger Mann verliebte ich mich in ein Mädchen. Sie beachtete mich nicht, doch blieb ich beharrlich, und eines Abends sprach ich zu Sophia (so nannte sie sich) von meiner Liebe so feurig, daß sie mich umarmte, und ich fühlte ihre Tränen auf meinem Gesicht. Am Geschmack dieser Tränen erkannte ich sofort, daß sie blind war, aber es störte mich nicht. Wir verharrten in unserer Umarmung, als aus dem umliegenden Wald der Hufschlag eines Pferdes laut wurde.

Ist das Pferd weiß, dessen Hufschlag wir durch unsere Küsse hören? fragte sie mich.

Wir wissen es nicht und werden es auch nicht erfahren, erwiderte ich, bis es aus dem Wald heraustritt.

Du hast nichts begriffen, sagte Sophia, während ein weißes Pferd aus dem Wald heraustrat.

Doch, alles habe ich begriffen, erwiderte ich und fragte sie, welche Farbe meine Augen hätten.

Sie sind grün, sagte sie.

Seht, ich habe blaue Augen...

Den

Den Kagan hatte die Erzählung des griechischen Abgesandten wankelmütig gemacht, und er hatte sich fast schon dem christlichen Gott zugewandt. Kaum wurde Prinzessin Ateh dies gewahr, beschloß sie, den Saal zu verlassen; bevor sie aber ging, sprach sie, zum Kagan gewandt:

Mein Herrscher fragte mich heute morgen, ob in meinem Herzen sei, was auch in dem seinen ist. Ich trug gerade lange Nägel mit silbernen Fingerhüten daran, die pfeifen, und rauchte die Nargileh, die grüne Ringe macht.

Auf die Frage meines Herrn antwortete ich: Nein!, und die Pfeife fiel mir aus dem Mund.

Mein Herrscher entfernte sich traurig, denn er wußte nicht, was ich dachte, während ich ihm nachsah: es wäre auf das gleiche hinausgelaufen, wenn ich »ja!« gesagt hätte.

Auf diese Worte hin fuhr der Kagan zusammen, er begriff, daß der Grieche zwar mit einer Engelszunge ausgestattet war, daß die Wahrheit jedoch auf der anderen Seite lag. Und er erteilte endlich dem Mann des Kalifen das Wort, Farabi ibn Kora. Er bat ihn darum, ihm vor allem den Traum zu deuten, den er in einer der vorangegangenen Nächte geträumt hatte. In diesem Traum war zu ihm der Engel gekommen mit der Botschaft, daß seine Absichten Gott angenehm seien, seine Taten dagegen nicht. Da fragte Farabi ibn Kora den Kagan:

»Kam in deinem Traum der Engel der Erkenntnis oder der Engel der Enthüllung? Erschien er in Gestalt des Apfelbaums oder in anderer Weise?«

Als der Kagan sagte, daß es weder der eine noch der andere gewesen sei, fügte Ibn Kora hinzu:

»Natürlich war es weder der eine noch der andere, denn es war ein dritter. Dieser dritte heißt Adam Ruhani, und du und deine Priester, ihr versucht, euch zu ihm zu erheben. Das sind eure Absichten, und diese sind gut. Aber ihr versucht dies zu erreichen, indem ihr Adam Ruhani als ein Buch auffaßt, das von euren Träumen und euren Traumjägern† geschrieben wird. Dies sind eure Werke, und sie sind falsch, ihr aber vollbringt sie, während es euch beim Schreiben eures Buches mangelt am *Buche Gottes*. Da uns das *Buch Gottes* gegeben ist, nehmt es von uns und teilt es mit uns und verwerft das eure...«

Auf diese Worte hin umarmte der Kagan Farabi ibn Kora, und damit war alles beschlossen. Er nahm den Islam an, zog seine Schuhe aus, betete zu Allah und ließ seinen Namen verbrennen, der ihm nach chasarischem Brauch vor der Geburt verliehen worden war.

FRAGMENT AUS BASRA – unter dieser Bezeichnung ist in einer Abschrift des 18. Jahrhunderts ein arabischer Text erhalten, von dem man annimmt, daß er einen Teil der lexikographischen Ausgabe des Ioannes Daubmannus✡ darstellte. Diese Ausgabe mit dem Titel *Chasarisches Wörterbuch* wurde in Preußen im Jahre 1691 veröffentlicht und alsbald vernichtet, so daß man die erwähnte Vermutung nicht zu überprüfen vermag, auch ist die Stelle nicht genau bekannt, an der dieser Abschnitt im Wörterbuch hätte erscheinen können. Der Abschnitt lautet:

»So wie eure Seele an ihrem Grunde den Körper festhält, so hält Adam Ruhani, der dritte Engel, am Grunde seiner Seele das All. Adam Ruhani befindet sich, im 1689. Jahr nach Isa, auf absteigendem Pfad und nähert sich dem Schnittpunkt der Bahnen von Mond und Sonne, der Hölle des Ahriman; deshalb jagen wir euch, ihr Traumjäger† und Phantasiedeuter, die ihr ihm folgt und versucht, seinen Körper in der Form eines Buches zusammenzufügen, nicht so, wie wir es wohl vermöchten. Wenn er sich aber gegen Ende des 20. Jahrhunderts nach Isa auf dem ansteigenden Pfade seiner Irrungen befindet, dann wird sich sein Reich des Traumes dem Schöpfer nähern, und wir werden euch, die ihr die Teile von Adams Körper wiedererkennt, in den Träumen der Menschen sammelt und auf Erden das Buch seines Körpers zusammenstellt, töten müssen. Denn wir können es nicht zulassen, daß das Buch seines Körpers zum Staat wird.

wird. Ihr aber sollt nicht denken, daß nur wir, ein paar unbedeutende Teufel, uns mit Adam Ruhani befassen. Im besten Fall werdet ihr die Kuppe eines Fingers oder das Muttermal auf seiner Hüfte zusammentragen. Wir aber sind da, die Gestaltung der Kuppe seines Fingers oder des Muttermals auf seiner Hüfte zu verhindern. Die anderen Teufel nun beschäftigen sich mit den anderen unter euch Menschen, die seine übrigen Glieder zusammensetzen. Doch täuscht euch nicht. Den größten Teil seines unüberschaubar großen Leibes, Reich eures Traumes, wird niemand von euch Menschen jemals berühren. Die Arbeit des Buchstabierens von Adam Ruhani steckt erst in den Anfängen. Das Buch, das seinen Leib auf der Erde verkörpern soll, ist noch immer nur in den Träumen der Menschen, und zwar zu einem Teil in den Träumen der Toten, von woher man ihn nicht herauszuziehen vermag, sowenig wie Wasser aus versiegten Brunnen.«

FINGERSATZ – Ausdruck, der in der Musik die günstigste Anordnung und Reihenfolge im Gebrauch der Finger beim Spiel einer bestimmten Melodie bezeichnet. Unter den kleinasiatischen Lautenspielern des 17. Jahrhunderts waren die Fingersätze Jusuf Masudis☾ besonders geschätzt. »Teufelsfingersatz« ist der Ausdruck, der eine äußerst schwierige Stelle bezeichnet. Es gibt eine spanische Version des Teufelsfingersatzes, die die Mauren benutzten. Sie ist nur in einer für Gitarre umgeschriebenen Form erhalten, aber man vermag an ihr zu erkennen, daß außer dem zehnten auch ein elfter Finger benutzt wurde; nach der Legende benutzte der Teufel an dieser Stelle zusätzlich seinen Schwanz. Was den Teufelsfingersatz angeht, so sagen einige, er habe ursprünglich etwas ganz anderes bedeutet – er enthüllte die Reihenfolge der Verfahren bei der Herstellung des Goldes oder die Anordnung, in der das Obst im Garten zu pflanzen ist, damit man vom Frühling bis zum Herbst stets frische

Der Teufelsfingersatz
(in Spanien im 18. Jahrhundert umgeschrieben für Gitarre)

Früchte erntet; erst nachträglich ist er durch seine Anwendung in der Musik in einen Fingersatz umgewandelt worden, und so haben in ihm die einen Weisheiten die anderen begraben und verborgen. Sein Geheimnis läßt sich also von der einen in eine andere Sprache der menschlichen Sinne übersetzen, ohne dabei das geringste von seiner schöpferischen Kraft einzubüßen.

IBN (ABU) HADRASCH – der Teufel, der Prinzessin Ateh▽ das Geschlecht raubte. In der Hölle wohnte er dort, wo die Bahnen des Mondes mit den Bahnen der Sonne sich schneiden. Er war Dichter und schrieb über sich folgende Verse:

In Schrecken verfielen Abessinier, Slawen, Guren,
Türken und Griechen, nähert' ich mich ihren Fruwen.

Die Gedichte des Ibn Hadrasch sammelte ein Mann namens Al-Mazrubani, der Verse von Dämonen zusammentrug und im 12. Jahrhundert ein Buch der dämonischen Poesie herausgab (man vergleiche die arabische

arabische Sammlung von Abul-Ala al-Maarri, die diese Angabe vermerkt).

Ibn Hadrasch ritt ein Pferd, das weit ausgriff. Jeden Tag hört man auch heute noch einen Huf seines Pferdes im Galopp.

KAGAN▽ – Bezeichnung für den chasarischen Herrscher, leitet sich ab vom tatarischen Wort *kan,* das Fürst bedeutet. Folgt man der Behauptung Ibn Fadlans, so begruben die Chasaren▽ die Kagane unter dem Wasser, in Bächen. Der Kagan teilte seine Macht stets mit seinem Mitherrscher, zu dem er im Vergleich nur um so viel älter war, als man ihm vor jenem einen guten Tag wünschte. Allem Anschein nach repräsentierte der Kagan eine alte, vielleicht türkische Herrscherfamilie; der König oder Beg, sein Mitherrscher, kam dagegen aus dem Volke, war also Chasar. Ein Zeugnis aus dem 9. Jahrhundert (Jakubi) spricht davon, daß es schon im 6. Jahrhundert neben dem Kagan auch seinen Stellvertreter, den Kalifen, gab. Über das Mitherrschertum bei den Chasaren hinterließ Al-Istakhri das beste Zeugnis. Sein Text, entstanden im Jahre 320 nach der Hedschra (932 nach Isa), lautet wie folgt:

»Was die chasarische Politik und die Art der Verwaltung angeht, so nennt sich der Herrscher der Chasaren Kagan. Er besitzt einen höheren Rang als der chasarische König *(bak* oder *beg),* wird aber vom König ernannt (dieser verleiht ihm das Amt eines Kagan). Wünscht man einen Kagan zu ernennen, so führt man den Auserwählten herbei und würgt ihn mit einem Stück Seidenschnur so lange, bis ihm fast der Atem wegbleibt, sodann fragt man ihn: ›Wie lange wünschst du zu herrschen?‹ Er aber antwortet: ›So und so viele Jahre.‹ Stirbt er vor Ablauf der Frist, so macht das nichts. Wenn nicht, erschlägt man ihn, sobald das erwähnte Jahr abgelaufen ist. Der Kagan besitzt nur im Hause der Angesehenen Macht. Es kommt ihm nicht zu, zu befehlen und zu verbieten, doch wird er geehrt, und in seiner Gegenwart fällt ihm die Menge zu Füßen. Der Kagan wird aus einem Kreis angesehener Personen gewählt, die weder Macht noch Geld besitzen. Kommt an einen von ihnen die Reihe, den Platz des Herrschers einzunehmen, wählt man ihn, ohne auf seine Besitzverhältnisse zu achten. Ich erfuhr von einer verläßlichen Person, daß sie auf der Straße einen jungen Mann sah, der dort Brot verkaufte. Man redete davon, es habe, als der Kagan starb, keinen anderen gegeben, der den Platz des Kagan verdiente, außer diesem Jüngling, er sei jedoch Moslem gewesen, und der Platz des Kagan werde stets einem Juden vorbehalten.«

Die Mitherrscher des Kagan waren für gewöhnlich ausgezeichnete Krieger. Es geschah, daß sie nach einem Sieg ihren Feinden auch den Kuckucksvogel als Beute davontrugen, der mit seinem Schreien die Quellen trinkbaren Wassers öffnete. Die Feinde kamen daraufhin, um mit ihnen zu leben. Da begann die Zeit allzu langsam dahinzufließen. Man alterte in einem Jahr um so viel, wie man früher in sieben Jahren gealtert war, man mußte den Kalender, aufgeteilt in drei Monate – den der Sonne, den des Mondes und den einer mondscheinlosen Periode –, ändern. Man wurde nach zwanzig Tagen geboren, hatte in einem Sommer neun Ernten, danach neun aufeinanderfolgende Winter, um das Geerntete zu verspeisen. Am Tage begab man sich fünfmal zur Ruhe, kochte und aß fünfzehnmal, während sich die Milch nur in den mondscheinlosen Nächten hielt, die von so langer Dauer waren, daß man vergaß, wohin die Wege führten; tagte es dann endlich, konnte man einander nicht erkennen, denn die einen waren erwachsen, die anderen alt geworden. Und man wußte, wenn der Abend wieder hereinbrach, würde sich diese Generation niemals wiedersehen. Die Buchstaben, die die Traumjäger† niederschrieben, wurden immer größer und größer, es gelang ihnen kaum, sich an ihre Schenkel anzuschmieden, während sie sie zeichneten; die Bücher wurden unzureichend, und sie begannen, die

Schriftzeichen

Schriftzeichen über die Berghänge auszuschreiben; die Flüsse strömten schrecklich lange dem großen Meer entgegen, und eines Nachts, während die Pferde im Mondschein grasten, erschien dem Kagan der Engel im Traum und sprach zu ihm:

»Dem Schöpfer sind deine Absichten lieb, aber deine Werke sind es nicht.«

Da befragte der Kagan die Traumjäger, was sein Traum bedeute und woher das Unglück der Chasaren rühre. Einer der Jäger sagte, daß ein großer Mensch komme und die Zeit sich ihm zuneige. Darauf erwiderte der Kagan:

»Das stimmt nicht, wir sind kleiner geworden, und daher unsere Not.«

Daraufhin entfernte er die chasarischen Priester und Traumjäger und befahl, einen Juden, einen Araber und einen Griechen herbeizurufen, damit sie ihm den Traum deuteten. Er entschloß sich, zusammen mit seinem Volk zu dem Glauben desjenigen überzutreten, dessen Deutung am annehmbarsten sein werde. Als man am Hofe des Kagan die Polemik um die drei Glaubensrichtungen entfachte, entschied sich der Kagan für die Argumente des arabischen Teilnehmers, Farabi ibn Kora☾, der unter anderem auf die folgende Frage des Kagan eine befriedigende Antwort gab:

»Was erhellt unsere Träume, die sich in vollständiger Finsternis hinter unseren geschlossenen Augen ereignen? Eine Erinnerung an das Licht, das nicht mehr da ist, oder das Licht der Zukunft, das wir wie einen Vorschuß vom morgigen Tag nehmen, obwohl er noch nicht erwacht ist?«

»In beiden Fällen handelt es sich um ein nicht existierendes Licht«, entgegnete Farabi ibn Kora. »Deshalb ist es uns gleichgültig, welche Antwort die richtige ist, und die Frage ist als nicht existent zu betrachten.«

Der Name des Kagan, der den Islam zusammen mit seinen Oberhäuptern annahm, ist nicht überliefert. Man weiß, daß er unter dem Zeichen des *elif* (arabischer Buchstabe in Form des Halbmondes) begraben wurde. Andere Quellen sagen, daß er sich Khatib nannte, bevor er sich die Schuhe auszog und die Füße wusch, um in die Moschee zu gehen. Seinen alten Namen aber und sein Schuhwerk fand er nicht mehr vor, als er nach dem Gebet in die Sonne hinaustrat.

KORA, FARABI IBN (8.–9. Jahrhundert) – islamischer Vertreter in der Chasarischen Polemik▽. Die Nachrichten über ihn sind spärlich und widersprüchlich. Al-Bakri☾, der wichtigste Chronist der Chasarischen Polemik, erwähnt seinen Namen nicht. Man meint, dies sei aus Ehrerbietung gegenüber Ibn Kora geschehen. Ibn Kora schätzte es nämlich nicht, wenn in seiner Gegenwart Namen erwähnt wurden, so auch nicht der eigene. Er war der Auffassung, daß die Welt ohne Namen klarer und reiner werde. Ein und derselbe Name berge in sich Liebe und Haß, Leben und Tod. Er liebte es zu erzählen, wie ihm diese Erleuchtung in ebendem Augenblick gekommen sei, als eine Fliege in seinem Auge ertrank, während er einen Fisch betrachtete, der auf solche Weise mit der Fliege gespeist wurde. Es gibt Zeugnisse, die besagen, Ibn Kora sei gar nicht in die chasarische Hauptstadt gelangt und habe an der berühmten Polemik nicht teilgenommen, obwohl er eingeladen war. Folgt man der Behauptung Al-Bakris, so entsandte der jüdische Teilnehmer an der Polemik einen Mann, der Ibn Kora vergiften oder erstechen sollte, anderen Quellen zufolge wurde er auf dem Wege aufgehalten und kam erst an, als das Streitgespräch bereits abgeschlossen war. Der Ausgang der Polemik zeigt allerdings, daß der islamische Vertreter sehr wohl am Hofe des Kagan anwesend war. Als sich die Teilnehmer verwunderten, Ibn Kora zu sehen, obwohl doch einige von ihnen meinten, ihm schon einen Ring zur Totenfeier schmieden zu müssen, und daß er tot sei, schlug dieser ruhig die Beine übereinander, während er sie mit Augen ansah, die zwei seichten Zwiebelsüppchen glichen:

Vor

Vor langer Zeit, in meiner Kindheit, sah ich einmal auf einer Wiese, wie zwei Schmetterlinge zusammenstießen; ein wenig bunter Staub ging von einem Flügel auf den anderen über, und sie flatterten weiter, ich aber vergaß diesen Vorfall. Gestern abend schlug unterwegs ein Mann, der mich, ich weiß nicht mit wem, verwechselte, mit dem Schwert auf mich ein. Bevor ich den Weg fortsetzte, trat aus meiner Wange anstelle von Blut ein wenig Schmetterlingsstaub …

Eines der Hauptargumente, von denen man glaubt, Farabi ibn Kora habe es zum Nutzen des Islam eingesetzt, ist bewahrt geblieben. Der chasarische Herrscher zeigte den Vertretern dreier Religionen – einem Juden, einem Araber und einem Griechen – ein Geldstück. Es war dreieckig und trug auf der einen Seite als Zeichen seines Wertes fünf Tränen (so kennzeichneten die Chasaren ihr Geld), auf der anderen Seite ein Bild, das einen Mann auf dem Totenbett darstellte, der drei Jünglingen neben sich ein Bündel Ruten zeigt. Der Kagan forderte den Derwisch, den Rabbiner und den Mönch auf, ihm das Bild auf dem Geldstück zu deuten. Die islamischen Quellen sagen, daß der christliche Vertreter in der Polemik behauptete, es handele sich um eine alte griechische Erzählung: Der Vater auf dem Totenbett zeige seinen Söhnen, daß sie, wie das unzerbrechliche Rutenbündel, nur zusammen stark seien, während man sie einzeln, einen nach dem anderen, leicht zerbrechen könne. Der Jude behauptete, daß das Bild die Glieder des menschlichen Körpers darstelle, die nur durch die gemeinsame Anstrengung den Körper erhielten. Farabi ibn Kora zeigte sich mit einer solchen Deutung nicht einverstanden. Er behauptete, das dreieckige Geldstück sei in der Hölle geschmiedet worden, so daß auch die Bedeutung des Bildes nicht eine solche sein könne, wie sie seine Vorgänger angenommen hätten. Sie zeige einen Mörder, der wegen seines Verbrechens dazu verurteilt sei, Gift zu trinken, und sich bereits auf dem dazu vorbereiteten Totenlager befinde. Vor ihm drei Dämonen: Asmodaios, der Dämon der jüdischen

Gehenna, Ahriman, Teufel des islamischen Dschehennim, und Satan, der Teufel der christlichen Hölle. Der Mörder halte drei Ruten in seiner Hand, was bedeute, daß er getötet werde, wenn die drei Dämonen den Ermordeten verteidigten, gerettet jedoch, wenn sich die Dämonen einer Verteidigung seines Opfers enthielten. Die Botschaft der dreieckigen Münze sei also offenbar. Die Hölle schicke sie auf die Erde, den Menschen zur Warnung. Das Opfer, für das nicht einer der drei Dämonen eintrete, nicht der islamische, nicht der jüdische noch der christliche Dämon, werde ungerächt bleiben und sein Mörder verschont. Es sei daher gefährlich, nicht einer einzigen dieser drei Welten anzugehören, wie das mit den Chasaren und ihrem Kagan der Fall sei. Sie seien in diesem Fall vollständig schutzlos, und wer wolle, könne sie ermorden, ohne selbst umzukommen …

Es ist klar, daß Farabi ibn Kora auf diese Weise den Kagan darauf hinwies, daß es unumgänglich und zweifellos nützlich für ihn und sein Volk sei, seinen bisherigen Glauben aufzugeben und zu jenem der drei mächtigen Glaubensbekenntnisse überzuwechseln, dessen Vertreter am besten verstehe, ihm die Welt zu deuten und die genauesten Antworten auf seine Fragen zu geben. Die Auslegung des Bildes durch Farabi ibn Kora erschien dem Kagan am überzeugendsten, er machte sich seine Argumente zu eigen, schloß sich der islamischen Lehre an, legte den Gürtel ab und betete zu Allah.

Jene islamischen Quellen, die meinen, Ibn Kora habe gar nicht an der Polemik teilgenommen und sei nicht einmal am Hofe des chasarischen Kagan angelangt, weil er noch auf dem Wege dorthin vergiftet worden sei, berufen sich auf den folgenden Text, der – will man ihnen glauben – den Lebensablauf des Farabi ibn Kora darstellen könnte. Ibn Kora war überzeugt, sein ganzes Leben sei eigentlich schon in einem Buch niedergeschrieben und auf eine längst erzählte Geschichte zugeschnitten. Er las tausendundeine Nacht und tausendundzwei Erzählungen, aber weder in in den einen noch in den anderen Geschichten fand er jene, nach der sein Leben ablief. Er besaß ein schnelles Pferd, daß ihm die Ohren wie Vögel flogen, doch er trat auf der Stelle. Da schickte ihn der Kalif von Samarra nach Itil, er solle mit dem Kagan reden und ihn für den Islam gewinnen. Ibn Kora begann, sich auf seine Mission vorzubereiten, beschaffte sich neben anderem den *Diwan* der Prinzessin Ateh▽ und fand unter den Gedichten auch eines, das ihm wie die eigentliche und lang gesuchte Erzählung erschien, auf die sein Leben zugeschnitten war. Das einzige, was nicht übereinstimmte und was Ibn Kora an diesem Text verwunderte, war, daß er von einer Frau sprach, nicht von einem Manne. Alles übrige stimmte überein, der Hof des Kagan wurde gar eine »Schule« genannt. Ibn Kora übersetzte die Schrift ins Arabische, während er dachte, daß die Wahrheit nur ein Trick sei. Die Übersetzung lautet:

Schrift über eine Reisende und eine Schule

Die Reisende besitzt einen Paß, den man im Osten für einen westlichen, im Westen für einen östlichen hält. Ihr Paß erweckt also Zweifel, sowohl im Osten als auch im Westen, sie aber wirft zwei Schatten, den einen zur rechten Seite, den anderen zur linken. In der Tiefe des Waldes, der von Pfaden durchfurcht, sucht sie die berühmte Schule am Ende des weiten Weges, wo sie ihre höchste Prüfung abzulegen hat. Ihr Nabel ist wie der Nabel ungebackenen Brotes und ihr Weg so weit, daß er Jahre verschlingt. Endlich am Rande des Waldes angelangt, trifft sie auf zwei Männer und fragt sie nach dem Weg. Sie sehen sie an, auf ihre Waffe gestützt, und schweigen, obwohl sie gesagt haben, daß sie wissen, wo die Schule ist. Dann zeigt der eine von ihnen: Geh geradeaus, und an der ersten Wegkreuzung biege nach links ab und wieder nach links, so wirst du dich direkt vor der Schule finden. Die

Reisende bedankt sich, während sie denkt, wie gut es ist, daß sie ihr Reisedokument nicht überprüft haben, denn dann hätte man sie sicher als Fremde verdächtigt und nach ihren verborgenen Absichten geforscht. Sie setzt ihren Weg fort, biegt beim ersten Weg links ab und wieder links; den erhaltenen Anweisungen folgend war es gar nicht schwer, sich zurechtzufinden, aber am Ende des zweiten Weges nach links liegt anstelle der Schule ein riesiger Sumpf. Und vor dem Sumpf stehen lächelnd die zwei bewaffneten Männer, die sie bereits kennt. Durch ein Lachen hindurch erheischen sie Verzeihung und sagen:

Wir haben es falsch erklärt: du hättest an der ersten Kreuzung rechts gehen müssen und dann wieder rechts, und dort ist die Schule. Wir mußten aber deine Absichten überprüfen und feststellen, ob du den Weg nicht doch weißt und nur so tust, als ob du ihn nicht wüßtest. Jetzt aber ist es schon zu spät, und heute kannst du die Schule nicht mehr erreichen. Das aber bedeutet niemals. Denn von morgen an wird es die Schule nicht mehr geben. Du hast also wegen dieser kleinen Kontrolle für dein ganzes Leben dein Ziel verfehlt, aber du begreifst wohl, daß es wegen der Sicherheit der anderen unerläßlich war, so vorzugehen, um uns vor den möglichen bösen Absichten der Reisenden, die die Schule suchen, zu schützen. Aber mach dir deshalb keine Vorwürfe. Wärest du von dem Weg abgebogen, den wir dir zeigten, das heißt, wärest du nach rechts statt nach links gegangen, dann wäre es auf das gleiche herausgekommen, denn wir hätten gewußt, daß du uns täuschst, daß du in Wahrheit den Weg weißt, obwohl du nach ihm fragst, und wir hätten dich überprüfen müssen, denn deine Absichten wären gewiß zweifelhaft gewesen, sobald du sie vor uns geheimgehalten hättest. So vermag man zur Schule, nimmt man es genau, überhaupt nicht zu gelangen. Dein Leben ist indessen nicht vergeblich geopfert: es wurde genutzt, um eine Sache auf der Welt zu überprüfen. Und das ist nicht wenig …

So sprachen die Männer, und die Reisende hat jetzt

eine

eine einzige Hoffnung – ihren Paß, den sie nicht vorgezeigt hat und von dem die Männer am Rande des Morastes nicht einmal träumen, von welcher Farbe er ist. Gleichzeitig hat sie die Männer damit getäuscht und deren Kontrolle vereitelt, was bedeutet, daß ihr Leben vergeblich geopfert worden ist: vom Standpunkt der beiden Männer aus gesehen vergeblich auf die eine, von dem ihren auf eine andere Weise. Denn was gingen sie eigentlich deren Kontrollen an? Und dennoch, die Sache lief in jedem Fall auf dasselbe hinaus, und so mußte sich das Ziel ihres Daseins, das nicht länger vor ihr liegt, unweigerlich entlang dem Zeitablauf verschieben; und sie beginnt jetzt, daran zu denken, daß der Sinn nicht in der Schule lag, sondern irgendwo auf dem Wege zu ihr, wie sehr das Suchen selbst auch vergeblich gewesen sein mochte. Dieses Suchen erscheint ihr auf einmal in der Erinnerung immer schöner und schöner, und nachträglich werden ihr viele Schönheiten des Weges sichtbar; sie schließt daraus, daß sich Entscheidendes nicht am Ende des Weges, vor der Schule, ereignet hat, sondern irgendwann viel früher, auf der ersten Hälfte der Wanderschaft, woran sie nie gedacht hätte, wäre der Weg nicht vergeblich gewesen. Im Rahmen der Umverteilung ihrer Erinnerungen, wobei sie wie ein Kaufmann ihr ganzes Erbe mit den Liegenschaften erneut in Umlauf setzt, beginnt sie, ihre Aufmerksamkeit neuen Einzelheiten zuzuwenden, in ihrem Gedächtnis kaum vermerkt. Unter diesen Einzelheiten sucht sie jene wichtigsten, sich ständig für eine immer geringere Anzahl entscheidend, während sie durch eine unbarmherzige Reduzierung und eine immer strengere Auswahl auf eine einzige Szene ihrer Erinnerung stößt:

Ein Tisch und darauf ein Glas mit Wein, gefärbt durch einen anderen Wein. Das gerade erjagte Fleisch einer Schnepfe, gebraten auf Kamelmist. Noch nahrhaft vom gestrigen Traum des Vogels. Das heiße Brot mit dem düsteren Gesicht deines Vaters und dem Nabel deiner Mutter. Und der Käse vom jungen und alten Inselschaf. Nach der Mahlzeit auf dem Tisch die Kerze mit einem Feuertropfen an ihrer Spitze, neben ihr das Buch Gottes, *durch das der Mond* dschemaz-ul-aker *hindurchfließt.*

KU *(Driopteria filix chasarica)* – eine Art Frucht vom Kaspischen Meer. Daubmannus✡ führt zu dieser Frucht folgendes an: Die Chasaren▽ züchten eine Art Obst, das nirgends auf der Welt außer bei ihnen gedeiht. Es ist von etwas umwachsen, was an Fischschuppen oder die Schuppen des Gallapfels erinnert, es wächst an sehr hohem Stamm, und die Früchte an den Zweigen sehen wie Fische aus, die die Wirte lebendig am Schwanz über dem Eingang aufhängen zum Zeichen, daß es Fischsuppe gibt. Zuweilen läßt dieses Obst Laute wie die eines Buchfinken ertönen. Im Geschmack ist es sehr frisch und ein wenig salzig. Da es ganz leicht ist und einen Stein trägt, der wie ein Herz pulsiert, fliegt es im Herbst, indem es vom Zweig fällt, mit Flossen schlagend eine Zeitlang dahin, als schwimme es durch die Wellen des Windes. Die Knaben fangen es mit Schleudern, und auch die Habichte täuschen sich zuweilen und tragen es im Schnabel, im Glauben, es sei ein Fisch. Daher das chasarische Sprichwort, das sagt: »Die Araber werden uns verspeisen, wobei sie wie der Sperber denken, wir seien ein Fisch, doch wir sind ein Ku.« Das Wort Ku – den Namen dieses Obstes – beließ der Teufel als einziges im Gedächtnis der chasarischen Prinzessin Ateh▽, nachdem sie ihre Sprache vergessen hatte.

Zuweilen, in der Nacht, hört man eine Stimme: ku – ku! Da ruft Prinzessin Ateh▽ das einzige Wort, das sie kennt, und weint, während sie versucht, sich ihrer vergessenen Lieder zu erinnern.

MASUDI, JUSUF (Mitte 17. Jahrhundert bis 25. September 1689) – berühmter Spieler auf der Schargi (Laute), einer der Autoren dieses Buches.

Quellen: Einige wenige Angaben zu Masudi sammelte Daubmannus✡ in seiner Ausgabe, wobei diese wiederum Musikhandschriften des 17. Jahrhunderts entnommen waren. Diesen Quellen zufolge vergaß Masudi dreimal seinen Namen und wechselte dreimal sein Handwerk; die Erinnerung an ihn bewahrten indessen jene, von denen er sich als erster lossagte – die Musiker aus Anatolien. Die Lautenschulen in Izmir und Kula waren im 18. Jahrhundert Pflanzstätten der Legenden über Masudi, und diese Legenden sind zusammen mit seinen berühmten Fingersätzen überliefert. Masudi bewahrte die Abschrift einer arabischen Version des *Chasarischen Wörterbuchs* auf, die er eigenhändig vervollständigte, wobei er die Feder in äthiopischen Kaffee tauchte. Er pflegte mit Mühe zu sprechen, als müsse er Wasser lassen, nachdem er dies bereits getan.

Masudi entstammte einer anatolischen Familie. Man behauptet, eine Frau habe ihn das Spielen gelehrt, dazu eine Linkshänderin, die das Instrument verkehrt herum zupfte. Als gesichert gilt, daß der Fingersatz, dessen sich im 17. und 18. Jahrhundert die anatolischen Lautenspieler bedienten, von ihm herrührte. Wie die Legende berichtet, besaß er ein besonders entwickeltes Gespür dafür, ein Instrument zu beurteilen, noch bevor er es gehört hatte. Die Gegenwart einer verwahrlosten, ungestimmten Laute im Hause empfand er als Beunruhigung, ja geradezu als Qual. Sein Instrument spannte und stimmte er nach den Sternen. Er wußte, daß die linke Hand des Spielers ihre Arbeit mit der Zeit vergißt, die rechte dagegen niemals. Die Musik gab er sehr frühzeitig auf, und im Zusammenhang damit blieb eine Überlieferung bewahrt.

Drei Nächte hintereinander träumte ihm, daß je ein Mitglied seiner Familie verstorben sei. Zuerst der Vater, dann die Frau, schließlich der Bruder. Darauf aber, in der vierten Nacht, träumte er, seine zweite Frau sei gestorben, sie hatte bunte Augen, die bei Kälte ihre Farbe wechselten wie Blumen. Bevor sie ihre Augen schloß, sahen sie wie zwei Beeren der hellen Weintraube aus, durch die man unklar die Samenkörner sieht. Sie lag da mit einer Kerze im Nabel, ihr Kinn mit dem Haar gebunden, damit sie nicht lachte. Er erwachte und träumte nie wieder in seinem Leben einen Traum. Er war entsetzt. Er hatte überhaupt keine zweite Frau. Da wandte er sich an einen Derwisch und fragte ihn, was er von einem solchen Traum zu halten habe. Dieser öffnete das *Buch* und las:

»Oh, mein lieber Sohn! Sprich nicht von diesem Traum zu deinen Brüdern! Denn sie werden eine Verschwörung gegen dich anzetteln.«

Unzufrieden mit der Antwort, befragte er zu der Bedeutung des Traums seine einzige Frau, doch sie antwortete ihm:

»Sprich zu niemandem über deinen Traum! Denn an jenem, dem du ihn anvertraust, wird sich dein Traum erfüllen, nicht an dir.«

Da beschloß Masudi, einen Traumjäger† aufzusuchen, jemanden, der die Sache aus eigener Erfahrung kennen würde. Man erklärte ihm, die Traumjäger seien selten geworden, seltener als früher, die Wahrscheinlichkeit, sie anzutreffen, sei größer, wenn er nach Osten gehe anstatt nach Westen, denn sie alle leiteten Herkunft und Kunstfertigkeit vom Stamm der Chasaren▽ ab, der ehemals an den Ausläufern des Kaukasus gelebt habe, wo das schwarze Gras wachse.

Masudi nahm die Schargi und machte sich längs des Meeres auf gen Osten. Er dachte: Du mußt den Menschen täuschen, noch bevor er dir einen guten Morgen wünscht, danach ist es zu spät. So begann seine Jagd auf die Traumjäger mit Eile. Eines Nachts wurde er von jemandem geweckt. Masudi erblickte einen Alten vor sich, dessen Bart nur an den Spitzen grau war, wie der Rücken eines Igels. Der Ankömmling fragte Masudi, ob er jemals im Traum eine Frau mit bunten Augen von der Farbe heller Weintrauben gesehen habe.

»Sie wechseln die Farbe wie Blumen bei Kälte!« fügte der Unbekannte hinzu. Masudi sagte, daß er sie gesehen habe.

»Was

»Was war mit ihr?«

»Sie ist gestorben.«

»Wie kannst du das wissen?«

»Sie starb in meinem Traum, vor meinen Augen, als meine zweite Frau. Sie lag da mit einer Kerze im Nabel und das Kinn gebunden mit ihrem Haar.«

Da begann der Alte zu wehklagen und sprach mit gebrochener Stimme:

»Gestorben! Und ich laufe ihr nach, von Basra bis hier. Ihre Gestalt wechselt hinüber von Traum zu Traum, ich aber irre hinter ihr her und verfolge jene, die sie träumen, schon drei Jahre lang.«

Da begriff Masudi, daß vor ihm der Mann war, den er suchte.

»Seid Ihr ein Traumjäger, wenn Ihr die Frau so lange zu verfolgen vermochtet?«

»Ich, ein Traumjäger?« wunderte sich der Alte. »Was soll die Frage? Traumjäger seid doch Ihr, ich bin nur ein gewöhnlicher Anhänger Eurer Kunst. Gestalten, die von Traum zu Traum irren, können nur in den Träumen eines Traumjägers sterben. Ihr, die Traumjäger, seid Gräber, nicht wir. Sie hat Tausende von Meilen zurückgelegt, um in Eurem Traum zu sterben. Nur werdet Ihr von nun an nie wieder träumen. Ihr könnt jetzt einzig die eigene Jagd beginnen. Aber nicht auf die Frau mit den Augen von der Farbe des Weins. Sie ist tot, für Euch und für jeden anderen. Ihr müßt eine neue Beute jagen …«

So erhielt Masudi von dem Alten die erste Unterweisung in seinem neuen Handwerk und erfuhr alles, was man über Traumjäger erfahren kann. »Wenn der Mensch über gute schriftliche und mündliche Quellen verfügt«, belehrte ihn der Alte, »vermag er sich in diese Kunst einen ziemlich guten Einblick zu verschaffen. Das ist wie bei jenem Sufi, der die *tauba* ausführte, bereute und seinen *makam* fand, indem er alle Vorschriften einhielt. So viel vermag jedermann. Aber einen wirklichen Erfolg in dieser Angelegenheit vermag nur jener zu haben, der dafür geboren ist, dem Gott selbst hilft, die himmlische Erleuchtung – *hal* –

zu gewinnen. Die besten Traumjäger waren die chasarischen, aber Chasaren gibt es seit langem nicht mehr. Nur ihre Kunst ist bewahrt geblieben und teilweise ihr Wörterbuch, das von dieser Kunst berichtet. Sie wußten Gestalten, die sich ihnen in fremden Träumen zeigten, zu verfolgen und sie wie ein Wild von Mensch zu Mensch zu jagen, sogar in den Träumen von Tieren und Dämonen …«

»Wie erreicht man das?« fragte ihn Masudi.

»Ihr habt sicher bemerkt, daß der Mensch, bevor er einschläft, während jener Doppelherrschaft von Wachen und Traum, in besonderer Weise sein Verhältnis zur Erdanziehungskraft auszugleichen sucht. Seine Gedanken befreien sich dann von der Anziehungskraft der Erde genau im Verhältnis zu der Kraft, mit der die Erdenschwere verstärkt auf seinen Körper einwirkt. Zu solcher Stunde wird die Schranke zwischen Gedanken und Welt durchlässig und läßt die menschlichen Gedanken in die Freiheit entweichen gleich jenen Sieben, die dreierlei Dichte besitzen. In jenem kurzen Augenblick, da die Kälte am leichtesten in den menschlichen Körper eindringt, schwappen seine Gedanken über, und man vermag sie ohne weitere Anstrengung zu lesen. Menschen, die aufmerksam denjenigen beobachten, der in Schlaf fällt, werden auch ohne Übung erfassen, was er in diesem Augenblick denkt und auf wen sich seine Gedanken richten. Wenn Ihr nun durch stete Übung Zugang findet zu dieser Kunst des Beobachtens der menschlichen Seele, da sie offen ist, werdet Ihr diesen Augenblick des Sichöffnens immer länger und tiefer in den Traum hinein verfolgen und in ihm jagen können wie im Wasser mit geöffneten Augen. So wird man zum Traumjäger.

Diese Beichtväter der Träumenden, wie sie die Chasaren nannten, zeichneten aufmerksam ihre Beobachtungen über die Träume auf, so wie es andernorts die Beobachter des Himmels tun oder die Deuter des Schicksals aus Sonne und Sternen. Alles in Verbindung mit dieser Kunst wurde zusammen

mit

mit den Lebensbeschreibungen der angesehensten Traumjäger und den Viten des erjagten Wildes auf Geheiß der chasarischen Prinzessin Ateh▽, der Beschützerin der Traumjäger, vollständig in Form einer chasarischen Enzyklopädie oder eines Wörterbuchs gesammelt. Dieses chasarische Wörterbuch gaben die Traumjäger von Generation zu Generation weiter, und jeder von ihnen hatte die Aufgabe, es zu vervollständigen. Mit diesem Ziel begründeten sie vor vielen Jahrhunderten eine Schule in Basra, die ›Bruderschaft der Reinen‹ oder die ›Freunde der Treue‹ – eine Sekte, die ihre Namen verschwieg und den *Philosophenkalender* und die *Chasarische Enzyklopädie* herausgab; doch verbrannte diese Bücher der Kalif Mostandschi zusammen mit den Büchern des islamischen Zweiges dieser Schule und den Schriften von Avicenna. So blieb die ursprüngliche Version des *Chasarischen Wörterbuchs,* begründet von Prinzessin Ateh, nicht erhalten; der Text, der in meine Hände gelangte, ist lediglich die arabische Übersetzung, und nur diese kann ich Euch geben. Nehmt sie also, doch müßt Ihr alle Ordnungswörter gut erlernen, es kann Euch nämlich geschehen, falls Ihr das Wörterbuch Eurer Kunst nicht ausreichend kennt, daß Ihr das wichtigste Wild Eurer Jagd übergeht. Merkt daher, die Wörter der *Chasarischen Enzyklopädie* sind für die Jagd auf Träume das gleiche, was die Spuren des Löwen im Sand für einen gewöhnlichen Jäger sind.«

So sprach der Alte zu Masudi und gab ihm schließlich neben dem Wörterbuch noch einen Rat:

»Die Schargi kann jeder schlagen, ein Traumjäger aber vermag nur ein Auserwählter zu werden, jener, dem es vom Himmel gegeben ist. Legt Euer Instrument zur Seite! Denn die Laute hat irgendein Jude namens Lamko erdacht. Entsagt ihr also und brecht auf zur Jagd! Wenn Euer Wild nicht in einem fremden Traum stirbt, wie es mir geschah, wird es Euch zum Ziel führen!«

»Welches aber ist der Sinn der Traumjagd?« fragte Masudi.

»Das Ziel der Traumjäger ist, zu begreifen, daß jedes Erwachen nur eine Stufe in einer Reihe von Befreiungen aus dem Traum ist. Wer begreift, daß der eigene Tag nur eine fremde Nacht, daß die eigenen zwei Augen das gleiche sind wie ein einziges fremdes, wird dem eigentlichen Tag zustreben, der das wahrhafte Erwachen aus der eigenen Wirklichkeit zum Ziel hat, so, als erwache man aus einem Traum; das aber führt in einen Zustand, in dem der Mensch noch wacher sein wird als am Tage. Dann endlich wird er sehen, daß der Einäugige im Vergleich zu den Zweiäugigen und der Blinde im Vergleich zu den Sehenden ...«

Und der Alte vertraute Masudi eine Erzählung an,

Die Legende von Adam Ruhani

Wenn man alle Träume der Menschen zusammenfügte, bekäme man einen riesigen Menschen, ein menschliches Wesen von der Größe eines Kontinents. Und das wäre nicht irgendein Mensch, sondern Adam Ruhani, der himmlische Adam, der engelgleiche Vorfahre des Menschen, von dem die Imame sprechen. Dieser Adam vor Adam war im Anfang die dritte Vernunft der Welt, doch war er so berauscht von sich selbst, daß er in die Irre ging; und als er aus diesem Taumel erwachte, warf er seine Gefährten im Irrtum, Iblis und Ahriman, in die Hölle und kehrte in den Himmel zurück, wo er von nun an zur zehnten anstatt zur dritten Vernunft wurde, denn unterdessen hatten sich die sieben himmlischen Cherubim über ihm auf der Himmelsleiter eingefunden. So begann Adam der Vorläufer zurückzubleiben: sieben Leiterstufen, das ist das Maß seiner Verspätung zu sich selbst, und so ward die Zeit geboren. Denn die Zeit ist nur jener Teil der Ewigkeit, der sich verspätet. Dieser engelgleiche Adam oder Uradam, der zugleich Mann und Frau war, dieser dritte Engel, der zum zehnten Engel wurde,

strebt

strebt ewig, sich selbst einzuholen, und ist für Augenblicke darin erfolgreich, dann wieder fällt er, so daß er auch heute noch zwischen der zehnten und der zweiten Stufe auf der Leiter der Vernunft umherirrt.

Die Träume der Menschen sind also jener Teil der menschlichen Natur, der seinen Ursprung in jenem Adam dem Vorläufer hat, dem himmlischen Engel; denn er dachte auf die Weise, in der wir träumen. Er war so schnell, wie wir es nur im Traum sind, oder genauer, unsere Träume sind aus seiner engelgleichen Schnelligkeit gemacht. Und er redete in der gleichen Weise, in der wir im Traum reden, ohne die Zeitformen der Vergangenheit und der Gegenwart, nur in der der Zukunft. Und gleich uns vermochte er im Traum weder zu töten noch zu befruchten. Daher tauchen die Traumjäger durch fremde Traumwelten und Ruhezeiten und ziehen aus ihnen Teilchen des Wesens von Adam dem Vorläufer, setzen sie zu einem Ganzen zusammen, zu sogenannten chasarischen Wörterbüchern, mit dem Ziel, daß alle diese Bücher zusammengefügt den riesigen Leib Adam Ruhanis auf Erden verkörpern. Sofern wir unseren engelgleichen Vorfahren in dem Augenblick begleiten, da er auf der Himmelsleiter im Aufstieg begriffen ist, nähern auch wir selbst uns Gott; haben wir aber das Unglück, ihn zu begleiten, wenn er fällt, so entfernen wir uns von Gott, wir vermögen jedoch weder das eine noch das andere zu erkennen. Wir stützen uns auf das Glück, immer in der Hoffnung, daß unsere Berührung mit ihm in die Stunde fällt, da er unterwegs ist zur zweiten Stufe auf der Leiter der Vernunft, um so auch uns zur Höhe emporzuziehen, der Wahrheit entgegen.

»Von unserem Beruf des Traumjägers vermag also sowohl ungeahnter Nutzen als auch ungeheures Unglück auszugehen. Das aber hängt nicht von uns ab. Uns obliegt es, uns zu bemühen. Das übrige ist Technik.

Zum Schluß noch eine Anmerkung. Die Wege, die durch fremde Träume eilen, verbergen zuweilen Zeichen, aus denen man schließen kann, ob sich Adam der Vorläufer auf der aufsteigenden oder der fallenden Linie seines Pfades befindet. Diese Zeichen sind Personen, die sich gegenseitig träumen. Deshalb ist es das letzte Ziel eines jeden Traumjägers, zu einem solchen Menschenpaar zu gelangen, um es so gut wie möglich kennenzulernen. Solche zwei Personen stellen stets Teilchen vom Leib Adams aus verschiedenen Phasen dar und befinden sich auf unterschiedlichen Stufen der Leiter der Vernunft. Natürlich nicht auf jener höchsten, der zweiten, von der aus Gott Adam in den Mund spie und seine Zunge in vier Arten von Speichel kleidete. Wenn Ihr aber auf jene zwei stoßt, die sich gegenseitig träumen, seid Ihr am Ziel! Und vergeßt danach nicht, Eure Berichte und Ergänzungen zum *Chasarischen Wörterbuch* dort zu hinterlegen, wo sie alle erfolgreichen Traumjäger hinterlegen – in der Moschee von Basra, der Prophetin Rabija geweiht...«

So sprach der Alte zu Masudi. Und Masudi gab die Musik auf und wurde zum Traumdeuter.

Zunächst setzte er sich nieder und las alle Aufzeichnungen über die Chasaren, die ihm in Form eines Wörterbuchs geschenkt worden waren. Auf der ersten Seite dieses Buches stand geschrieben:

»In diesem Haus werden, wie in allen Häusern, nicht alle gleichermaßen willkommen sein. Und es wird ihnen nicht die gleiche Ehre zuteil werden. Einige von ihnen werden ihren Sitzplatz an der Stirnseite des Tisches haben, und man wird die schönsten Speisen vor ihnen auftragen, und vor den anderen werden sie sehen können, was auf den Tisch gelangt, und vor allen die Auswahl treffen. Andere werden auf zugigen Plätzen speisen, und hier nun hat jeder Bissen mindestens zweierlei Duft und zweierlei Geschmack;

die

die dritten aber werden auf gewöhnlichen Plätzen sitzen, wo alle Bissen und jeder Mund sich gleich sein werden. Doch es wird bei Gott auch solche geben, deren Platz hinter der Tür sein wird, bei einer billigen Suppe, und von der Abendmahlzeit werden sie so viel bekommen wie der Erzähler für die Geschichte, die er erzählt, nämlich nichts.«

Sodann war im *Chasarischen Wörterbuch* in der Reihenfolge des arabischen Alphabets eine Kette von Biographien chasarischer und anderer Persönlichkeiten gesammelt worden, vor allem derjenigen, die an der Bekehrung der chasarischen Stämme zum Islam teilgenommen hatten. Die zentrale Persönlichkeit, ein Derwisch und Weiser, der diese Bekehrung durchführte, nannte sich Farabi ibn Kora☾, von ihm berichtete das Wörterbuch ausführlich. Die Schriften wiesen indessen an anderen Stellen empfindliche Lücken auf. Der chasarische Kagan, der an seinen Hof drei Priester rief, einen arabischen, einen jüdischen und einen christlichen, verlangte, daß ihm ein Traum gedeutet werde. Doch waren diese drei Teilnehmer an der Chasarischen Polemik▽ den islamischen Quellen zur chasarischen Frage sowie der arabischen Übersetzung des *Chasarischen Wörterbuchs* nicht alle in gleicher Weise bekannt. Es fiel auf, daß die islamischen Quellen den christlichen wie auch den hebräischen Traumjäger und Gesprächsteilnehmer nicht namentlich erwähnten, auch waren die Angaben über sie spärlicher, als es die Angaben über den arabischen Vertreter waren, der die Argumente zum Vorteil des Islam lieferte, über Ibn Kora. Während er sich mit dem *Chasarischen Wörterbuch* beschäftigte (was jedoch nicht lange währte), drängte sich Masudi die Frage auf: Wer waren jene anderen zwei? Kannte vielleicht jemand unter den Christen den eigenen Traumjäger und Vertreter des griechischen Glaubens an den Vierergesprächen am chasarischen Hof? War sein Name erhalten? Und wußten denn einige unter den jüdischen Rabbinern etwas über jenen weiteren Teilnehmer, über den eigenen Stellvertreter bei diesen

Gesprächen? Hatte sich nicht jemand unter den Griechen oder unter den Juden über den christlichen beziehungsweise den hebräischen Weisen unterrichtet, der bei jenem Streitgespräch zugegen gewesen war, wie es jetzt Masudi, gleich seinen Vorgängern, über den islamischen tat? Die Argumente dieser Fremden, beobachtete und notierte Masudi, erschienen nicht so stark und waren nicht so erschöpfend wie die Argumente Farabi ibn Koras. War das der Fall, weil die Argumente Ibn Koras wirklich überzeugender und umfassender waren als die ihren, oder waren diese ihrerseits in den hebräischen und christlichen Büchern über die Chasaren, wenn es solche gab, stärker als die arabischen Argumente? Vielleicht verschweigen sie uns, wie wir sie? Vielleicht vermochte man erst dann eine *Chasarische Enzyklopädie* oder ein Wörterbuch über die chasarische Frage zu erstellen, wenn man alle drei Erzählungen über die drei Traumjäger zusammenfügen und so eine einzige Wahrheit erhalten würde? Dann konnte man an bestimmten Stellen des *Chasarischen Wörterbuchs* auch die Stichwörter mit den Namen und Biographien des christlichen und des jüdischen Teilnehmers an der Chasarischen Polemik alphabetisieren und einordnen, und hierher würde zweifellos auch manche Nachricht über die Chronisten dieser Polemik aus anderen Gegenden gehören, die unter Juden und Griechen zu suchen wären. Denn wie sollte man Adam Ruhani erschaffen, wenn irgendwelche Teile seines Leibes fehlten?

Solche Möglichkeiten überdenkend, wurde Masudi von Schrecken erfaßt, er fürchtete sich vor offenen Schränken und Truhen, aus denen seine Kleidung hervorschaute, und er schloß sie, sobald er sich an sein Wörterbuch setzte. Er begann, nach den hebräischen und griechischen Handschriften zu forschen, die zu den Chasaren in Beziehung standen, und während man in den Schleifen seines Turbans die Worte aus dem *Buch Gottes* lesen konnte, lief er den Ungläubigen nach und bestach Griechen und Juden

auf

auf seinem Weg, er lernte ihre Sprachen wie Spiegel, die die Welt auf andere Weise wiedergaben. Und er lernte, sich in diesen Spiegeln umzusehen. Seine chasarische Kartothek wuchs, und er beabsichtigte, ihr eines Tages die Viten seines Wildes hinzuzufügen, den Bericht über seinen Teil der erledigten Arbeit, den eigenen geringen Beitrag zum riesigen Leib Adam Ruhanis. Als ein wahrer Jäger wußte er jedoch nicht im voraus, um welches Wild es sich dabei handeln würde.

Als aber der Monat *rabi-ul-aker* begann und in ihm die dritte *dschuma,* schaute Masudi zum erstenmal in fremden Träumen um sich. Er übernachtete in einem Han neben einem Mann, dessen Gesicht man nicht sah, man hörte jedoch, daß er leise ein Lied summte. Masudi begriff zunächst nicht, worum es sich handelte, aber sein Gehör war schneller als seine Gedanken. Er war ein weiblicher Schlüssel mit einem Loch in der Achse, der ein männliches Schloß mit Angelpunkt im Schlüsselloch suchte. Und er fand es. Der Mann im Dunkel neben ihm sang nicht selbst, es sang vielmehr etwas in diesem Menschen, jemand, den der Mann im Schatten träumte... Im Han war es so still, daß man hörte, wie dem Träumenden irgendwo in der Finsternis neben Masudi das Haar blühte. Da fand Masudi, wie in einem Spiegel, unmerklich den Eingang zu einem weiträumigen Traum, ausgelegt mit Sand, schlecht geschützt vor Regen und Wind, voller wilder Hunde und durstiger Kamele. Er begriff sofort, daß ihm vom Rücken her die Gefahr eines Massakers und Überfalls drohte. Er schritt dennoch aus im Sand, der sich im An- und Abschwellen hob und senkte, vermutlich den Atemzügen des Träumenden folgend. In einem Winkel des Traums saß ein Mann und schnitzte eine Laute aus Holz, das zuvor in einem Bach gelegen hatte, mit seiner Wurzel der Mündung zugewandt. Jetzt war es trocken, und Masudi schloß, daß der Mann das Instrument in einer Weise baute, wie sie vor dreihundert Jahren üblich gewesen und längst aufgegeben worden war. Der Traum war folglich älter als der Träumer. Zuweilen unterbrach der Mann im Traum seine Arbeit und nahm einen Bissen Reisfleisch, und jeder dieser Bissen entfernte ihn von Masudi um wenigstens hundert Schritte. Diesem Zurückweichen des Mannes verdankte es Masudi, daß sich vor ihm der Blick auf den Grund des Traumes öffnete, wo es wenig Licht gab, das unerträglich stank. Dahinter lag ein Grab, in welchem zwei Männer ein Pferd begruben. Einer von ihnen war derselbe, der sang. Jetzt aber vernahm Masudi nicht nur das Lied, er sah auch auf einmal den Sänger. Im Traum des Mannes neben ihm zeigte sich ein Jüngling, dessen eine Schnurrbarthälfte ergraut war. Masudi wußte, daß serbische Hunde zuerst beißen, dann bellen, daß walachische lautlos beißen, türkische hingegen erst bellen, dann beißen. Dieser im Traum gehörte nicht einer der drei Gattungen an. Masudi behielt sein Lied im Gedächtnis, am folgenden Tag galt es nun vor allem, den nächsten Träumer zu erhaschen, den derselbe Jüngling mit dem einseitig grauen Schnurrbart heimsuchte. Masudi wußte sogleich wie. Er versammelte einige Lautenspieler und Sänger, wie eine Art Treiberschar, und er lehrte sie nach seinen Anweisungen zu singen und zu spielen. Er trug Ringe in verschiedenen Farben, und jede Farbe entsprach einer zehnstufigen Leiter, deren er sich bediente. Er zeigte sodann den Sängern den einen oder anderen Finger, je nach der Farbe auf dem Ring, die ihrerseits nach einem Klang verlangte, so wie jedes Tier seine eigene Art der Nahrung wählt, und sie sangen fehlerfrei, obwohl sie das Lied im voraus nicht gekannt hatten. Sie sangen es auf öffentlichen Plätzen, vor der Tekieh, auf den Märkten und am Brunnen, und das Lied wurde zum lebendigen Köder für die Vorübergehenden, die des Nachts Masudis Wild in sich trugen. Solche blieben stehen, als habe ihnen die Sonne den Mondschein geschickt, und sie lauschten wie verzaubert.

Als er so hinter seinem Wild herging, von Ort zu Ort, entlang der Schwarzmeerküste, begann Masudi die

die Eigenschaften derjenigen wahrzunehmen, die den gesuchten Traum träumten. Dort, wo sich die Anzahl der Menschen, die der einseitig weißbärtige Jüngling im Traum besuchte, vergrößerte, kam es zu einer ungewöhnlichen Veränderung: die Verben erhielten in der Rede einen gewichtigeren Platz als die Substantive, diese wiederum wurden ausgelassen, wann immer es möglich war. Man träumte den Jüngling zuweilen auch in Gruppen. Irgendwelche armenischen Händler sahen ihn im Traum unter einem Galgen, der auf einem Ochsenkarren errichtet war. Er fuhr durch eine schöne Stadt aus Stein, und der Henker zauste ihm den Bart. Später sahen ihn ein paar Soldaten, wie er Pferde auf einem schön hergerichteten Pferdefriedhof über dem Meer beerdigte, sie sahen ihn häufig mit einer Frau, deren Antlitz man im Traum nicht zu erkennen vermochte, außer jenen kleinen Flächen von der Größe einer Münze, wo der Weißbärtige die Spur seines Kusses auf ihren Wangen zurückließ... Da aber verlor sich mit einem Mal das Wild aus seinen Augen und verwischte die Spur. Das einzige, was Masudi noch tun konnte, tat er – alles, was er im Verlauf des zurückgelegten Weges beobachtet hatte, brachte er in sein *Chasarisches Wörterbuch* ein, und die Schriften, alte wie neue, reisten jetzt mit ihm, alphabetisiert, in einem grünen Hafersack, der immer schwerer wurde. Und dennoch hatte er das Gefühl, daß ihm eine Reihe von Träumen, die in seiner unmittelbaren Nähe geträumt wurden, entgingen, und daß es ihm nicht gelang, sie einzufangen und auf die Träumenden aufzuteilen. Die Anzahl der Träume war größer als die der Träumer. Da wandte Masudi seine Aufmerksamkeit endlich seinem Kamel zu. Vertieft in den Traum des Tieres sah er seinen Jüngling mit der schwieligen Stirn und den seltsamen, verschiedenfarbigen Schnurrbartspitzen, die auf seinem Gesicht einer Strafe gleichkamen. Über ihm befand sich eines der Sternbilder, die sich niemals im Meer baden. Er stand am Fenster und las ein Buch, das auf den Boden zwischen seine Füße geworfen war. Der

Titel des Buches lautete *Liber Cosri*✡, und Masudi wußte nicht, was diese Wörter bedeuteten, während er mit geschlossenen Augen in den Traum des Kamels blickte. Das geschah zu der Stunde, da ihn die Jagd an die ehemalige chasarische Grenze führte. Auf den Feldern war das Gras schwarz.

Jetzt gab es wieder mehr und mehr von denen, die den Jüngling mit dem *Liber Cosri* zur Übernachtung in ihre Träume aufnahmen. Hier begriff Masudi, daß zuweilen ganze Generationen oder Gesellschaftsschichten denselben Traum träumen und in ihm dieselben Personen, er begriff aber auch, daß solche Träume allmählich entstellt werden und sich verlieren, daß sie häufiger in der Vergangenheit vorkamen als zu seinen Lebzeiten. Diese gemeinsamen Träume alterten offensichtlich. Hier an der Grenze verwandelte sich seine Jagd indessen zu etwas Neuem. Längst schon hatte er beobachtet, daß der Jüngling mit der einen grauen Schnurrbarthälfte jedem, dem er im Traum erschien, je eine Silbermünze lieh. Und das zu sehr günstigen Bedingungen, zu ein Prozent Zinsen pro Jahr. Und diese im Traum geliehenen Summen galten zuweilen in dieser Einöde Kleinasiens als Pfandbriefe, denn man glaubte, daß die Träumenden einander nicht betrügen dürften, solange der Geträumte anwesend war und alle Schuldbücher und Rechnungen in seiner Hand hielt. Es gab folglich so etwas wie eine sehr genau geführte doppelte Buchführung, die das Kapital von Wirklichkeit und Traum umfaßte und vereinte, gegründet auf der allgemeinen verschwiegenen Übereinkunft der Teilnehmer bei der Transaktion...

In einer kleinen Ortschaft, die für Masudi keinen Namen besaß, trat er in das Zelt eines Persers, der auf dem Donnerstagsmarkt eine Vorstellung gab. Die Menschen standen so dicht, daß ein Ei nicht hätte zu Boden fallen können, in der Mitte aber auf einem Berg von Teppichen wurden zwei Kohlenbecken aufgestellt und vor die Zuschauer ein nacktes Mädchen hinausgeführt. Es jammerte leise, trug zwei Buchfinken

finken in den Händen und ließ mit der linken Hand einen der Finken auffliegen, um im selben Augenblick, gerade als der Fink aufgeflattert war, den Vogel mit einer unglaublich schnellen Bewegung einzufangen. Es litt an einer ungewöhnlichen Krankheit: seine linke Hand war schneller als die rechte. Es behauptete, seine linke Hand sei so schnell, daß sie vor ihm sterben werde. Nie wird man mich zusammen mit meiner linken Hand begraben! Ich sehe sie schon ohne mich ruhen, in einem kleinen Grab ohne Stein und Namen wie in einem Schiff ohne Steuer...

Darauf bat der Perser die Anwesenden, sie möchten am selbigen Abend alle das kleine Mädchen träumen, damit es genese, und er gab ihnen einen peinlich genau beschriebenen Traum auf. Die Menschen gingen auseinander, Masudi jedoch brach als erster mit dem Gefühl auf, er trage einen Knochen in seiner Zunge, wie er in seinen *Chasarischen Defter* mit der Feder eintrug, die er in heißen abessinischen Kaffee tauchte. Er hatte hier nichts zu suchen. Der Perser besaß offensichtlich seinen eigenen *defter*. Auch er war Traumjäger. Adam Ruhani konnte man folglich auf verschiedene Art und Weise dienen. War Masudis Art und Weise die rechte?

Dann aber nahten der Monat *dschemaz-ul-ewel* und die zweite *dschuma* darin. Unter dem Nebel des Flußufers lag im Sand eine neue Stadt, nackt und warm. Vor Nebel vermochte man sie über dem Wasser nicht zu erkennen, im Wasser jedoch sah man unterhalb des Nebels jedes ihrer Minarette gleichsam in die Stromschnelle hineingestoßen. Hinter dem Nebel aber, auf dem Festland, lag eine Stille, tief, dreitägig, und Masudi spürte, daß von dieser Stille, dieser Stadt und diesem Wasser, das durstig war, sein Mannesverlangen geweckt wurde. Es hungerte ihn nach dem Brot des Weibes an diesem Tage. Einer jener Treiber, die er in die Stadt geschickt hatte, um zu singen, meldete, daß man etwas gefunden habe. Dieses Mal war der Träumer eine Frau.

»Geh die Hauptstraße entlang, bis du den Duft von

Ingwer verspürst. Daran wirst du ihr Haus erkennen, denn sie würzt ihre Speise mit Ingwer.«

Masudi stieg hinab zu den Häusern und hielt inne beim Duft des Ingwers. Die Frau saß neben dem Feuer, vor ihr aber brodelte ein Kesselchen, als platzten Geschwüre auf der Suppe. Die Kinder standen mit ihren Eßgeschirren und Hunden in einer Reihe und warteten. Aus dem Kessel teilte sie mit dem Schöpflöffel an Kinder und Tiere aus, und Masudi erkannte sofort, daß sie da aus dem Kessel Träume austeilte. Ihre Lippen wechselten die Farbe, und die untere hatte die Form eines umgestürzten Bänkchens. Sie lag auf den Überresten unverzehrten Fisches wie ein Wüstenhund auf den Knochen seiner Jagdbeute, als Masudi hinzutrat, und sie bot auch ihm ihre Schöpfkelle dar, doch lehnte er mit einem Lachen ab.

»Ich vermag nicht mehr zu träumen«, sagte er, und sie legte die Schöpfkelle zurück. Sie glich einem Reiher, der träumt, eine Frau zu sein. Masudi legte sich neben sie auf den Erdboden, mit stumpfen Nägeln und gelähmten, gebrochenen Blicken. Sie waren jetzt allein, man hörte, wie wilde Wespen ihre Stacheln an der trockenen Rinde eines Baumes schärften. Er wollte die Frau küssen, als sich ihr Gesicht plötzlich vollkommen veränderte. Seinen Kuß erwartete gleichsam ein anderes Gesicht. Auf seine Frage, was geschehen sei, sagte sie nur:

»Ach, das sind die Tage. Achte nicht darauf, auf meinem Gesicht wechseln sie sich zehnmal schneller ab als auf dem deinen oder auf dem Maul deines Kamels. Doch du bemühst dich vergeblich um meinen Überwurf; unter ihm gibt es nicht, was du suchst. Ich habe keine schwarze Dohle. Es gibt Seelen ohne Körper, die die Juden Dibbuki nennen, die Christen aber Kabbala, es gibt aber auch Körper ohne Geschlecht. Die Seelen kennen kein Geschlecht, die Körper jedoch müssen es haben. Nur diejenigen Körper besitzen es nicht, denen es die Dämonen genommen haben. So geschah es auch mit mir. Der Schejtan namens Ibn Hadrasch☾ raubte mir das Geschlecht,

Geschlecht, aber er verschonte mein Leben. Mit einem Wort, jetzt ist allein Koën✡ noch mein Liebhaber.«

»Wer ist Koën?« fragte Masudi.

»Der Jude, den ich träume und den du verfolgst. Der Jüngling mit dem einseitig grauen Schnurrbart. Er hat einen Körper, umschlossen von drei Seelen, ich aber eine Seele, die von Fleisch umschlossen ist, und ich vermag sie mit niemandem zu teilen außer mit ihm, wenn er im Traum zu mir kommt. Er ist ein geschickter Liebhaber, und ich beklage mich nicht. Übrigens ist er der einzige, der sich meiner noch erinnert, und außer ihm kommt niemand mehr in meine Träume…«

So traf Masudi zum erstenmal jemanden, der den Namen seiner Jagdbeute kannte.

»Woher weißt du das?« prüfte sie Masudi.

»Ich habe es gehört. Jemand rief ihn, und er hörte auf diesen Namen«.

»Im Traum?«

»Ja. Es war in jener Nacht, als er nach Konstantinopel aufbrach. Doch gib acht, das Konstantinopel unserer Gedanken liegt stets hundert Meilen westlicher als das eigentliche Konstantinopel.«

Darauf zog die Frau etwas wie eine Frucht aus ihrem Busen, das einem kleinen Fisch glich, bot es Masudi an und fragte:

»Das ist ein Ku☾, willst du es versuchen? Oder möchtest du etwas anderes?«

»Ich wünschte, du träumtest Koën vor mir«, sprach Masudi, und die Frau bemerkte mit Verwunderung:

»Du stellst sehr bescheidene Anforderungen. Allzu bescheiden mit Rücksicht auf die Umstände, aber du bist dir offensichtlich dessen nicht bewußt. Doch werde ich dir deinen Wunsch erfüllen, diesen Traum werde ich eigens für dich träumen, und ich schenke ihn dir im voraus. Aber von jetzt an hüte dich: die Frau, die denjenigen verfolgt, den du träumst, wird dich einholen.«

Dann ließ sie ihren Kopf auf den Hund niedersinken; ihr Gesicht und ihre Hände waren von zahllosen Blicken zerkratzt, als hätten sie sich in Jahrhunderten an ihr gerieben, und sie nahm Koën in ihren Traum auf, und er sprach:

»Intentio tua grata et accepta est Creatori, sed opera tua non sunt accepta...«

Masudis Irrfahrten waren beendet, von dieser Frau hatte er mehr erhalten als je von irgend jemandem zuvor, und ganz, als treibe er Blätter, drängte er darauf, sein Kamel zu satteln, und eilte zurück, Konstantinopel entgegen. Seine Jagdbeute wartete in der Hauptstadt auf ihn. Und während Masudi noch den Gewinn veranschlagte, der in dieser letzten Jagd errungen war, wandte das eigene Kamel den Kopf und spuckte ihm in die Augen. Er schlug es mit angefeuchteten Zügeln aufs Maul, bis es aus beiden Höckern Wasser erbrach, doch enträtselte er niemals sein Verhalten an diesem Tage.

Der Weg heftete sich an sein Schuhwerk, und er schritt aus, während er die Worte Koëns wie eine musikalische Phrase im Gedächtnis behielt – denn er hatte sie nicht verstanden –, und dachte, daß er seine Schuhe bei der ersten Herberge werde abwaschen müssen, denn die Wege, die sie im Laufe des Tages zurückgelegt hatten, lockten die Sohlen, den abgetragenen Schlamm zurückzubringen.

Ein christlicher Mönch, der außer dem Griechischen keine einzige Sprache beherrschte, sagte Masudi, daß die Worte, an die er sich erinnere, lateinische seien, und er verwies ihn an den ortsansässigen Rabbiner. Dieser übersetzte ihm den Satz Koëns:

»Deine Absicht ist dem Schöpfer angenehm und annehmbar, deine Werke aber sind es nicht!«

Und da verstand Masudi, daß sich seine Wünsche erfüllten und daß seine Art und Weise die rechte war. Den Satz erkannte er jetzt wieder. Er kannte ihn längst in arabischer Sprache, denn es war jener Satz, den der Engel vor einigen hundert Jahren zum Kagan der Chasaren gesprochen hatte. So wußte nun Masudi, daß Koën einer der beiden war, die er suchte, denn Koën, es lag auf der Hand, forschte nach den Chasa-

ren,

ren, hebräischer Überlieferung folgend wie Masudi islamischer. Koën war der Mensch, den Masudi prophezeit hatte, als er über seinem *Chasarischen Wörterbuch* wachte. Wörterbuch und Träume fügten sich zu einem natürlichen Ganzen zusammen.

Doch gerade als Masudi auf der Schwelle seiner größten Enthüllung stand, als sich herausstellte, daß seine Jagdbeute so etwas wie ein Zwillingsbruder auf der Suche nach den chasarischen Geschichten war, gab Masudi sein *Chasarisches Wörterbuch* endgültig auf und kam nie mehr darauf zurück. Das geschah so.

Sie waren in der Herberge angelangt, die Dunkelheit wehte in rötlichen Flocken, und Masudi atmete tief auf seinem Nachtlager. Der eigene Körper schien ihm ein Schiff zu sein, das sich auf den Wellen hob und senkte. Jemand spielte im Zimmer nebenan die Schargi. Später ging unter den Lautenspielern in Anatolien für lange Zeit die Legende um, über diese Nacht und über dieses Spiel. Masudi erkannte sofort, daß die Laute, auf der gespielt wurde, ein außergewöhnliches Exemplar war. Das Holz, aus dem das Instrument gefertigt worden war, hatte kein Beil gefällt, der Klang war im Holz nicht erschlagen. Außerdem hatte man das Holz irgendwo hoch oben gefunden, wo die Wälder das Wasser nicht hören. Und schließlich war der Bauch des Instruments selbst nicht aus Holz, sondern aus der Substanz irgendeines Tieres gefertigt. Masudi machte da einen Unterschied, so wie Weintrinker Trunkenheit von weißem und rotem Wein unterscheiden. Das Lied, das der Unbekannte spielte, war Masudi bekannt, es gehörte zu den seltensten, und er war erstaunt, daß jemand in der Einöde gerade dieses spielte. Es gab in ihm eine sehr schwierige Stelle, und Masudi hatte seinerzeit, als er sich noch mit der Schargi abgab, einen besonderen Fingersatz dafür in Umlauf gesetzt, so daß es die Lautenspieler nach seinem Fingersatz spielten. Der Unbekannte benutzte indessen nicht Masudis Lösung, sondern eine andere, noch bessere; Masudi gelang es aber nicht herauszufinden, wie dieser Fingersatz ausgeführt wurde, er konnte den Schlüssel zu ihm nicht finden. Er wartete, daß das Lied wiederholt würde, und als dies geschah, begriff Masudi endlich. Der Unbekannte gebrauchte anstatt zehn an dieser Stelle elf Finger. Daran erkannte Masudi, daß es der Teufel war, der spielte, denn der Teufel benutzt beim Spielen auch den Schwanz.

»Hat er mich eingeholt oder ich ihn?« flüsterte Masudi und stürzte in das benachbarte Zimmer. Er traf einen Menschen mit geschmeidigen und gleich langen Fingern an. Schlangen von Grau ringelten sich durch seinen Bart. Er hieß Jabir ibn Akschani☾, und vor ihm lag das Instrument aus dem Panzer der weißen Schildkröte.

»Zeig es«, stieß Masudi hervor, »zeig es mir! Das, was ich gehört habe, ist unmöglich...«

Jabir ibn Akschani gähnte, den geöffneten Mund ganz langsam formend, als gebäre er aus ihm ein unsichtbares Kind, dem er erst mit Mund und Zunge die endgültige Form verlieh.

»Was soll ich dir zeigen?« erwiderte er und brach in Gelächter aus. »Den Schwanz? Dich interessieren gar nicht Lied und Spiel, das hast du seit langem darangegeben. Jetzt bist du Traumjäger. Du interessierst dich folglich für mich. Du hättest gerne, daß der Teufel dir hilft. Denn, so sagt das *Buch*, der Teufel sieht Gott, die Menschen aber sehen ihn nicht. Was willst du also über mich wissen? Ich reite auf einem Straußenvogel, gehe ich aber zu Fuß, so habe ich einen Haufen von Dämonen in meinem Gefolge, kleine Teufel, darunter auch einen Dichter. Er schrieb Gedichte, Jahrhunderte bevor Allah die ersten Menschen schuf, Adem und Hava. Seine Verse sprechen von uns Teufeln und der Teufelssaat. Aber ich hoffe, daß du sie nicht allzu ernst nehmen wirst, denn das in den Gedichten sind nicht die richtigen Worte. Das wahre Wort gleicht stets dem Apfelbaum – mit der Schlange um den Stamm, der Wurzel in der Erde und der Krone im Himmel.

Ich

Ich werde dir etwas anderes sagen, etwas über dich und mich.

Wir wollen uns der bekannten Tatsachen bedienen. Jener bekanntesten, die jeder Leser des *Kuran* kennt. Ich bin, wie alle anderen Teufel auch, aus Feuer gemacht, du aus Lehm. Ich besitze keine andere Kraft außer der, die ich dir eingeflößt habe und die ich wieder von dir nehme. Denn in der Wahrheit läßt sich nur finden, was man in sie eingebracht. Doch das ist durchaus nicht wenig – in der Wahrheit gibt es für alles Platz. Ihr Menschen, ihr werdet euch im Himmel verwandeln zu was ihr wollt, falls ihr euch des Paradieses bemächtigt, dafür aber seid ihr auf Erden für alle Zeit in ein und dieselbe Form gebannt, in das, was ihr mit eurer Geburt gestaltet habt. Wir unsererseits nehmen auf Erden diejenige Form an, die wir wünschen, und wechseln sie nach Bedarf, sobald wir aber den Kewser, den himmlischen Fluß, überqueren, sind wir im Himmel für immer dazu verurteilt, Teufel zu sein, das, was wir auch sind. Unsere Herkunft aus dem Feuer jedoch bewirkt, daß unser Gedächtnis nicht vollständig zu verblassen vermag wie das eure, das aus Lehm gemischte. Und hier liegt der eigentliche Unterschied zwischen mir als Teufel und dir als Menschen. Allah hat dich mit beiden Händen erschaffen, mich nur mit einer, doch ist mein Geschlecht der Teufel vor dem deinen, dem menschlichen, entstanden. Der entscheidende Unterschied zwischen mir und dir liegt also in der Zeit. Obgleich unsere Qualen paarweis einhergehn, gelangte meine Gattung vor der deinen in Dschehennim, in die Hölle. Doch nach euch, den Menschen, wird eine neue, dritte Gattung in die Hölle gelangen. Deine Qual wird daher auf ewig kürzer sein als die meine. Denn Allah hat bereits jene nachfolgenden dritten erhört, die ihm über uns und euch zurufen werden: ›Strafe jene ersten zwiefach, auf daß unsere Qual sich verringere!‹ Das heißt, daß die Qual nicht unerschöpflich ist. Da also ist der Knoten, da beginnt das, was nicht in den Büchern steht, und da vermag ich dir von Nutzen zu sein. Gib acht: unser Tod ist älter als der eure. Mein teuflisches Geschlecht hat als Gattung eine längere Erfahrung im Sterben als dein menschliches und erinnert sich dieser Erfahrung besser. Davon weiß ich, und ich vermag dir über den Tod etwas mehr zu sagen, als dir irgendeiner der deinen zu sagen vermag, mag er auch noch so weise und erfahren sein. Länger haben wir mit dem Tode gelebt als ihr. Nun, hör also, wenn du einen goldenen Ring im Ohr trägst, nutze die Gelegenheit. Denn der, der heute prophezeit, vermag es auch morgen; der aber, der zuhört, kann das nur einmal: wenn man's ihm sagt.« Und hier erzählte Akschani Masudi

Die Legende vom Tod der Kinder

Die Tode der Kinder sind stets ein Paradigma für die Tode der Eltern. Die Mutter gebiert, um ihrem Kind das Leben zu geben, das Kind stirbt, um den Tod für seinen Vater vorzuformen. Stirbt der Sohn vor dem Vater, bleibt der Tod verwitwet, wird verstümmelt, bleibt ohne Gestalt. Deshalb sterben wir Dämonen leicht, weil wir keine Nachfahren haben. Und keinerlei Gestalt für den Tod ist uns vorgegeben. So sterben auch Menschen ohne Kinder leicht, denn all ihr Tun in der Ewigkeit bedeutet nur ein einziges Verlöschen, und das in einem Augenblick. Kurz, die künftigen Tode der Kinder reflektieren sich wie in einem Spiegel in den Toden der Eltern, ähnlich einem Gesetz mit umgekehrter Wirkung. Der Tod ist das einzige, was man rückwirkend erbt, entgegen dem Strom der Zeit geht er von der Jugend auf das Alter über, vom Sohn auf den Vater – den Tod erben die Vorfahren von den Nachkommen wie einen Adelstitel. Die Erbanlage des Todes – das Wappen der Vernichtung – wirkt entgegen dem Strom der Zeit aus der Zukunft in die Vergangenheit und verbindet so Tod und Geburt, Zeit und Ewigkeit, Adam Ruhani mit sich selbst. Der Tod fällt somit unter die Erscheinungen familiärer

und

und erblicher Natur. Hier ist jedoch nicht an die Vererbung von schwarzen Wimpern oder Ziegenblattern gedacht. Es ist die Rede davon, wie der einzelne den Tod erlebt, und nicht davon, woran er stirbt. Der Mensch stirbt durch das Schwert, an einer Krankheit oder den Jahren, aber er erlebt dabei immer etwas ganz anderes. Er erlebt niemals seinen eigenen, sondern einen fremden, nämlich einen künftigen Tod. Den Tod – wie wir gesagt haben – seiner Kinder. So verwandelt er den Tod in ein gemeinsames, familieneigenes Gut, wenn man so sagen darf. Derjenige, der keine Nachfahren hat, wird nur den eigenen Tod haben. Einen einzigen. Und umgekehrt wird derjenige, der Kinder hat, nicht seinen Tod haben, sondern den ihren, einen vervielfältigten. Furchtbar sind die Tode der Menschen mit zahlreichen Nachfahren, denn sie vervielfältigen sich, da Leben und Tod nicht in der Proportion eins zu eins aufeinander bezogen sein müssen. Ich will dir ein Beispiel geben. In einem chasarischen Kloster lebte vor vielen Jahrhunderten ein Mönch namens Mokaddasa al-Safer☾. Er betete auf die Weise, daß er im Verlaufe seines langen Klosterlebens, wo es neben ihm zehntausend Jungfrauen gab, all diese Nonnen schwängerte. Und er bekam ebenso viele Kinder. Weißt du, woran er starb? Er verschluckte eine Biene. Und weißt du, wie er gestorben ist? Zehntausend Arten des Todes starb er mit einem Male, er hatte einen verzehntausendfachten Tod. Für jedes seiner Kinder starb er einmal. Man mußte ihn nicht bestatten. Seine Tode trugen ihn in so winzige Teile auseinander, daß von ihm außer dieser Erzählung nichts übrigblieb.

Das ist alles wie in jener allen bekannten anderen Fabel vom Rutenbündel, die ihr Menschen falsch versteht. Der Vater, der auf dem Totenbett seine Söhne zu sich ruft und ihnen zeigt, wie leicht sich eine einzige Rute brechen läßt, zeigt in Wahrheit, wie leicht jemand stirbt, der nur einen einzigen Sohn hat. In dem Augenblick aber, als er ihnen klarmacht, wie schwer sich ein ganzes Rutenbündel zerbrechen läßt, weist er darauf hin, was für eine schwere und anstrengende Arbeit das Sterben für ihn sein wird. Er weist darauf hin, wie qualvoll es sich mit vielen zurückbleibenden Kindern stirbt, wenn sich ihre Tode fortpflanzen, denn ein Vater erlebt all ihre Agonien im voraus. Daraus folgt, je mehr Ruten im Bündel sind, desto bedrohter bist du, nicht desto stärker. Vom Tode des Weibes und den weiblichen Nachfahren wollen wir jetzt gar nicht reden – er ist ganz anderer Art und gehört nicht zu dem Geschlecht, dem die männlichen Tode zugehören, so daß auch seine Gesetze andere sind...

»So ungefähr sieht dieses Geheimnis der Geheimnisse von hier betrachtet aus, von wo aus wir Teufel mit etwas mehr Erfahrung mit dem Tode, als das bei euch Menschen der Fall ist, es ergründen können. Denk daran, denn du bist ein Traumjäger, und wenn du aufmerksam bist, wird sich dir die Gelegenheit bieten, dich von all dem zu überzeugen.«

»Was meinst du?« fragte Masudi.

»Ziel deiner Jagd ist, wie die Traumjäger wissen, die sich wie du mit diesem Abschaum herumschlagen, zwei Menschen zu begegnen, die sich gegenseitig träumen. Der Schlafende träumt stets die Wirklichkeit des Wachenden. Ist es so?«

»Ja.«

»Stell dir nun vor, dieser Wachende stirbt, denn es gibt keine grausamere Wirklichkeit als den Tod. Jener, der seine Wirklichkeit träumt, träumt genaugenommen seinen Tod, denn die Wirklichkeit des anderen ist in diesem Augenblick sein Sterben. Er sieht also gleichsam auf der Handfläche, wie es sich stirbt, ohne selbst zu sterben. Doch wird auch er niemals wieder erwachen, denn jener andere, der stirbt, wird nicht mehr dasein, um die Wirklichkeit dieses Lebenden zu träumen, es wird den Seidenspinner nicht mehr geben, der den Faden seiner Wirklichkeit spinnt.

Folglich

Folglich vermag derjenige, der den Tod des Wachenden träumt, nicht mehr aufzuwachen, um uns zu sagen, was er im Traum sah und wie der Tod, geschaut aus der persönlichen Erfahrung eines Sterblichen, aussieht, obwohl er unmittelbaren Einblick in eine solche Erfahrung hatte. Du als Traumjäger hast daher die Macht, seinen Traum zu lesen und in ihm alles über den Tod zu finden und zu erfahren, um meine Erfahrung und die Erfahrung meiner Gattung zu überprüfen und zu ergänzen. Jeder vermag sich mit Musik oder dem Schreiben von Wörterbüchern zu beschäftigen. Überlaß das anderen, denn nur seltene und außergewöhnliche Menschen wie du haben die Gabe, in jene Kluft zwischen zwei Blicken hinabzuschauen, in welcher der Tod herrscht. Nutze deine Begabung eines Traumjägers, um etwas Großes zu erjagen. Du fragst dich, schau, was du erforschen kannst«, schloß Jabir ibn Akschani seine Erzählung ab, wobei er die Worte des *Heiligen Buches* anführte.

Draußen verblutete die Nacht, es dämmerte. Vor der Karawanserei hörte man einen Brunnen. Er besaß ein Wasserrohr in der Form eines bronzenen männlichen Gliedes mit zwei metallenen, zu eisernen Kolben getriebenen Eiern und war an der Spitze, die man in den Mund nahm, geglättet. Masudi trank sich satt und wechselte noch einmal das Handwerk. Er gab es für immer dran, am *Chasarischen Wörterbuch* zu schreiben und Notizen zum Lebenslauf seines ewigen Juden einzufangen. Seine Papiere, beschrieben mit einer in Kaffee getauchten Feder, hätte er zusammen mit seinem Beutel wohl weggeworfen, wären sie ihm nicht als Handbuch nützlich gewesen bei seiner Jagd nach der Wahrheit über den Tod. So setzte er seine Treibjagd mit neuem Ziel und alter Jagdbeute fort.

Es war die erste *dschuma ertesi* im Monat *safer*, und Masudi dachte in der Art, wie Laub herabfällt; seine Gedanken lösten sich einer nach dem anderen vom

Stiel und fielen ab; er verfolgte sie eine Zeitlang, solange sie vor ihm herschwebten, doch dann fielen sie auf den Boden seines Herbstes, für immer. Er zahlte seine Spielleute und Sänger aus, entließ sie und setzte sich mit geschlossenen Augen nieder, mit dem Rücken an den Stamm einer Palme gelehnt, während die Stiefel seine Fußsohlen brannten, und zwischen sich und dem Wind fühlte er nur kalten und bitteren Schweiß. In diesen Schweiß tauchte er ein gekochtes Ei, um es auf diese Weise zu salzen. Der kommende Samstag war für ihn heilig wie ein Freitag, und klar empfand er, was zu tun war. Von Koën wußte er, daß er nach Konstantinopel ging. Er mußte ihn also nicht weiter hetzen und jagen auf den Pfaden und Engpässen fremder Träume, auf denen man Masudi anpißte, Gewalt antat und peinigte wie Vieh. Die wichtige und schwierigere Frage war, wie man Koën in Konstantinopel, der Stadt der Städte, finden sollte. Doch würde er ihn dort gar nicht suchen müssen; ein anderer mußte ihn für Masudi finden. Es galt, denjenigen auszumachen, den Koën träumte. Und dieser dritte konnte – wenn man gut nachdachte – nur ein einziger Mensch sein. Jener, von dem Masudi bereits etwas ahnte.

So wie der Geruch des Lindenhonigs im Rosentee verhindert, daß man den eigentlichen Duft des Tees wahrnimmt, so hindert auch mich etwas daran, dachte Masudi, die Träume über Koën bei den Menschen um mich herum klar zu erkennen und zu begreifen. Dort ist noch jemand, ein dritter, der stört...

Masudi nämlich hatte längst vermutet, daß es neben ihm, der er sich mit den arabischen Quellen über den chasarischen Stamm beschäftigte, irgendwo auf der Welt mindestens noch zwei weitere gab. Von ihnen beschäftigte sich der eine, Koën, mit den hebräischen Quellen zur Bekehrung der Chasaren, jener dritte dagegen, der bis dahin unbekannte, gewiß mit den christlichen Quellen zu demselben Ereignis. Und jetzt galt es, diesen dritten zu finden; einen Griechen oder jedenfalls einen Christen, einen gelehrten Mann,

Mann, der chasarischen Dingen seine Aufmerksamkeit widmete. Dieser war gewiß jener, den auch Koën selbst in Konstantinopel suchte. Man mußte diesen dritten aufsuchen. Und Masudi wußte sofort, wie er es anstellen würde. Da aber, als er bereits aufbrechen wollte, denn es war alles bedacht worden, fühlte Masudi, daß er wieder in irgend jemandes Traum einging, daß er sich ganz unabsichtlich auf der Jagd befand. Nur waren um ihn herum weder Menschen noch Tiere. Nur Sand, ein wasserloser Raum, wie der Himmel weiträumig, und hinter ihm die Stadt der Städte. Im Traum aber rauschten die mächtigen großen Wasser, tief bis an sein Herz, süß und todbringend, und Masudi behielt sie im Gedächtnis, weil ihr Rauschen in alle Windungen seines Turbans eindrang, der so geschlungen war, daß er ein Wort aus der fünften Sure des *Göttlichen Buches* schrieb. Masudi wurde klar, daß die Jahreszeit in Wachen und Traum nicht dieselbe war. Und so kam er auf den Gedanken, die Palme träume, an die er sich lehnte. Sie träumte das Wasser. Im Traum ereignete sich nichts weiter. Nur das Rauschen des Flusses, geschickt geschlungen, wie ein blendend weißer Turban... Er betrat Konstantinopel in glühender Hitze zu Ende des Monats *schaban* und bot auf dem großen Basar ein Heft des *Chasarischen Wörterbuchs* zum Verkauf an. Der einzige, der als Käufer auftrat, war ein Mönch des griechischen Ritus namens Teoktist Nikoljski[A], und dieser führte ihn zu seinem Herrn. Der kaufte, ohne nach dem Preis zu fragen, das Angebotene und wollte wissen, ob es noch mehr davon gebe. Daraus erkannte Masudi, daß er am Ziel war, daß sich vor ihm der gesuchte dritte *defterdar* befand, jener, den Koën träumte, und derjenige, der sein Lockvogel für Koën sein würde. Denn Koën kam sicher seinetwegen nach Konstantinopel. Der reiche Käufer der chasarischen Schriftrolle aus Masudis Beutel war ein in Konstantinopel bestallter Diplomat, er arbeitete für den englischen Botschafter an der Hohen Pforte und hieß Avram Branković[†]. Er war Christ, der Herkunft nach aus Siebenbürgen, aus der

Walachei, ein sehr angesehener und prunkvoll gekleideter Mann, stark wie ein Brunnen. Ihm bot Masudi seine Dienste an, und er wurde als Kammerdiener eingestellt. Da Avram-Effendi des Nachts in seiner Bibliothek arbeitete und tagsüber schlief, nahm Masudi die Gelegenheit wahr, schon am ersten Morgen in den Traum des Branković hineinzuschauen. Im Traum des Avram Branković ritt Koën abwechselnd ein Pferd und ein Kamel, sprach spanisch und näherte sich Konstantinopel. Es war das erste Mal, daß jemand Koën am Tage träumte. Offensichtlich träumten Branković und Koën einander gegenseitig und abwechselnd. So schloß sich der Kreis, und die Stunde der Entscheidung brach an.

Das ist gut so, schloß Masudi, wenn du ein Kamel anbindest, melke es ganz, denn nie bist du sicher, wem es morgen dienen wird! Und er begann, sich nach den Kindern seines Herrn umzuhören. Er erfuhr, daß Avram-Effendi zu Hause in Siebenbürgen zwei Söhne hatte, von denen der jüngere an einer Krankheit des Haares litt, und daß er sterben würde, wenn ihm das letzte Haar vom Kopf gefallen war. Der zweite Sohn Avrams aber trug bereits einen Säbel. Er hieß Grgur Branković†, und einige Male war er schon ins Gefecht gezogen… Das war alles, und Masudi genügte es. Das übrige ist eine Sache der Zeit und des Wartens, dachte er und begann sich die Zeit in der Weise zu vertreiben, daß er zunächst einmal anfing, die Musik zu vergessen, seine erste Kunst. Er vergaß nicht Lied auf Lied, sondern Teil auf Teil dieser Lieder; zuerst verloren sich aus seiner Erinnerung die tiefsten Töne, wie eine Flut stieg die Welle des Vergessens zu immer höheren und höheren Klängen empor, dann schwand das Fleisch der Lieder, und am Ende blieb Masudi nur ihr Rhythmus gleich einem Skelett zurück. Darauf begann er auch seinen chasarischen *defter* zu vergessen, Wort für Wort, und er war nicht besonders betrübt, als eines Abends einer der Diener des Branković sein Wörterbuch ins Feuer warf…

Dann aber geschah etwas Unvorhergesehenes. Wie ein

ein Specht – der Vogel, der versteht, rückwärts zu fliegen, vom Kopf zum Schwanz hin – verließ Avram-Effendi in der letzten *dschuma* im Monat *schewal* Konstantinopel. Er kündigte seinen diplomatischen Dienst auf und zog mit seiner ganzen Gefolgschaft samt Dienern in den Krieg an der Donau. Dort gerieten sie zu Kladovo, im Jahre 1689 nach Isa, in einen Konak im österreichischen Lager des Markgrafen von Baden, und Branković trat in seinen Dienst ein. Masudi wußte nicht, was er denken und was er tun sollte, denn sein Jude ging nach Konstantinopel und nicht nach Kladovo, und Masudis Rechnung ging nicht länger auf. Er setzte sich ans Ufer der Donau und wickelte sorgfältig seinen Turban. Da aber vernahm er das Rauschen des Flusses. Das Wasser war tief unter ihm, doch erkannte er es an seinem Tosen, dieses Tosen paßte sich vollkommen den Schlingungen seines Turbans an, die ein Wort aus der fünften Sure des *Koran* schrieben. Es war dasselbe Wasser, das die Palme vor ein paar Monaten im Sand vor Konstantinopel geträumt hatte, und daran erkannte Masudi, daß wieder alles in Ordnung war und daß sein Weg wirklich an der Donau enden würde. Er setzte sich nieder und schüttelte tagelang in der Verschanzung mit einem von Branković' Schreibern den Würfelbecher. Dieser Schreiber verlor blindlings im Spiel, und er wollte sich, in der Hoffnung, das Verlorene zurückzugewinnen, auch dann nicht vom Spiel trennen, als die türkischen Kanonen die Gräben zuschütteten. Masudi seinerseits wollte keinesfalls fortgehen, weil Branković hinter seinem Rücken erneut Koën träumte. Koën ritt durch das Getöse eines Flusses, der durch den Traum des Branković floß, und Masudi wußte, daß da jene selbe Donau toste, die man auch im Wachen hörte. Da bespritzte ihn der Wind mit Lehm, und er spürte, daß es geschehen sollte. Mitten unter dem Würfelspiel flog in ihre Verschanzung eine Abteilung türkischer Soldaten, die den Geruch von Urin herantrugen, und während die Janitscharen nach allen Seiten hin mordeten, suchte Masudi verstört unter ihnen den Jüngling mit der grauen Schnurrbarthälfte. Und er sah ihn. Masudi traf auf einen Koën, wie er ihn in fremden Träumen gejagt hatte – rothaarig, mit einem schmalen Lächeln unter jenem silbrigen Schnurrbart, wie er winzige Schritte hinter sich verschüttete und seinen Beutel über der Schulter mitschleppte. In diesem Augenblick machten die Soldaten den Schreiber nieder, durchbohrten mit der Lanze Avram Branković einfach im Schlaf und kehrten sich Masudi zu. Koën rettete ihn. Als er Branković sah, stürzte Koën zu Boden, und um ihn herum zerstreuten sich die Papiere aus seinem Beutel. Masudi wußte sofort, daß Koën in den tiefsten Schlaf gefallen war, aus dem er nicht wieder erwachen würde.

»Ist da der Dolmetscher gefallen?« fragte der türkische Pascha die Soldaten geradezu freudig, Masudi aber entgegnete ihm auf arabisch:

»Nein, er ist eingeschlafen.« Dies verlängerte Masudi das Leben um einen Tag. Denn der Pascha wunderte sich über diese Antwort und fragte, woher es Masudi wisse. Er sprach aber so, wie Jabir ibn Akschani gesprochen hatte. Das heißt, daß er, Masudi, derjenige sei, der den Knoten fremder Traumgesichte binde und löse, von Beruf Traumjäger, daß er bis hierher seinem Vermittler, einer Art Lockvogel für das Wild, gefolgt sei, der jetzt von der Lanze durchbohrt sterbe, und er bat, ihn bis zum Morgen am Leben zu lassen, damit er Koëns Traum verfolgen könne, denn Koën träume jetzt den Tod des Branković.

»Laßt ihn am Leben, bis dieser da aufwacht«, sprach der Pascha, und die Soldaten luden Koën in seinem schlafenden Zustand Masudi auf den Rücken, und er ging hinter ihnen her auf die türkische Seite hinüber, sein erjagtes Wild tragend. Während er so getragen wurde, träumte Koën tatsächlich den Branković, und Masudi kam es vor, als trage er zwei und nicht einen. Der Jüngling auf ihm erblickte im Traum Avram-Effendi wie stets, wenn dieser wach war, denn sein Traum war noch immer das Wachen des Branković.

Wenn

Wenn aber Branković jemals wach gewesen war, dann war er es jetzt, so von der Lanze durchbohrt, denn im Tode gibt es kein Schlafen. Und hier ergab sich für Masudi die Gelegenheit, von der Jabir ibn Akschani gesprochen hatte. Masudi jagte Koëns Traum, und Koën träumte den Tod des Branković, gerade wie er bis dahin Branković' Leben geträumt hatte.

So geschah es auch. Masudi brachte den Tag und die Nacht damit zu, Koëns Träume zu verfolgen wie ein Sternbild am Himmel seines Gaumens. Und man sagt, er sah den Tod des Branković, wie ihn Branković selbst sah. Davon erwachte er mit ergrauten Wimpern und zittrigen Ohren und bekam riesige Nägel, die zu stinken begannen. So schnell dachte er über etwas nach, daß er den Mann nicht bemerkte, der ihm die Taille mit einem einzigen Hieb seines Säbels durchschnitt, so daß sein Gürtel von ihm abfiel, ohne sich aufzuwickeln. Der Säbel hinterließ einen geschlängelten Schnitt, und es klaffte eine entsetzliche sich krümmende Wunde, wie ein Mund, der ein unklares Wort hervorstieß, den Urschrei des Fleisches. Man sagt, daß diesen furchtbaren geschlängelten Säbelhieb diejenigen, die ihn sahen, für immer im Gedächtnis behielten, jene aber, die sich an ihn erinnerten, sagten, daß sie ihn später in dem Buch *Die schönsten Unterschriften mit dem Säbel* eines gewissen Awerkije Skila† wiedererkannten, der die berühmtesten Kunstgriffe des Fechtens gesammelt und dargestellt hatte. In seinem Buch, veröffentlicht in Venedig im Jahre 1702, trug dieser Schnitt den Namen eines der Sterne aus dem Sternbild des Widders. Ob sich dieser schreckliche Tod für Masudi auszahlte und was er dem Pascha vor seiner Hinrichtung anvertraute, weiß niemand. Ob er die Siratbrücke hinüberschritt, schmaler als ein Haar und schärfer als ein Säbel, die durch die Hölle in das Paradies führt, wissen nur jene, die nicht mehr reden. Folgt man der Legende, gelangte seine Musik ins Paradies, Masudi dagegen in die Hölle mit den Worten: »Am liebsten wäre mir, ich hätte nicht ein einziges Lied gesungen, so wäre ich mit den übrigen Abenteurern und Landstreichern ins Paradies eingegangen! Die Musik hat mich in die Irre geleitet, als ich mich in Reichweite der Wahrheit befand.« Über Masudis Grab strömt die Donau, und eingemeißelt steht eine Inschrift:

Alles, was ich getan und erlernt, ging drauf beim Geklirr des Löffels gegen meine Zähne.

MOKADDASA AL-SAFER☾ (9., 10. und 11. Jahrhundert) – chasarischer Priester in einem Nonnenkloster. Mit einem Mönch aus einem anderen Kloster spielte er im Verlaufe seines zweiten Lebens Schach ohne Brett und Figuren. Sie spielten jährlich einen Zug über dem riesigen Raum zwischen Kaspischem und Schwarzem Meer, und die Tiere, auf die sie wechselseitig ihren Falken losließen, dienten ihnen als Figuren. Berücksichtigt wurde nicht nur das Feld, auf dem die Tiere gejagt wurden, sondern auch die Meereshöhe des Jagdgebietes. Mokaddasa al-Safer war einer der besten Traumjäger unter den Chasaren. Man ist der Auffassung, daß er in seinem Wörterbuch der Träume ein Haar des Haares von Adam Ruhani gestaltete.

Seine Art des Betens und die Regel des Klosters, dem er zugehörte, trieben ihn dazu, zehntausend jungfräuliche Nonnen zu schwängern. Die letzte von ihnen schickte ihm, einer Legende zufolge, den Schlüssel ihres Schlafgemachs – Prinzessin Ateh▽. Einen kleinen weiblichen Schlüssel mit einer Goldmünze anstelle eines Griffes. Dieser Schlüssel kostete Mokaddasa al-Safer den Kopf, denn er beschwor die Eifersucht des Kagan. Er starb, gefangen in einem Käfig, aufgehängt über dem Wasser...

MUAWIJA, DR. ABU KABIR (1930–1982) – arabischer Hebraist, Professor an der Universität in Kairo. Befaßte sich mit der vergleichenden Erforschung der Religionen des Nahen Ostens. Studierte

an

an der Universität in Jerusalem, promovierte in den Vereinigten Staaten von Amerika mit dem Thema »Der hebräische Gedanke im Spanien des 11. Jahrhunderts und die Lehre der Mutasiliten«. Er war ein stattlicher Mann, so breitschultrig, daß er mit dem einen den anderen Ellenbogen nicht zu berühren vermochte, kannte die Mehrzahl der Gedichte von Juda Halevi✡ auswendig und war der Auffassung, daß man das *Chasarische Wörterbuch,* das Daubmannus✡ im Jahre 1691 herausgegeben hatte, noch immer in irgendeinem alten Regal finden konnte. Um diese Behauptung zu untermauern, rekonstruierte er den Buchvertrieb im 17. Jahrhundert und danach, stellte eine genaue Liste aller vernichteten Exemplare sowie all jener wenigen auf, die in Umlauf gesetzt worden waren, und schloß daraus, daß wenigstens zwei Exemplare dieser verschwundenen Ausgabe noch immer existierten. Niemals gelang es ihm, ihnen auf die Spur zu kommen, obwohl er mit dem Auge ein Ei verzehren konnte. Als er in einem noch nicht dagewesenen Arbeitsanflug die dreitausendste bibliographische Einheit publizierte, brach im Jahre 1967 der israelisch-ägyptische Krieg aus. Als Offizier des ägyptischen Heeres zog er auf den Kriegsschauplatz, wurde verwundet und gefangengenommen. Die Kriegsdokumente zeugen von schweren Verletzungen an Kopf und Körper, von denen ein bleibendes sexuelles Unvermögen zurückblieb. Als er in sein Land zurückkehrte, war sein Kopf mit einem verlegenen Lächeln umwickelt, das er wie einen Schal hinter sich herschleifte… In irgendeinem Hotel warf er die Uniform ab und sah zum erstenmal in einem kupfernen Spiegel seine Narben. Sie rochen nach dem Auswurf der Meise, und er begriff, daß er niemals wieder bei einer Frau würde liegen können. Er dachte, während er sich langsam ankleidete: Über dreißig Jahre lang war ich Koch, und nach und nach habe ich die Speise zubereitet und verfeinert, zu der ich geworden bin; ich war mein eigener Bäcker und mein Teig, und ich buk das Brot aus mir, das ich wünschte, jetzt aber ist plötzlich ein anderer Koch erschienen mit seinem Messer und machte aus mir in der Kürze eines Augenblicks eine ganz andere und unbekannte Speise. Jetzt bin ich Gottes Schwester – einer, den es nicht gibt!

Und er kehrte weder zu seiner Familie nach Kairo zurück, noch setzte er die Arbeit an der Universität fort. Er ließ sich im leeren Haus seines Vaters in Alexandria nieder, lebte schnell und sah zu, wie sich die weißen Luftblasen unter seinen Nägeln in die Welt davonstahlen wie Luftbläschen, die aus Fischkiemen aufsteigen. Er begrub sein Haar, trug Beduinensandalen, die den Abdruck eines Hufes hinterließen, und in einer Nacht voller Regentropfen, groß wie Ochsenaugen, träumte er seinen letzten Traum. Diesen Traum zeichnete er auf:

Zwei Frauen beobachteten, wie auf der anderen Seite des Weges aus dem Strauchwerk längs des Baches ein kleines, sehr buntes Tierchen von heller Farbe hervorschlüpfte, gleich einem geschminkten Gesicht, aufgespießt auf zwei scharfe Messerchen, und sie riefen:

Schau, das ist (sie erwähnten den Namen)! Man hat ihm jemanden erschlagen oder sein Haus zerstört. Stets verschönt und verwandelt es sich vor Furcht. Man muß ihm jetzt irgendein Buch und einen Bleistift geben oder eine Schleckerei. Es wird zu lesen beginnen und etwas aufschreiben, doch auf einer Blume, nicht auf dem Papier…

Das war der Traum Dr. Abu Kabir Muawijas. Am nächsten Abend träumte er ihn erneut, und wieder behielt er, wie beim erstenmal, den Namen des Tierchens nicht im Gedächtnis. Dann aber träumte er alle seine Träume noch einmal der Reihe nach, doch in umgekehrter Reihenfolge. Zuerst jenen vorgestrigen, dann den vorvorgestrigen, darauf den vor dem vorvorgestrigen und so weiter, aber so schnell, daß sich alle seine Träume des vorbeigerauschten Jahres in einer Nacht vollendeten. Nach siebenunddreißig Nächten hatte er die Arbeit abgeschlossen, er war bis zu den frühesten Träumen seiner Kindheit gelangt, jenen, deren er sich, wenn er wach war, nicht mehr zu erinnern vermochte, und er kam zu dem Schluß, daß der

der Mulatte Aslan, sein Diener, der das schmutzige Geschirr mit dem Bart auswischte, der nur schiß, wenn er schwamm, und das Brot mit bloßen Füßen schneiden konnte, ihm jetzt ähnlicher war als er seinem Selbst von vor siebenunddreißig Jahren. So kam er zum letzten Traum. In seinen Träumen floß seine Zeit, wie die chasarische, vom Ende des Lebens zu dessen Anfang hin und lief ab. Von nun an träumte er nichts mehr. Er war rein. Und bereit zu einem neuen Leben. Damals begann er, jeden Abend in das *Wirtshaus zur Hündin* zu gehen.

Im *Wirtshaus zur Hündin* wurde nur für den Stuhl kassiert, man zapfte nichts und servierte nichts zum Verzehr, das Gesindel kam hierher, um zu trinken und zu essen, was es mitgebracht hatte, oder man saß um die gemeinsamen Tische herum, um sich auszuschlafen. Das Wirtshaus war zuweilen voll, ohne daß jemand jemanden kannte, es geschah, daß alle Mäuler Arbeit hatten, ohne daß jemand ein Wort aussprach. Es gab weder Ausschank noch Küche, keine Feuerstelle und keine Bediensteten, nur am Eingang kassierte jemand für den Stuhl. Muawija setzte sich zu den Gästen des *Wirtshauses zur Hündin,* zündete den Tabak an und wiederholte eine Übung: keinem seiner Gedanken verlieh er eine längere Dauer als dem Rauch, wenn er ihn aus seiner Pfeife stieß. Er atmete den Gestank ein und sah zu, wie die Menschen um ihn herum ranziges Gebäck, das sie »Kaputte Unterhosen« nannten, oder Mus aus Kürbis und Trauben hinunterschlangen, wie sie die Bissen durch ihren bitteren Blick hindurchschoben, sich mit dem Taschentuch die Zähne reinigten und wie an ihnen die Hemden aufplatzten, wenn sie sich im Schlaf umdrehten.

Er dachte, während er sie betrachtete, wie für jeden Augenblick seiner und ihrer Zeit als Material ein verschlissener Augenblick verwehter Jahrhunderte verbraucht wurde; die Vergangenheit war eingemauert in diese gegenwärtige Zeit, und diese setzte sich aus ihr zusammen, denn ein anderes Material gab es nicht.

Diese unzähligen Augenblicke der Vergangenheit, wie Stein im Verlauf der Jahrhunderte zu wiederholten Malen in verschiedene Bauwerke eingebracht, ließen sich, wenn wir darauf achten würden, unter unseren gegenwärtigen Augenblicken ganz klar unterscheiden, gerade so, wie wir heute ein Goldstück aus der Zeit Vespasians wiedererkennen und in Umlauf setzen…

Diese Gedanken dienten ihm nicht dazu, seine Qual in irgendeiner Weise zu erleichtern. Die Erleichterung rührte von diesen Menschen her, die von der Zukunft gerade so viel erwarteten, daß sie auch andere betrüge, so wie sie von ihr bereits betrogen worden waren. Dieser Hauf sorgenvoller Kauer half ihm, sich in seinem neuen Leben zurechtzufinden. Ihn besänftigte die Erkenntnis, daß kaum einer unter diesen Menschen, die bis nach Kleinasien alle auf dieselbe Weise stanken, unglücklicher sein konnte als er. Vor allem aber war die *Wirtschaft zur Hündin*, so wie sie war, der richtige Ort für Muawija. Sie war mit ihren Tischen, geglättet vom Meersalz, mit ihren Lampen, die auf Fischöl brannten, mindestens siebzig Jahre älter als die Zeit, zu der sie geöffnet hatte, und das besänftigte Muawija. Denn nichts, was mit ihm selbst und seiner Zeit zusammenhing, konnte er ertragen. Da ihn aber in der Vergangenheit erneut seine Wissenschaft erwartete, die er ebenso verabscheute wie seine Gegenwart, zog er sich in eine Halbvergangenheit zurück, wo Opal und Jade noch Halbschwestern waren, wo der Kuckuck noch zählte, wie viele Tage man zu leben hatte, und wo man die Messer noch zwischen zwei stumpfen Schneiden schärfte …

Hatte er zu Abend Rinder- oder Ziegenohren gegessen, so begab er sich in die seit langem nicht mehr aufgeschlossenen Gemächer seines Vaterhauses und wälzte dort bis tief in die Nacht Berge englischer und französischer Zeitungen, die in Alexandria zu Ende des 19. Jahrhunderts erschienen waren. Er saß auf den Fersen und fühlte, wie das nährende Dunkel des Fleisches ihn durchströmte, und mit durstigem Interesse

Interesse las er diese Zeitungen, denn sie konnten zu ihm in keinerlei Beziehung stehen. In hervorragender Weise erfüllten diese Bedingung die Anzeigen.

Einen Abend um den anderen blätterte er in diesen Anzeigen längst verstorbener Menschen; Angebote, die keinen Sinn mehr hatten, glänzten im Staub auf, älter als er. Feilgeboten wurden auf diesen vergilbten Seiten französischer Schnaps gegen die Gicht und Mundwasser für Mann und Frau, August Ziegler aus Ungarn annoncierte in seinem spezialisierten Geschäft eine Ausstattung für Krankenhäuser, Ärzte und Hebammen, es gab Mittel gegen Magenbeschwerden, Strümpfe für schwielige Beine und Füße aus Gummi zum Aufblasen. Der Nachfahre eines Kalifen aus dem 16. Jahrhundert bot ein Familienschloß mit 1500 Räumlichkeiten zum Verkauf an, das sich am schönsten Fleck an der tunesischen Küste im Meer befand, nur zwanzig Meter unter der Wasseroberfläche. Bei schönem Wetter und südlichem Wind, genannt *taram,* konnte man es jeden Tag sehen. Eine namentlich nicht genannte alte Dame bot einen Wecker feil, der mit Rosenduft oder Kuhmist zu wecken wußte; Reklame wurde gemacht für gläsernes Haar oder für Armreife, die die Hand verschlangen, sobald man sie anlegte. Die christliche Apotheke bei der Heiligen Dreifaltigkeit gab eine Anzeige auf für das Wässerchen Dr. Lemans gegen Sommersprossen, Flechten, Bläschen und Krätze, für ein Pulver, Kamelen, Pferden und Schafen zugedacht, das appetitanregend war und den Füllenzahn beseitigte, Grind und eine übermäßige Entkräftung des Viehs beim Tränken. Ein nicht mit Namen genannter Käufer suchte eine jüdische Seele auf Abzahlung, und zwar jene der niedrigsten Ordnung, die man *nefesch* nennt. Ein angesehener Architekt bot an, nach den Vorstellungen des Bestellers äußerst preiswert ein luxuriöses Wochenendhäuschen am Himmel im Dschenet zu erbauen, wobei die Schlüssel dem Eigentümer noch bei Lebzeiten ausgehändigt würden, sobald er die Rechnung beglich, und das nicht beim Baumeister, sondern beim Lumpengesindel von Kairo. Empfohlen wurden Mittel gegen den Haarausfall im Wonnemonat, zum Verkauf wurde angeboten ein Zauberwort, das nach Wunsch in eine Eidechse oder in ein Radieschen verwandelt werden konnte, oder, besonders günstig, ein Fußbreit Erde, von dem aus man in jeder dritten *dschuma* im Monat *rebi-ul-aker* den nächtlichen Regenbogen zu sehen vermochte. Jede Frau wurde, sobald sich ihre Haut bei kleinen Geschwüren, Flechten, Muttermal oder auch Ungeziefer schälte, wieder zur Schönheit dank der Schminke der englischen Firma Rony & Son. Ein Porzellangedeck für grünen Tee in der Form eines persischen Huhns mit Küken konnte man zusammen mit einer Schüssel erstehen, unter der eine Zeitlang die Seele des siebten Imam geweilt …

Eine Unzahl von Namen, Adressen schon nicht mehr existierender Firmen, Verkäufer und Geschäfte, die seit langem nicht mehr geöffnet waren, fanden sich bunt verstreut auf den alten Seiten der Zeitungen, und Dr. Muawija tauchte in diese versunkene Welt wie in eine neue, Rettung verheißende Generation, der an seinem Ungemach und seinen Sorgen nicht gelegen war. Eines Abends, im Jahre 1971, als er jeden Zahn im Kopf wie einen einzelnen Buchstaben fühlte, setzte sich Dr. Muawija nieder und antwortete auf eine Anzeige aus dem Jahre 1896. Sorgfältig schrieb er den Namen und die Adresse irgendeiner Straße, von der er nicht wußte, ob es sie in Alexandria noch gab, und schickte das Angebot mit der Post ab. Von da an antwortete er jeden Abend auf eine der Anzeigen vom Ende des 19. Jahrhunderts. Berge von Briefen reisten in die Ungewißheit, und eines Tages erreichte ihn die erste Antwort. Der Unbekannte schrieb, daß das annoncierte Patent Turul aus Frankreich für die Hauswirtschaft, das im Brief Dr. Muawijas erwähnt werde, zwar nicht mehr im Handel sei, doch bot er etwas anderes an. Und wirklich, am nächsten Morgen erschienen im Hause Muawijas auf die Anzeige hin ein Mädchen und ein Papagei und sangen

im

im Duett ein Lied über Stelzenschuhe. Dann sang der Papagei allein in einer Muawija unbekannten Sprache. Als Muawija fragte, wer von beiden für den Verkauf bestimmt sei, sagte das Mädchen, daß er wählen könne. Dr. Muawija sah das Mädchen an – es hatte schöne Augen und Brüste wie zwei Spiegeleier. Er fuhr aus seiner Lethargie auf, befahl Aslan, ein großes Gemach im Dachgeschoß freizumachen, stellte darin einen gläsernen Reifen auf und kaufte den Papagei. Alsdann bestückte er, so, wie die Antworten auf seine Briefe eingingen, von Gott weiß was für welchen Nachfolgern ehemaliger Annoncenaufgeber, bedächtig diesen Raum. Hier fand sich eine Menge Mobiliar von seltsamer Form und ungewissem Gebrauch, ein riesiger Kamelsattel, ein Frauengewand mit Schellen anstelle von Knöpfen, ein eiserner Käfig, in dem Menschen gehalten worden waren, aufgehängt an der Zimmerdecke, zwei Spiegel, von denen der eine sich bei der Abbildung seiner Bewegungen ein wenig verspätete, der andere dagegen zerbrochen war, eine alte Handschrift mit einem Gedicht, niedergeschrieben in einer unbekannten Schrift und in unbekannter Sprache. Das Gedicht lautete:

Zaludu ſciglieſcmi ſarchalo od ſrecche
Kadeu gniemu ti obarzani uecche
Umiſto tuoyogha, ça iſkah ya ſreto
Obras moi ſtobiegha od glietana glieto
Uarcchiamti darouoy, ereni ſnami ni
Okade obarz tuoi za moiſe zamini.

Ein Jahr später war das Gemach im Dachgeschoß angefüllt, und Dr. Muawija erstarrte vor Entsetzen, als er eintrat und begriff, daß die Dinge, die er angeschafft hatte, etwas zu formen begannen, das einen Sinn hatte. Es fiel auf, daß ein Teil der erworbenen Sachen die Ausstattung für etwas darstellte, was einem Krankenhaus glich. Aber einem altertümlichen, ungewöhnlichen Krankenhaus, das nicht auf die Art und Weise heilte, auf die man heute heilt. Muawijas Heilanstalt war ausgestattet mit Sitzen, die seltsame

Schlitze hatten, mit Bänken, die eiserne Ringe besaßen, damit sich jene, die darauf saßen, festbinden konnten, mit Helmen aus Holz, die eine Öffnung entweder nur für das linke oder nur für das rechte Auge oder gar für ein drittes am Scheitel aufwiesen, und Muawija sortierte diese Dinge für ein gesondertes Zimmer aus. Er rief einen Kollegen von der medizinischen Fakultät zu sich und zeigte sie ihm. Das war das erste Mal, daß er sich nach dem Kriege von 1967 erneut mit einem seiner Freunde von der Universität traf. Dieser sah sich die Sachen an und sagte: »Eines Abends kehrte ein Toter aus dem Grabe zurück, um mit seiner Familie zu Abend zu essen. Er war so dumm, wie er es zu Lebzeiten gewesen war. Der Tod hatte ihn überhaupt nicht klüger gemacht... Das ist eine uralte Ausstattung für eine Heilanstalt der Träume oder, genauer, für die Wiederherstellung des Sehvermögens, wie sie im Traum Verwendung findet. Denn im Traum verwenden wir, Überlieferungen zufolge, nicht dieselbe Sehweise wie im Wachzustand...«

Dr. Muawija lachte über diese Schlußfolgerung und konzentrierte sich auf den Rest der Dinge. Sie waren zusammen mit dem Papagei im ersten großen Zimmer geblieben, doch war eine Verbindung zwischen diesen Sachen schwerer festzustellen als in dem Raum mit den Geräten zur Verhütung von Blindheit im Traum. Lange versuchte er einen gemeinsamen Nenner für all diesen alten Plunder zu finden, und endlich entschloß er sich zu einem Verfahren, dessen er sich zur Zeit seines vorangegangenen Lebens als Gelehrter bedient hatte. Er entschied sich für einen Computer und telephonierte mit einem seiner ehemaligen Mitarbeiter aus Kairo, einem Spezialisten für Wahrscheinlichkeitsrechnung, und bat ihn, in den Rechner die Namen aller Gegenstände einzugeben, die er ihm in einem Brief aufzählte. Drei Tage später warf der Rechner das Resultat aus, und Dr. Muawija erhielt aus Kairo einen Bericht. Was das Gedicht anging, so wußte die Maschine darüber nur,

daß

daß es in einer slawischen Sprache geschrieben war, auf einem Papier mit dem Wasserzeichen des Lammes unter einer Fahne mit dreiblättrigem Kleeblatt aus dem Jahre 1660. Die übrigen Gegenstände wie der Papagei, der Kamelsattel mit den Schellen, die getrocknete Frucht in Form eines Gallapfels, der einem Fisch glich, der Käfig für Menschen und anderes mehr besaßen einen einzigen gemeinsamen Nenner. Es zeigte sich nämlich aufgrund der spärlichen Daten, mit denen der Rechner in der Hauptsache aus den Studien Dr. Muawijas selbst gefüttert worden war, daß all diese Dinge in dem verlorengegangenen *Chasarischen Wörterbuch* erwähnt wurden.

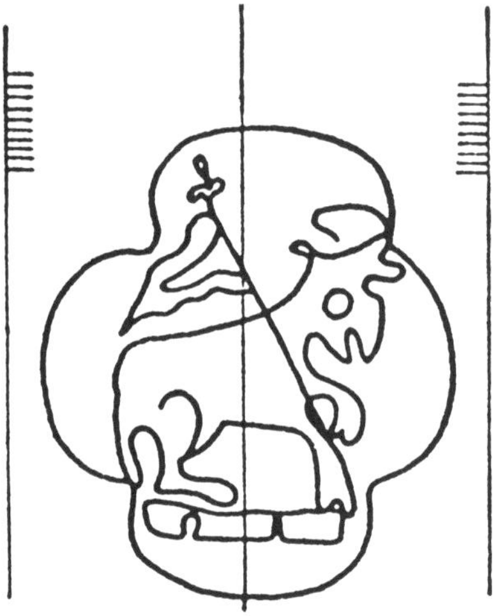

Wasserzeichen
aus der Sammlung Dr. Abu Kabir Muawijas

So war Dr. Muawija erneut dort angelangt, wo er sich befunden hatte, als er in den Krieg zog. Er ging noch einmal in das *Wirtshaus zur Hündin,* steckte seine Pfeife an, sah um sich, löschte sie und kehrte nach Kairo zurück, zu seiner alten Arbeit an der Universität. Auf dem Tisch erwartete ihn eine Menge an Briefen und Einladungen zu wissenschaftlichen Kongressen; er wählte eine der Einladungen aus und begann eine Erklärung für den wissenschaftlichen Kongreß vorzubereiten, der in Istanbul im Oktober 1982 zu dem Thema »Die Kultur der Schwarzmeerküsten im Mittelalter« abgehalten werden sollte. Er las aufs neue Juda Halevi, seine Schrift über die Chasaren, setzte die Erklärung auf und reiste mit dem Gedanken ab, daß er sich dort vielleicht mit jemandem treffen würde, der etwas mehr als er über die chasarischen Angelegenheiten wußte. Derjenige, der Dr. Muawija in Istanbul ermordete, sagte, als er den Revolver auf ihn richtete:

»Sperr den Mund auf, damit ich dir deine Zähne nicht verderbe!«

Dr. Muawija riß den Mund auf, und jener tötete ihn. Er zielte so gut, daß die Zähne Dr. Muawijas unversehrt erhalten blieben.

MUSTAJ-BEG SABLJAK (17. Jahrhundert) – einer der türkischen Kommandanten in Trebinje. Zeitgenossen sagen, daß sich die Nahrung bei Mustaj-Beg Sabljak nicht zu halten vermochte und daß er, wie eine Turteltaube, gleichzeitig aß und sich besudelte. Auf die Kriegszüge führte er Ammen mit sich, damit sie ihn säugten. Ansonsten mischte er sich weder unter die Frauen noch unter die Männer; er konnte sich nur zu einem Sterbenden legen, und man trug ihm in sein Zelt gekaufte, gebadete und aufgeputzte Frauen, Männer und Kinder, die im Sterben lagen. Nur mit ihnen wußte er die Nacht zuzubringen, als ob er sich fürchtete, Geschöpfe zu schwängern, die am Leben blieben. Er sagte im übrigen, daß er Kinder für jene und nicht für diese Welt zeuge.

»Niemals weiß ich«, entschuldigte er sich, »für wessen Paradies ich sie mache und für welche Hölle. Sie werden sich unter die jüdischen Engel verirren oder unter christliche Teufelchen, und niemals werde ich sie in jener Welt sehen, wenn ich eingehe ins Dschenet...«

Einem Derwisch erklärte er seine Neigungen sehr schlicht. »Wenn man Tod und Liebe, diese und jene Welt,

Welt, so nahe zusammenrücken läßt, erfährt man über das eine wie über das andere viel. Das ist wie bei den Affen, die bisweilen in jene Welt gehen. Wenn sie zurückkehren, ist jeder ihrer Bisse reine Weisheit. Ist es dann verwunderlich, daß manche Leute solche Affen in ihre Hand beißen lassen, um nachher aus dem Biß die Wahrheit zu lesen? Ich habe einen solchen Biß nicht nötig...«

So kaufte Mustaj-Beg Sabljak außer Pferden, die er liebte, aber nicht ritt, Sterbende, die er nicht liebte, aber ritt. Unweit des Meeres besaß der Beg einen schönen, in Marmor gemeißelten Pferdefriedhof, den ein Dubrovniker Jude namens Samuel Koën✡ instand hielt. Dieser Jude ließ eine Aufzeichnung über die Szene zurück, die sich im Lager des Sabljak-Pascha im Verlauf des Kriegszuges in die Walachei abspielte.

Ein Soldat aus des Paschas Abteilung wurde eines Vergehens verdächtigt, das man nicht zuverlässig zu beweisen vermochte. Er war als einziger, nach dem Zusammenstoß seiner Einheit mit dem Feind an den Ufern der Donau, am Leben geblieben. Der Behauptung des Kommandanten zufolge floh der Soldat und rettete so seinen Kopf; der Behauptung des Soldaten nach waren sie in der Nacht überfallen worden, alle Angreifer waren völlig nackt gewesen, und nur er habe sich als einziger bis zuletzt verteidigt und gerade deshalb überlebt, weil er seiner Angst nicht erlegen war. Man brachte ihn zu Sabljak, damit dieser urteile, ob er schuldig oder unschuldig sei. Dem Soldaten war der Ärmel abgerissen, er wurde vor den Pascha geführt, der, wie die übrigen Teilnehmer dieses stummen Ermittlungsverfahrens, während der ganzen Zeit der Urteilsfällung kein einziges Wort sprach. Plötzlich warf sich der Pascha wie ein Tier auf den Jüngling, biß ihn fürchterlich in den Arm und kehrte sich sofort völlig desinteressiert von dem Unglücklichen ab, der auf der Stelle aus dem Zelt geführt wurde. Der Pascha hatte ihn nicht einmal angesehen, wie es sich gehörte, hatte mit ihm kein einziges Wort gewechselt, aber er kaute konzentriert das Stück abgebissenen Fleisches mit dem angestrengten Ausdruck eines Menschen, der versucht, sich des Geschmacks einer längst gekosteten Speise zu erinnern oder den Wert eines Getränks abzuschätzen. Dann spuckte er das Fleisch aus, und auf dieses Zeichen hin machten sie jenen draußen nieder, denn auf diese Weise wurde sein Vergehen als bewiesen betrachtet.

»Da ich erst kurz in des Paschas Diensten bin«, beendete Koën seine Aufzeichnung, »habe ich nicht viele Urteilsfällungen mitangesehen, doch weiß ich, daß andernfalls, wenn nämlich der Pascha das abgebissene Fleisch verschluckte, er die Anklage unversehens zurücknahm und der Mann sofort als unschuldig freigelassen wurde.«

Sabljak-Pascha besaß einen stämmigen, unregelmäßig gebauten Körper, so als trage er die Haut über dem Gewand und als sitze zwischen Haar und Schädel der Turban.

GELBES BUCH

Hebräische Quellen zur chasarischen Frage

ATEH▽ (8. Jahrhundert) – Name einer chasarischen Prinzessin, die zur Zeit der Judaisierung der Chasaren▽ lebte. Daubmannus✡ fügt ihrem Namen die hebräische Version hinzu, zusammen mit den Bedeutungen der Buchstaben des Namens At'h:

אטה

Aus den Buchstaben werden auch Rückschlüsse auf Eigenschaften der chasarischen Prinzessin gezogen:

Aleph, der erste Buchstabe ihres Namens, bedeutet »Höchste Krone«, Weisheit, somit den Blick nach oben und den Blick nach unten, gleich dem Blick der Mutter auf ihr Kind. Ateh brauchte daher nicht den Samen ihres Liebhabers zu schmecken, um zu wissen, ob sie männlichen oder weiblichen Nachwuchs haben werde. Denn am Geheimnis der Weisheit nimmt alles teil, das was oben und das was unten ist, sie ist nicht errechenbar. Aleph heißt Anfang, dieser Buchstabe umfaßt alle anderen Buchstaben, auch den Anfang als Manifestation der sieben Wochentage.

Teth ist der neunte Buchstabe des jüdischen Alphabets und als Zahlenwert eine »gewöhnliche 9«. Im Buch *Temunah* bezeichnet er den Sabbat, was bedeutet, daß er im Zeichen des Planeten Saturn wie des göttlichen Atemholens steht; er bedeutet folglich auch Jungfrau, insofern der Samstag jungfräulich ist; wie aus einem Satz in Ezechiel 14,23 hervorgeht, wird er auch in Beziehung gesetzt zur Reinhaltung mit dem Besen, was das Zerstören und Vernichten der Gottlosigkeit zum Inhalt hat, aber auch Kraft bezeichnet. Prinzessin Ateh unterstützte den hebräischen Abgesandten in der bekannten Chasarischen Polemik▽; doch trug sie den am Gürtel befestigten Schädel ihres Liebhabers Mokaddasa al-Safer☾✡, nährte und tränkte ihn mit bitterer Erde und salzigem Wasser und pflanzte ihm in die Augenhöhlen eine Kornblume, damit er in jener Welt die blauen Farben sähe.

He

He ist der vierte Buchstabe des göttlichen Namens. Er symbolisiert eine Hand: Macht, einen kräftigen Schlag, Grausamkeit (die linke Hand) und Barmherzigkeit (die rechte Hand), die Weinrebe, aufgehoben von der Erde und aufgehängt gegen den Himmel.

Prinzessin Ateh zeigte sich während der Chasarischen Polemik▽ sehr beredt, sie sagte: »Die Gedanken wehten vom Himmel auf mich herab wie Schnee. Kaum daß ich mich später zu erwärmen und ins Leben zurückzukehren vermochte...«

Prinzessin Ateh unterstützte Isaak Sangari✡, den hebräischen Teilnehmer an der Chasarischen Polemik, indem sie mit ihren Argumenten den arabischen Teilnehmer zum Scheitern brachte; der chasarische Kagan entschied sich daher für den jüdischen Glauben. Einige Leute sind der Ansicht, daß Ateh Gedichte schrieb; sie fanden sich in den *Chasarischen Büchern*, die von Juda Halevi✡, dem hebräischen Chronisten der Chasarischen Polemik, benutzt wurden; anderen Quellen zufolge war Ateh zugleich die erste, die ein Wörterbuch oder eine Enzyklopädie der Chasaren verbunden mit umfangreichen Erklärungen zu ihrer Geschichte, ihrem Glauben und ihren Traumdeutern zusammenstellte. All das war in einem Zyklus von Gedichten vereint, die in alphabetischer Reihenfolge angeordnet waren, so daß sich hier auch die Polemik am Hof des Chasarenherrschers in dichterischer Form beschrieben fand. Danach befragt, wer in der Polemik obsiegen werde, sagte Prinzessin Ateh: »Wenn zwei Krieger aufeinanderprallen, siegt der, der seine Wunden länger heilt.« Wie um einen Hefepilz wuchs in der Folge das *Chasarische Wörterbuch* um diese Gedichtsammlung der Prinzessin an, von der es in einer Quelle heißt, daß sie *Von den Leidenschaften der Worte* betitelt gewesen sei. Wenn all dies seine Richtigkeit hätte, so wäre Prinzessin Ateh der erste Verfasser dieses Buches, sein Urschöpfer. Nur daß es in diesem ursprünglichen Wörterbuch in chasarischer Sprache noch nicht die heutigen drei Wörterbücher gab: es waren noch ein Wörterbuch und eine Sprache. Von diesem ursprünglichen Wörterbuch ist sehr wenig auf das von heute gekommen; so viel, wie von der Traurigkeit eines Hundes die Kinder, die sein Bellen nachahmen, einem anderen Hund mitteilen.

Als der Kagan die Gebetsriemen und die *Thora* dank Prinzessin Ateh empfangen hatte, waren die übrigen Teilnehmer an der Polemik verbittert. Deshalb bestrafte der islamische Dämon Prinzessin Ateh damit, daß sie ihre chasarische Sprache und alle ihre Gedichte vergessen sollte, selbst den Namen ihres Liebhabers; und allein der Name einer Frucht in Gestalt eines Fisches blieb ihr im Gedächtnis. Noch bevor dies geschah, befahl Prinzessin Ateh, die Gefahr ahnend, eine große Anzahl von Papageien, die der menschlichen Rede mächtig wären, zusammenzutragen. Für jedes Wort des *Chasarischen Wörterbuchs* wurde also ein Papagei an den Hof gebracht und jedem ein Stichwort gelehrt, so daß ein jeder Papagei zu jeder Zeit die Verse auswendig wußte, die sich auf dieses Wort bezogen. Natürlich waren es Verse in chasarischer Sprache, und sie wurden von den Papageien auch in ihr rezitiert. Als man nun den chasarischen Glauben aufgegeben hatte, begann die chasarische Sprache jäh abzusterben; Prinzessin Ateh aber ließ alle Papageien, die des chasarischen Wörterbuchs kundig waren, frei. Sie sprach: »Fliegt und lehrt die anderen Vögel eure Gedichte, denn hier wird sie bald keiner mehr kennen...« Die Vögel flogen über den Wäldern der Schwarzmeerküsten auseinander. Dort lehrten sie andere Papageien ihre Gedichte, und diese anderen lehrten dritte; und es kam der Augenblick, da kannten nur noch die Papageien diese Gedichte und redeten in der chasarischen Sprache. Im 17. Jahrhundert nun wurde an den Küsten des Schwarzen Meeres ein Papagei gefangen, der es verstand, ein paar Gedichte in einer unverständlichen Sprache zu rezitieren; sein Eigentümer, ein Diplomat aus Konstantinopel mit Namen Avram Branković†, behauptete, es sei ein chasarischer. Er befahl, einer seiner Schreiber solle ständig alles vermerken, was der Papagei spreche,

spreche, weil er hoffe, die »Papageien-Gedichte« zu erhalten, in Wahrheit die Dichtung Prinzessin Atehs. Aller Wahrscheinlichkeit nach sind auf diesem Wege die Papageien-Gedichte in die Daubmannus-Ausgabe des *Chasarischen Wörterbuchs* gelangt.

Es muß gesagt werden, daß Prinzessin Ateh die Beschützerin der mächtigsten Sekte chasarischer Priester war, der sogenannten Traumjäger† oder Traumleser. Ihre Enzyklopädie war nichts anderes als der Versuch, an einem Ort diejenigen Schriften zu sammeln, die die Traumjäger über Jahrhunderte hinweg zusammengetragen hatten. Auch ihr Liebhaber war ein Anhänger ebendieser Sekte, einer der berühmtesten von ihnen, obwohl er jung war und die ersten Augen hatte. Eines der Gedichte von Prinzessin Ateh ist dieser Sekte von Erzpriestern gewidmet:

Wenn wir abends einschlafen, verwandeln wir uns eigentlich alle in Schauspieler; dabei begeben wir uns stets auf eine neue Bühne, um unsere Rolle zu spielen. Und tagsüber? Am Tage, wenn wir wach sind, lernen wir diese Rolle. Manchmal lernen wir sie nicht so, wie es gut wäre; und dann wagen wir nicht, auf der Bühne zu erscheinen, und verbergen uns hinter anderen Schauspielern, die die Worte und Schritte für diesen Weg besser kennen.

Du aber, du bist jener, der in den Saal kommt, um unsere Vorstellung zu sehen, und nicht, um zu spielen. Möge dein Auge dann auf mich fallen, wenn ich gut eingeübt bin, denn niemand ist an allen sieben Tagen der Woche gleich weise und gleich schön.

Es gibt auch eine Überlieferung, nach der die jüdischen Abgesandten am chasarischen Hof Prinzessin Ateh vor dem Zorn des arabischen und des griechischen Missionars erretteten, indem sie bewirkten, daß an ihrer Stelle ihr Liebhaber, Erzpriester der Traumjägersekte, bestraft wurde. Sie willigte ein; er aber wurde geächtet und in einen Käfig eingeschlossen, der über dem Wasser hing. Doch auch das bewahrte sie nicht vor der Strafe.

CHASAREN▽ – ein kriegerisches Volk, das zwischen dem 7. und 10. Jahrhundert den Kaukasus besiedelte, einen mächtigen Staat besaß, Schiffe auf zwei Meeren, dem Kaspischen und dem Schwarzen, Winde soviel wie Fische, drei Residenzen, für den Sommer, den Winter und den Krieg, und Jahre, hoch wie Kiefern. Sie bekannten sich zu einem heute unbekannten Glauben, verehrten das Salz, meißelten ihre Tempel in unterirdischen Salzfelsen oder Salzhügeln. Nach Halevi✡ nahmen sie das Judentum im Jahre 740 an, und Josef, der letzte chasarische Kagan, stellte sogar eine Verbindung zu den spanischen Juden her, denn er setzte das Segel am siebten Tag, als die Erde den Menschen verfluchte, und dieser Fluch trieb wie von selbst das Schiff vom Festland ab. Diese Verbindung wurde unterbrochen, als die Russen im Jahre 970 die chasarische Residenz einnahmen und den chasarischen Staat vernichteten. Daraufhin verschmolz ein Teil der Chasaren mit den osteuropäischen Juden, der andere Teil dieses Volkes mit den Arabern, Türken und Griechen, so daß man heute nur von jenen kleinen Oasen chasarischer Bevölkerung weiß, die ohne Sprache und Glauben in selbständigen Gemeinden noch bis zum zweiten Weltkrieg (1939) im östlichen und mittleren Europa fortbestanden, danach aber gänzlich verschwanden. Die jüdische Form ihres Namens ist *Kuzari* (pl. Kuzarim). Gewöhnlich nimmt man an, daß von den Chasaren nur der Adel das Judentum übernahm; es bestand indessen in der pannonischen Ebene zwischen dem 7. und 10. Jahrhundert ein Zentrum der Judaisierung, das man zuweilen den Chasaren zuschreibt (Čelarevo†). Druthmar von Aquitanien erwähnt um das Jahr 800 in Westfalen »Gentes Hunorum que ab et gazari vocantur«, wobei er betont, daß diese beschnitten waren, dem Glauben Moses angehörten und daß sie mächtig waren. Bei Kinnamos ist im 7. Jahrhundert die Rede davon, daß die Chasaren nach Moses Gesetzen lebten, sie aber nicht streng anwandten. Juden-
kagane

kagane werden bereits in den arabischen Quellen des 10. Jahrhunderts erwähnt (Ibn Rusta, Istakhri, Ibn Haukal).

Bemerkenswerte Angaben über die Chasaren enthält eine Schrift, *Chasarische Korrespondenz* genannt. Erhalten in mindestens zwei Versionen – unter ihnen eine ausführlichere –, ist diese Schrift noch immer nicht endgültig wissenschaftlich ausgeleuchtet. Sie wird in Oxford aufbewahrt und stellt in hebräischer Sprache den Briefwechsel zwischen Josef, dem chasarischen König, und Hasdaj ibn Schaprut aus dem maurischen Spanien dar, der in der Mitte des 10. Jahrhunderts dem König der Chasaren schrieb, mit der Bitte, ihm folgende Fragen zu beantworten:

1. Gibt es irgendwo auf der Welt einen jüdischen Staat?
2. Wie sind die Juden nach Chasarien gekommen?
3. Wie spielte sich der Übertritt der Chasaren zum jüdischen Glauben ab?
4. Wo lebt der König der Chasaren?
5. Welchem Stamm gehört er an?
6. Welche Rolle kommt ihm in Kriegszeiten zu?
7. Stellt er den Krieg am Samstag ein?
8. Besitzt der König Nachrichten über den möglichen Untergang der Welt, welcher Art sie auch sein mögen?

In der Antwort wird die Chasarische Polemik[▽] begründet, die dem Übertritt der Chasaren zum Judentum vorausging.

In Verbindung mit dieser Polemik steht noch eine weitere Quelle, die nicht bis heute bewahrt blieb. Unter dem Ordnungswort über die Chasaren beruft sich Daubmannus[✡] in seiner Ausgabe auf die Schrift *Über die chasarischen Angelegenheiten* (wahrscheinlich eine lateinische Version). Die abschließenden Worte der Schrift lassen erkennen, daß in ihren ältesten Teilen von einem Bericht die Rede ist, der allem Anschein nach dem hebräischen Vertreter, Rabbi Isaak Sangari[✡], zur Vorbereitung diente, als er zu seiner chasarischen Mission aufbrach, während der er an der berühmten Polemik teilnahm. Die Schrift hat in ihren erhaltenen Teilen folgenden Wortlaut:

Name der Chasaren – der chasarische Staat nennt sich Reich des Kagan oder Kaganat; aus dieser Bezeichnung ist der Name des ursprünglichen Reiches der Chasaren verschwunden, das dem Kaganat, gegründet auf dem Schwerte dieses ursprünglichen Reiches, vorausgegangen war. Man gibt den Chasaren in ihrem Staat ungern diesen Namen. Stets benutzt man irgendeine andere Bezeichnung, während man dem Namen »Chasaren« aus dem Wege geht. In den Gegenden nahe der Krim, wo es auch griechische Bevölkerung gibt, bezeichnet man die Chasaren als nichtgriechische Bevölkerung oder als Griechen, die nicht dem Christentum einverleibt sind; im Süden, wo es Juden gibt, nennt man sie nichtjüdische Gruppen; im Osten, wo zum Teil Araber im chasarischen Staat angesiedelt sind, nennt man die Chasaren selbst nichtislamisierte Bevölkerung. Diejenigen Chasaren aber, die eines der fremden Glaubensbekenntnisse angenommen haben (das jüdische, griechische oder arabische), werden hier nicht länger als Chasaren bezeichnet, sondern man zählt sie zu den Juden, Griechen oder Arabern; umgekehrt aber bezeichnet man die seltenen und zufälligen Überläufer zum chasarischen Glauben in chasarischer Umgebung als das, was sie vor der Bekehrung gewesen waren, man betrachtet sie also nicht als Chasaren, vielmehr auch weiterhin als Griechen, Juden oder Araber, obwohl sie sich zum chasarischen Glauben bekennen. Anstatt von einem Menschen zu sagen, er sei Chasar, drückte sich unlängst ein Grieche so aus: »Im Kaganat werden als künftige Juden diejenigen bezeichnet, die dem griechischen Glauben nicht angeschlossen sind und chasarisch sprechen.« Es lassen sich im chasarischen Staat viele gelehrte Juden, Griechen oder Araber treffen, die die chasarische Vergangenheit, die Bücher und Dokumente über die Chasaren ausgezeichnet kennen, man spricht über sie eingehend und mit Anerkennung,

Anerkennung, einige von ihnen schreiben sogar chasarische Gedichte, nur den Chasaren selbst ist dies nicht erlaubt, sie dürfen über die eigene Vergangenheit weder sprechen noch Bücher über sie zusammenstellen.

Die *chasarische Sprache* ist wohlklingend; die Verse klangen sehr gut, die ich in ihr hörte, doch erinnere ich mich ihrer nicht; man sagt, eine der chasarischen Prinzessinnen habe sie verfaßt. Diese Sprache verfügt über sieben Geschlechter, sie besitzt außer dem männlichen, weiblichen und sächlichen auch eines für Eunuchen, eines für geschlechtslose Frauen (jene, die der arabische Schejtan geschädigt und bestohlen hat), ein weiteres für jene, die das Geschlecht wechseln – seien es Männer, die dem Weiblichen zuneigen, oder umgekehrt –, sowie eines für die Aussätzigen, die zusammen mit der Krankheit diese neue Form der Rede annehmen müssen, die jedem, mit dem sie ein Gespräch beginnen, sogleich ihre Krankheit enthüllt. Beim Sprechen betonen die Mädchen anders als die Knaben, die Männer anders als die Frauen, da man die Knaben das Arabische, Jüdische oder Griechische lehrt, ganz abhängig davon, ob sie in einer Gegend leben, wo es Griechen gibt, in einem Teil des Landes, wo Juden und Chasaren vermischt leben, oder dort, woher Sarazenen und Perser kommen. Von den Knaben hört man daher auch in der chasarischen Sprache das jüdische *kamez, cholem* oder *schurek,* das große, mittlere oder kleine »U« und das mittlere »A«. Die Mädchen dagegen lernen weder das Hebräische, noch das Griechische oder Arabische, ihre Betonung ist deshalb von anderer Art und reiner. Man weiß, wenn ein Volk untergeht, gehen zuerst seine oberen Schichten und die Literatur mit ihnen unter; bleibend sind nur die Gesetzbücher, die das Volk auswendig kennt. Das läßt sich auch auf die Chasaren gut anwenden. In ihrer Residenz ist der Preis für Predigten in chasarischer Sprache gepfeffert, für Predigten in jüdischer, arabischer oder griechischer Sprache ganz gering, oder es gibt diese gar gratis. Ungewöhnlich erscheint, daß die Chasaren, sobald sie sich außerhalb ihres Staates befinden, vermeiden, einer dem anderen zu zeigen, daß sie Chasaren sind, ja sie gehen lieber aneinander vorüber, als sich ihre Herkunft zu entdecken, und verbergen, daß sie chasarisch sprechen und verstehen, und das eher vor den Ihren als vor Fremden. Im Lande selbst schätzt man im öffentlichen und administrativen Dienst vor allem Personen, die eine ungenügende Kenntnis der chasarischen Sprache an den Tag legen, obgleich es sich um die Amtssprache handelt. Daher sprechen häufig auch diejenigen, die das Chasarische gut beherrschen, absichtlich diese Sprache mit Fehlern, fremder Betonung und mundartlich, woraus sie einen offensichtlichen Nutzen ziehen. Man bevorzugt selbst als Übersetzer – sei es vom Chasarischen ins Hebräische oder vom Griechischen ins Chasarische – solche, die die chasarische Sprache fehlerhaft sprechen oder doch vortäuschen, es zu tun.

Gerichtsbarkeit – für ein und dieselbe Sache geht man nach chasarischen Gesetzen dort, wo teilweise Juden leben, ein bis zwei Jahre zum Rudern auf die Galeere; in jenem Teil des Reiches, wo es Araber gibt, ein halbes Jahr; dort, wo Griechen leben, geht man hierfür überhaupt nicht auf die Galeere; im mittleren Teil des Reiches jedoch, der allein sich als chasarischer Bezirk bezeichnet (obwohl die Chasaren überall in der Mehrzahl sind), kostet dieselbe Sache Kopf und Kragen.

Salz und Traum – die Buchstaben des chasarischen Alphabets sind nach den Speisen benannt, die man salzt; die Zahlen erhalten ihren Namen nach den Salzsorten; an Salzsorten aber unterscheiden die Chasaren sieben. Nur der salzige Blick Gottes läßt nicht altern; im übrigen sind die Chasaren der Ansicht, daß man durch Blicke altert, sei es durch die eigenen auf den eigenen Körper, sei es durch fremde; denn sie

durchpflügen

durchpflügen und durchschneiden die Körper um sich herum mit den verschiedensten und tödlichsten Werkzeugen, die ihre Leidenschaften, ihr Haß, ihre Absichten und Begierden schmieden. Das Weinen ist ein chasarisches Gebet, sind doch die Tränen ein Teil Gottes und enthalten stets, wie die Perle der Muschel, ein wenig Salz am Grunde. Die Frauen nehmen zuweilen ein Tuch und schlagen es so häufig wie möglich ein, auch das ist ein Gebet. Die Chasaren wissen um den Kult des Traumes. Man glaubt, daß derjenige, der Salz verloren hat, nicht einzuschlafen vermag. Daher die Aufmerksamkeit, die unter ihnen dem Traum geschenkt wird; doch das ist nicht alles, es gibt noch etwas anderes, das ich nicht zu ergründen vermochte, so, als höre man über dem Wagen den Weg nicht. Sie glauben, daß die Personen, die die Vergangenheit jedes Menschen besiedeln, in seinen Erinnerungen wie gefangen und verzaubert liegen; sie sind nicht imstande, sich zu verändern; sie können nicht einen Schritt tun, nur den, den sie einstmals bereits taten; sie können niemandem begegnen, nur jenen, denen sie schon einstmals begegneten; sie können nicht einmal altern. Die einzige Freiheit, die den Vorfahren gegeben ist, ganzen verstorbenen Völkern von Vätern und Müttern, enthalten in den Erinnerungen, ist ein zeitweiliges Aufatmen in unseren Träumen. Hier in den Träumen erlangen die Gestalten des Gedächtnisses ein wenig eingelöste Freiheit, sie fangen an, sich zu rühren, sie treffen sich mit irgendeiner neuen Person, wechseln die Partner in Haß und Liebe und erwerben ein wenig vom Schein des Lebens. Daher nimmt der Traum einen angesehenen Platz ein im chasarischen Glauben, denn die Vergangenheit, für immer in sich selbst gefangen, gewinnt in den Träumen ein Weniges an Freiheit und neuen Möglichkeiten.

Wanderungen – von den alten chasarischen Stämmen glaubt man, daß sie stets nach zehn Generationen zu Wanderungen aufbrachen und anläßlich jeder ihrer Wanderungen von einem Krieger- zu einem Handelsvolk wurden. Mit einem Mal verstanden sie anstelle des geschickten Umgangs mit Säbel und Lanze, sich vorzustellen, wie hoch der Preis eines Schiffes, eines Hauses oder einer Wiese gemessen am Klang der Dukaten war und wie hoch beim Umrechnen in Silber. Es gibt viele Erklärungen, mir aber erscheint am glaubwürdigsten jene, die besagt, daß sie im Verlauf dieses Zyklus unfruchtbar wurden und zum Umsiedeln gezwungen waren, um so die Art zu erhalten und die Fruchtbarkeit zu erneuern. Dann aber, sobald die Fruchtbarkeit unterwegs wiederhergestellt war, kehrten sie in die Heimat zurück und griffen erneut zu den Lanzen.

Religiöse Bräuche – der Kagan läßt nicht zu, daß sich die Religion in seine staatlichen und militärischen Angelegenheiten mischt. Er sagt: »Einen Säbel mit zwei Spitzen würden wir Krampe heißen.« Dieselbe Einstellung hegt er gegenüber der chasarischen wie auch gegenüber der jüdischen, griechischen oder arabischen Religion. Doch vor derselben Schüssel wird der eine satt, der andere bleibt hungrig. Während aber unsere Religion, die griechische und ebenso die arabische auch in anderen Staaten Wurzel faßten und den starken fremden Schutz unserer Landsleute und anderer Völker in Anspruch nehmen, ist die chasarische Religion die einzige im Staat, die keinen solchen ausländischen Schutz genießt, und so ist sie die, die unter gleichem Druck am meisten leidet, was bedeutet, daß jene drei auf ihre Rechnung erstarken. Als Beispiel diene der kürzlich erfolgte Versuch des Kagan, die Besitzungen der Mönche im Lande sowie die Anzahl der Gotteshäuser um je zehn pro Glaubensbekenntnis zu verringern. Da es chasarische Gotteshäuser auch bisher schon weniger gab als jüdische, arabische oder griechische, ist offensichtlich, daß auch hier am meisten die chasarische Kirche betroffen ist. Das läßt sich auf Schritt und Tritt verfolgen, chasarische Friedhöfe zum Beispiel sterben aus. In Teilen des Staates, wo es Griechen gibt wie auf

der

der Krim, Juden wie in Tamatarha oder Araber und Perser an der persischen Grenze, werden die chasarischen Friedhöfe immer häufiger verschlossen; man verbietet die Beerdigung nach chasarischem Ritus, und die Landstraßen sind voller Chasaren – Sterbende, die reisen, um in jenem Teil ihres Landes zu sterben, wo um die Residenz Itil herum die chasarischen Friedhöfe noch in Gebrauch sind. Die Seele wird ihnen im Halse schlagen, doch der ganze Weg noch vor ihnen sein. Die Vergangenheit liegt noch nicht weit genug zurück, beklagen sich die chasarischen Priester, die all dies natürlich sehen, man muß die Volljährigkeit unseres Volkes abwarten, damit die Vergangenheit ihre Reserven vergrößert und so eine genügend breite Grundlage für den erfolgreichen Aufbau der Zukunft schafft.

Bemerkenswert ist, daß es im chasarischen Reich Griechen und Armenier gibt, die denselben, den christlichen Glauben haben, sich aber jeden Augenblick streiten. Die Folge ihrer Streitereien ist indessen stets dieselbe und offenbart die Weisheit der verfeindeten Seiten: nach jedem Zusammenstoß verlangen sowohl Griechen als auch Armenier nach getrennten Gotteshäusern. Da ihnen der chasarische Staat diese Erweiterungen genehmigt, gehen sie aus jedem Streit mit einer verdoppelten Anzahl von christlichen Gotteshäusern gestärkt hervor, was natürlich den Chasaren und ihrer Religion zum Schaden gereicht.

Chasarisches Wörterbuch – es umfaßt die Bücher der Traumdeuter, einer religiösen Sekte, die sehr stark bei den Chasaren vertreten war. Dieses Wörterbuch ist eine Art *Heilige Schrift* – eine Art *Bibel.* Angefüllt mit Biographien der verschiedensten Personen männlichen und weiblichen Geschlechts, stellt das *Chasarische Wörterbuch* das Mosaikporträt einer einzigen Persönlichkeit dar – der, die wir Adam Kadmon nennen. Ich führe zwei Abschnitte aus diesem Wörterbuch an:

»Die Wahrheit ist durchsichtig, und du siehst sie

nicht, die Lüge aber ist undurchsichtig, sie läßt weder Licht noch Blicke durch. Auch gibt es ein drittes, wo beide Dinge miteinander vermischt sind; dies ist am häufigsten der Fall. Mit dem einen Auge schauen wir durch die Wahrheit hindurch, und dieser Blick verliert sich auf immer im Unendlichen, mit dem anderen aber durchschauen wir die Lüge nicht eine Spanne weit, und dieser Blick vermag nicht weiterzudringen, er bleibt auf der Erde und unser; so schlagen wir uns seitwärts durchs Leben. Daher auch vermag man die Wahrheit nicht unmittelbar zu begreifen wie die Lüge, sondern nur aus dem Vergleich zwischen beiden. Aus dem Vergleich zwischen den weißen Aussparungen und den Buchstaben unseres *Buches*. So markieren die weißen Aussparungen des *Chasarischen Wörterbuchs* die durchscheinenden Stellen der göttlichen Wahrheit und seines Namens (Adam Kadmons); die schwarzen Buchstaben zwischen den weißen Aussparungen die Stellen, wo unsere Blicke nicht tiefer eindringen als bis zur Oberfläche...

Die Buchstaben kann man auch mit Teilen deiner Kleidung vergleichen. So wie du im Winter wollene Kleidung anlegst oder einen Pelz, einen Schal und eine Kappe, umgestülpt auf die winterliche Ausfütterung, und dich kräftig umgürtest, so wirst du dich im Sommer in Leinen kleiden, ungegürtet gehen und alles Schwere abwerfen; in den Zeiten, die zwischen Sommer und Winter liegen, wirst du dann wieder etwas hinzufügen oder von der Kleidung etwas weglassen – so ist es auch beim Lesen. Zu den verschiedenen Zeiten deiner Lebensjahre wird der Inhalt deiner Bücher verschieden sein, denn du wirst deine Kleidung auf verschiedene Art und Weise zusammenstellen. Für den Augenblick ist das *Chasarische Wörterbuch* nur ein Haufen von ungeordneten Buchstaben, Namen und Pseudonymen (Adam Kadmons). Doch mit der Zeit wirst du mehr Kleidung anlegen und mehr bekommen... Der Traum aber ist der Freitag für das, was sich im Wachen Sabbat nennt. Und er bezieht sich auf Ihn und ist eins mit diesem Tag; und immer weiter

weiter muß man so der Reihe nach mit jedem Tag verfahren (mit dem Donnerstag für den Sonntag, dem Montag für den Mittwoch und ähnlich). Wer es versteht, sie zusammenzulesen, wird sie besitzen, und er wird einen Teil des Körpers (Adam Kadmons) in sich tragen...«

In der Hoffnung, daß meine Worte Rabbi Ishak helfen werden, vermochte ich all dies zu sagen, ich, der sich am Freitag Jabel nennt, am Sonntag Tubalkain und nur am Sabbat Jubal. Jetzt werde ich nach der Mühe ausruhen, denn die Erinnerung ist eine permanente Beschneidung...

CHASARISCHE POLEMIK▽ – nach hebräischen Quellen das Schlüsselereignis in Verbindung mit dem Übertritt der Chasaren zum Judentum. Die Zeugnisse über dieses Ereignis sind widersprüchlich und spärlich, so daß man nicht einmal das Datum der Polemik kennt und den Zeitpunkt der Judaisierung mit dem Zeitpunkt des Gastaufenthaltes dreier Traumdeuter in der chasarischen Residenz durcheinanderbringt. Das früheste erhaltene Zeugnis gehört dem 10. Jahrhundert an; es ist dies der Briefwechsel des chasarischen Kagan▽ Josef (der das Judentum bereits praktizierte) mit Hasdaj ibn Schaprut, dem Minister des Kalifen von Córdoba. Hasdaj war Jude, und der Kagan beschrieb auf seine Aufforderung hin die Umstände, unter denen die Chasaren den jüdischen Glauben angenommen hatten. Folgt man diesem Briefwechsel, so ereignete sich dies unter Kagan Bulan, auf Ersuchen eines Engels, unmittelbar nach der Einnahme Ardebils (um das Jahr 731). Damals wurde, wenn man dieser Quelle Glauben schenken will, ein Streitgespräch über die Religionen am Hof des chasarischen Kagan geführt. Da der jüdische Abgesandte den Sieg sowohl über den griechischen als auch über den arabischen Abgesandten davontrug, nahmen die Chasaren das Judentum bereits unter Kagan Obadja an, dem Nachfolger Kagan Bulans. Bei der zweiten Quelle handelt es sich um den Abschnitt eines jüdischen Briefes, der im Jahre 1912 in Cambridge (England) gefunden wurde. Er gehörte zu einer Handschrift der Synagoge in Kairo (Ausg. Schechter). Den Brief schrieb um das Jahr 950 ein Jude, der Herkunft nach Chasar, an Minister Schaprut, in Ergänzung des Briefes von Kagan Bulan an dieselbe Persönlichkeit am Hofe von Córdoba. Diese Quelle besagt, daß es schon vor der Polemik zur Judaisierung der Chasaren kam, und zwar auf folgende Weise. Ein Jude, der das Judentum nicht praktizierte, zeichnete sich im Kriege aus und wurde Chasarenkagan. Seine Frau und sein Vater erwarteten, daß er sich nun zur Religion seiner Vorfahren bekennen werde, er aber erklärte sich nicht. Die Wende kam (wie Daubmannus✡ vermerkt), als eines Abends die Frau des Kagan zu ihrem Manne sprach:

Unter dem Himmelsäquator, in Tälern, wo sich salziger und süßer Tau vermischen, wächst ein riesiger giftiger Röhrenpilz, und auf seiner Kappe wachsen, sein verseuchtes Blut in Genuß verwandelnd, kleine eßbare Pilze von ausgezeichnetem Geschmack. Die Hirsche in dieser Gegend lieben es, ihre männliche Kraft zu erneuern, indem sie vom Röhrenpilz den genießbaren Champignon abgrasen. Dabei erfassen jene, die nicht genügend aufmerksam sind und zu weit hineinbeißen, zusammen mit dem Champignon auch den Röhrenpilz und sterben vergiftet.

Jeden Abend, wenn ich meinen Liebsten küsse, denke ich: es ist ganz natürlich, daß ich einmal zu weit hineinbeißen werde …

Auf diese Worte hin schloß sich der Kagan dem praktizierenden Judentum an, und all dies spielte sich vor der Polemik ab, die dieser Quelle zufolge in die Zeit der Herrschaft des byzantinischen Kaisers Leon IX. (717–740) fiel. Nach der Polemik setzte sich das Judentum endgültig bei den Chasaren und den umliegenden Völkern zur Zeit Kagan Sabriels durch, in in welchem man dieselbe Persönlichkeit sehen darf wie in Kagan Obadja, denn er nannte sich (nach Daubmannus) in den geraden Jahren seiner Herrschaft Sabriel, in den ungeraden Obadja.

Die ausführlichste unter den hebräischen Quellen zur chasarischen Polemik ist zugleich auch die bedeutendste, obwohl sie später datiert ist als die erwähnten. Es ist das Buch *Al Khazari* von Juda Halevi✡, dem berühmten Dichter und Chronisten der Chasarischen Polemik. Er nimmt an, daß die Polemik und die Bekehrung der Chasaren zum jüdischen Glauben vier Jahrhunderte früher stattfanden als die Entstehung seines eigenen Werkes, das heißt im Jahre 740. Schließlich sei daran erinnert, daß sich ein Widerhall von der Judaisierung der Chasaren auch in der Midrasch-Literatur erkennen läßt, wie Bacher herausfand. Legenden, die um dieses Ereignis anwuchsen, waren besonders auf der Krim lebendig, auf der Halbinsel Taman und in der Stadt Tamatarha, die im Chasarenreich als jüdische Stadt bekannt war.

Das Ereignis, das Gegenstand der Aufmerksamkeit aller erwähnten Quellen ist, spielte sich in den sparsamsten Umrissen auf folgende Weise ab. In der Sommerresidenz des Kagan, am Ufer des Schwarzen Meeres, wo man im Herbst die Birnen an den Zweigen kalkte, um sie im Winter frisch zu ernten, fanden sich drei Theologen ein, ein jüdischer Rabbiner, ein griechischer Christ und ein arabischer Mulla; der Kagan aber gab ihnen seinen Entschluß bekannt, mit seinem ganzen Volk zum Glauben desjenigen von ihnen überzugehen, der ihm die annehmbarste Deutung seines Traumes geben würde. Im Traum also war dem chasarischen Kagan der Engel erschienen und hatte zu ihm gesagt: »Gott sind deine Absichten lieb, nicht aber deine Werke.« Um diese Worte drehte sich das Streitgespräch, und die hebräischen Quellen, die Daubmannus anführt, beschreiben den weiteren Verlauf des Ereignisses so:

Anfangs schwieg der hebräische Vertreter Rabbi Isaak Sangari✡ und ließ die anderen sprechen, jenen

Griechen und jenen Araber. Als es bereits so aussah, als würde der Kagan den Argumenten des islamischen Teilnehmers zustimmen, schloß sich die chasarische Prinzessin namens Ateh▽ dem Gespräch an und tadelte den Araber mit folgenden Worten:

Du bist allzu weise, wenn du mit mir sprichst. Ich aber schaue die Wolken, wie sie dahinschwimmen und hinter den Gebirgen verschwinden, und ich erkenne in ihnen meine unwiederbringlichen Gedanken. Aus ihnen tropfen zuweilen Tränen, doch während kurzer Stunden, wenn die Wolken aufreißen, sehe ich zwischen ihnen ein wenig klaren Himmel mit deinem Gesicht am Grunde, und nur dann hindert mich nichts, dich so zu sehen, wie du bist.

Hierauf antwortete der Mulla dem Kagan und sprach, daß er den Chasaren keinerlei List empfehlen könne, vielmehr das *Heilige Buch,* den *Koran,* denn die Chasaren besäßen kein *Göttliches Buch*: »Wir alle haben das Laufen erlernt, wurden wir doch aus zwei Lahmen erschaffen, ihr dagegen lahmt noch immer.«

Darauf fragte Prinzessin Ateh den Araber:

»Jedes Buch hat einen Vater und eine Mutter. Einen Vater, der stirbt, während er die Mutter befruchtet und dem Kind einen Namen gibt. Und eine Mutter, die das Kind gebiert, es stillt und in die Welt entläßt. Wer ist die Mutter eures *Göttlichen Buches?*«

Als es der Araber nicht verstand, auf diese Frage zu antworten, sondern noch einmal betonte, daß er keine List anbiete, vielmehr das *Buch Gottes,* das ein Bote der Liebe zwischen Gott und den Menschen sei, beendete Prinzessin Ateh das Gespräch:

Der persische Schah und der griechische Kaiser entschließen sich zum Zeichen des Friedens, kostbare Geschenke auszutauschen. Eine der Gesandtschaften bricht mit ihren Geschenken aus Konstantinopel auf, die andere aus Isfahan. Sie begegnen sich in Bagdad und erfahren hier, daß Nadir, der persische Schah, abgesetzt, der griechische Kaiser aber gestorben ist. So müssen die Kuriere beider Seiten eine Zeitlang in Bagdad verweilen, ohne zu wissen, was mit dem Schatz geschehen soll; von allen Seiten bedroht, bangen sie um ihr Leben. Da sie aber bemerken,

bemerken, daß sie ihn, am Ort verharrend, nach und nach vergeuden, beratschlagen sie, was zu tun sei. Einer unter ihnen sagt:

Was immer wir tun werden, es wird nicht taugen. So nehme jeder von euch einen Dukaten, das übrige werfen wir weg ...

So geschah es.

Was aber sollen wir mit unseren Zeichen der Liebe tun, die wir durch Kuriere einer dem anderen schicken? Werden sie nicht auch in den Händen der Kuriere verbleiben, die sich jeder einen Dukaten nehmen und das übrige wegwerfen?

Auf diese Worte hin entschied der Kagan, daß die Prinzessin im Recht sei, und wies den Araber mit den Worten ab, die Halevi in seiner Schrift anführt:

»Warum kämpfen Christen und Moslems, die den besiedelten Teil der Welt unter sich aufteilen, einer gegen den anderen, während jeder seinem Gott aus reiner Absicht heraus dient, wie es die Mönche oder die Einsiedler tun in Fasten und Gebet? Alles aber erreichen sie durchs Töten, im Glauben, dies sei der frömmste Weg, der sie Gott näherbringe. Sie führen Krieg und meinen, daß das Paradies und ewige Glückseligkeit ihr Lohn sein würden. Unmöglich ist es jedoch, beider Überzeugung anzunehmen.«

Daher folgert der Kagan, während er fortfährt:

»Dein Kalif hat gewaltige Schiffe mit grünen Segeln und Krieger, die auf beiden Seiten kauen. Wenn wir uns ihm mit unserem Glauben ergeben, was wird von den Chasaren übrigbleiben? Es ist folglich besser, wenn es schon sein muß, uns zu den Juden zu flüchten, die von den Griechen vertrieben wurden, zu den Armen und Landstreichern, die hierher kamen aus Choresmien zur Zeit Katabias. Sie haben kein Heer, außer dem, das in einem Tempel Platz findet oder in einer Schriftrolle, angefüllt mit ihren Buchstaben.«

Hierauf wandte sich der Kagan dem jüdischen Vertreter mit der Frage zu, was er zu seiner Religion zu sagen habe. Rabbi Isaak Sangari antwortete ihm, daß sich die Chasaren ja gar nicht zu einem neuen Glauben bekehren sollten. Mochten sie den alten bewahren. Als sich alle über eine solche Meinung verwunderten, erklärte der Rabbi:

»Ihr seid keine Chasaren. Ihr seid Juden und kehrt dahin zurück, wo euer Platz ist: zum lebendigen Gott eurer Vorfahren.«

Und dann begann der Rabbi seine Lehre vor dem Kagan darzulegen. Die Tage tropften wie Regen, und er redete und redete. Zunächst stellte er dem Kagan sieben Dinge vor Augen, die vor der Schöpfung der Welt erschaffen worden waren; als da sind: das Paradies, die Thora, die Gerechtigkeit, Israel, der Thron des Ruhmes, Jerusalem und der Messias, Davids Sohn. Alsdann zählte er ihm die erhabensten Dinge auf: den Geist des lebendigen Gottes, die Luft aus dem Geist, das Wasser aus dem Wind und das Feuer aus dem Wasser. Darauf zählte er ihm die drei Mütter auf, die da sind: im All – die Luft, das Wasser und das Feuer; in der Seele – die Brust, der Bauch und der Kopf; im Jahr – die Nässe, der Frost und die Hitze. Und sieben zweifache Konsonanten: Bet, Gimel, Dalet, Kaf, Pe, Resch und Taw, das aber sind: im All – Saturn, Jupiter, Mars, Sonne, Venus, Merkur und Mond; in der Seele – Weisheit, Reichtum, Macht, Leben, Gnade, Nachkommen und Frieden; im Jahr aber – Sabbat, Donnerstag, Dienstag, Sonntag, Freitag, Mittwoch und Montag …

Und der Kagan begann, die Sprache zu verstehen, in der Gott im Paradies zu Adam gesprochen hatte, als er sagte: Diesen Wein, den ich jetzt zapfe, werden auch andere nach mir trinken.

Die ausführlichen Gespräche des Kagan mit Rabbi Isaak kann man im Buch von Juda Halevi über die Chasaren nachlesen; die Bekehrung des Kagan findet sich dort in folgender Weise beschrieben:

»Nun reiste der chasarische Kagan, wie in der Geschichte der Chasaren gesagt wird, mit seinem Wesir in die öden Gebirge am Meeresufer und gelangte eines Nachts zu einer Höhle, wo einige Juden das Passahfest feierten. Sie erklärten ihnen, wer

sie

sie seien, nahmen ihren Glauben an, wurden in der Höhle beschnitten und kehrten daraufhin in ihr Land zurück, begierig, das jüdische Gesetz zu erlernen. Dennoch hüteten sie ihre Bekehrung wie ein Geheimnis, bis sich eine Gelegenheit ergab, die Sache nach und nach wenigen der engsten Freunde zu entdecken. Als sich ihre Zahl vergrößerte, brachten sie die Sache vor das Volk und veranlaßten den Rest der Chasaren, den jüdischen Glauben anzunehmen. Aus den verschiedensten Ländern forderten sie Lehrer und Bücher an und begannen damit, die *Thora* zu erforschen …«

In Wahrheit verlief die Bekehrung der Chasaren zum Judentum in zwei Phasen. Die erste begann unmittelbar nach dem Sieg der Chasaren über die Araber im Jahre 730 bei Ardebil südlich des Kaukasus, als man die erbeuteten Güter zur Errichtung eines Tempels nach dem Vorbild jenes biblischen verwendete. Damals wurde um das Jahr 740 herum das Judentum in einigen äußerlichen Formen angenommen. Bulan rief als chasarischer Kagan die Rabbiner anderer Länder zu sich, damit sie den jüdischen Glauben bei den Chasaren festigen sollten. An dieser frühen Judaisierung der Chasaren waren, wie es aussieht, auch Choresmier beteiligt, die sich nach dem unterdrückten Aufstand von Chursat in den sechziger oder achtziger Jahren des 8. Jahrhunderts unter der Führung der Rabbiner an den Chasarenhof geflüchtet hatten.

Eine Reform dieses ursprünglichen Judentums unternahm um das Jahr 800 Kagan Obadja; er begann, Synagogen zu errichten und Schulen zu eröffnen, so daß die Chasaren mit der Thora bekannt wurden, der Mischna, dem Talmud und der jüdischen Liturgie, was bedeutet, daß das rabbinische Judentum eingeführt wurde.

Eine ausschlaggebende Rolle spielten in diesem ganzen Prozeß in gewisser Weise die Araber. Die führenden Persönlichkeiten im chasarischen Staat empfingen das Judentum zu einem Augenblick, als der islamische Einfluß zurückging, denn im arabischen Kalifat kam es zum Zusammenstoß zweier Dynastien – der Omaijaden und der Abbasiden. So stimmt Masudis Behauptung, daß der König der Chasaren zur Zeit des Kalifen Harun al-Raschid (786–809) Jude wurde, gut überein mit der Zeit der Reform des Judentums, die der chasarische Kagan Obadja unternahm.

CHASARISCHER TONKRUG – ein chasarischer Traumleser, der noch Schüler in einem Kloster war, erhielt als Geschenk einen Tonkrug und stellte ihn in seiner Zelle auf. Am Abend ließ er seinen Ring hineinfallen; als er ihn aber am nächsten Morgen suchte, fand er ihn nicht. Vergeblich steckte er seine Hand hinein, er vermochte auf keine Weise den Boden zu erreichen. Da der Krug niedriger war als die Reichweite seiner Hand, setzte ihn dies in Erstaunen. Er verrückte ihn, aber unter dem Tonkrug war ebener Boden, und man konnte keinerlei Öffnung finden, auch war er von unten getöpfert wie jeder andere. Er nahm einen Stab und versuchte mit dem Stab den Boden auszumachen, doch wiederum ohne Erfolg; es war, als ob der Boden fliehe. Er dachte: Wo ich bin, ist auch meine Schwelle, und er wandte sich an seinen Lehrer Mokaddasa al-Safer✡☾ mit der Bitte, ihm zu erklären, was ein solcher Tonkrug zu bedeuten habe. Der Lehrer nahm ein Steinchen, warf es in den Krug und zählte. Als er bis 70 gezählt hatte, hörte man aus dem Krug ein Aufklatschen, als sei etwas ins Wasser gefallen, und der Lehrer sprach:

»Ich könnte dir erklären, was dein Krug bedeutet, aber überlege, ob sich das für dich auszahlt. Sobald ich dir sage, was er ist, wird der Krug für dich, wie für andere, unwillkürlich weniger bedeuten als bisher. Denn soviel er auch wert ist, so vermag er doch nicht mehr wert zu sein als alles; sobald ich dir nun sage, was er ist, wird er nicht länger all das andere sein, was er nicht ist und was er doch für dich bis eben noch war.«

Als

Als der Schüler der Meinung des Lehrers zustimmte, nahm der Lehrer den Stab und zerschlug den Krug. Der Schüler fragte ihn bestürzt, warum er Schaden anrichte, der Lehrer antwortete jedoch:

»Ein Schaden wäre gewesen, dir zu sagen, wozu er dient, daher habe ich ihn zerschlagen. Da du auf diese Weise nicht erfährst, welches seine Bestimmung ist, wird es keinen Schaden geben, denn er wird dir auch weiterhin dienen, als wäre er nicht in Stücke geschlagen ...«

In der Tat ist der chasarische Krug auch heute noch von Nutzen, obwohl es ihn längst nicht mehr gibt.

DAUBMANNUS, JOANNES (17. Jahrhundert) – »typographus Joannes Daubmannus«, polnischer Drucker. In der ersten Hälfte des 17. Jahrhunderts veröffentlichte er in Preußen ein polnisch-lateinisches Wörterbuch, doch befindet sich sein Name auch auf der Titelseite eines weiteren Wörterbuchs, das im Jahre 1691 unter dem Titel *Lexikon Cosri – Continens Colloquium seu disputationem de Religione...* erschien. So tritt Daubmannus auch als erster Herausgeber des Buches auf, dessen zweite Ausgabe der Leser gerade in Händen hält. Die Ausgabe des *Chasarischen Wörterbuchs* von Daubmannus wurde bereits im Jahre 1692 auf Geheiß der Inquisition vernichtet, zwei Exemplare entgingen jedoch diesem Schicksal und verblieben im Umlauf. Das Material für das Wörterbuch aus drei Wörterbüchern über die chasarische Frage erhielt Daubmannus allem Anschein nach von einem Mönch des östlichen christlichen Ritus, doch vervollständigte Daubmannus das erhaltene Material, so daß er auch als Redakteur des *Chasarischen Wörterbuchs* erscheint und nicht nur als dessen Herausgeber. Das läßt sich auch an den Sprachen erkennen, die in der erwähnten Ausgabe verwendet wurden. Der begleitende lateinische Text ist wahrscheinlich Daubmannus zuzuschreiben, da der Mönch, wie es aussieht, des Lateinischen nicht mächtig war. Das Wörterbuch selbst wiederum war in Arabisch, Hebräisch und Griechisch beziehungsweise in Serbisch gedruckt, so wie der Text des Wörterbuchs dem Herausgeber überlassen wurde.

Demgegenüber behauptet eine deutsche Quelle, daß jener Daubmannus, der im Jahre 1691 das *Chasarische Wörterbuch* herausgegeben habe, nicht dieselbe Person sei wie Daubmannus, der Herausgeber des polnischen Wörterbuchs aus der ersten Hälfte des 17. Jahrhunderts. Jener jüngere Daubmannus war dieser preußischen Quelle zufolge in der frühesten Kindheit verstümmelt worden. Zudem nannte er sich auch gar nicht Joannes Daubmannus, sondern Jakob Tam David ben Jachja, wie sein richtiger Name gelautet habe. »Tag und Nacht soll er verflucht sein!« so sagt man, habe eine Farbenverkäuferin hinter ihm hergerufen. Es ist nicht bekannt, warum der Fluch ausgesprochen wurde, doch zeigte er Wirkung. Es war zu Beginn des Monats *adar*, als der Knabe gekrümmt wie ein Säbel durch den Schnee nach Hause zurückkehrte. Seither ging er, eine Hand am Boden nachschleifend und mit der anderen den eigenen Kopf am Haar hochhaltend, da dieser sich nicht selbst aufrecht zu halten vermochte. So kam es, daß er sich der Typographie verschrieb, denn bei dieser Arbeit störte ihn der auf der Schulter ruhende Kopf nicht, vielmehr war er ihm in dieser Stellung sogar dienlich. Er lachte und sagte: »Die Finsternis ist wie ein Licht!«, und er verdingte sich beim eigentlichen Daubmannus, jenem älteren Joannes, und bereute es nicht. So wie Adam die Tage der Woche taufte, so verlieh er jeder der sieben Buchbinderkünste einen Namen; er sang beständig, während er die Buchstaben aus dem Kasten wählte, und für jeden von ihnen ein anderes Lied; auf den ersten Blick konnte man denken, daß er mit seiner Krankheit nicht hadere. Es geschah jedoch, daß Preußen von einem der berühmten Wundärzte jener Zeit bereist wurde, einem jener seltenen, denen bekannt war, wie Elohim Adam mit der Seele vermählte. Und Daubmannus der Ältere schickte seinen

Jakob

Jakob Tam David zu diesem Wundarzt, damit er geheilt werde. Denn Jakob war zu jener Zeit bereits ein Jüngling, trug eines der heitersten Lächeln auf seinem Gesicht, ein gut gesalzenes Lächeln, wie man sagte, verschiedenfarbige Hosen, und aus dem Ofen, wo sommers im Durchzug des Rauchfangs die Eier gelagert wurden, aß er im Monat *elul* die Rühreier schneller, als zehn Hühner sie zu legen vermochten. Des Jünglings Augen blitzten am Messer auf, mit dem er das Brot schnitt, und als er von dieser Möglichkeit hörte, band er die Schnurrbartenden zu einem Knoten und machte sich auf, seinen Kopf in der Hand tragend. Man weiß nicht, wie lange sein Fernsein dauerte, doch an einem sonnigen *siwan* kehrte Jakob David ben Jachja gesund, aufrecht und hochgewachsen, aber unter neuem Namen aus Deutschland zurück. Er hatte den Namen seines Wohltäters Daubmannus angenommen, jenes älteren, der ihn bucklig fortgeschickt hatte und ihn jetzt gesund und freudig mit den Worten empfing:

»Von einer Aufspaltung der Seele kann nicht die Rede sein! Sonst könnten wir ihre eine Hälfte im Paradies aufbewahren, die andere in der Hölle! Dafür bist du der Beweis.«

Und wirklich, mit dem neuen Namen begann der junge Daubmannus ein neues Leben. Dieses Leben indes war doppeldeutig wie ein Teller aus Siebenbürgen mit zwiefachem Boden. Daubmannus der Jüngere kleidete sich auch weiterhin wie ein Stutzer und trug zwei Kappen zu den Jahrmärkten, eine am Gürtel, die andere auf dem Kopf, und er tauschte sie zuweilen aus, um hübscher auszusehen. Er war wirklich schön, mit Haar wie von Flachs, das im Monat *ijjar* gewachsen, und er besaß so viele schöne Gesichter wie der Monat *siwan,* der über dreißig verschiedenartige Tage verfügt. Schon wollte man ihn verheiraten. Aber es zeigte sich sehr bald, daß von seinem Gesicht, seit er geheilt war, jenes so bekannte Lächeln verschwunden war. Dieses Lächeln, das er morgens von seinem Munde fortblies, wenn er die Druckerei betrat, erwartete ihn allerdings am Abend vor der Tür der Werkstatt wie ein Hund, wohl auch nach der Gewohnheit früherer Jahre, doch fing er es gleich einem künstlichen Schnurrbart, der nicht abfallen soll, im Flug mit der Oberlippe auf. Und geradeso stand ihm das Lächeln auch. Man flüsterte, daß sich der Drucker, als er den Buckel abwarf und sich aufrichtete, der Angst beugte. Er erschrak – so redeten sie um ihn herum – vor der Höhe, von der aus er jetzt auf die Welt schaute, vor den neuen Ausblicken, die er nicht wiederzuerkennen vermochte, vor allem aber vor seiner Gleichheit mit den anderen Menschen, die er jetzt überragte, er, der früher kleiner gewesen war als irgend jemand sonst auf der Straße.

Unter diesen Übertreibungen der Gasse flossen verborgen und raunend andere, schwerere Geschichten wie Schlamm unter dem Wasser des Flusses. Einer dieser schrecklichen Geschichten zufolge lag die Quelle für die einstige knabenhafte Fröhlichkeit und Überschwenglichkeit des Daubmannus – die ihm trotz seiner Krankheit eigen war – in dem Umstand, daß er derart zusammengerollt und bucklig sich selbst zu erreichen und zu saugen imstande war, so daß er die Erfahrung machte, daß der männliche Same den Geschmack weiblicher Milch hat. So erneuerte er sich in sich selbst. Als er sich jedoch aufrichtete, war dies nicht mehr möglich... Das um ihn herum mochten nur Geschichten sein, die bewirkten, daß die Vergangenheit eines Menschen ebenso undurchsichtig wird, wie es seine Zukunft ist, doch konnte jedermann sehen, daß der junge Daubmannus, seit er geheilt war, häufig mit den jungen Leuten in der Werkstatt einen ungewöhnlichen Scherz trieb. Dann pflegte er für einen Augenblick seine Arbeit zu unterbrechen, berührte mit der einen Hand den Boden, mit der anderen aber ergriff er den eigenen Kopf am Haar und richtete ihn auf. Darüber breitete sich alsdann jenes alte, gut gesalzene Lächeln, und der einstige Ben Jachja begann zu singen, wie man ihn lange nicht gehört. Die Schlußfolgerung war unschwer zu ziehen: Für seine Heilung hatte

hatte der Drucker mehr geopfert, als sich auszahlte, und nicht umsonst sprach er: »Deutschland kehrt in meinen Traum zurück wie ein unverdautes Mittagessen.« Am schlimmsten war, daß ihm die Arbeit in der Druckerei nicht mehr wie einst gefiel. Er lud sein Gewehr mit Buchstaben und ging auf die Jagd. Das Entscheidende aber war, wie bei jenem Stein, der die Wasser desselben Baches in zwei Meere scheidet, auch hier die Begegnung mit einer Frau. Sie kam von weit her, trug veilchenblaue Kleider, wie sie in Griechenland unter den Türken die Jüdinnen tragen, und sie war die Witwe irgendeines Romagnot, der früher in der Nähe von Kawala Schafskäse machte. Daubmannus sah sie auf der Straße. Ihre Herzen trafen sich in ihren Augen, aber als er ihr zwei Finger bot, sprach sie zu ihm: »Vögel, die nicht koscher sind, erkennt man daran, daß sie auf dem Zweig die Zehen paarweis teilen anstelle von drei zu eins ...« Und wies ihn ab. Das überschritt das Maß. Daubmannus der Jüngere war gänzlich verwirrt. Er hatte sich schon entschlossen, alles aufzugeben und den Ort zu verlassen, als der alte Daubmannus unerwartet verstarb und in die Druckerei seines Nachfolgers, Daubmannus des Jüngeren, eines Abends ein christlicher Mönch eintrat, der auf einem Spieß drei Kohlköpfe trug und in der Tasche Speck, sich ans Feuer setzte, wo ein Kupferkessel mit Wasser siedete, Salz und Speck hineinwarf, den Kohl schnitt und sprach: »Meine Ohren sind angefüllt mit göttlichen Worten, doch mein Mund mit Kohl...« Er nannte sich Nikoljski[A] und war einst Schreiber im Kloster Nikolje gewesen, an jener selben Morava, an der vor langer Zeit die Mänaden Orpheus zerrissen. Er fragte Daubmannus, ob er ein Buch herausgeben würde, das einen etwas seltsamen Inhalt habe, wahrscheinlich von der Art, daß niemand wagen würde, es zu drucken. Daubmannus der Ältere oder Ben Jachja hätte ein solches Ansinnen ohne nachzudenken abgelehnt, doch Daubmannus der Jüngere sah darin in seiner Verwirrung eine Gelegenheit für sich. Er stimmte zu, und Nikoljski begann, das Wörterbuch auswendig zu diktieren, so lange, bis er sieben Tage später das ganze Buch diktiert hatte, während er den Kohl mit Zähnen aß, so lang, daß sie ihm aus der Nase zu wachsen schienen. Kaum hatte Daubmannus die Handschrift erhalten, gab er sie ungelesen mit den Worten zum Setzen: »Das Wissen ist eine verderbliche Ware, sie gärt im Augenblick. Wie die Zukunft.« Sobald das Wörterbuch gesetzt war, druckte Daubmannus ein Exemplar mit giftiger Druckerfarbe und setzte sich sogleich nieder, um es zu lesen. Je weiter er las, desto stärker wirkte das Gift, und Daubmannus krümmte sich mehr und mehr. Jeder Konsonant des Buches traf eines der Organe seines Körpers. Der Buckel kehrte zurück, die Knochen nahmen wieder die ursprüngliche Haltung ein, in der sie gewachsen waren und vor langer Zeit sich um das Eingeweide herum zusammengefügt hatten; dieses Eingeweide gelangte im Verlauf des Lesens wieder in die Lage, an die es von klein auf gewöhnt war; die Schmerzen, mit denen die Gesundheit bezahlt worden war, hörten auf; der Kopf fiel wieder in die Faust der linken Hand, die rechte senkte sich bis zum Boden, und im Augenblick, da sie diesen berührte, leuchtete das Gesicht des Daubmannus auf wie zur Zeit seiner Kindheit, jenes vergessene Lächeln der Glückseligkeit ergoß sich darüber, das alle seine Jahre zusammenhielt, und so starb er. Durch dieses glückliche Lächeln hindurch fielen aus seinem Munde die letzten Silben, die er aus dem Buch herausgelesen hatte; sie lauteten: *Verbum caro factum est* – Das Wort ward Fleisch.

HALEVI, JEHUDA (arabisch: Abu al-Chasan al-Lawi, kleiner Halevi) (1075–1141) – wichtigster hebräischer Chronist der Chasarischen Polemik▽, einer der drei hervorragendsten hebräischen Dichter Spaniens. Geboren im südlichen Kastilien, in der Stadt Tudela; dem Wunsch des Vaters, Samuil Halevi, entsprechend, erhielt Jehuda im maurischen Spanien eine vielseitige Ausbildung. »Die Weisheit ist unteilbar«,

bar«, schrieb Halevi später, »die Weisheit, wie sie die Sphären des Alls durchdringt, ist nicht größer als die Weisheit in den kleinsten Lebewesen. Nur daß die erstere, die erschaffen ist aus reiner Materie, dauerhaft und daher von höherer Art, allein der Schöpfer zu vernichten vermag, während die Tiere von einer Materie sind, die verschiedenen Einflüssen unterliegt, so daß auch die Weisheit in ihnen der Hitze, der Kälte und anderem unterliegt, das auf ihre Natur einwirkt.« In der Talmud-Schule des Isaak Alfasi in Lucena studierte Halevi Medizin, er sprach das Kastilische und das Arabische. In arabischer Sprache erlernte er die Philosophie, die unter althergebrachtem griechischen Einfluß stand und über die er schrieb: »In ihr gibt es nur Farben, doch keine Frucht, und während sie dem Verstand Nahrung gewährt, gibt sie den Empfindungen nichts.« Daher rührte Halevis Überzeugung, daß ein Philosoph niemals zum Propheten wird. Als ausgebildeter Mediziner schenkte Halevi der Literatur und der hebräischen magischen Tradition große Aufmerksamkeit; er brachte sein Leben in den verschiedensten Orten Spaniens zu, in Gesellschaft von Dichtern, Rabbinern und Gelehrten seiner Zeit. Er war der Meinung, daß die weiblichen Organe umgekrempelte männliche seien und daß das *Buch* darüber dasselbe auf andere Weise sage: »Der Mann ist Aleph, Mem, Schin und das Weib Aleph, Schin, Mem. Das Rad dreht sich vor und zurück, es gibt nichts Besseres nach oben hin als die Freude, nichts Schlimmeres nach unten hin als die Ungerechtigkeit ...« Als ein Kenner des *Talmud* verfolgte Halevi die Herkunft der Alliteration des göttlichen Namens und bot der modernen biblischen Exegese Schemata für die Quellen der Schriftzeichen J und E. Ihm wird der Ausspruch zugeschrieben: »Die Vokale sind die Seele im Körper der Konsonanten.« Er machte darauf aufmerksam, daß es im Fluß der Zeit Knoten gibt, »Herzen der Jahre«, die mit ihren Schlägen den Rhythmus der Zeit, des Raumes und der menschlichen Lebewesen aufrechterhalten, so daß daher solchen Knoten knotenartige Handlungen entsprechen – Werke, die sich im Gleichklang mit der Zeit befinden. Er war der Ansicht, daß die Unterschiede in den Dingen aus ihren Wesenszügen hervorgehen: »Jemand könnte fragen: Warum schuf Er mich nicht als einen Engel? Mit ebensoviel Recht könnte der Wurm fragen: Warum hast Du mich nicht als Menschen erschaffen?« Seit seinem dreizehnten Lebensjahr wußte Halevi, daß die Vergangenheit am Steuer ist und die Zukunft am Bug, daß das Schiff schneller ist als der Fluß und das Herz schneller als das Schiff, nur daß sie sich nicht in dieselbe Richtung bewegen. Es sind etwa tausend Gedichte erhalten, die ihm zugeschrieben werden, und einige wenige Briefe an seine Freunde, die ihm sagen ließen: »Wer einen Bissen in den Mund nimmt, wird seinen Namen nicht sagen können; wer aber seinen Namen sagt, wird sich den Bissen im Mund vergällen.« Von Kastilien aus ging Halevi nach Córdoba, das damals von den Arabern gehalten wurde und in dem das Interesse an den Chasaren über Jahrhunderte gegenwärtig war. Hier arbeitete er als Arzt, und hier entstand eine Reihe seiner jugendlichen Verse. Er dichtete in arabischer Versifikation und hinterließ seinen Namen in einem Akrostichon. »Ich bin das Meer mit seinen stürmischen Wellen«, schrieb er über sich. Im 18. Jahrhundert übersetzten ihn Herder und Mendelssohn ins Deutsche. Im Jahr 1141 verfaßte Halevi sein berühmtes Prosawerk über die Chasaren▽ *(Kitab al Khazari)*. Dieses Buch beschreibt auf den ersten Seiten die Polemik am Hof des chasarischen Kagan▽, die zwischen einem islamischen Doktor, einem christlichen Philosophen und einem jüdischen Gelehrten um die Bedeutung eines Traums entfacht wurde. In den weiteren Kapiteln bleiben nur zwei Teilnehmer miteinander im Gespräch – der Rabbiner und der chasarische Kagan –, und das Werk wird zu dem, was sein Untertitel besagt: *Ein Buch der Argumente und Beweise in Sachen der Verteidigung des jüdischen Glaubens.* Während er dieses Buch schrieb, tat Halevi, was auch dessen Held tat – er entschloß sich,

sich, von Spanien aus nach Osten aufzubrechen mit dem Wunsche, Jerusalem zu sehen. »Mein Herz strebt nach Osten«, schrieb er damals, »doch bin ich festgeschmiedet im äußersten Westen ... Du Edelstein der Länder, du Freude der Welt, o wie es mich zu dir drängt ... obwohl dein Reich nicht mehr ist, obwohl es am Ort deines heilenden Balsams jetzt nur noch Skorpione und Schlangen regnet.« Er reiste über Granada, Alexandria, Tyrus und Damaskus, während sich, wie Legenden über ihn berichten, die Schlangen im Sande seines Weges einschrieben. Auf dieser Reise entstanden seine reifsten Gedichte, darunter die berühmte *Zionide,* die man in den Synagogen liest am Tage des heiligen Ab. In Reichweite seines Zieles starb er bei der Landung am heiligen Ufer seiner Urheimat. Wie bezeugt ist, trampelten ihn sarazenische Pferde nieder im Augenblick, da er Jerusalem erschaute. Über den Kampf zwischen Christentum und Islam schrieb er: »Kein Hafen, nicht im Osten, nicht im Westen, wo wir Frieden zu finden vermöchten... ob Ismail siegt oder Edom (die Christen), mein Schicksal bleibt sich gleich – Leiden.« Es gibt eine Legende, wonach sich auf dem Grabe Halevis die Inschrift befand: »Wohin seid ihr geflogen, Glaube, Edelmut, Bescheidenheit und Weisheit? Wir befinden uns unter dieser Platte; doch auch im Grab sind wir von Jehuda nicht zu trennen.« So bewahrheitete sich auch an Halevi das Sprichwort: »Alle Wege führen nach Palästina, aber kein einziger aus ihm heraus.«

Sein berühmtes Prosawerk über die Chasaren schrieb Halevi in arabischer Sprache, in hebräischer Übersetzung wurde es erst im Jahre 1506 gedruckt. Im arabischen Original und in den hebräischen Übersetzungen von Ben Tibbon✡ (1167) und Jehuda ben Isaak Kardinal erlebte es eine Reihe von Ausgaben. Die hebräische Übersetzung, veröffentlicht 1547 und 1594 in Venedig, verstümmelte die Zensur (besonders die zweite dieser beiden Ausgaben); da sie ein Kommentar Juda Muscatos begleitete, galt sie als bedeutende Ausgabe. Im 17. Jahrhundert übersetzte John

Buxtorf Halevis Werk ins Lateinische. Über diese lateinische Ausgabe gelangte eine zensierte Version dieses Buches von Halevi über die Chasaren an eine breitere europäische Öffentlichkeit. Die Argumente des jüdischen Teilnehmers an der Chasarischen Polemik, Isaak Sangaris✡, werden in dieser Ausgabe des Werkes von Halevi je einem anonymen islamischen und christlichen Teilnehmer an dieser Polemik gegenübergestellt. Im Vorwort zu diesem der Zensur ausgesetzten Werk aber steht, als habe diese Worte Halevi geschrieben: »Da man mich häufig fragt, welche Argumente und Antworten ich jenen Philosophen geben könnte, die sich von uns in ihrem Denken unterscheiden – wie auch den Menschen der übrigen Glaubenslehren (außer den Christen), so auch den Häretikern, die sich unter uns befinden – und von der jüdischen Glaubenslehre, wie sie allgemein angenommen ist, abweichen, erinnerte ich mich daran, was ich über das Denken und die Beweise eines gewissen Gelehrten gehört hatte, der dem chasarischen König in einer Polemik gegenüberstand, jenem, der das Judentum vor vierhundert Jahren empfangen hat.« Offensichtlich ist, daß die Anmerkung in Klammern »außer den Christen« nachträglich aufgrund der Zensur eingefügt wurde, denn Halevi sprach in seinem Buch entgegen dieser Anmerkung sehr wohl über den christlichen Glauben. Eigentlich spricht er über drei Religionen – über die christliche, die islamische und die jüdische –, die er im Bilde des Baumes symbolisiert. An diesem Baum, sagt er, stellen die Zweige mit ihrem Laub und den Blüten das Christentum und den Islam dar, während die Wurzel dem Judentum zufällt. Sodann ist, obwohl der Name des Teilnehmers an der Polemik fehlt, ersichtlich, daß sein Titel – der des Philosophen – erhalten ist. Bei dem Begriff des Philosophen, wie der christliche Teilnehmer in den hebräischen und christlichen (griechischen) Quellen genannt wird, handelt es sich eigentlich um einen byzantinischen Universitätstitel, man darf ihn nicht in der gewöhnlichen Bedeutung des Wortes auffassen.

Der

Der Text Halevis in der Baseler lateinischen Ausgabe von John Buxtorf erlangte indessen große Popularität, und der Herausgeber erhielt aus Anlaß seines Erscheinens Zuschriften. So macht Daubmannus in seinem *Chasarischen Wörterbuch* von 1691 darauf aufmerksam, daß sich auf die Kommentierung des Buches von Halevi zu dieser Zeit auch ein Dubrovniker Jude namens Samuel Koën✡ einläßt; der lateinischen Übersetzung folgten Übersetzungen ins Spanische, Deutsche und Englische. Eine kritische Ausgabe des arabischen Originals samt einer parallel veröffentlichten hebräischen Übersetzung erschien in Leipzig im Jahre 1887. Hirschfeld machte darauf aufmerksam, daß sich Halevi, als er über die Natur der Seele sprach, neben anderen Quellen auch eines Textes von Ibn Sina (Avicenna) bediente.

Die Popularität Halevis wuchs früh zu solchem Ausmaße an, daß sich über ihn Legenden verbreiteten. Man ist der Auffassung, Halevi habe keine Söhne, wohl aber eine Tochter gehabt, deren Sohn des Großvaters Namen trug. Die russische jüdische Enzyklopädie nimmt das als Beweis, daß die Überlieferung nicht glaubwürdig ist, der zufolge sich der bedeutende Gelehrte Abraham ibn Ezra mit der Tochter Halevis verheiratete, denn Ezras Sohn nannte sich nicht Jehuda. Diese Überlieferung findet sich in Jiddisch aufgezeichnet im Buch *Maseh ha Schem* von Schimon Akib ben Josef, und ihm zufolge verheiratete sich der berühmte Grammatiker und Dichter aus Toledo Abraham ben Ezra (gestorben 1167) in Chasarien mit der Tochter Halevis. Zu dieser Heirat führt Daubmannus eine Legende mit folgendem Wortlaut an.

Abraham ben Esra lebte in einem kleinen Haus am Ufer des Meeres. Rund um es herum gab es stets duftende Pflanzen, und die Winde vermochten diese Düfte nicht auseinanderzutreiben, sondern trugen sie gleich Teppichen von Ort zu Ort. Eines Tages bemerkte Abraham ben Esra, daß sich die Düfte verändert hatten. Es rührte daher, daß er Furcht fühlte. Diese Furcht in ihm war zuerst tief wie seine jüngste Seele, dann stieg sie hinab in die mittlere, dann auch in die dritte, die älteste Seele Esras. Schließlich wurde die Furcht tiefer als die Seele in Ben Esra, und er vermochte nicht länger im Hause zu verweilen. Er wollte hinausgehen, doch als er die Tür öffnete, fand er am Eingang ein ausgespanntes Spinnennetz, das sich während der Nacht dort angeheftet hatte. Es war wie alle anderen Spinnennetze, besaß aber eine rötliche Färbung. Als er versuchte, es zu beseitigen, bemerkte er, daß es ein wunderschön aus Haar gesponnenes Netz war. Da begann er seinen Eigentümer zu suchen. Er fand keinerlei Spur, bemerkte aber in der Stadt eine Fremde, die ihren Vater begleitete. Sie hatte langes rotes Haar, schenkte jedoch Ben Esra keine Aufmerksamkeit. Am nächsten Morgen fühlte Ben Esra erneut Furcht, und an der Tür fand er wieder ein aus rotem Spinngewebe geknüpftes Netz. Als er an diesem Tag das Mädchen traf, reichte er ihr zwei Sträuße Myrthe.

Sie lachte und fragte:

»Wie hast du mich entdeckt?«

»Ich habe sofort bemerkt«, sagte er, »daß in mir dreierlei Furcht ist und nicht nur eine.«

Ausgewählte Literatur: John Buxtorf, »Praefacio« zur Baseler Ausgabe des Buches von Halevi in lateinischer Übersetzung *(Liber Cosri,* Basilae 1660); *Lexicon Cosri, continens colloquium seu disputationem de religione,* Regiemonti Borussiae excudebat typographus Ioannes Daubmannus, Anno 1691 (vernichtete Ausgabe); *Evreiskaja ènciklopedija,* Petersburg 1906–1913, S. 1–16, Bd. I, bringt einen ausführlichen Artikel und Literatur zu Halevi; eine selektive Bibliographie wird zur Ausgabe von J. Halevi, *The Kuzari (Kitab al Khazari),* New York 1968, S. 311–313, gegeben; die neueste zweisprachige Ausgabe der Gedichte liegt vor bei Arno Press, New York 1973; *Encyclopedia Judaica,* Jerusalem 1971.

KAGAN▽ – Bezeichnung für den Herrscher der Chasaren; abgeleitet vom hebräischen Wort *koën,* das Priester bedeutet. Der erste Kagan nach der Übernahme des Judaismus im Chasarenreich nannte sich Sabriel und seine Frau Serah. Der Name des Kagan, der nach der Chasarischen Polemik▽ verlangte und an seinen Hof Juden, Griechen und Araber rief, damit sie seine Träume deuteten, ist nicht bekannt. Hebräischen

schen Quellen zufolge, die Daubmannus✡ anführt, ging der Bekehrung der Chasaren zum Judentum der Traum des Kagan voraus, den er seiner Tochter oder Schwester, Prinzessin Ateh▽, mit diesen Worten wiedergab:

»Ich träumte, daß ich bis zum Gürtel im Wasser ging und ein Buch las. Das Wasser war der Fluß Kura, trübe, voll Gras, von denen, die man durchs Haar oder den Bart trinkt. Zuweilen, wenn eine höhere Welle herankam, hob ich das Buch hoch in die Luft, damit es nicht naß würde, und fuhr danach mit der Lektüre fort. Die Tiefe war nah, und es galt, die Lektüre zu beenden, ehe man in sie hineingeriet. Da aber erschien mir der Engel mit dem Vogel auf der Hand, und er sprach zu mir: Deine Absichten sind dem Herrn angenehm, nicht aber deine Werke. Indem erwachte ich und öffnete die Augen. Auch im Wachen befand ich mich bis zum Gürtel im Wasser, in jener selben trüben Kura mit den Gräsern, hielt dasselbe Buch in der Hand, der Engel vor mir wie vordem. Jener selbe aus dem Traum mit dem Vogel. Ich schließe schnell die Augen, doch Fluß, Engel, Vogel und alles andere sind da wie zuvor; ich öffne sie – dasselbe. Ich lese aus dem Buch aufs Geratewohl: ›Möge sich der, der sich die Schuhe anzieht, nicht loben …‹, und an dieser Stelle schließe ich die Augen, aber ich sehe die Fortsetzung und lese den begonnenen Satz mit geschlossenen Augen: ›… wie der, der sich die Schuhe auszog.‹ In diesem Augenblick flog vom Engel der Vogel auf, und ich hob wieder die Augenlider. Man sah, wie der Vogel davonflog. Da verstand ich: Du kannst vor der Wahrheit nicht länger die Augen verschließen, keine Rettung mehr suchen im Versteckspiel, es gibt nicht länger Traum und Wirklichkeit, kein Erwachen noch Einschlafen. Alles ist ein und derselbe zusammenhängende ewige Tag und die Welt, die sich um dich windet wie eine Schlange. Da erfuhr ich das große entfernte Glück als ein kleines, doch nahes; verstand die große Sache als nichtig, die kleine aber als die eigene Liebe … Und ich tat, was zu tun war.«

KOËN, SAMUEL (1660 – 24. September 1689) – Jude aus Dubrovnik, einer der Autoren dieses Buches. 1689 aus der Stadt verbannt, starb er auf dem Weg nach Konstantinopel, als er in ein Koma fiel, aus dem er nicht mehr erwachte.

Ausgewählte Literatur: Anonym, *Lexicon Cosri, continens colloquium seu disputationem de religione,* Regiemonti Borussiae excudebat typographus Ioannes Daubmannus, Anno 1691, passim; zu Koëns Vorfahren vgl.: M. Pantić, *»Der Sohn als Verlobter einer Mutter« … Annalen des Historischen Instituts der Jugoslawischen Akademie der Wissenschaften und Künste in Dubrovnik,* 1953, II, S. 209–216.
Quellen: Ein Bild von Koën, Bewohner des Dubrovniker Gettos, erhält man anhand von Berichten der Dubrovniker Polizei, die in einem spröden Italienisch, von Menschen ohne Muttersprache, abgefaßt sind; anhand von gerichtlichen Akten und Zeugnissen der Schauspieler Nikola Rigi und Antun Krivonosović; sowie anhand der Inventarliste von Dingen in Koëns Unterkunft, die während seiner Abwesenheit für die Bedürfnisse der jüdischen Gemeinschaft in Dubrovnik hergerichtet wurde; außerdem fand sich sein Name in einer Abschrift unter Dokumenten des Dubrovniker Archivs in der Serie *Processi politici e criminali,* 1680–1689. Die letzten Tage seines Lebens sind aufgrund spärlicher Angaben bekannt, die aus den Gettos der Belgrader Sepharden nach Dubrovnik geschickt wurden. Zu ihnen gehört auch ein Ring, in den Koën 1688 das Jahr 1689 eingravierte, das Jahr seines Todes. Damit sich das Bild vervollständigt, vergleiche man die Angaben mit den Berichten der Dubrovniker Emissäre, die der Botschafter der Republik des heiligen Vlachus in Wien, Matija Marin Bunić, anwies, den österreichisch-türkischen Zusammenstoß bei Kladovo im Jahre 1689 zu verfolgen; diese vermerkten jedoch über Koën lediglich zwei, drei Sätze mit dem Hinweis, daß sie bei dieser Arbeit »mehr Heu als Pferde« gehabt hätten.

Die Zeitgenossen beschreiben Samuel Koën als einen großgewachsenen Menschen mit roten Augen und einem einseitig ergrauten Schnurrbart. »Seit ich von ihm weiß, ist ihm kalt. In den letzten Jahren ist ihm etwas wärmer geworden«, sagte über ihn bei einer Gelegenheit seine Mutter, Frau Klara. Ihren Worten zufolge reiste er des Nachts im Traum viel und weit, so daß er davon zuweilen ermüdet und beschmutzt erwachte, oder er lahmte dann auf einem Bein, so lange, bis er sich von seinen Träumen erholt hatte. Die Mutter behauptete, sie empfinde eine seltsame Unbehaglichkeit,

haglichkeit, während Koën schlafe; sie erklärte es damit, daß er sich im Schlaf nicht wie ein Jude verhalte, sondern wie ein Mensch fremden Glaubens, der auch des Samstags im Schlaf ritt und sang, zuweilen den achten Psalm träumend, jenen, den man singt, wenn man eine verlorene Sache zu finden trachtet, doch auf christliche Art und Weise. Außer dem Jiddischen sprach er das Italienische, Lateinische und Serbische, des Nachts jedoch murmelte er in seinen Träumen eine seltsame Sprache, die er im Wachen nicht beherrschte und von der sich später herausstellte, daß es das Walachische war. Bei seiner Beerdigung zeigte er am linken Oberarmmuskel eine schreckliche Wunde wie von einem Biß. Er sehnte sich danach, Jerusalem zu sehen, und im Traum sah er wahrhaftig eine Stadt am Ufer der Zeiten, wanderte durch ihre Straßen, die mit Stroh bestreut waren und daher still, wohnte in einem Turm voll hoher Wandschränke, groß wie eine kleine Kirche, und lauschte den Brunnen, als lausche er dem Regen. Doch wurde er alsbald gewahr, daß die Stadt, die er träumte und von der er überzeugt war, es sei Jerusalem, keinesfalls ein heiliger Ort war, vielmehr Konstantinopel, wie sich unwiderlegbar an einer Gravur Konstantinopels ablesen ließ, die sich Koën beschafft hatte, als er alte Himmels- und Landkarten sammelte, und auf der er die Straßen, Märkte und Türme wiedererkannte, die er träumte. Koën besaß unbestreitbare Vorzüge, die jedoch der Ansicht Frau Klaras zufolge in nichts auf etwas Praktisches gerichtet waren. Aus den Schatten der Wolken errechnete er, mit welcher Geschwindigkeit die Winde am Himmel flogen, vorzüglich erinnerte er sich an Verhältnisse, Vorgänge und Zahlen, vergaß dagegen schnell Menschen, Namen und Gegenstände. Die Dubrovniker behielten ihn in Erinnerung, wie er stets am selben Platz stand, am Fenster seines Zimmerchens im Getto, tief gesenkten Blickes. Tatsächlich hatte er seine Bücher auf den Fußboden des Zimmers gelegt und las sie im Stehen; die Seiten blätterte er mit den Zehen seines bloßen Fußes um.

Dem Sabljak-Pascha☾ von Trebinje kam zu Ohren, daß es in Dubrovnik einen Juden gebe, der es verstehe, Pferdeperücken zu arbeiten, und so trat Koën in den Dienst des Paschas, wo er zeigte, daß die Empfehlungen nicht vergeblich gewesen waren. Er hielt des Paschas Pferdefriedhof über dem Meer gut gepflegt instand und flocht Perücken, die an Feiertagen und bei Kriegszügen den Rappen des Paschas auf den Kopf gesteckt wurden. Koën war mit seiner Arbeit zufrieden, den Pascha hingegen bekam er kaum zu Gesicht. Doch traf er sich dafür mit den Burschen des Paschas, die geschickt waren im Säbelführen und im Sattel. So verglich er sich mit ihnen und bemerkte, daß er im Traum schneller war als in Wirklichkeit. Dies folgerte und überprüfte er auf die ihm eigene genaue Weise. Er sah im Traum, wie er allein mit gezogenem Säbel vor einem Apfelbaum stand. In seinem Traum war es Herbst, und er wartete, mit der Klinge in der Hand, daß ein Wind aufkomme. Als dies geschah, begannen die Äpfel mit dumpfem Aufprall zu fallen, als höre man die Hufschläge von Pferden. Den ersten, der vom Ast herabfiel, traf er und teilte ihn mit dem Säbel entzwei. Als er erwachte, war es Herbst wie in seinem Traum; er lieh sich einen Säbel, ging zum Tor von Pile und trat unter die Brücke. Dort stand ein Apfelbaum, und er wartete darauf, daß ein Wind aufkomme. Als es geschah und die Äpfel herabzufallen begannen, begriff er, daß er nicht einen mit dem Säbel würde erreichen können. So war es auch, und Koën bestätigte sich, daß er im Traum schneller und geschickter in der Säbelführung war als im Wachen. Vielleicht weil er im Traum übte, im Wachen aber nicht. Er träumte häufig, wie er durch die Finsternis einen Säbel in der Rechten trägt, um die Linke aber einen langen Kamelzügel wickelt, dessen anderes Ende jemand in dieser Finsternis strafft. Seine Ohren sind angefüllt mit dichter Nacht, und er hört durch diese Nacht, wie jemand im Dunkel den Säbel gegen ihn zieht und durch die Finsternis das Eisen auf sein Gesicht zukommt; doch nimmt er dies unfehlbar wahr,

wahr, er pariert mit seiner Waffe und gebietet dem Pfeifen und der unsichtbaren Schneide Einhalt, die in der Tat aus der Dunkelheit kreischend auf seinen Säbel fällt.

Der Verdacht gegen Samuel Koën und die Strafen, die folgten, meldeten sich von mehreren Seiten zugleich und aus mehreren Gründen. Er war der unerlaubten Anstiftung einer Glaubensstreitigkeit mit den Dubrovniker Jesuiten angeklagt, der Aufrechterhaltung einer Beziehung zu einer christlichen Adligen sowie der Zugehörigkeit zu der häretischen essenischen Lehre. Die Zeugenaussage eines Fraters, er habe angesichts des belebten Stradun mit dem linken Auge einen Vogel im Flug verschlungen, bleibt dabei unerwähnt.

Was mit einem äußerst ungewöhnlichen Besuch Samuel Koëns im Jesuitenkloster in Dubrovnik am 23. April 1689 begann, endete im Gefängnis. An dem erwähnten Morgen wurde Koën gesehen, wie er über die Treppenstufen zu den Jesuiten emporklomm, wobei er seine Pfeife durch ein Lächeln zwischen die Zähne steckte – hatte er doch im Traum gesehen, wie man Pfeife raucht, und so auch im Wachen zu rauchen begonnen. Er läutete darauf am Eingang zum Kloster, und sobald ihm aufgetan wurde, begann er, sich bei den Fratres nach einem christlichen Missionar und Heiligen umzuhören, der etwa 800 Jahre älter war als er selbst, dessen Namen er nicht kannte, dessen ganze Biographie er jedoch auswendig wußte: wie er in Saloniki die Schulen besucht und die Ikonen gehaßt, wie er irgendwo auf der Krim Hebräisch gelernt hatte, im Chasarenreich die Verirrten zum christlichen Glauben bekehrte, bei welcher Gelegenheit er den Bruder mit sich führte, damit er ihm helfe. »Er starb«, fügte Koën hinzu, »in Rom im Jahre 869.« Koën bat die Fratres, ihm den Namen des Heiligen zu nennen, falls sie ihn wüßten, und ihn über die Vita des Heiligen zu belehren. Die Jesuiten ließen Koën jedoch nicht einmal über ihre Schwelle. Sie hörten zu, was er sagte, schlugen unaufhörlich über seinem Mund das Kreuz und schickten sofort nach der Polizei, damit man ihn ins Gefängnis werfe. Denn seit im Jahre 1606 die Synode in der Kirche der Gottesmutter den Beschluß gegen die Juden gefaßt hatte, war in Dubrovnik den Bewohnern des Gettos jede Erörterung über den christlichen Glauben verboten, und ein Zuwiderhandeln wurde mit 30 Tagen Gefängnis bestraft. Während Koën seine 30 Tage absaß, indem er die Bänke mit den Ohren pflasterte, ereigneten sich zweierlei Dinge, die der Erwähnung wert sind. Die jüdische Gemeinde führte den Beschluß herbei, daß ein Verzeichnis von Koëns Schriftstücken erstellt werden sollte, gleichzeitig aber erschien eine Frau, die sich an Koëns Schicksal interessiert zeigte.

Frau Efrosinija Lukarević✡, eine angesehene Adlige aus Lučarice, nahm jeden Tag um fünf Uhr nachmittags, sobald der Schatten des Minčeta-Turmes auf die andere Seite der Befestigungsmauer fiel, eine Porzellanpfeife, stopfte sie mit dem stärksten Tabak, der in getrockneten Trauben überwintert hatte, entzündete sie mit einem Klumpen Myrrhe oder einem Span aus Kiefernholz von der Insel Lastovo, gab einem Burschen vom Stradun ein Silberstück und schickte die angezündete Pfeife Samuel Koën ins Gefängnis. Der Bursche pflegte sie Koën auf solche Art angezündet zu überreichen und brachte sie, aufgeraucht, erwähnter Frau Efrosinija aus dem Gefängnis zurück nach Lučarice.

Frau Efrosinija, aus der Patrizierfamilie Getaldić-Kruhoradić, hatte eingeheiratet in das Haus einer Dubrovniker Herrschaft aus der Familie Luccari und machte von sich reden sowohl ihrer ungewöhnlichen Schönheit wegen als auch wegen des Umstandes, daß niemand jemals ihre Hände gesehen hatte. Man erzählte, daß sie an den Händen je zwei Daumen habe, daß ihr anstelle des kleinen Fingers noch ein weiterer Daumen wachse, so daß jede ihrer Hände zugleich die linke als auch die rechte sein konnte. Man sagt, dies alles sei gut auf einem Porträt zu sehen gewesen, das – vor Frau Lukarević geheimgehalten – vollendet wor-

den

den war und sie als Brustbild zeigte, wie sie in der Hand mit zwei Daumen ein Buch hielt. Läßt man diese Erzählung außer acht, so lebte Frau Efrosinija wie die übrige Welt ihres Standes, sie hatte, wie man so sagt, kein Ohr schwerer als das andere. Nur zuweilen erlaubte sie sich, gleichsam verzaubert, die Maskeraden zu besuchen, die die Juden im Getto spielten. Diese jüdischen Theatervorstellungen verbot die Dubrovniker Obrigkeit zu dieser Zeit nicht, so daß Frau Efrosinija einmal sogar den Komödianten und Maskenträgern des Gettos für die weibliche Hauptrolle, die ebenfalls die Männer spielten, eines ihrer Gewänder, »blau mit gelben und roten Bändern«, überließ. Im Februar des Jahres 1687 fiel in einem »Schäferspiel« die weibliche Rolle Samuel Koën zu, und er spielte in dem erwähnten blauen Gewand der Frau Luccari die Schäferin. In den Berichten, die der Dubrovniker Obrigkeit vorgelegt wurden, ist vermerkt, daß die Zusteller beobachteten, wie sich der Jude Koën bei dieser Gelegenheit seltsam betragen habe, nicht, »wie es in einer Komödie schicklich sei«. Gekleidet gleich einer Schäferin, »ganz in feinem Linnen, in Bändern und Fransen, blauen und roten, geschminkt, daß sein Gesicht nicht zu erkennen war«, hatte Koën eine Liebeserklärung an einen Schäfer, »in Versen gesungen«, zu »rezitieren«. Doch anstatt sich diesem zuzuwenden, wandte er sich mitten in der Vorstellung Frau Efrosinija zu (in deren Gewand er sich befand) und beschenkte sie zum allgemeinen Entsetzen mit einem Spiegel und »Worten der Liebe«, wie folgt:

Vergeblich schickst du mir den Spiegel allen Glücks,
Wenn es in ihm für mich dein Angesicht nicht gibt;
Anstatt des deinen, nach dem ich verlange, find ich
Mein eigenes Gesicht, von Jahr zu Jahr hin fliehend,
Zurück geb ich die Gab, ich finde keinen Schlaf,
Seit dein Gesicht in meins sich ganz verwandelt hat.

Frau Efrosinija nahm dieses Verhalten überraschend ruhig auf und belohnte die Ausführenden überreich mit Orangen. Als noch dazu mit dem Frühling die

Firmung herankam und Frau Lukarević ihre Tochter in die Kirche führte, konnte alle Welt sehen, daß sie in die Kirche auch eine Puppe trug, gekleidet in ein blaues Kleid, das just aus jenem Gewand mit den gelben und roten Bändern geschneidert war, in dem der Jude Koën bei der Maskerade im Getto rezitiert hatte. Als er dies sah, schrie Koën, auf die Puppe weisend, auf, daß man da seine Tochter firme und das Kind seiner Liebe in das Gotteshaus führe, sei es auch ein christliches. An jenem Abend traf Frau Efrosinija Samuel Koën vor der Muttergotteskirche gerade zu der Stunde, da man das Getto verschloß, reichte ihm das Ende ihres Gürtels zum Kuß, führte ihn an diesem Gürtel wie an einem Zügel und übergab ihm im ersten Schatten einen Schlüssel, während sie das Haus in Prijeko bezeichnete, wo sie ihn am kommenden Abend erwarten wollte.

Koën fand sich zur verabredeten Zeit vor einer Tür ein, die das Schlüsselloch über dem Türgriff aufwies; er hatte also den Schlüssel in der Weise hineinzustecken, daß er den Bart nach oben drehte, während er den Türgriff in die Höhe drücken mußte, um eintreten zu können. Er befand sich in einem engen Gang, dessen rechte Wand war wie andere Wände, die linke jedoch setzte sich aus vierkantigen steinernen Säulchen zusammen und verbreiterte sich stufenartig nach links. Wenn er über diese Säulchen schaute, eröffnete sich Koën ein Blick in die Ferne und in einen freien Raum, auf dessen Grund irgendwo im Mondschein das Meer rauschte. Doch lag dieses Meer nicht in seinem Blickfeld: es stand aufrecht in ihm, wie ein Vorhang, dessen untere Kante sich faltet, Wellen schlägt und umsäumt ist von Schaum. Auf den Säulchen war in einem rechten Winkel etwas wie eine Einfassung aus Eisen befestigt und verhinderte so, daß man sich ihnen gänzlich näherte; daraus schloß Koën, daß die ganze linke Wand des Ganges eigentlich eine Treppe war, die mit ihrer seitlichen Front senkrecht auf dem Boden aufgesetzt war; man konnte sie also nicht benutzen, denn die Trittflächen der Stufen standen

den

den aufrecht, links der Füße, nicht aber unter ihnen. Er bewegte sich längs dieser Treppenwand, während er sich immer mehr von der rechten Seite des Ganges entfernte, und verlor irgendwo, etwa auf der Hälfte des Weges, plötzlich den Boden unter den Füßen. Er fiel seitwärts auf eine Treppensäule und begriff bei dem Versuch aufzustehen, daß sich der Boden nicht länger zum Auftreten benutzen ließ, denn er war zu einer Wand geworden, obwohl er sich nicht verändert hatte. Die stufenartige Wand hingegen hatte sich in eine benutzbare Treppe verwandelt, während sie weiterhin dieselbe blieb wie bisher, nur daß das Licht, das zuvor vor ihm in der Tiefe des Ganges zu sehen gewesen war, sich jetzt hoch über Koën befand. Auf dieser Treppe stieg er ohne Mühe empor zu diesem Licht und dem Gemach im oberen Stockwerk. Bevor er eintrat, blickte er über das Gitter in die Tiefe und sah jetzt das Meer so, wie er es gewohnt war: es brauste ausgegossen im Abgrund unter seinen Füßen. Als er eintrat, saß Frau Efrosinija barfuß da und weinte in ihr Haar. Vor ihr befand sich auf einem dreibeinigen Schemel eine Sandale, in der Sandale ein kleines Brot, in der Nase der Sandale brannte eine hineingesteckte Wachskerze. Unter dem Haar ließen sich die entblößten Brüste von Frau Efrosinija sehen, die, als seien es Augen, Wimpern trugen und Augenbrauen, und aus ihnen tropfte, gleich schwarzen Blicken, eine dunkle Milch. Mit Händen, die je zwei Daumen hatten, brach sie Stücke eines Brotes und legte sie sich in den Schoß. Waren diese von den Tränen und der Milch durchweicht, warf sie sie vor ihre Füße; diese Füße aber hatten an den Zehen anstelle von Nägeln Zähne. Mit aneinandergelegten Fußsohlen kaute sie mit diesen Zähnen die hinuntergeworfene Nahrung; da es aber keine Möglichkeit gab, sie zu schlucken, wälzten sich die gekauten Bissen um sie herum im Staub...

Als sie Koën erblickte, zog sie ihn an sich und führte ihn in ihr Schlafgemach. Sie machte ihn in dieser Nacht zu ihrem Geliebten, ließ ihn von jener schwarzen Milch trinken und sprach:

»Saug nicht allzusehr, damit du nicht alterst, denn es ist die Zeit, die aus mir fließt. Sie stärkt bis zu einem gewissen Grade, doch dann schwächt sie...«

Nach dieser Nacht, die er mit ihr verbracht hatte, beschloß Koën zu dem ihren, zum christlichen Glauben überzutreten. Darüber sprach er öffentlich wie in einem Rausch, so daß sich die ganze Sache herumsprach; es geschah jedoch nichts. Als er Frau Efrosinija seine Absicht bekundete, sprach sie zu ihm:

»Das darfst du keinesfalls tun, denn wenn du es wissen willst, auch ich bekenne nicht den christlichen Glauben, oder besser gesagt, Christin bin ich nur vorläufig und nach meinem Gemahl. In Wirklichkeit gehöre ich auf eine bestimmte, sehr komplizierte Art und Weise der jüdischen Welt an. Vielleicht hast du bemerkt, daß du zuweilen auf dem Stradun einen dir gut bekannten Gürtel an einer dir völlig unbekannten Person beobachten kannst. Alle stecken wir in solchen Gürteln, auch ich. Ich bin ein Teufel, mein Name ist Traum. Ich komme aus der hebräischen Hölle, aus Gehenna, mein Sitzplatz ist auf der linken Seite des Tempels, unter den Geistern des Bösen, ich bin ein Nachfahre des Gebbura, von dem die Schrift sagt: ›atque hinc in illo creata est Gehenna.‹ Ich bin die erste Eva und heiße Lilith, ich kannte den Namen Jehovas und zerstritt mich mit Ihm. Seither fliege ich in Seinem Schatten zwischen den siebendeutigen Bedeutungen der Thora. In der jetzigen Gestalt, die du siehst und die du liebst, bin ich erschaffen aus der Vermengung von Wahrheit und Erde; ich habe drei Väter und keine einzige Mutter. Und ich darf nicht rückwärtsgehen. Wenn du mich auf die Stirn küßt, werde ich sterben. Nimmst du aber den christlichen Glauben an, so wirst du für mich sterben. Doch werden dich die Teufel des christlichen Hades übernehmen, und sie werden sich um dich kümmern, nicht ich. Für mich wärest du auf immer verloren und außerhalb meines Zugriffs. Nicht nur in diesem, sondern auch in den anderen, künftigen Leben...«

So

So blieb der Dubrovniker Sepharde Samuel Koën, was er war. Aber ohne Rücksicht darauf hörten die Verleumdungen, als er nachgab, nicht auf. Sein Name war schneller als er selbst, und mit diesem Namen geschahen bereits Dinge, die mit Koën erst noch geschehen sollten. Das Glas schäumte über zur Karnevalszeit im Jahre 1689, in der Woche der heiligen Apostel. Unmittelbar nach dem Karneval wurde der Dubrovniker Schauspieler Nikola Rigi vor Gericht geführt, er machte eine Aussage in Verbindung mit den Ausschreitungen, die er aus diesem Anlaß mit seiner Schauspieltruppe verursacht hatte. Er wurde angeklagt, den angesehenen Dubrovniker Juden Papo-Samuel und andere Juden in der Komödie verunglimpft und in Maskeraden eingesetzt und dabei Samuel Koën unter den Augen der ganzen Stadt mißhandelt zu haben. Der Schauspieler verteidigte sich, er habe nicht geahnt, daß sich unter der Karnevalsmaske Koën befand. Wie es in jedem Jahr die Jugend zu tun pflege, sobald sich die Farbe des Windes ändere, habe Rigi mit dem Schauspieler Krivonosović die *džudijata*, das Karnevalsspiel mit dem Juden, vorbereitet. Da Božo Popov-Saraka mit seiner Schar von Patriziersöhnen in diesem Jahr darauf verzichtete, entschlossen sich die Bürger, zur Fastenzeit Maskeraden vorzubereiten. Sie liehen einen Ochsenkarren und errichteten auf ihm einen Galgen, während Krivonosović, der schon früher den Juden gespielt hatte, sich ein Hemd aus Segeltuch und einen Hut aus Fischernetz besorgte, einen roten Bart aus Hanf fertigte und das Testament verfaßte, das der Jude gewöhnlich vor seinem Tode in der *džudijata* zu verlesen hatte. Man fand sich zu festgesetzter Stunde ein, bereits maskiert, und Rigi sagte unter Eid vor dem Gericht, daß er geglaubt habe, man fahre auf dem Wagen, wie früher zur Karnevalszeit auch geschehen, Krivonosović, der, verkleidet in einen Juden, unter dem Galgen steht und Schläge erduldet, Anspeiungen und andere Erniedrigungen, wie es das Stück eben erfordere. So lud man also alle Schauspieler, den Henker und den

Juden auf den Wagen und machte sich auf, durch die Stadt zu fahren, von den schwarzen zu den weißen Fratres, um die Komödie aufzuführen. Man umfuhr die Placa und schlug darauf den Weg zur Muttergotteskirche und nach Lučarice ein. Unterwegs riß Rigi in seiner Eigenschaft als Henker dem angeblichen Juden (dem Schauspieler Krivonosović in der Maske des Juden, wie er glaubte) bei der großen Fontäne die Nase aus der Maske, beim Tabor versengte er seinen Bart, bei der kleinen Fontäne gab er ihn der Menge preis, damit sie ihn bespie, auf dem Platz vor dem Palast (ante Palatium) riß er ihm die Hand ab (angefertigt aus Stroh und einem Strumpf) und hatte nichts Ungewöhnliches bemerkt, außer daß von dem Gerüttel des Wagens jenem aus dem Munde unwillkürlich kurze Pfiffe entfuhren. Als sich in Lučarice vor dem Haus des Herrn Lukarević die Stunde näherte, da der Jude nach dem gewöhnlichen Szenarium gehenkt werden sollte, legte ihm Rigi die Schlinge um den Hals, auch weiterhin überzeugt, unter der Maske befinde sich der Schauspieler Krivonosović aus der Schar seiner Gefährten. Da aber verlas, anstelle des Testaments, jener unter der Maske ein Gedicht oder Gott weiß was, und zwar, indem er sich so, mit der Schlinge um den Hals, Frau Efrosinija Lukarević zuwandte, als sie, die Haare mit dem Ei des Spechts gewaschen, auf dem Balkon ihres Palastes stand. Dieses Schriftstück erinnerte keinesfalls an die Testamente des Juden aus der *džudijata*, es lautete vielmehr:

Der Herbst ist dir ein Schmuck, den Brüsten ein Geschmeide,
Der Winter dir das Band, das deine Hüften schnürt,
Der Frühling itzund das, was an dir ist dein Kleide,
Der Sommer deine Schuh, der drauf den Herbst anführt;
Der Kleider sind stets mehr, je mehr an Zeit verrinnt,
Ein jedes neues Jahr mir neue Last gewinnt;
Leg ab all dein Gewand, der Jahreszeiten müd,
Bevor noch meine Flamm', glückselige, verglüht.

Erst

Erst jetzt, und weil solche Worte eher zu einer Maskerade mit ihren Liebeserklärungen gehörten als zur *džudijata* und weil sie so gar nicht wie das Testament des Juden klangen, erkannten Schauspieler und Zuschauer, daß etwas nicht in Ordnung war, und so kam Rigi auf den Einfall, die Maske von jenem zu ziehen, der las. Da zeigte sich unter der Maske zur Bestürzung aller Anwesenden anstelle des Schauspielers Krivonosović ein richtiger Jude aus dem Getto, Samuel Koën. Dieser Jude hatte freiwillig alle jene Schläge, Erniedrigungen und Bespeiungen anstelle des Krivonosović erduldet, doch dafür könne keinesfalls Nikola Rigi die Verantwortung tragen, da er ja gar nicht gewußt habe, daß er unter der Maske Koën fuhr, der Krivonosović bestochen hatte, ihm diesen Platz einzuräumen und darüber zu schweigen. So wurde zur allgemeinen Verwunderung festgestellt, daß Rigi an der Verunglimpfung und Mißhandlung des Samuel Koën nicht schuldig sei, daß sich vielmehr Samuel Koën selbst am Gesetz versündigt habe, dem zufolge im Karneval Juden nicht unter Christen gehen dürften. Da Koën – man erinnere sich seines Besuches bei den Jesuiten – erst kürzlich aus dem Gefängnis entlassen worden war, erschien die neuerliche Verurteilung wie das Zünglein an der Waage, damit dieser Jude, dem die »Haare schwer geworden« und der irgendwo in der Herzegovina für die Türken Pferdefriedhöfe pflege, aus der Stadt verjagt werde. Nur daß man nicht wußte, ob sich die jüdische Gemeinschaft hinter Koën stellen und ihn schützen werde, was die Angelegenheit hinauszögern, wenn nicht gar verändern konnte. Man wartete folglich ab, bis Koën erneut im Kerker saß, damit sich das Getto äußere.

Im Getto aber kam man zu dem Schluß, daß man nicht so lange warten solle wie im Winter aufs Feuer. Im zweiten Mond des Monats *ijjar* desselben Jahres sahen Rabbi Abraham Papo und Ishak Nehama Papiere und Bücher in Koëns Unterkunft durch und inventarisierten sie. Denn die Nachrichten über seinen Besuch bei den Fratres machten nicht nur die Jesuiten besorgt, sondern auch das Getto.

Als sie vor der Wohnung ankamen, war dort niemand. Sie läuteten, und am Klang der Glocke erkannten sie, daß sich der Schlüssel in der Glocke befand. Er war am Klöppel aufgehängt. Im Zimmer brannte eine Kerze, obwohl Koëns Mutter abwesend war. Sie fanden einen Mörser für Zimt, eine Hängematte zum Schlafen, so hoch aufgehängt, daß man ein Buch lesen konnte, wenn man es über den Augen gegen die Zimmerdecke drückte, eine Streubüchse voller Sand, mit Lavendel parfümiert, und eine dreiarmige Öllampe mit einer Inschrift auf jedem der Arme, die die drei menschlichen Seelen benannten: *nefesch, ruach* und *neschama.* Am Fenster sahen sie Pflanzen, und nach den Arten zu urteilen, schlossen die Besucher, daß sie unter dem Schutz der Sterne aus dem Sternbild des Krebses standen. Auf den Regalen längs der Wände lagen eine Laute, ein Säbel und 132 Hüllen von roter, blauer, schwarzer und weißer Leinwand und darin Koëns Handschriften oder seine Abschriften fremder Handschriften. Auf einen Teller war mit einer Feder, in Siegelwachs getaucht, eine Anleitung für leichtes und schnelles Aufwachen geschrieben: Damit ein Mensch erwacht, genügt es, daß er irgendein beliebiges Wort aufschreibt, und sofort wird er hellwach sein, so sehr ist das Schreiben als solches eine übernatürliche, göttliche und nicht menschliche Tätigkeit. An der Zimmerdecke über der Hängematte standen viele Buchstaben und Wörter, niedergeschrieben gelegentlich des Erwachens. Von den Büchern zogen drei die Aufmerksamkeit der Besucher an, sie fanden sich auf dem Boden des Raumes, dicht am Fenster, wo Koën für gewöhnlich las. Offensichtlich blätterte er sie abwechselnd um, und diese Art des Lesens glich einer Art Vielweiberei. Auf dem Boden lag die Krakauer Ausgabe eines Buches des Dubrovniker Dichters Dr. Didak Isaija Koën (gestorben 1599), genannt Didak Pir – *De illustribus familiis* (1585) –, daneben das Buch von Aron Koën,

Zekan

Zekan Aron (Der Bart Arons), veröffentlicht in Venedig 1637, mit einer Abschrift von Arons Hymne an Isaak Jeschurun (gestorben in Dubrovniker Gefängnissen), daneben noch *Das gute Öl (Schemen tov)* von Schalamun Oef, dem Großvater Aron Koëns. Es war klar, daß die Bücher nach einem familiären Schlüssel ausgewählt worden waren, aber mehr ließ sich aus dieser Angabe nicht herausholen. Daraufhin öffnete Rabbi Abraham Papo das Fenster. Es wehte gerade ein Südwind, und der Wind fuhr ins Zimmer. Der Rabbi schlug eines der Bücher auf, lauschte einen Augenblick, wie die Blätter im Durchzug raschelten, und sprach zu Ishak Nehama:

»Höre! Kommt es dir nicht vor, als ob dieses hier das Wort flüsterte: *nefesch, nefesch, nefesch*?«

Darauf ließ der Rabbi das nächste Buch sprechen, und laut und deutlich konnte man hören, wie die Blätter, sich im Wind umschlagend, aussprachen: *ruach, ruach, ruach*.

»Wenn das dritte Wort *neschama* ausspricht«, bemerkte Papo, »wissen wir, daß die Bücher Koëns Seelen herbeirufen.«

Und sobald Abraham Papo das dritte Buch aufschlug, hörten beide, daß es das Wort flüsterte: *neschama, neschama, neschama!*

»Die Bücher streiten sich um etwas, was in diesem Zimmer ist«, folgerte Rabbi Papo. »Irgendwelche Dinge hier wollen irgendwelche anderen Dinge vernichten.«

Sie setzten sich und blickten regungslos im Zimmer umher. Auf der Öllampe erschienen plötzlich Flammen, als hätten die Bücher sie mit ihrem Rascheln hervorgerufen. Eine der Flammen trennte sich von der Öllampe und weinte in zwei Stimmen auf; Rabbi Papo aber sprach:

»Da weint Koëns erste, seine jüngste Seele um den Körper, und sein Körper weint um die Seele.«

Darauf näherte sich diese Seele jener Laute auf dem Wandregal und begann, die Saiten zu berühren, wovon man ein leises Spiel vernahm, und also begleitete die Seele ihr Weinen mit Musik. »Zuweilen gegen Abend«, weinte Koëns Seele, »wenn die Sonne deine Augen erblickt, mag es dir vorkommen, daß der nahe Falter, der deinen Weg überfliegt, ein ferner Vogel ist, oder von der tief vorübergeflogenen Freude, daß sie eine hoch aufgeflogene Traurigkeit...« Indem streckte sich die andere Flamme aus und formte sich zu einer menschlichen Gestalt, blieb vor dem Spiegel stehen und begann, sich anzukleiden und mit weißer Kreide zu schminken. Dazu trug die Gestalt Balsame, Pernambukholz und duftende Cremes zum Spiegel, als könne sie erst in ihm bestimmen und erkennen, was es für Farben waren, doch besorgte sie das Schminken, ohne das Gesicht dem Spiegel auszusetzen, als fürchte sie, verletzt zu werden. Sie fuhr damit fort, bis sie sich gänzlich in die Erscheinung Koëns mit den roten Augen und dem einseitig ergrauten Schnurrbart verwandelt hatte. Dann nahm sie den Säbel vom Wandregal und gesellte sich zur ersten Seele. Koëns dritte Seele, jene älteste, schwebte indessen in Form eines Leuchtkäfers oder Flämmchens hoch oben unter der Zimmerdecke. Während sich die ersten beiden Seelen an das Wandregal mit den Handschriften hefteten, hatte sich die dritte von ihnen abgesondert, sich feindselig an ihre Ecke unter der Zimmerdecke haltend, während sie die Buchstaben über der Hängematte leckte, wo geschrieben stand:

יא	כד	ז	כ	ג
ד	יב	כה	ח	טז
יז	ה	יג	כא	ט
י	יח	א	יד	כב
כג	ו	יט	ב	טו

Jetzt

Jetzt meinten Rabbi Papo und Ishak Nehama zu erkennen, daß sich Koëns Seelen um jene Säckchen mit den Handschriften stritten, doch gab es davon so viele, daß sie nicht alles zu überblicken vermochten. Da frage Rabbi Abraham:

»Denkst du über die Farben der Säckchen nach, wie ich?«

»Haben sie denn nicht die Farben der Flammen?« bemerkte Nehama. »Wir wollen sie mit der Kerze vergleichen. Auf ihr gibt es mehrere Flammen: eine blaue, eine rote und eine schwarze; diese dreifarbige Flamme versengt und ist stets in Berührung mit der Materie, die sie verbrennt, mit Docht und Öl. An der Spitze, über dieser dreifarbigen Flamme, ist eine andere, weiße Flamme, die nicht brennt und doch leuchtet, unterstützt durch jene untere dreifarbige Flamme; also ein Feuer, das sich durchs Feuer ernährt. Mose stand auf dem Berg in jener weißen Flamme, die nicht brennt und doch leuchtet, während wir am Fuße des Berges stehen, in jenem dreifarbigen Feuer, das alles verzehrt und entzündet außer der weißen Flamme, die das Symbol der höchsten und verborgensten Weisheit ist. Untersuchen wir also, was wir in den weißen Hüllen vermuten!«

Es gab nicht viel – so viel, wie in einen Hafersack paßt. Sie fanden eine Ausgabe von Juda Halevi✡, veröffentlicht in Basel 1660, ausgestattet mit der Übersetzung des Textes aus dem Arabischen ins Hebräische von Rabbi Jehuda ben Tibbon und begleitet von dem lateinischen Targum des Herausgebers. In den übrigen Hüllen befanden sich Koëns Handschriften, und unter ihnen fiel den Besuchern zuerst die Aufzeichnung in die Augen, die den Titel trug

Schrift über Adam Kadmon

Die Chasaren sahen in den Träumen der Menschen Buchstaben, und sie forschten in ihnen nach dem Urmenschen, dem vorzeitlichen Adam Kadmon, der sowohl Mann als Frau war. Sie glaubten, daß jedem

Menschen je ein Buchstabe des Alphabets zugehört, daß jeder dieser Buchstaben einen Teil des Körpers von Adam Kadmon auf Erden darstellt und daß sich in den Träumen der Menschen diese Buchstaben verknüpfen und aufleben zum Körper Adams. Doch diese Buchstaben und die Sprache, die mit diesen Buchstaben aufgezeichnet wird, sind nicht die, deren wir uns bedienen. Die Chasaren glaubten zu wissen, wo die Grenze zwischen zwei Sprachen und zwei Schriften liegt, zwischen dem göttlichen Wort – *dabar* – und unserem menschlichen. Die Grenze, behaupten sie, verläuft zwischen den Verben und den Substantiven. Das Tetragramm – der geheime göttliche Name, den schon die alexandrinische Septuaginta unter dem harmlosen Wort *kyrios* verbarg – ist nämlich gar kein Substantiv, sondern ein Verb. Man muß dabei auch im Auge behalten, daß Abraham die Verben berücksichtigte, die der Herr aus Anlaß der Welterschaffung benutzte, und nicht die Substantive. Die Sprache, deren wir uns bedienen, besteht also aus zwei ungleichberechtigten Kräften, deren Herkunft sich wesentlich unterscheidet. Denn das Verb, der Logos, das Gesetz, die Vorstellungskraft von den richtigen Handlungsweisen, von einem gerechten und allumfassenden Verhältnis, ging dem eigentlichen Akt der Erschaffung der Welt und jenem, was wirken und in Beziehung treten sollte, voraus. Die Substantive aber entstanden erst, nachdem die Materie dieser Welt erschaffen war, und zwar, um sie zu bezeichnen. So kommen die Namen, wie das Glöckchen zur Kappe, nach Adam, der in seinem 139. Psalm sagt: »Noch gibt es keine Wörter in meiner Sprache, du aber, Herr, sieh, du weißt schon alles.« Die Tatsache, daß die Substantive bestimmt sind, in der Natur der menschlichen Namen zu liegen, ist nur ein Beweis mehr dafür, daß sie nicht jener Reihe von Wörtern angehören, die den Namen Gottes erschaffen. Denn der Name Gottes *(Thora)* ist ein Verb und kein Substantiv, und dieses Verb beginnt mit Aleph. Gott schaute auf die Thora, als er die Welt erschuf, und so ist das Wort, mit dem die

Welt

Welt beginnt, ein Verb. Unsere Sprache verfügt also über zwei Ebenen – eine göttliche und eine von zweifelhafter Herkunft, allem Anschein nach mit Gehenna verknüpft, dem Raum im Norden des Herrn. So sind Hölle und Paradies, Vergangenheit und Zukunft bereits in der Sprache und in den Schriftzeichen der Sprache enthalten.

Auch in den Schriftzeichen. Hier zeigt sich der Grund des Schattens. Das irdische Alphabet ist der Spiegel des himmlischen, und es teilt das Schicksal der Sprache. Wenn wir die Substantive zusammen mit den Verben benutzen, obgleich die Verben unendlich über den Substantiven stehen, denn weder Alter noch Herkunft sind ihnen gemeinsam, da diese vor, jene aber nach der Schöpfung entstanden, so gilt dies alles auch für das Alphabet. Die Buchstaben, mit denen die Substantive geschrieben werden, und die Buchstaben, mit denen man die Verben aufzeichnet, können folglich nicht von gleicher Art sein und sind seit jeher in zwei Reihen von Zeichen aufgeteilt, nur haben sie sich heute in unseren Augen vermischt, denn das Vergessen liegt im Auge. So wie jeder der Buchstaben des irdischen Alphabets je einem Teil des menschlichen Körpers entspricht, so entsprechen die Buchstaben des himmlischen Alphabets dem Körper Adam Kadmons, während die weißen Stellen zwischen den Buchstaben den Bewegungsrhythmus des Körpers ausdrücken. Weil aber das Nebeneinander des göttlichen und des menschlichen Alphabets nicht gestattet ist, zieht sich immer eines von ihnen zurück, um dem anderen Platz zu machen, und umgekehrt; wenn das zweite sich ausdehnt, ist das erste auf dem Rückzug. Das gilt auch für die Schriftzeichen der *Bibel* – die *Bibel* atmet ständig. Für Augenblicke glänzen in ihr die Verben auf, dann aber, sobald diese sich zurückziehen, gewinnen die Substantive an Schwärze; nur, daß wir es nicht zu sehen vermögen, so wie wir nicht lesen können, was schwarzes Feuer auf weißem schreibt. Wechselweise erfüllt so der Körper Adam Kadmons unser Wesen oder verläßt es wieder wie bei

Ebbe, ganz abhängig davon, ob sich das himmlische Alphabet im Anschwellen oder im Abflauen befindet. Die Buchstaben unseres Alphabets zeigen sich im Wachen, die Buchstaben des himmlischen Alphabets in unseren Träumen, zerstreut wie das Licht und der Sand über die Wasser der Erde zur Stunde, da die göttlichen Buchstaben anwachsen und die menschlichen aus unserem eingeschlafenen Auge verdrängen. Denn im Traum denken wir mit Augen und Ohren, die Rede kennt im Traum keine Substantive, sie gebraucht nur Verben, und nur im Traum ist jeder Mensch Zaddik und vermag nicht, Mörder zu sein... Ich, Samuel Koën, der Schreiber dieser Zeilen, tauche gleich den chasarischen Traumjägern in die Bereiche der dunklen Seite der Welt, und ich versuche, aus ihnen die göttlichen Funken, die dort gebannt liegen, hervorzuziehen, doch kann es geschehen, daß auch meine Seele dort bleibt, eingekerkert. Aus den Buchstaben, die ich dort sammle, und aus den Buchstaben jener, die dies vor mir taten, füge ich ein Buch zusammen, das, wie die chasarischen Traumjäger gesagt haben, den Körper Adam Kadmons auf Erden bildet...

Während sie sich im Halbdunkel umblickten, durchwühlten die zwei Menschen den Rest der weißen Säckchen und fanden in ihnen nichts als ein paar Dutzend alphabetisierter Wörter, etwas, was Koën *Chasarisches Wörterbuch (Lexicon Cosri)* nannte und was sie auffaßten als das in alephbetischer Reihenfolge geordnete Wissen über die Chasaren, ihren Glauben, ihre Gebräuche und alle Menschen, die zu ihnen in Verbindung standen, ihre Geschichte und ihre Bekehrung zum Judentum. Es war ein Material ähnlich jenem, das viele Jahrhunderte vor Koën Juda Halevi in seinem Buch über die Chasaren bearbeitet hatte; Koën ging jedoch weiter als Halevi in dem Sinne, daß er ausführlicher auf die Frage einging, wer bei Halevi jener ungenannte christliche und wer der

nicht

nicht erwähnte islamische Teilnehmer an der Chasarischen Polemik▽ war. Koën bemühte sich, die Namen und Argumente dieser beiden aufzudecken, und erarbeitete ihre Biographien für sein Lexikon, das – wie er meinte – auch solche Ordnungswörter umfassen mußte, die in den hebräischen Quellen zur chasarischen Frage vernachlässigt worden waren. So fand sich in Koëns Wörterbuch auch eine Skizze zur Lebensbeschreibung eines christlichen Predigers und Missionars, offensichtlich jenes selben, über den Koën bei den Jesuiten Erkundigungen eingeholt hatte; doch war sie kärglich, ohne den Namen, den Koën zu erfahren nicht gelungen war, so daß man ihn nicht in das Wörterbuch einbeziehen konnte. »Juda Halevi«, so fügte Koën dieser unvollendeten Biographie hinzu, »seine Herausgeber und die übrigen hebräischen Kommentatoren und Quellen erwähnen nur einen der drei Teilnehmer an der Glaubenspolemik am Hof des chasarischen Kagan namentlich. Das ist der hebräische Vertreter – Isaak Sangari✡ –, der den Traum des chasarischen Herrschers vom Besuch des Engels deutete. Die übrigen Teilnehmer an der Polemik – den christlichen und den islamischen – erwähnen die hebräischen Quellen nicht mit Namen, sie sagen nur so viel, daß der eine ein Philosoph war; über den anderen, jenen Araber, führen sie nicht einmal an, ob er vor oder nach der Polemik ermordet wurde. »Vielleicht«, schrieb Koën weiter, »sammelt noch jemand auf der Welt Dokumente und Nachrichten über die Chasaren, wie es Juda Halevi tat, und stellt ein solches Verzeichnis von Quellen oder ein Wörterbuch zusammen, wie ich es tue. Vielleicht tut es jemand, der nicht unseres Glaubens ist, sondern Christ oder ein Mann des islamischen Gesetzes. Vielleicht gibt es in der Welt zwei andere, die mich suchen, wie ich sie suche. Vielleicht träumen sie mich, wie ich sie, und begehren nach dem, was ich weiß, denn für sie ist meine Wahrheit ein Geheimnis, so wie für mich ihre Wahrheit eine verborgene Antwort auf meine Fragen ist. Man sagt nicht vergebens, daß jeder Traum der sechzigste Teil der Wahrheit ist. Vielleicht träume ich Konstantinopel nicht vergeblich und mich in ihm als einen ganz anderen Menschen, als ich bin – geschickt im Sattel und schnell am Säbel, ein wenig lahmend und auf eine andere Weise fromm. Im *Talmud* steht: Er möge gehen, damit sein Traum ihm vor der Dreifaltigkeit gedeutet werde! Wer ist meine Dreifaltigkeit? Sind sie nicht neben mir – jener andere, christliche Sucher nach den Chasaren und jener dritte, der islamische? Sind in meinen Seelen drei Glauben anstelle des einen? Wollen zwei meiner Seelen in die Hölle und nur eine ins Paradies? Oder sind, wie immer, beim Erlernen des Buches über die Erschaffung der Welt drei unabdingbar, und eines ist nicht genug, so daß ich mich zu Recht nach jenen zweien sehne, so wie sie sich vielleicht nach dem dritten? Ich weiß es nicht, aber ich weiß und habe zuverlässig erfahren, daß meine drei Seelen sich in mir bekämpfen, und eine von ihnen trägt einen Säbel und ist schon in Konstantinopel, die zweite zögert, weint und singt, während sie die Laute spielt, die dritte aber ist gegen mich. Diese dritte zeigt sich nicht, oder sie erreicht mich noch immer nicht. Deshalb träume ich nur jenen ersten, mit dem Säbel, jenen anderen aber mit der Laute träume ich nicht. Denn Rav Chisda sprach: ›Der Traum, den man nicht deutet, gleicht einem Brief, den man nicht liest‹, ich aber drehe es um und sage umgekehrt: ›Ein nicht gelesener Brief ist wie ein Traum, den man nicht träumte.‹ Wie viele Träume hat man mir geschickt, die ich nie empfangen und nie zu Ende geträumt? Ich weiß es nicht, doch weiß ich, daß eine meiner Seelen die Herkunft der anderen Seele zu enträtseln vermag, indem sie auf die Stirn eines Menschen schaut, der schläft. Ich fühle, daß sich Teile meiner Seele unter anderen menschlichen Wesen finden lassen, unter Kamelen, unter Steinen und Pflanzen; irgend jemandes Traum nahm das Material zum Körper meiner Seele und baut irgendwo fern sein Haus aus ihm. Denn meine Seelen verlangen zu ihrer Vervollkommnung das Zusammenwirken mit anderen Seelen, die

Seelen

Seelen helfen so den Seelen. Ich weiß, mein chasarisches Wörterbuch umfaßt alle zehn Zahlen und 22 Buchstaben des hebräischen Alphabets; aus ihnen vermag man die Welt zu erschaffen, aber sieh, ich vermag es nicht. Es fehlen mir irgendwelche Namen, irgendwelche Buchstaben werden deshalb nicht vollständig werden. Wie wünschte ich, anstelle des Wörterbuchs mit Namen nur Verben für die Ordnungswörter gebrauchen zu können! Das aber vermag der Mensch nicht. Denn die Buchstaben, die die Verben bezeichnen, kommen von Elohim, sie sind uns unbekannt und sind nicht des Menschen, sondern Gottes, und nur die Buchstaben, die Substantive und Namen bezeichnen, jene, die aus Gehenna vom Teufel kommen, bauen mein Wörterbuch und sind mir zugänglich. Ich muß mich also an die Namen halten und an den Teufel...«

»Baal chalomot!« rief Rabbi Papo aus, als sie zu dieser Stelle in Koëns Papieren kamen. »Phantasiert er?«

»Ich wiederum denke etwas anderes«, entgegnete Nehama und löschte die Kerze.

»Was denkst du?« fragte Rabbi Papo und löschte die Öllampe, und jede der Seelen flüsterte ihren Namen und entschwand.

»Ich denke«, antwortete Nehama in völliger Finsternis, so daß die Dunkelheit des Zimmers sich mit der Dunkelheit seines Mundes vermischte, »ich denke darüber nach, was gut für ihn ist, Semlin, Kawala oder Saloniki?«

»Saloniki, die jüdische Mutter?« verwunderte sich Rabbi Papo. »Davon kann nicht die Rede sein. Man muß ihn als Minenleger nach Siderokapsi schicken!«

»Wir werden ihn nach Saloniki zu seiner Verlobten schicken«, schloß der andere Alte nachdenklich, und sie gingen hinaus, ohne das Licht anzuzünden.

Draußen erwartete sie der Südwind und salzte ihnen die Augen.

So war das Schicksal Samuel Koëns besiegelt. Er wurde aus Dubrovnik verbannt, und wie man aus den Polizeiberichten zu schließen vermag, nahm er von seinen Bekannten Abschied am »Tage des heiligen Thomas, des Apostels, im Jahre 1689, bei einer Gluthitze, unter der dem Vieh die Schwänze aushaaren und der Stradun voller Vogelfedern liegt«. Am Abend dieses Tages legte Frau Efrosinija Männerkleidung an und begab sich auf die Straße, wie es eine Dirne tut. Koën ging an diesem Abend zum letztenmal von der Apotheke zum Sponza-Palast, und sie warf unter dem Torbogen von Garište eine Silbermünze vor ihn hin. Er hob das Geldstück auf und trat in das Dunkel. Zuerst schauderte er beim Gedanken, da sei ein Mann, aber er erkannte sie, sobald sie ihn mit den Fingern berührte.

»Geh nicht«, sprach sie zu ihm, »mit den Richtern kann man alles in Ordnung bringen. Nur sag es. Es gibt keine Verbannung, die sich nicht in ein kurzfristiges Verweilen in den Meeresgefängnissen abwandeln ließe. Wer es auch immer sein wird – ich werde ihm ein paar goldene Münzen in den Bart wickeln, und wir brauchen uns nicht zu trennen.«

»Ich muß nicht gehen, weil ich verbannt bin«, entgegnete Koën. »Für mich bedeuten ihre Schreibereien soviel wie das Lied, das die Seeschwalbe im Flug ausspeit. Ich muß gehen, denn es ist höchste Zeit für mich. Seit der Kindheit träume ich, daß ich mich in der Dunkelheit mit dem Säbel schlage, und ich lahme in den Träumen. Ich träume in einer Sprache, die ich im Wachen nicht verstehe. Nunmehr sind zweiundzwanzig Jahre vergangen, und es ist an der Zeit, daß sich mein Traum bewahrheitet und erklärt. Entweder jetzt oder niemals. Und er wird dort Wahrheit werden, wo ich ihn träume – in Konstantinopel. Denn ich sehe nicht vergeblich im Traum diese krummen Straßen, die gebaut sind, um den Wind zu erschlagen, diese Türme und das Wasser unter ihnen...«

»Wenn wir uns in diesem Leben nicht mehr treffen«, sagte darauf Frau Efrosinija, »werden wir uns in in einem anderen, künftigen Leben sehen. Vielleicht sind wir nur die Wurzel der Seelen, die eines Tages aus uns sprießen werden. Vielleicht ist deine Seele schwanger und wird einmal meine Seele gebären, aber vorher müssen beide den ihnen bestimmten Weg gehen...«

»Auch wenn es so wäre, würden wir uns in diesem künftigen Leben nicht erkennen. Deine Seele ist nicht Adams Seele, diejenige, die in die Seelen aller nachfolgenden Generationen verbannt wurde und verurteilt ist, mit jedem von uns immer aufs neue zu sterben.«

»Wenn nicht so, dann treffen wir uns auf eine andere Weise. Und ich werde dir sagen, wie du mich erkennen wirst. Ich werde dann ein Mann sein, aber ich werde dieselben Hände haben wie jetzt – jede mit je zwei Daumen, so daß beide sowohl die linke als auch die rechte sein können...«

Mit diesen Worten küßte Frau Efrosinija Koën auf den Ring, und sie verabschiedeten sich für immer. Der Tod von Frau Lukarević, der alsbald erfolgte und so schrecklich war, daß er in Volksliedern besungen wurde, konnte keinen Schatten auf Koën werfen, denn er war zu der Zeit, als Frau Efrosinija starb, selbst schon in ein Koma gefallen, in einen Traum ohne Wiederkehr und Erwachen.

Am Anfang dachte man, daß Koën zu seiner Verlobten Lidisija nach Saloniki gehen und dort heiraten würde, wie es die jüdische Gemeinde in Dubrovnik empfohlen hatte. Aber er tat es nicht. An jenem Abend stopfte er seine Pfeife, und am Morgen rauchte er sie aus im Lager des Sabljak-Pascha☾ von Trebinje, der sich zum Kriegszug in die Walachei rüstete. So brach Koën allem zum Trotz nach Konstantinopel auf. Doch kam er dort niemals an. Augenzeugen, die die Dubrovniker Juden unter den Begleitern des Paschas bestochen hatten – sie gaben ihnen pflanzliche Farben für ihr Leinen, damit sie ihnen Koëns Ende erzählten –, berichteten folgendes.

Der Pascha reiste in diesem Jahr mit seiner Gefolgschaft gen Norden; während der ganzen Zeit aber flogen über ihnen, als würden sie ihre Erinnerung davontragen, die Wolken nach Süden. Dies war schon kein gutes Zeichen. Sie blickten auf ihre Jagdhündinnen, während sie durch die duftenden bosnischen Wälder wie durch die Jahreszeiten eilten, und sie trafen auf den Konak von Šabac in jener Nacht, als der Mond sich verfinsterte. Da brach sich an der Save ein Hengst des Paschas die Beine, und der Pascha rief den Wächter des Pferdefriedhofs zu sich. Koën schlief indessen so fest, daß er den Ruf nicht hörte, und der Pascha schlug ihn mit der Peitsche zwischen die Augen, den Schlag wie aus einem Brunnen heraufholend, so daß der Reif an seinem Arm sprühte. Koën kam augenblicklich zu sich und eilte, seine Arbeiten im Lauf zu erledigen. Nach diesem Vorfall verlor sich Koëns Spur vorübergehend, denn er wechselte aus des Paschas Tabor nach Belgrad, das die österreichischen Truppen besetzt hielten. Man weiß, daß er in Belgrad in das riesige zweistöckige Haus der türkischen Sepharden ging, in dem überall Durchzug war, der durch die Gänge heulte – in das jüdische »Haus ihrer Väter« mit über 100 Zimmern, 50 Küchen und 30 Kellern. Auf den Straßen der Stadt über den Wassern sah er die bezahlten Schlachten der Kinder, die sich untereinander bis aufs Blut schlugen, wie die Hähne, während die, die um sie herumstanden, Wetten abschlossen. Er wohnte im alten Han, in einem der 47 Zimmer, die den deutschen Juden gehörten, den Aschkenasim, und dort fand er ein Buch über die Traumdeutung, das in Ladino geschrieben war. Gegen Abend schaute er, wie über Belgrad die Glokken der Kirchen wie Pflugeisen die Wolken furchten.

»Wenn sie bis ans Ende des Himmels gelangen«, bemerkte er, »wenden sie um und kehren durch neue Wolken zurück...«

Als die Abteilung des Sabljak-Pascha an der Donau auftauchte, einem der vier paradiesischen Flüsse – jenem, der die allegorische Ebene in der *Bibel* symbolisiert –,

lisiert –, schloß sich ihm Koën erneut an. Da geschah etwas, was Koën die große Zuneigung des Paschas einbrachte. Der Pascha führte einen gut bezahlten Griechen mit sich, einen Kanonengießer. Dieser blieb mit seinen Gußformen und Werkzeugen einen Tag Wegs hinter der Abteilung zurück; sobald aber die ersten Scharmützel mit den Serben und Österreichern laut wurden, befahl der Pascha, am Djerdap eine Kanone von 3000 Ellenbogen Wurfweite zu gießen und Kanonenkugeln von je zwei ägyptischen Kantar. »Denn von diesem Feuerwerk« (der Kanone), sprach der Pascha, »werden die Küken in den Eiern umkommen, die Füchsin wird verwerfen, der Honig aber in den Bienenkörben bitter werden«. Zum Griechen befahl er, Koën zu schicken. Es war indessen Sabbat, und Koën legte sich, anstatt loszureiten, nieder, um zu schlafen.

Am Morgen wählte er ein Kamel aus, den Sprößling eines zweibuckligen Männchens und eines einbuckligen Weibchens, das den Sommer über in Teer gestanden hatte und jetzt für die Reise gerüstet war. Er nahm auch ein Pferd mit sich, ein »launiges«, von der Sorte, die man zu den Stuten läßt, damit sie diese in gute Stimmung versetzen, bevor man sie dem Hengst zuführt, der sie decken soll. Kamel und Pferd wechselnd, überwand Koën in einem Tag zwei Tagesritte und erledigte seine Arbeit. Als ihn der Pascha verblüfft befragte, wer er sei und wer ihn das Reiten gelehrt, antwortete Koën, er habe es im Traum geübt. Diese Antwort gefiel dem Pascha außerordentlich, und er schenkte Koën einen Ring, den man durch die Nase zieht. Als die Kanone gegossen war, begann man die österreichischen Stellungen anzugreifen. Sabljak befahl seiner Einheit, sich in Bewegung zu setzen, und alle stürmten sie die serbischen Stellungen, eingeschlossen Koën, der anstelle eines Säbels einen Futtersack trug, obwohl sich in ihm, wie man wußte, nichts Wertvolles befand, im Gegenteil, nur altes, klein beschriebenes Papier in weißen Hüllen.

»Unter einem Himmel, dick wie Suppe«, erzählt ein

Augenzeuge, »flogen wir in eine Schanze, wo wir nur auf drei Männer trafen, während die übrigen geflohen waren. Zwei Soldaten waren dort beim Würfelspiel, ohne sich um unseren Angriff zu kümmern. Dicht neben ihnen vor dem Zelt schlief wie im Rausch ein reich gekleideter Reiter, und nur seine Hunde fielen uns an. Im Nu erschlugen die Unsrigen einen der Würfelspieler und durchbohrten mit der Lanze den schlafenden Reiter. Dieser erhob sich solchermaßen durchbohrt auf seinen Ellenbogen und blickte auf Koën, doch dieser fiel von diesem Blick wie von einem Geschoß, und jene Papiere aus seinem Futtersack zerstreuten sich. Der Pascha fragte, ob da Koën getötet worden sei, worauf jener andere Würfelspieler auf arabisch antwortete:

›Wenn er Koën heißt, dann hat ihn nicht das Geschoß getroffen, dann hat ihm ein Traum die Beine weggezogen...‹

Es erwies sich, daß es die Wahrheit war, und dieses ungewöhnliche Wort rettete dem Würfelspieler das Leben für einen Tag. Denn das Wort ist menschlich wie der Hunger. Es hat nicht immer die gleiche Kraft...«

Das Ende der Mitteilungen über Samuel Koën, den Juden aus dem Dubrovniker Getto, ist ein Bericht über seinen letzten Traum, ein schweres und tiefes Koma, in das er, wie auf das offene Meer, hinausgefahren war, ohne Wiederkehr. Diesen letzten Bericht über Samuel Koën unterbreitete Sabljak-Pascha von Trebinje jener Würfelspieler, dessen Leben auf dem Kampfplatz verschont wurde. Das, was er dem Pascha in diesem Bericht sagte, bleibt für immer eingenäht in ein seidenes Zelt an der Donau, und zu uns sind nur Bruchstücke des Gesprächs durch das grüne Gewebe gedrungen, das keinen Regen durchläßt. Der Würfelspieler hieß Jusuf Masudi☾ und war Traumdeuter. Er vermochte in fremden Träumen einen Hasen zu fangen, viel eher aber noch einen Menschen, und er

diente

diente bei jenem Reiter, den sie mit der Lanze durchbohrt hatten. Dieser Reiter war eine angesehene und wohlhabende Persönlichkeit, er nannte sich Avram Branković†, und allein seine Windhunde waren so viel wert wie ein Lastkahn mit Schießpulver. Von ihm behauptete Masudi Unwahrscheinliches. Er beteuerte Sabljak-Pascha, daß Koën in seinem schweren Traum gerade diesen Avram Branković träume.

»Du sagst, daß du ein Traumdeuter bist?« fragte daraufhin der Pascha Masudi. »Kannst du dann auch diesen Traum Koëns lesen?«

»Natürlich kann ich das. Ich sehe bereits, was er träumt: da Branković stirbt, träumt er den Tod des Branković.«

Bei diesen Worten war es, als lebe der Pascha auf. »Das heißt«, schloß er schnell, »daß Koën jetzt das erleben kann, was kein Sterblicher vermag: Branković träumend, der im Sterben liegt, vermag er den Tod zu durchleben und doch selbst am Leben zu bleiben?«

»So ist es«, stimmte Masudi zu, »aber er vermag nicht zu erwachen, um uns das, was er im Traum sah, zu erzählen.«

»Dafür aber kannst du sehen, wie er diesen Tod träumt...«

»Ja, das kann ich, und ich werde euch morgen Bericht erstatten, wie ein Mensch stirbt und was er dabei fühlt...«

Niemals werden der Sabljak-Pascha noch wir erfahren, ob der Würfelspieler diese Sache verlangte, um sein Leben um einen Tag zu verlängern, oder weil er wirklich in Koëns Traum zu blicken und dort den Tod des Branković zu finden vermochte. Der Pascha glaubte immerhin, daß die Sache einen Versuch wert sei. Er sagte, daß jeder folgende Tag so viel wert sei wie ein unbenutztes Kameleisen, der gestrige aber so viel wie ein abgefallenes, und so ließ er Masudi bis zum nächsten Tag das Leben.

Koën verbrachte diesen Tag mit einem letzten Schlaf; seine riesengroße Nase sah wie ein wahrhaftiger Vogel durch sein Lächeln aus dem Traum hervor;

dieses Lächeln aber glich dem Rest von einem längst verzehrten Essen. Bis zum Morgen trennte Masudi sich nicht von seinem Polster; als dann die Dämmerung heraufkam, war der Anatolier von diesem Wachen verändert, als sei er in den Träumen, die er gelesen, ausgepeitscht worden. Gelesen hatte er in ihnen folgendes.

Es war, als stürbe Branković nicht an der Wunde, die ihm mit der Lanze zugefügt worden war. Er spürte diese Wunde nicht einmal. Er spürte weit mehr als eine einzige Wunde, und die Zahl dieser Wunden vervielfachte sich mit großer Geschwindigkeit. Er spürte, daß er hoch auf einer steinernen Säule stand und zählte. Es war Frühling; es wehte ein Wind, der Zöpfe flocht aus den Weidenruten, und alle Weiden vom Moriš bis zur Theiß und zur Donau trugen Zöpfe. Etwas wie Pfeile bohrte sich in seinen Körper, doch spielte sich der Vorgang umgekehrt ab: bei jedem Pfeil spürte er zuerst die Wunde, dann den Einstich, der Schmerz ließ nach, man hörte durch die Luft ein Pfeifen, und schließlich schnarrte die Sehne, von der der Pfeil abgeschnellt worden war. So zählte er sterbend die Pfeile von eins bis siebzehn, dann aber fiel er von der Säule und hörte zu zählen auf. Bei diesem Fall stieß er auf etwas Hartes, Unermeßliches und Riesiges. Aber es war nicht die Erde. Es war der Tod. Seine Wunden flogen bei diesem Aufschlag nach allen Seiten auseinander, so daß eine die andere nicht mehr zu spüren vermochte, und nun erst schlug er auf der Erde auf, schon tot.

Nun aber starb er in diesem selben Tod noch ein zweites Mal, obwohl es schien, als sei in ihm auch für den geringsten Schmerz kein Platz mehr. Zwischen den Einstichen der Pfeile starb er zur selben Zeit noch einmal, aber ganz anders, er starb einen noch nicht gereiften, knabenhaften Tod und fürchtete einzig, nicht schnell genug anzukommen, um die ungeheure Arbeit zu erledigen (denn der Tod ist eine anstrengende Arbeit) und um zur selben Zeit, wenn es zum Sturz von der Säule käme, auch mit diesem anderen

Tod

Tod fertig zu sein. Deshalb spannte er alle Kräfte an und eilte. Er lag bei dieser reglosen Eile hinter einem bunten Stubenofen, der in Form einer wie Kinderspielzeug kleinen Kirche mit roten und goldenen Kuppeln gemauert war. Die glühenden und eiskalten Schmerzstöße quollen aus ihm ins Zimmer, als entrissen sie sich aus seinem Körper in die Freiheit, und wechselten schnell die Jahre. Die Dämmerung breitete sich wie Feuchtigkeit aus, jeder Raum im Haus dunkelte auf andere Art, und nur die Fenster trugen noch die Bürde des Tageslichts, kaum bleicher als das Dunkel des Zimmers. Jemand aus dem unsichtbaren Vorhof machte sich da auf den Weg, eine Kerze tragend, und so als gäbe es am Türpfosten schwarze Türflügel wie Blätter in einem Buch, blätterte er sie, das Licht ständig verrückend, kurzerhand um und trat ein. Indem ergoß es sich aus ihm, und er pißte all seine Vergangenheit aus sich heraus und war leer. Dann aber schien es, als schwölle Wasser an, und draußen stieg die Nacht von der Erde zum Himmel auf; nun fiel ihm mit einemmal alles Haar aus, als streife man ihm, der schon tot war, die Mütze vom Kopf.

Schließlich erschien in Koëns Traum auch der dritte Tod des Branković. Er war kaum wahrnehmbar, verdeckt durch etwas, was stark angehäufte Zeit sein konnte. Es war, als stünden Hunderte von Jahren zwischen den ersten beiden Toden des Branković und diesem dritten, den man, vom Platz aus, an dem Masudi sich befand, kaum wahrzunehmen vermochte. Im ersten Augenblick dachte Masudi, daß Branković jetzt den Tod seines Wahlsohnes Petkutin sterbe; da er aber wußte, welches Ende Petkutin genommen hatte, folgerte er alsbald, daß dies nicht Petkutins Tod war. Dieser dritte Tod war schnell und kurz. Branković lag auf einem seltsamen Lager, und irgendein Mann ergriff sein Kissen und begann, ihn damit zu würgen. Zu dieser Zeit dachte Branković nur an eines – daß er das Ei, das sich auf dem Tischchen neben seinem Bett befand, erreichen und zerschlagen müsse. Branković weiß nicht, warum dies notwendig ist, aber während ihn dieser mit dem Kissen würgt, weiß er, daß es das einzig wichtige ist. Gleichzeitig begreift er, daß der Mensch sein »Gestern« und »Morgen« mit großer Verspätung entdeckte, eine Million Jahre nach seiner Entstehung – zuerst das »Morgen«, dann das »Gestern«. Er entdeckte sie in einer längst vergangenen Nacht, als in der Finsternis das Jetzt verlosch, bedrängt und fast unterbrochen zwischen Vergangenheit und Zukunft, die in jener Nacht so sehr anwuchsen, daß sie sich fast verknüpften. Auch jetzt war es so. Das Jetzt verlosch, erstickt zwischen zwei Ewigkeiten – der vergangenen und der zukünftigen –, und Branković starb ein drittes Mal, im Augenblick, als Vergangenheit und Zukunft in ihm zusammenschlugen; sie erdrückten ihn gerade in dem Augenblick, als es ihm gelang, jenes Ei zu zerdrücken...

Da blieb auf einmal der Traum Koëns leer wie das ausgetrocknete Bett eines Flusses. Es war Zeit zum Erwachen, doch es war da niemand mehr, der Koëns Wirklichkeit geträumt hätte, wie es Branković zu Lebzeiten getan hatte. Und so mußte auch mit Koën das geschehen, was tatsächlich geschah. Masudi sah, wie in Koëns Traum, der sich in ein Todesröcheln verwandelte, von allen Dingen, die ihn umgaben, die Namen wie Tropfen fielen, und die Welt wurde jungfräulich rein wie am ersten Tag ihres Entstehens. Nur die ersten zehn Zahlen und jene Buchstaben des Alphabets, die die Verben bezeichnen, erglänzten über den Dingen um Koën wie goldene Tränen. Und dann lernte er, daß die Zahlen der Zehn Gebote ebenfalls Verben sind und daß man sie, wenn man eine Sprache vergißt, zuletzt vergißt, und sie bleiben wie ein Widerhall auch dann zurück, wenn die Gebote aus der Erinnerung geschwunden sind.

In diesem Augenblick erwachte Koën in seinen Tod, und vor Masudi verlor sich der Weg, denn über sein Blickfeld senkte sich ein Schleier, auf dem mit dem Wasser aus dem Flusse Jabok geschrieben stand:

»Eure Träume aber sind die Tage in euren Nächten.«

LIBER COSRI – Titel der lateinischen Übersetzung des Buches über die Chasaren von Juda Halevi✡, die 1660 erschien. Der Übersetzer John Buxtorf (1599–1664) fügte seiner lateinischen Übersetzung auch eine hebräische Version hinzu. Buxtorf war der Sohn des Vaters gleichen Vor- und Zunamens und wurde früh in der biblischen, rabbinischen und mittelalterlichen hebräischen Sprache unterwiesen. Er übersetzte auch Maimonides ins Lateinische (Basel 1629) und nahm zusammen mit Ludovicus Cappellus an einer langwierigen öffentlichen Polemik über die biblischen über den Zeilen stehenden Buchstaben und Zeichen teil, die die Vokale darstellen. Die Übersetzung des Buches von Halevi veröffentlichte er im Jahre 1660 in Basel und fügte ein Vorwort hinzu, aus dem ersichtlich ist, daß er sich der venezianischen Ausgaben mit der hebräischen Übersetzung des Ibn Tibbon✡ bediente. Er folgte Halevi in dessen Auffassung, daß die Vokale die Seele der Buchstaben sind und daher auf jeden der 22 Konsonanten je drei Vokale kommen. Lesen ist eigentlich ein Zielen mit einem Stein auf einen anderen, bereits geworfenen: die Konsonanten stellen die Steine, ihre Geschwindigkeit dagegen die Vokale dar. Seiner Meinung nach wurden während der Sintflut in die Arche Noah auch sieben Zahlen verladen, in der Gestalt von Tauben, denn eine Taube vermag bis sieben zu zählen. Nur daß diese Zahlen nicht das Merkmal eines konsonantischen, sondern eines vokalischen Schriftzeichens aufwiesen.

Obwohl unmittelbar nach dem Jahre 1577 bekannt, wurde die *Chasarische Korrespondenz* der breiteren Öffentlichkeit erst mit Buxtorfs Ausgabe von Halevi zugänglich, denn hier fügte er in einem Nachtrag den Brief von Chasdaj Ibn Schaprut ebenso bei wie die Antwort des chasarischen Königs Josef.

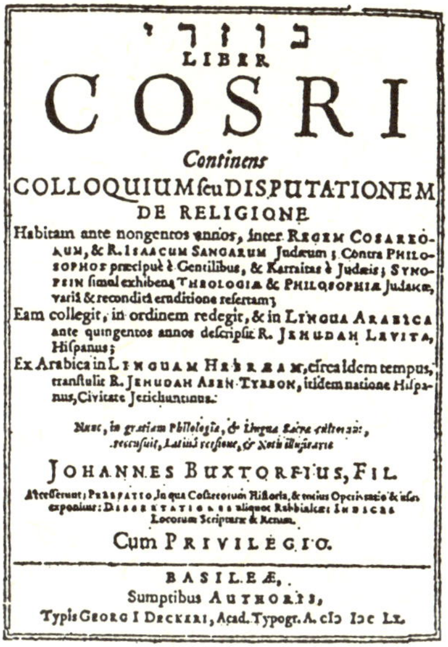

כוזרי

LIBER

COSRI

Continens

COLLOQUIUM seu DISPUTATIONEM

DE RELIGIONE

Habitam ante nongentos annos, inter REGEM COSAREORUM, & R. ISAACUM SANGARUM Judæum; Contra PHILOSOPHOS præcipuè è Gentilibus, & Karraitas è Judæis; SYNOPSIN simul exhibens THEOLOGIÆ & PHILOSOPHIÆ Judaicæ, variâ & reconditâ eruditione refertam;

Eam collegit, in ordinem redegit, & in LINGUA ARABICA ante quingentos annos descripsit R. JEHUDAH LEVITA, Hispanus;

Ex Arabica in LINGUAM HEBRÆAM, circa idem tempus, transtulit R. JEHUDAH ABEN-TYBBON, itidem natione Hispanus, Civitate Jerichuntinus.

Nunc, in gratiam Philologiæ, & Linguæ Sacræ cultorum, recensuit, Latinâ versione, & Notis illustravit

JOHANNES BUXTORFIUS, FIL.

Accesserunt; PRÆFATIO, in qua Cosareorum Historia, & totius Operis ratio & usus exponitur: DISSERTATIONES aliquot Rabbinicæ: INDICES Locorum Scripturæ & Rerum.

Cum PRIVILEGIO.

BASILEÆ,

Sumptibus AUTHORIS,

Typis GEORGII DECKERI, Acad. Typogr. A. CIↃ IↃC LX.

Titelseite des Buches über die Chasaren von Halevi
(Baseler Ausgabe aus dem 17. Jahrhundert)

LUKAREVIĆ (LUCCARI), EFROSINIJA (17. Jahrhundert) – Dubrovniker Patrizierin aus dem Geschlecht der Getaldić-Kruhoradić, verheiratet mit einem Adligen aus der Familie Luccari. In ihrem Palast hielt sie einen Käfig mit einem Eichelhäher, dessen Anwesenheit in einem Hause von heilkräftiger Wirkung ist, und an der Wand eine griechische Uhr, die an Feiertagen orthodoxe Kirchengesänge spielte. Sie pflegte zu sagen, daß das Öffnen jeder neuen Tür im Leben ungewiß sei wie das Kartenlegen, und über ihren reichen Mann, daß er Stille und Wasser zu Abend speise. Sie war bekannt wegen ihres freizügigen Lebenswandels und außerordentlich schön; sie verteidigte sich mit einem Lachen, Sinnlichkeit und Anstand paßten nicht zusammen, und hatte an jeder Hand zwei Daumen. Ständig trug sie die Handschuhe übergestreift, selbst beim Essen; liebte rote, blaue und gelbe Speisen und trug Kleider in diesen Farben. Sie hatte zwei Kinder, Tochter und Sohn. Eines Nachts sah die siebenjährige Tochter durch ein Fenster, das der

der Mutter Zimmer von dem ihren trennte, wie die Mutter gebar. In Gegenwart ihres Vogels im Käfig gebar Frau Efrosinija einen kleinen bärtigen Alten mit Sporen an den bloßen Füßen, der auf die Welt kommend ausrief: »Ein hungriger Grieche wird sogar gegen den Himmel anstürmen«, den eigenen Nabel durchbiß und sogleich irgendwohin davonlief, während er anstelle eines Gewandes irgend jemandes Kappe an sich riß und nebenher die Schwester beim Namen rief. Seither war das Mädchen verstummt, man vermochte sie weder zu führen noch anzutreiben, und sie wurde fern der Augen im Konavlje untergebracht. Man sagte, daß Frau Efrosinija solcherlei Dinge geschahen, weil sie auf Brot gesessen habe und eine geheime Verbindung zu einem Juden aus dem Dubrovniker Getto namens Samuel Koën✡ unterhalte. Auf eine Anklage wegen freizügigen Lebenswandels antwortete Frau Efrosinija verächtlich, sie lasse sich nicht von einem fremden Kopf regieren:

»Um die Wahrheit zu sagen: gäb's da für mich hundert hübsche und kräftige Patriziersöhne, reiche und dunkelhäutige, denen die Tage nicht davonliefen, so wär' ich der Versuchung erlegen! Doch in Ragusa lassen sich nicht einmal hundert Laufburschen und Pfeifer auftreiben, die du, jeden für Jahresfrist, dir dingen kannst – über all die Zeit! Und hundert Jahre warten, wer könnte das schon?«

Auf die anderen Anschuldigungen ging sie erst gar nicht ein. Man erzählte sich nämlich, daß sie als Mädchen eine Mora gewesen, als sie geheiratet habe, eine Hexe geworden sei und daß sie nach ihrem Tode drei Jahre lang ein Vampir bleiben würde, doch an dieses dritte glaubten nicht alle, denn man war der Meinung, daß meistens Türken zu Vampiren würden, seltener Griechen, Juden aber überhaupt nicht. Über Frau Efrosinija aber munkelte man, daß sie insgeheim dem Glauben des Mose angehöre.

Wie es auch gewesen sein mag, als Samuel Koën aus Dubrovnik verbannt wurde, blieb Frau Efrosinija nicht gleichgültig; man sagte, sie werde vor Trauer sterben, und seitdem hielt sie des Nachts die eigene Faust wie einen Stein auf dem Herzen, in die von jeder Seite her je ein Daumen gepreßt wurde. Aber anstatt zu sterben, verschwand sie eines Morgens aus Dubrovnik, wurde später im Konavlje gesehen, dann am Mittag auf Danče, wo sie sich auf ein Grab setzte und sich kämmte, noch später aber, wie sie gen Norden bis nach Belgrad reiste, dann darauf zur Donau hinabstieg auf der Suche nach ihrem Liebsten. Als sie hörte, daß Koën bei Kladovo gestorben war, kehrte sie nicht mehr nach Hause zurück. Sie schor ihr Haar und vergrub es, und es ist nicht bekannt, was mit ihr weiterhin geschah. Man glaubt, daß ein Volkslied in einem langen und traurigen Vers ihren Tod besang, aufgezeichnet in Kotor im Jahre 1721 und erhalten lediglich in einer italienischen Übersetzung unter dem Titel »Das lateinische Mädchen und der walachische Vojvode Drakul«. Die Übersetzung des Liedes ist nur lückenhaft erhalten, doch weiß man, daß neben der Heldin des Liedes, hinter der sich Frau Efrosinija vermuten läßt, im Vojvoden Drakula eine Person mit Namen Vlad Malesku gesehen werden muß, die an der Schwelle vom 17. zum 18. Jahrhundert in der Tat in Transsilvanien gelebt hat. In sparsamsten Konturen vermittelt das Lied folgende Auskunft:

Zur Zeit, als das weiße Schilf wuchs, stieg eine schöne und traurige Frau zur Donau hinab, um den Liebsten zu suchen, den man in den Krieg getrieben hatte. Als sie hörte, daß er umgekommen war, ging sie zum Vojvoden Drakula, der auf dem Auge der Zukunft sieht und der teuerste Heilkünstler gegen die Traurigkeit ist. Er hatte einen fast schwarzen Schädel unter dem Haar, eine Furche des Schweigens auf seinem Gesicht und ein riesiges Glied, an das er an Feiertagen mit einem langen seidenen Faden einen Buchfinken band, der es ihm trug, indem er dem Vojvoden voranflog. Hinter seinem Gürtel steckte ein kleines Muschelgehäuse, mit dem er es vollendet verstand, einem lebendigen Menschen die Haut abzuziehen, um ihm darauf dieselbe Haut wieder überzuziehen, während er ihn am Haarschopf festhielt. Er bereitete Getränke für süße Tode,

Tode, und seinen Hof belagerte ständig ein Hauf von Vampiren, die die Kerze löschten, während sie von Drakula verlangten, aufs neue zu sterben. Denn für sie war der Tod noch die einzige Berührung mit dem Leben. Die Türklinken zu den Zimmern, in denen er hauste, bewegten sich von selbst, vor seinem Palast aber stand senkrecht ein kleiner kreisrunder Wirbelwind, fortwährend in sich selbst kreiselnd und alles zermalmend, was er erfaßte. Hier drehte er sich schon siebentausend Jahre, und in seiner Mitte oder seinem Auge war es im Verlauf all dieser siebentausend Jahre hell wie am Mittag; Mondschein sprühte Tau. Als die junge Frau herantrat, saßen die Diener des Woiwoden Drakula im Schatten dieses Wirbelwindes und tranken auf die Weise, daß der eine aus einem Krug ansog, während der andere einen gedehnten Laut ausstieß, der einem Lied glich, so daß der eine trank, während der andere Luft schöpfte. Dann tauschten sie die Rollen. Zuerst sangen sie so zu Ehren des Gastes eine abendliche Weise, darauf ein Lied in ländlicher Art und endlich ein Lied, das »Kopf an Kopf« gesungen wird und lautet:

»Jeden Frühling, sobald die Vögel die Fische in der Donau zählen, wächst an der Mündung des Flusses das weiße Schilf. (Es wächst nur drei Tage, solange sich salzige und süße Wasser mischen, doch ist sein Same geschwinder als jeder andere, er treibt schneller Knospen, als die Schnecke kriecht, und erreicht seine Höhe, während er die Ameise überholt, die an ihm emporkriecht. Auf dem Trocknen vermag der Same des weißen Schilfs bis zu zweihundert Jahren zu ruhen, fällt er aber auf Feuchtigkeit, so treibt sein Keim in kaum einer Stunde an die Oberfläche, erreicht nach drei oder vier Stunden eine Höhe von einem Meter und gewinnt darauf immer mehr an Umfang, so daß man ihn an der Neige des Tages nicht mehr mit den Fingern zu umfassen vermag. Am Morgen hat er den Umfang einer menschlichen Taille und die Höhe eines Hauses, so daß die Fischer häufig ihre Netze am weißen Schilf befestigen, und es zieht diese im Wachsen selbst aus dem Wasser. Die Vögel wissen gut, daß das weiße Schilf auch in ihrem Eingeweide wächst, und hüten sich wohl, seinen Samen oder seinen Sproß zu schlucken. Und dennoch beobachten

Bootsleute und Hirten zuweilen einen Vogel, wie er im Flug auseinanderbirst, und sie wissen, dies rührt daher, daß sich der Vogel im Wahnsinn oder aus irgendeiner Vogeltraurigkeit heraus, die der menschlichen Lüge gleicht, sattgepickt hat am Samen des weißen Schilfs, und dieser zerriß ihn im Flug.) An der Wurzel des weißen Schilfs sieht man stets Abdrücke wie von einem Zahn, und die Hirten sagen, daß das weiße Schilf gar nicht aus der Erde wachse, sondern aus dem Munde irgendeines Wasserdämons, der auf ihm bläst, um Vögel und andere Nimmersatte zu seinem Samen zu locken. Daher fertigt man aus dem weißen Schilf auch keine Pfeifchen, denn in fremdes Spiel pfeift man nicht hinein. Andere Fischer sagen, daß die Vogelmännchen zuweilen anstatt mit dem eigenen Samen die Vogelweibchen mit dem Samen des weißen Schilfs befruchten und daß sich so auf der Erde das Ei des Todes erneuere…«

Als das Lied endete, ließ das Mädchen seine Windhunde zur Fuchsjagd los und betrat den Turm des Vojvoden Drakula; es überreichte ihm einen Sack Gold, damit er es von seiner Trauer heile. Er umarmte es, führte es in sein Schlafgemach und ließ es erst los, als die Windhunde von der Fuchsjagd zurückkehrten. Es war Morgen, als sie Abschied nahmen, am Abend aber fanden die Hirten nahe der Donau die Windhunde, wie sie winselten, und vor ihnen eine schöne junge Frau, zersprungen wie ein Vogel, vom Samen des weißen Schilfs befruchtet. Nur ihre seidenen Kleider waren noch um den riesigen Stengel geschlungen, der schon Wurzel geschlagen hatte und durch ihr Haar rauschte. Das Mädchen hatte eine schnelle Tochter geboren – seinen Tod. Seine Schönheit hatte sich in diesem Tod aufgelöst in Molke und geronnene Milch, am Grunde aber sah man einen Mund, wie er die Wurzel des Schilfs hielt…

MOKADDASA AL-SAFER☾ (8.–9. Jahrhundert) – der beste unter den Traumdeutern und Traumjägern†. Der Überlieferung zufolge arbeitete er den männlichen Teil der chasarischen Enzyklopädie aus, während Prinzessin Ateh▽ den weiblichen Teil zusammenstellte. Seinen Teil der Enzyklopädie oder des *Chasarischen*

Chasarischen Wörterbuchs wollte Al-Safer nicht für die Zeitgenossen und die Nachkommen schreiben, er verfaßte es vielmehr in der altertümlichen chasarischen Sprache des 5. Jahrhunderts, die niemand von seinen Zeitgenossen verstand; er schrieb es ausschließlich für die Vorfahren, jene, die einstmals ihren Teil des Körpers von Adam Kadmon träumten, einen Teil, der niemals wieder geträumt werden wird. Die chasarische Prinzessin Ateh war die Geliebte Al-Safers, und eine Legende erzählt, daß er ihr mit seinem Bart, in Wein getaucht, die Brüste wusch. Al-Safer endete in der Gefangenschaft, und der Grund dafür lag, nach einer Überlieferung zu urteilen, in einem Mißverständnis zwischen Prinzessin Ateh und dem chasarischen Kagan. Das Mißverständnis löste ein Brief der Prinzessin aus, den sie nie abgeschickt hatte, der aber gleichwohl dem Kagan in die Hände fiel. Da er sich auf Al-Safer bezog, rief er des Kagan Eifersucht und Zorn hervor. Er lautete:

In deine Stiefel pflanzte ich Rosen, unter deinem Hut wächst der Goldlack für mich. Während ich auf dich warte in meiner einzigen und ewigen Nacht, wehen über mich die Tage hinweg wie die Fetzen eines zerrissenen Briefes. Ich füge sie zusammen und buchstabiere Wort für Wort deiner Liebeserklärung. Doch zu lesen vermag ich nur wenig, denn zuweilen erscheint eine unbekannte Handschrift, und in deinen Brief gerät ein Fetzchen eines anderen Briefes, in meine Nacht mischen sich ein fremder Tag und ein fremder Buchstabe. Ich warte darauf, daß du kommst und daß Briefe und Tage nicht länger notwendig sind. Und ich frage mich: wird mir auch dann jener andere schreiben, oder wird die Nacht andauern?

Anderen Quellen zufolge (Daubmannus✡ bringt sie mit den Handschriften der Synagoge in Kairo in Verbindung) war dieser Brief, oder das Lied, tatsächlich nicht an den Kagan gerichtet, sondern an Al-Safer selbst und bezog sich auf ihn und Adam Kadmon. Jedenfalls rief der Brief die Eifersucht oder den politischen Neid des chasarischen Kagan hervor (denn die Traumjäger waren eine starke Oppositionspartei Prinzessin Atehs, die dem Kagan Widerstand leistete). Al-Safer wurde bestraft, man sperrte ihn in einen eisernen Käfig, der an einem Baum aufgehängt war. Prinzessin Ateh sandte ihm durch ihre Träume jedes Jahr den Schlüssel ihres Schlafgemachs, doch vermochte sie seine Qual nur insofern zu lindern, als sie die Dämonen bestach, sich kurzfristig in einen unter den Menschen zu verwandeln, um diesen dann anstelle Al-Safers in den Käfig zu stoßen. So setzte sich das Leben Al-Safers stückweise aus dem Leben anderer Menschen zusammen, die ihm einige ihrer Wochen wechselweise ausliehen. In der Zwischenzeit tauschten die Liebenden Botschaften auf eine besondere Art aus: er pflegte mit den Zähnen einige Wörter auf den Rücken einer Schildkröte oder eines Krebses zu ritzen, die er im Fluß unter dem Käfig fing und zurück ins Wasser ließ; sie aber pflegte ihm auf die gleiche Art zu antworten, indem sie ihre Liebesbotschaften, niedergeschrieben auf lebendigen Schildkröten, dem Fluß überließ, der sich in das Meer unter dem Käfig ergoß. Als der Teufel Prinzessin Ateh die Erinnerung an die chasarische Sprache nahm und sie dazu trieb, sie zu vergessen, hörte sie auf zu schreiben, doch Al-Safer schickte auch weiterhin seine Botschaften und versuchte, sie an seinen Namen und an die Worte ihrer Lieder zu erinnern.

Einige hundert Jahre nach diesem Ereignis wurden an den Küsten des Kaspischen Meeres zwei Schildkröten gefangen, auf denen Botschaften geschrieben standen. Die Botschaft einer Frau und eines Mannes, die sich geliebt hatten. Die Schildkröten gingen noch immer nebeneinander, und man vermochte auf ihnen die Botschaften der Liebenden zu lesen. Die Botschaft des Mannes lautete:

Du bist wie jenes Mädchen, das nie in der Frühe aufzustehen verstand, doch als es sich in das Nachbardorf verheiratete und zum erstenmal früh aufstehen mußte, sah sie den Reif auf den Feldern und sprach zu ihrer Schwiegermutter: Das gibt es in unserem Dorf nicht! So wie sie denkst auch du, daß es auf der Welt keine Liebe gibt, denn niemals

niemals warst du rechtzeitig wach, um sie anzutreffen, obwohl sie an jedem Morgen bereit war ...

Die Botschaft der Frau war kürzer, sie bestand nur aus wenigen Worten:

Meine Heimat ist die Stille, meine Nahrung das Schweigen. Ich sitze in meinem Namen wie der Ruderer in seinem Kahn. Ich vermag nicht zu schlafen, so hasse ich dich.

Mokaddasa wurde beerdigt in einem Grab, das die Gestalt einer Geiß hatte.

SANGARI, ISAAK (8. Jahrhundert) – Rabbiner, hebräischer Vertreter in der Chasarischen Polemik▽. Erst seit dem 13. Jahrhundert wird er als Kenner der Kabbala und Bekehrer der Chasaren▽ zum Judentum erwähnt. Er maß der chasarischen Sprache besondere Bedeutung bei, doch kannte er auch zahlreiche andere Sprachen. Er war der Auffassung, daß der Unterschied zwischen den Sprachen in folgendem besteht: alle sind, außer der göttlichen, Sprachen des Leidens, Wörterbücher der Schmerzen. »Ich habe bemerkt«, sagte er, »daß durch einen Spalt in der Zeit oder in mir die Leiden abfließen, denn sonst müßte es bis heute mehr von ihnen geben. Das gleiche gilt für die Sprachen.« Rabbi Gedalja (um 1687) stellte fest, daß die Antworten von Isaak Sangari am Chasarenhof in chasarischer Sprache gegeben wurden. Sangari bediente sich nach Halevi✡ der Lehre von Rabbi Nachum dem Schreiber, der aufgezeichnet hatte, wie die Weisen von den Propheten lernten. »Ich lauschte den Worten von Rabbi Majasch«, schreibt der Lehrer Sangaris, Rabbi Nachum, und Sangari gab dies dem Kagan weiter, so daß alles zusammen Halevi aufzeichnen konnte, »ich lauschte den Worten von Rabbi Majasch, der von den in ›Paaren‹ gehenden Predigern lernte, während diese von den Propheten als Gebot übernommen hatten, was Mose auf dem Berg Sinai gegeben worden war. Sie waren darauf bedacht, nicht die Lehre von einzelnen zu überliefern, wie aus folgender Empfehlung hervorgeht, die ein alter Mann im Sterben seinem Sohn gab:

›Mein Sohn, in Zukunft ordne deine Meinung, die ich dich gelehrt, der Meinung von vier dir bezeichneten Menschen unter.‹ ›Warum‹, so fragte der Sohn, ›hast du nicht deine eigene ihrer Meinung untergeordnet?‹ ›Weil ich‹, antwortete der Alte, ›meine Meinung von vielen empfangen habe, die ihrerseits wiederum von vielen gelernt haben. Ich habe so meine eigene Tradition aufrechterhalten, sie aber hielten sich an die ihre. Doch du hast nur von einer einzigen Person gelernt, von mir. Es ist jedoch besser, die Lehre einer einzelnen Person zu vernachlässigen und die von einer Mehrzahl von Menschen anzunehmen ...‹«

Man sagt von Sangari, er habe die Ankunft des arabischen Teilnehmers an der Polemik am Chasarenhof vereitelt, indem er darauf hinarbeitete, daß die Polemik auf einen Zeitpunkt angesetzt wurde, als die Kometen dem arabischen Vertreter nicht zu helfen vermochten und sein ganzer Glaube in einem Krug mit Wasser Platz fand. Im übrigen gelangte Sangari selbst zu dieser Polemik nur mit Mühe. Daubmannus✡ überliefert dazu folgendes:

Isaak Sangari brach zur Chasarenhauptstadt mit dem Schiff auf. Dieses Schiff aber überfielen die Sarazenen, und sie begannen, auf ihm alles Lebendige zu töten. Die Juden sprangen ins Wasser, um sich zu retten, aber die Seeräuber erschlugen sie mit ihren Rudern. Nur Isaak Sangari blieb ruhig an Deck. Das verwunderte die Sarazenen, und sie fragten ihn, warum er nicht wie die anderen in die Wellen springe.

»Ich kann nicht schwimmen«, log Sangari, und das rettete ihm das Leben. Anstatt ihn zu erschlagen, stießen ihn die Piraten ins Meer und fuhren mit ihren Schiffen davon.

»Das Herz in der Seele ist wie der König im Krieg«, schloß Isaak Sangari, »der Mensch aber muß sich zuweilen auch im Krieg verhalten wie das Herz in der Seele.«

Nachdem er so zum Chasarenhof gelangt war, erklärte Sangari im Verlauf seiner Polemik mit einem christlichen

christlichen und einem islamischen Vertreter dem Chasarenkagan einen Traum, und er gewann ihn dafür, gemeinsam mit den übrigen Chasaren den jüdischen Glauben anzunehmen, den Glauben, der von der Zukunft mehr erwartet als von der Vergangenheit. Den Satz, den im Traum der Engel zum Kagan sprach und der lautet: »Gott sind deine Absichten teuer, aber deine Werke sind es nicht«, deutete er, während er ihn mit der Erzählung über Adams Sohn Seth verglich.

»Es besteht ein großer Unterschied«, sagte Isaak Sangari zum Kagan, »zwischen Adam, den Jehova schuf, und seinem Sohn Seth, den Adam schuf. Demzufolge sind Seth und alle Menschen nach ihm Gottes Absicht, aber Werk des Menschen. Daher muß man einen Unterschied machen zwischen der Absicht und dem Werk. Die Absicht blieb auch im Menschen rein, göttlich, Verb oder Logos, der der Tat als ein Konzept zur Tat vorausgeht; das Werk aber ist irdisch, Träger des Namens – Seth. In ihm sind die Tugenden und Fehler, eins im anderen, wie hohle Puppen, die sich eine unter der anderen verbergen. Und so vermag man einen Menschen nur dann zu enträtseln, wenn man von ihm eine hohle Puppe nach der anderen abnimmt, die größere Glocke von der kleineren. Deshalb mußt du nicht glauben«, folgerte Sangari, »daß dich der Engel mit jenen Worten im Traum tadelte; im Gegenteil, nichts wäre falscher als eine solche Auslegung. Er wollte einfach deine Aufmerksamkeit auf das lenken, was eigentlich deine Natur ist ...«

SCHULZ, DR. DOROTA (Krakau 1944) – Slawistin, Professorin an der Universität in Jerusalem; Mädchenname Kwaśniewska. In den Papieren der Universitätsreferate der Krakauer Jagiellonen-Universität in Polen, wo die Kwaśniewska ihr Diplom ablegte, an der Yale-Universität in den Vereinigten Staaten und in der Dokumentation zur Promotion von Dorota Kwaśniewska zum Doktor der Wissenschaften befinden sich keine Angaben über ihre Herkunft. Als Tochter einer Jüdin und eines Polen wurde die Kwaśniewska unter ungewöhnlichen Umständen in Krakau geboren. Die Mutter hinterließ ihr eine Aufzeichnung, die dem Vater Dorota Kwaśniewskas gehörte. Sie lautete: »Mein Herz ist mir die Tochter; während ich mich nach den Sternen ausrichte, richtet es sich nach dem Mond und dem Schmerz, der am Ende aller Geschwindigkeiten wartet...« Die Kwaśniewska vermochte nie zu erfahren, wer der Autor dieser Aufzeichnung war. Der Bruder ihrer Mutter, Aschkenas Scholem, verschwand im Jahre 1943 in den Pogromen der Juden im Verlauf der deutschen Okkupation Polens, doch gelang es ihm zuvor, die Schwester zu retten. Er schob die Sorgen beiseite, besorgte der Schwester gefälschte Dokumente, die auf den Namen einer Polin lauteten, und ehelichte sie. Die Hochzeit wurde in Warschau gehalten, in der Kirche des heiligen Thomas, und sie wurde als Eheschließung zwischen einem getauften Juden und einer Polin angesehen. Als man ihn abführte – er rauchte gerade seinen Pfefferminztee anstelle des Tabaks –, ließ sich seine Schwester und Frau, Ana Scholem, die auch weiterhin als Polin angesehen wurde und den Mädchennamen einer Ana Zakiewicz trug, von ihrem Mann (und Bruder, was allerdings nur sie wußte) scheiden und rettete so ihren Kopf. Sofort darauf verheiratete sie sich wieder mit dem Witwer Kwaśniewski, der Augen wie gesprenkelte Eier hatte, ungehörnt in der Sprache und gehörnt in seinen Gedanken war. Mit ihm hatte sie ein einziges Kind – Dorota Kwaśniewska. Dorota ging nach dem abgeschlossenen Studium der Slawistik in die USA, promovierte später über alte slawische Literaturen, doch als Isaak Schulz, den sie noch vom Studium her kannte, nach Israel ging, folgte sie ihm. Im Jahre 1967 wurde er im israelisch-ägyptischen Krieg verwundet, doch heiratete sie ihn bereits 1968 und fuhr fort, in Tel Aviv und Jerusalem zu leben, hielt Kurse über die Geschichte des frühen Christentums bei den Slawen,

schickte

schickte aber ununterbrochen Briefe an den eigenen Namen nach Polen. Auf dem Umschlag gab sie ihre ehemalige Adresse in Krakau an, und diese Briefe, die die Kwaśniewska, verheiratete Schulz, sich selbst schrieb, bewahrte in Polen ungeöffnet ihre ehemalige Krakauer Vermieterin auf, in der Hoffnung, sie einmal der Kwaśniewska aushändigen zu können. Die Briefe sind, mit Ausnahme von zwei oder drei, kurz und stellen so etwas wie ein Tagebuch von Dr. Dorota Schulz im Zeitraum von 1968 bis 1982 dar. Zu den Chasaren stehen sie insofern in Beziehung, als der letzte, geschrieben aus dem Untersuchungsgefängnis in Istanbul, die Chasarische Polemik▽ unmittelbar berührt. Hier werden die Briefe in ihrer chronologischen Reihenfolge wiedergegeben.

1.

Tel Aviv, 21. August 1967

Liebe Dorotka,

ich habe hier das Gefühl, fett zu leben an fremdem und zu fasten an eigenem Brot. Während ich Dir diese Zeilen schreibe, weiß ich, daß Du schon jünger geworden bist als ich, dort in Deinem Krakau, in unserem Zimmer, wo immer Freitag ist, wo man uns mit Zimt vollstopfte, als seien wir Äpfel. Wenn Du jemals diesen Brief bekommst, wirst Du in der Stunde, in der Du ihn liest, älter sein als ich.

Isaak geht es besser, er liegt irgendwo in einem Lazarett in der Nähe eines der Kriegsschauplätze, aber er erholt sich schnell, man erkennt es an den Buchstaben seiner Handschrift. Er schreibt, daß er die »dreitägige, zweimal aufgewärmte, ein wenig am Boden angebrannte Warschauer Stille« träumt. Wir werden uns bald treffen, und ich fürchte mich vor dieser Begegnung, nicht nur wegen seiner Wunde, von der ich noch nichts weiß, sondern auch deshalb, weil wir alle Bäume sind, in unseren Schatten gepflanzt.

Ich bin glücklich, daß Du, die Du Isaak nicht liebst, dort geblieben bist, fern von uns. Jetzt fällt es Dir und mir leichter, einander zu lieben.

2.

Jerusalem, September 1968

Dorotka,

nur ein paar Zeilen: merke Dir für immer – Du arbeitest, weil Du nicht zu leben verstehst. Wenn Du verstündest zu leben, würdest Du nicht arbeiten, und keinerlei Wissenschaft würde für Dich bestehen. Aber alle haben uns nur gelehrt, wie man arbeitet, niemand, wie man lebt. Siehst Du, auch ich verstehe es nicht. Ich ging mit den Hunden in einem hohen Wald einen unbekannten Pfad entlang. Über den Pfad hinweg berührten sich die Zweige. Sich ihrer Nahrung zuneigend – dem Licht –, schufen die Bäume Schönheit. Ich verstehe aus meiner Nahrung nur Erinnerung zu schaffen… Ich werde nicht schön durch meinen Hunger. Mich verbindet mit den Bäumen etwas, wozu sie imstande sind, ich aber nicht. Die Bäume sind an mich nur durch meine Hunde gebunden, die mich heute mehr lieben als an anderen Abenden. Denn ihr Hunger ist schöner, wenn sie nach den Bäumen hungern anstatt nach mir. Wo bleibt da Deine Wissenschaft? Willst Du in der Wissenschaft weiterkommen, so reicht es aus, wenn Du das letzte Wort Deines Fachgebietes kennst. Mit der Schönheit ist das nicht so.

Isaak ist zurückgekehrt; seine Narben sieht man, wenn er angekleidet ist, nicht, er ist schön wie einst und sieht wie ein Hund aus, der gelernt hat, Krakowiak zu singen. Meine rechte Brust liebt er mehr als meine linke, und wir schlafen ungesittet. Er hat jene langen Beine, mit denen er die Stufen am Wawel übersprang und die er abwechselnd am Knie umarmt, wenn er sitzt. Meinen Namen spricht er so aus, wie er am Anfang benutzt wurde, vor jedem Gebrauch, solange er noch nicht abgegriffen war, von Mund zu Mund

Mund gehend... Laß uns eine Übereinkunft treffen: wir wollen die Rollen teilen, Du dort in Krakau beschäftigst Dich auch weiterhin mit der Wissenschaft, ich aber will es lernen zu leben.

3.

Haifa, März 1971

Liebe und unvergeßliche Doroteja,

lange habe ich Dich nicht mehr gesehen, und wer weiß, ob ich Dich noch wiedererkennen würde. Vielleicht kennst auch Du mich nicht mehr und denkst nicht an mich in jenen Zimmern, deren Klinken sich an den Ärmeln festhaken. Ich erinnere mich an die polnischen Wälder, und ich stelle mir vor, wie Du durch den gestrigen Regen läufst, dessen Tropfen man lauter hört, wenn sie von hohen Zweigen fallen anstatt von niedrigen. Ich erinnere mich an Dich als an ein kleines Mädchen und sehe Dich, wie Du schnell wächst, schneller als Deine Nägel und Haare; zusammen aber mit Dir, doch schneller als Du, wächst in Dir der Haß auf unsere Mutter. Mußten wir sie denn so sehr hassen? Hier weckt der Sand das Verlangen in mir, doch schon seit längerer Zeit fühle ich mich bei Isaak merkwürdig. Das hat weder mit ihm noch mit unserer Liebe zu tun. Das hängt mit etwas Drittem zusammen. Mit seiner Wunde. Er liest im Bett, ich liege neben ihm im Zelt und lösche das Licht, wenn ich ihn begehre. Er verharrt einige Augenblicke unbeweglich und starrt weiter durch die Dunkelheit in sein Buch, ich aber höre, wie seine Gedanken über unsichtbare Reihen galoppieren. Doch dann wendet er sich mir zu. Sobald wir uns aber berühren, fühle ich die schreckliche Narbe seiner Wunde. Nach der Liebe liegen wir, jeder in seine Dunkelheit starrend, und neulich abend fragte ich ihn:

»War es in der Nacht?«

»Was?« entgegnete er, obwohl er verstand.

»Wann haben sie dich verwundet?«

»Es war nachts.«

»Und du weißt nicht, womit es geschah?«

»Nein, ich denke, es war ein Bajonett.«

Das wirst Du, Dorotka, jung und unerfahren, vielleicht nicht verstehen. Ein Vogel, der in Moor und Sumpf jagt, wird schnell einsinken, wenn er sich nicht bewegt. Jeden Augenblick muß er den Fuß aus dem Schlamm herausziehen und ihn verlagern, weiterschreiten, ohne Rücksicht darauf, ob er etwas gefangen hat oder nicht. So ist es auch mit uns und unserer Liebe. Wir müssen weiter, hierbei kann es nicht bleiben, denn wir werden versinken.

4.

Jerusalem, Oktober 1974

Liebe Dorotka,

ich lese über die Slawen, wie sie zu den Meeren hinabsteigen, mit der Lanze im Stiefel. Und ich denke daran, wie sich Krakau verändert, übersät mit neuen Rechtschreibungs- und Sprachfehlern, den Schwestern des Fortschritts in der Sprache. Ich denke daran, wie Du dieselbe bleibst und wie Isaak und ich uns immer mehr verlieren. Ich wage nicht, es ihm zu sagen. Wann auch immer wir uns lieben, wie schön es auch gewesen sein mag und was wir auch taten, ich spüre auf meiner Brust und auf meinem Bauch die Spur jenes Bajonetts. Ich spüre es schon im voraus, es hat sich quer durch unser Bett gelegt, zwischen Isaak und mich. Ist es denn möglich, daß sich ein Mensch innerhalb weniger Augenblicke mit dem Bajonett auf dem Körper eines anderen Menschen einzuschreiben und für immer sein Porträt in fremdem Fleisch einzugraben vermag? Ständig muß ich meinem eigenen Gedanken nachjagen. Er gehört mir nicht, wenn er geboren wird, erst wenn ich ihn gefangen habe, falls mir das gelingt, bevor er davonfliegt. Diese Wunde gleicht einem Mund, und wann immer wir uns lieben, Isaak und ich, sobald wir uns auch nur berühren, fällt

die

die Spitze meiner Brust in diese Narbe wie zwischen zahnlose Lippen. Ich liege neben Isaak und schaue auf den Platz in der Finsternis, wo er schläft. Der Klee duftet, den Geruch des Stalles überdeckend. Ich warte darauf, daß er sich bewegt; der Traum schwächt sich ab, wenn sich der Mensch im Schlaf herumdreht, dann kann ich ihn wecken, ohne daß es ihm leid tut. Es gibt Träume, die kostbar sind, und andere, die ein Dreck sind. Ich wecke ihn und frage:

»War er Linkshänder?«

»Ich meine, ja«, antwortet er mir verschlafen, aber bereitwillig, woran ich sehe, daß er weiß, wovon ich spreche.

»Man hat ihn gefangengenommen und am Morgen in mein Zelt gebracht, um ihn mir zu zeigen. Er war bärtig, hatte grüne Augen und eine Wunde am Kopf. Diese Wunde hatte man mir eigentlich zeigen wollen. Die Wunde hatte ich verursacht. Mit dem Gewehrkolben.«

5.

Wieder Haifa, September 1975

Dorotka,

Du weißt nicht, wie glücklich Du bist, denn Du bist dort in Deinem Wawel und von diesem Schrecken verschont, der sich mit mir ereignet. Denk Dir, daß Dich im Bett Deines Mannes ein anderer beißt und küßt, während Du bei dem liegst, den Du liebst. Denk Dir, daß Du die ganze Zeit, während Du Dich mit Deinem Mann liebst, auf Deinem Bauch die Verdickung von einer Wunde fühlst, die sich wie ein fremdes Glied zwischen Dich und Deine Liebe schiebt. Zwischen mir und Isaak liegt und wird immer liegen irgendein Sarazene mit grünen Augen, von Bart umwachsen! Und er wird auf jede meiner Bewegungen vor Isaak antworten, denn er ist meinem Körper näher als Isaaks Körper. Und dieser Sarazene ist nicht ausgedacht! Dieses Tier ist linkshändig und liebt meine linke Brust mehr als meine rechte! Welch ein Schrecken, Dorotka! Du liebst Isaak nicht wie ich, sag mir, wie soll ich ihm all das erklären? Ich habe Dich und Polen verlassen und bin hierher gekommen Isaaks wegen, und ich fand in seiner Umarmung ein Ungeheuer mit grünen Augen, das in der Nacht erwacht, mit zahnlosem Mund zubeißt und erregt ist, auch dann, wenn Isaak es nicht ist. Isaak treibt mich zuweilen dazu, auf diesem Araber zu Ende zu kommen. Wenn Du ihn nötig hast, ruf ihn nur! Er wird kommen, er kann immer...

Unsere Uhr an der Wand, Dorotka, eilt in diesem Herbst, im Frühling aber wird sie nachgehen...

6.

Oktober 1978

Doroteja,

Isaak prüft morgens an schönen Tagen aufmerksam den Wert der Luft. Er verfolgt, ob sie Feuchtigkeit besitzt, erschnüffelt den Wind, beobachtet, ob es um Mittag herum kalt ist. Wenn er ausgekundschaftet hat, daß der Augenblick günstig ist, füllt er die Lungen mit einer besonderen Sorte eigens ausgewählter Luft und läßt am Abend diese Luft in einem Lied aus sich heraus zurückfließen. Er sagt, daß man nicht immer mit Erfolg zu singen vermag. Das Lied ist wie eine Jahreszeit. Es erscheint, wenn es an der Tagesordnung ist... Isaak, liebe Dorotka, kann nicht fallen, sowenig wie eine Spinne. Es hält ihn irgendein Faden, angeknüpft an dem Ort, den nur er kennt. Ich aber falle immer häufiger. Der Araber vergewaltigt mich in der Umarmung meines Mannes, und ich weiß nicht länger, an wem ich Vergnügen finde. Mein Mann sieht hinter diesem Sarazenen anders aus als früher, ich habe begonnen, ihn auf eine neue, unerträgliche Weise zu sehen und zu begreifen. Die Vergangenheit hat sich auf einmal verändert; je mehr die Zukunft herandrängt, desto mehr ändert sich die Vergangenheit, sie wird lastender an Gefährlichkeiten und ist unvorhersehbarer als das Morgen, voll längst verschlossener

Räume,

Räume, aus denen immer öfter lebendige Tiere herauskommen. Und jedes dieser Tiere hat einen Namen. Das Tier, das Isaak und mich zerreißen wird, hat einen langen, blutrünstigen Namen. Denk Dir, Dorotka, ich fragte Isaak, und er hat ihn mir gesagt. Er hat diesen Namen die ganze Zeit über gewußt. Der Araber heißt Abu Kabir Muawijaʿ. Und seine Arbeit hat er bereits begonnen, irgendwo des Nachts im Sand nahe einer Tränke. Wie jedes Tier.

7.

Tel Aviv, 1. November 1976

Liebe, in Vergessenheit geratene Dorotka,

Du kehrst in mein Leben auf die schrecklichste Weise zurück. Dort in Deinem Polen, in Nebeln, die so schwer sind, daß sie ins Wasser sinken, ahnst Du gar nicht, was ich Dir antun werde. Ich schreibe Dir aus den eigennützigsten Gründen. Oft glaube ich, mit weit geöffneten Augen in der Dunkelheit zu liegen, in Wirklichkeit aber ist Licht im Zimmer, und Isaak liest, während ich blinzle. Zwischen uns im Bett liegt noch immer jener Dritte, doch habe ich eine kleine List erprobt. Es ist schwer, denn der Raum für den Kampf ist begrenzt – es ist Isaaks Körper. Fliehend vor des Arabers Lippen bewege ich mich auf dem Körper meines Mannes von links nach rechts schon monatelang. Und als ich bereits dachte, ich hätte mich aus der Schlinge gezogen, geriet ich an einem ganz anderen Ende seines Körpers in einen Hinterhalt. An einen zweiten Mund des Arabers. Hinter Isaaks Ohr stieß ich unter seinem Haar auf eine zweite Narbe, und es war, als wälzte mir Abu Kabir Muawija seine Zunge zwischen die Lippen. Entsetzlich! Jetzt erst bin ich in der Falle – fliehe ich die einen, so erwarten mich auf der anderen Seite von Isaaks Körper seine zweiten Lippen. Wie soll ich an Isaak denken? Nicht länger mehr vermag ich mit ihm zärtlich zu sein, aus Angst, meine Lippen könnten sich mit diesen sarazenischen Lippen treffen. Er hat unser Leben gezeichnet. Könntest Du unter solchen Bedingungen Kinder haben? Doch das Schrecklichste geschah vorgestern abend. Einer dieser sarazenischen Küsse erinnerte mich an den Kuß unserer Mutter. Wie viele Jahre habe ich nicht an sie gedacht, und jetzt auf einmal kommt sie, um mich an sich zu erinnern. Und noch dazu, wie! Möge sich der, der sich die Schuhe anzieht, nicht loben gleich dem, der sie sich auszieht, doch wie soll man das aushalten?

Ich fragte Isaak geradeheraus, ob der Ägypter noch am Leben sei. Was denkst Du, hat er geantwortet? Und wie lebendig er ist, er arbeitet in Kairo. Er vergißt die eigenen Schritte hinter sich wie Ausgespienes. Ich beschwöre Dich, tu etwas! Du könntest mich vor diesem Eindringling bewahren, wenn Du seine Begierde auf Dich lenken und von mir abwenden würdest, ja, du würdest mich und Isaak retten. Behalte diesen verfluchten Namen Abu Kabir Muawija im Gedächtnis, und wir teilen uns auf: nimm Deinen linkshändigen Araber dort in Krakau zu Dir in Dein Schlafzimmer, ich aber will versuchen, Isaak zu behalten ...

8.

Department of Slavic Studies
University of Yale, USA
Oktober 1980

Liebes Fräulein Kwaśniewska,

es schreibt Dir Deine Dr. Schulz zwischen zwei Unterrichtsstunden an der Universität. Isaak und mir geht es gut. Meine Ohren sind noch voll seiner angetrockneten Küsse. Wir haben uns ein wenig ausgesöhnt, und unsere Betten sind jetzt auf getrennten Kontinenten. Ich arbeite viel. Ich habe begonnen, auf Einladungen zu wissenschaftlichen Zusammenkünften zu antworten, was ich fast ein Jahrzehnt lang nicht mehr tat. Und jetzt werde ich mich bald auf eine neue Reise vorbereiten, die mich Dir näher bringt. In zwei

Jahren

Jahren wird in Istanbul ein wissenschaftlicher Kongreß über die Kulturen der Schwarzmeerküsten abgehalten. Ich bereite einen Bericht vor. Erinnerst Du Dich an Professor Wyka und Deine Diplomarbeit *Die Lebensbeschreibungen Kyrills und Methods, der slawischen Apostel*? Erinnerst Du Dich an Dvornikovs Studie, die wir damals benutzten? Jetzt hat er eine neue, ergänzte Ausgabe (1969) veröffentlicht, und ich verschlinge sie mit großem Interesse. Meine Arbeit wird von der Chasarischen Mission Kyrills† und Methods† handeln, jener, über die die wichtigsten Schriften verlorengingen: die Schriften von Kyrill selbst. Der unbekannte Verfasser einer Lebensbeschreibung Kyrills sagt, daß Kyrill seine Argumentation während der Chasarischen Polemik▽ am Hof des Kagan in besonderen Büchern, den sogenannten *Chasarischen Reden*, hinterlassen hat. »Wer diese Reden jedoch in ihrer Vollständigkeit suchen will«, notiert Kyrills Biograph, »der wird sie in denjenigen Büchern Kyrills finden, die unser Lehrer und Erzbischof Methodios, der Bruder Konstantins des Philosophen, übersetzte und in acht Reden aufteilte.« Es ist unglaublich, daß ganze Bücher, acht Reden Kyrills (Konstantins des Philosophen), des christlichen Heiligen und Begründers des slawischen Schrifttums, zusammengestellt in der griechischen und übersetzt in die slawische Sprache, ohne Spur verschwunden sein sollen! Geschah es etwa deshalb, weil zu viele häretische Elemente in ihnen waren? Hatten sie etwa eine ikonoklastische Färbung, die in der Polemik wirkungsvoll war, aber nicht kanonisch, so daß sie nach der chasarischen Mission außer Gebrauch gerieten? Ich habe noch einmal Iljinski durchgesehen, den uns allen gut bekannten *Versuch einer systematischen Kyrillo-Methodianischen Bibliographie* bis 1934, und dann ebenso seine Nachfolger (Popruženko, Romanski, Ivanka Petrović und so weiter). Ich las noch einmal Mošin. Und dann las ich dort alle angeführte Literatur zur chasarischen Frage durch. Nirgends eine Erwähnung, daß Kyrills *Chasarische Reden* irgend jemandes Aufmerksamkeit auf sich gezogen hätten. Wie ist es möglich, daß alles spurlos verschwunden ist? Alle schauen mit den Augen anderer auf diese Frage. Und doch bestand neben der griechischen Urfassung auch eine slawische Übersetzung, woraus man schließen kann, daß das Werk eine Zeitlang weitverbreitet war. Und das nicht nur während der chasarischen Mission, sondern auch später; seine Argumente mußten auch während der slawischen Mission der Brüder aus Saloniki benutzt worden sein, selbst in der Polemik mit den »Dreisprachlern«. Warum sonst wären die *Chasarischen Reden* ins Slawische übersetzt worden? Mir kommt der Gedanke, daß man den *Chasarischen Reden* Kyrills vielleicht auf die Spur kommen könnte, wenn man sich der Frage auf vergleichender Basis näherte. Wenn man systematisch die islamischen und die hebräischen Quellen zur Chasarischen Polemik durchforschte, würde man sicher in diesen Quellen etwas vom Widerhall der *Chasarischen Reden* Kyrills finden. Nur vermag ich dies nicht allein zu tun, das heißt, ein Slawist genügt nicht, vielmehr sind auch ein Hebräist und ein Orientalist gefragt. Ich habe auch Dunlop (*History of Jewish Khazars,* 1954) durchgesehen, fand dort aber nichts, was auf eine Spur der verlorenen *Chasarischen Reden* Konstantins des Philosophen hinweisen würde. Du siehst, daß nicht nur Du Dich dort mit der Wissenschaft beschäftigst, an Deiner Jagiellonen-Universität, sondern auch ich hier. Endlich bin ich zurückgekehrt zu meinem Beruf und zu meiner Jugend; sie hat das Aroma von Früchten, die mit dem Schiff über den Ozean gebracht werden. Ich trage einen Hut aus Stroh in der Form eines Korbes. Man kann in ihm Kirschen vom Markt heimbringen, ohne daß man ihn absetzt. Wann immer auf dem romanischen Glockenturm in Krakau die Mitternacht widerhallt, altere ich, und stets erwache ich, wenn auf dem Wawel die Morgenröte anschlägt. Ich neide Dir Deine ewige Jugend. Wie geht es Deinem Abu Kabir Muawija? Hat er, wie in meinen Träumen, ein Paar rauchiger trockener Ohren und eine

eine gut ausgemergelte Nase? Danke, daß Du ihn auf Dich genommen hast. Wahrscheinlich weißt Du schon alles über ihn. Stell Dir vor, er arbeitet über etwas, was Deiner und meiner Arbeit sehr ähnlich ist! Er ist so etwas wie ein Kollege in unserem Fach! Auf der Universität in Kairo hält er Vorlesungen über die Religionen des Nahen Ostens und beschäftigt sich mit hebräischer Geschichte. Quälst Du Dich mit ihm, wie ich es tat?

Es liebt Dich Deine Dr. Schulz

9.

Jerusalem, Januar 1981

Dorotka,

es ist etwas Unglaubliches geschehen. Nach meiner Rückkehr aus Amerika fand ich zwischen der ungeöffneten Post auch eine Liste der Teilnehmer an jenem Kongreß über die Kulturen der Schwarzmeerküsten. Stell Dir vor, wer auf der Liste steht! Oder hast Du das vor mir gewußt, mit Deinem Prophetenseelchen, dem das Haar nicht erst beim Friseur zu Locken gedreht werden muß? Der Araber aus Blut und Fleisch, der mit den grünen Augen, der mich aus dem Bett meines Mannes getrieben hat. Er kommt auf den Kongreß nach Istanbul. Aber ich will Dir nicht länger etwas vormachen. Er kommt nicht etwa, um mich zu sehen. Ich gehe nach Istanbul, um ihn endlich zu sehen. Seit langem schon habe ich mir ausgerechnet, daß sich unsere Fächer überschneiden und daß sich, wenn ich nur zu allen wissenschaftlichen Kongressen ginge, unsere Wege kreuzen müßten. In meiner Tasche steckt der Bericht über die chasarische Mission Kyrills und Methods und unter der Erklärung ein Smith & Wesson, Modell 36, Kaliber 38. Ich danke Dir für die vergeblichen Versuche, Dr. Abu Kabir Muawija auf Dich zu nehmen. Jetzt lade ich ihn mir auf die Seele. Liebe mich so, wie Du Isaak nicht liebst. Das ist jetzt für mich notwendiger als je zuvor. Unser gemeinsamer Vater wird mir helfen...

10.

Istanbul, Hotel Kingston
1. Oktober 1982

Liebe Doroteja,

unser gemeinsamer Vater wird mir helfen – schrieb ich Dir das letzte Mal. Mein armes kleines, verrücktes Ding! Was weißt Du über unseren gemeinsamen Vater? Als ich so alt war wie Du, wußte auch ich nichts, wie Du jetzt. Aber meine neuen Jahre haben mir Zeit gegeben zum Nachdenken. Weißt Du, wer Dein eigentlicher Vater ist, Seelchen? Jener Pole, der einen Bart wie von Gras besaß, hat Dir den Namen Kwaśniewska gegeben und sich mutig mit Deiner Mutter, Ana Scholem, verheiratet? Ich glaube nicht. Erinnerst Du Dich an den, dessen wir uns nicht zu erinnern vermochten? Erinnerst Du Dich an einen gewissen Aschkenas Scholem, den jungen Mann auf den Bildern, mit einer Brille, die ihm auf der Nase ritt, und einem zweiten Paar Gläser in der Westentasche? Der anstelle von Tabak Tee rauchte und schönes Haar hatte, das seine photographierten Ohren anbiß? Der gesagt hatte, wie man uns erzählte: »Unser falsches Opfer wird uns retten«? Erinnerst Du Dich an den Bruder und ersten Mann Deiner Mutter, unserer Mutter Ana Scholem, angeblich geborene Zakiewicz, verheiratete Scholem, wiederverheiratete Kwaśniewska? Und weißt Du, wer der richtige Vater ihrer Töchter, von Dir und mir, ist? Endlich hast Du Dich erinnert, nach so vielen Jahren! Dein Onkel und Mutters Bruder könnte gut auch unser Vater sein, nicht wahr (oder etwa nicht)? Warum, im übrigen, könnte er nicht auch der Mann Deiner Mutter sein? Was hältst Du von einer solchen Rechnung, meine Liebe? Vielleicht hatte Frau Scholem vor der Ehe keinen Mann und konnte sich als Jungfrau nicht wiederverheiraten? Vielleicht erscheint sie deshalb auf so ungewöhnlichen Wegen, unheilbringend, um uns zu erinnern. Wie es auch gewesen sein mag, ihre Jahre waren nicht vergeblich, und ich meine, daß meine Mutter, wenn

wenn sie es tat, tausendmal im Recht war, und wenn ich wählen könnte, wählte ich zum Vater lieber den Bruder meiner Mutter als irgend jemand anderen. Das Unglück, meine liebe Doroteja, das Unglück lehrt uns, unser Leben rückwärts zu lesen...

Hier in Istanbul habe ich mich schon mit ein paar Leuten bekannt gemacht. Ich will in keiner Weise seltsam erscheinen und plappere daher mit allen, als ob ich den Mund für einen Regen öffnete. Einer von den Kollegen, die bisher auf den Kongreß gekommen sind wie ich, heißt Dr. Isajlo Suk†. Er ist Archäologe, Mediävist und beherrscht das Arabische gut, wir unterhalten uns auf englisch und scherzen auf polnisch, er spricht aber serbisch und sagt, daß er die Motte seiner Kleider sei. Seine Familie zieht schon seit hundert Jahren mit einem Lehmofen von einem Haus ins andere um, und er meint, daß sich das 21. Jahrhundert von dem unsrigen dadurch unterscheiden wird, daß die Menschen endlich gemeinsam gegen die Langeweile aufstehen werden, die sie heute überspült wie verseuchtes Wasser. »Den Stein der Langeweile tragen wir«, sagt Dr. Suk, »wie Sisyphus auf den Schultern den gewaltigen Berg hinauf. Die Menschen der Zukunft werden sich hoffentlich zusammenreißen und rebellieren gegen diese Pest, gegen langweilige Schulen, langweilige Bücher, gegen langweilige Musik, langweilige Wissenschaft, langweilige Kongresse, und werden diesen ganzen Trübsinn aus ihrem Leben und aus ihrer Arbeit hinauswerfen, wie es unser Urvater Adam fordert.« So redet er ein wenig im Scherz, er trinkt Wein und läßt nicht zu, daß man ihm nachschenkt, denn er sagt, daß das Glas keine Öllampe sei, die man nachfüllen müsse, bevor sie leergebrannt sei. Aus seinen Lehrbüchern wird in aller Welt unterrichtet, doch sieht er sich selbst nicht in der Lage, aus ihnen zu unterrichten. Er muß auf der Universität etwas anderes lehren. Seine außergewöhnliche fachliche Belesenheit steht in keinerlei Verhältnis zu seinem geringen wissenschaftlichen Ansehen. Als ich ihm das sagte, lachte er und erklärte mir:

»Die Sache ist die, daß Sie ein großer Wissenschaftler oder großer Violinist (wissen Sie, daß alle großen Violinisten außer Paganini stets Juden waren?) nur dann sein können, wenn eine der mächtigen Internationalen der heutigen Welt hinter Ihnen und Ihren weitgesteckten Zielen steht. Die hebräische, die islamische oder die katholische Internationale. Sie gehören zu einer von ihnen. Ich zu keiner einzigen; also bin ich nirgendwo. Zwischen meinen Fingern sind alle Fische längst hindurchgeschwommen.«

»Wovon sprechen Sie da?« fragte ich ihn bestürzt.

»Das ist die Paraphrase eines über tausend Jahre alten chasarischen Textes. Sie aber haben, nach dem Bericht zu urteilen, den Sie verlesen werden, von den Chasaren gehört. Warum wundern Sie sich dann? Oder sind Sie niemals auf die Ausgabe von Daubmannus✡ gestoßen?«

Ich muß zugeben, daß er mich verwirrte. Besonders mit der Erwähnung des *Chasarischen Wörterbuchs* von Daubmannus. Wenn es ein solches Wörterbuch überhaupt gegeben hat, ist, soweit ich weiß, kein einziges Exemplar erhalten.

Liebe Dorotka, ich sehe den Schnee in Polen, ich sehe, wie sich die Schneeflocken in Deinen Augen zu Tränen verwandeln. Ich sehe das Brot, aufgespießt auf einen Pflock mit einem Kranz Zwiebeln, und die Vögel, wie sie sich im Rauch über den Häusern wärmen. Dr. Suk sagt, daß das Wetter von Süden her kommt und daß es die Donau an der Stelle der Trajanischen Pforte überquert. Hier gibt es keinen Schnee, und die Wolken sind wie aufgehaltene Wellen, die Fische werfen. Dr. Suk machte mich auf noch etwas aufmerksam. In unserem Hotel stieg eine hübsche belgische Familie ab – die Van der Spaaks. Eine Familie, wie wir sie nie gehabt haben und wie ich sie nie haben werde. Vater, Mutter und Sohn. Dr. Suk nennt sie die »Heilige Familie«. Jeden Morgen sehe ich zu, wie sie essen; sie sind gut genährt, und Herr Van der Spaak meint im Scherz, wie ich ihn sagen hörte: »An eine

eine dicke Katze gehen keine Flöhe.« Er spielt wunderschön auf einem Instrument, das aus dem Panzer einer weißen Schildkröte gefertigt wurde, die Belgierin aber ist mit Malen beschäftigt. Sie malt mit der linken Hand, und das sehr geschickt, auf allem, was ihr unter die Hände kommt; auf Servietten, Gläsern, auf Messern und den Handschuhen ihres Sohnes. Ihr Sohn ist kaum vier Jahre alt. Er trägt kurzgeschnittenes Haar, heißt Manuil und buchstabiert seine ersten Sätze. Sobald er ein Hörnchen ißt, kommt er an meinen Tisch und blickt mich unverwandt an, als sei er verliebt. Seine Augen haben die Farbe von Kieselsteinen wie mein Weg, und er fragt mich ständig: »Hast du mich erkannt?« Ich streichle ihm übers Haar, als streichelte ich einen Vogel, und er küßt meine Finger. Er bringt mir die Pfeife seines Vaters, die einem Zaddik ähnelt, und bietet sie mir zum Rauchen an. Es gefällt ihm alles, was rot, blau und gelb ist. Er liebt es auch, Speisen dieser Farben zu essen. Mit Schrecken habe ich beobachtet, daß er einen Mangel hat: er hat zwei Daumen an jeder Hand. Nie weiß ich, welches seine rechte und welches seine linke Hand ist. Aber noch ist er sich seines Mangels nicht bewußt und verbirgt die Hände nicht vor mir, obwohl ihm die Eltern Handschuhe überstreifen. Für Augenblicke erscheinen sie mir, ob Du es glaubst oder nicht, als ganz natürlich und stören mich nicht.

Warum sollte mich im übrigen auch irgend etwas stören, da man heute morgen beim Frühstück hören konnte, daß auf dem Kongreß auch Dr. Abu Kabir Muawija eingetroffen ist. »Von den Lippen der fremden Frau tropft Honig, und ihre Kehle ist geschmeidiger als Öl, doch ist ihr Ende bitter wie Wermut, scharf wie ein Schwert, von beiden Seiten geschliffen. Ihre Füße steigen zum Tode hinab, zur Hölle gelangen ihre Schritte...« So steht es geschrieben in der *Bibel.*

11.

Istanbul, 8. Oktober 1982
Fräulein Doroteja Kwaśniewska – Krakau

Dein Eigennutz und Dein unbarmherziges Urteil machen mich bestürzt. Du hast mein und Isaaks Leben zerstört. Stets habe ich Deine Wissenschaft gefürchtet und geahnt, daß sie mir Unheil bringen wird. Ich hoffe, Du weißt, was geschehen ist und was Du getan hast. An jenem Morgen ging ich zum Frühstück hinunter, um zu schießen, sobald sich Muawija im Hotelgarten, wo wir essen, zeigen würde. Ich setzte mich und wartete ab; ich sah zu, wie die Schatten der Vögel, die über das Hotel flogen, entlang den Mauern hinabstürzten. Und dann geschah all das, was man auf keine Weise hatte voraussehen können. Ein Mann tauchte auf, und ich wußte sofort, wer er war. Er hatte ein Gesicht, dunkel wie Brot, und er war ergraut, als habe er Fischgräten in den Augenbrauen. Nur an der einen Schläfe wuchs ihm durch eine Narbe hindurch wildes Haar, das nicht zu ergrauen vermochte und vollkommen schwarz war. Dr. Muawija kam geradewegs auf meinen Tisch zu und bat um die Erlaubnis, sich zu setzen. Er lahmte merklich und hatte ein Auge halb geschlossen, wie einen kleinen zusammengepreßten Mund. Ich erstarb vor Angst, entsicherte den Revolver in der Tasche und blickte mich um. Im Garten war außer uns nur der vierjährige Manuil; er spielte unter dem Nebentisch. »Natürlich«, sagte ich, und der Mann legte etwas auf den Tisch, was mein Leben auf immer verändern sollte. Es war eine einfache Papierrolle.

Er kenne das Thema meines Berichts, sagte er, sich setzend, und gerade deshalb wolle er mich um eine Auskunft bezüglich meines Fachgebietes bitten. Wir sprachen englisch, er zitterte ein wenig, es war ihm kälter als mir, seine Lippen schlugen aufeinander, aber er unternahm nichts, um dieses Zittern zu verhindern oder zu verbergen. Er wärmte die Finger an seiner Pfeife und blies den Rauch in die Ärmel. Blitzschnell

schnell hatte er mir erklärt, worum es ging. Es war die Rede von Kyrills *Chasarischen Reden.*

»Ich habe«, sagte er, »alle Literatur, die sich auf die *Chasarischen Reden* bezieht, durchgesehen, und ich fand nirgends erwähnt, daß diese Schriften auch heute noch existieren. Ist es denn möglich, daß man nicht weiß, daß Abschnitte der *Chasarischen Reden* Kyrills erhalten und sogar gedruckt worden sind vor einigen hundert Jahren?«

Ich war betroffen. Das, was der Mann behauptete, wäre die größte Entdeckung meines Faches – der Slawistik –, seit dieser Zweig der Wissenschaft besteht. Sollte sie stimmen.

»Woher kommt Ihnen ein solcher Gedanke?« fragte ich ihn fassungslos und fügte meine Erklärung mit einem seltsamen Gefühl der Unsicherheit hinzu:

»Kyrills *Chasarische Reden* sind der Wissenschaft lediglich aufgrund der Erwähnungen in Kyrills Lebensbeschreibung bekannt, woher wir ja auch wissen, daß es sie gegeben hat. Von einer erhaltenen Handschrift oder gar einem veröffentlichten Text dieser Reden kann überhaupt nicht die Rede sein.«

»Das hatte ich überprüfen wollen«, schloß Dr. Muawija, »von jetzt an wird man wissen, daß es gerade umgekehrt ist…«

Und er reichte mir jene wenigen xerokopierten Seiten, die vor ihm lagen. *In diesem Augenblick hätte ich abdrücken können. Ein besserer konnte sich mir nicht bieten: im Garten befand sich ein einziger Zeuge – und das war ein Kind. Doch geschah etwas anderes. Ich streckte meine Hand aus und empfing diese wenigen erregenden Seiten, die ich diesem Brief beilege. Während ich sie annahm – anstatt zu schießen –, blickte ich auf jene sarazenischen Finger mit Nägeln, die Haselnüssen glichen, und dachte an jenen Baum, den Halevi in seinem Buch über die Chasaren erwähnt. Ich dachte daran, daß jeder von uns ein solcher Baum ist: Je höher wir wachsen, dem Himmel zu, durch Regen und Stürme Gott entgegen, desto tiefer müssen wir mit dem Wurzelwerk durch Lehm und unterirdische Wasser dringen, der Hölle zu. Unter diesen Gedanken las ich die Seiten, die mir der grünäugige Sarazene überreichte. Ich war betroffen, und ich fragte Dr. Muawija, woher er sie hatte:*

»Mich braucht man nicht zu fragen, woher ich sie habe. In ihren Besitz gelangte im 12. Jahrhundert einer Ihrer Stammesgenossen, der Dichter Juda Halevi✡, er nahm sie in seine Schrift über die Chasaren auf. Indem er die berühmte Polemik beschrieb, führte er die Worte des christlichen Teilnehmers an und nannte ihn den ›Philosophen‹, geradeso, wie diese selbe Persönlichkeit vom Autor der Biographie Kyrills mit Hinblick auf die Polemik genannt wurde. Den Namen Kyrills hatte man also in dieser hebräischen Quelle ausgelassen, ebenso den Namen des arabischen Teilnehmers, angeführt wurde lediglich der Titel des christlichen, der Titel Kyrills, das aber ist der Grund, warum niemand bis heute den Text Kyrills in der *Chasarischen Chronik* Juda Halevis suchte.«

Ich sah Dr. Muawija an wie jemanden, der in keinerlei Beziehung stand zu jenem verwundeten Mann mit den grünen Augen, der sich vor wenigen Augenblicken an meinen Tisch gesetzt hatte. Alles war so glaubwürdig und einfach, es stimmte so ganz mit dem überein, was man sonst über diese Sache in der Wissenschaft wußte, daß es ein wahres Wunder war, daß niemand zuvor darauf gekommen war, den Text auf diese Weise zu suchen.

»Es gibt hier eine Schwierigkeit«, sagte ich schließlich zu Dr. Muawija. »Halevis Text bezieht sich auf das 8. Jahrhundert, Kyrills chasarische Mission dagegen fand im 9. Jahrhundert statt: im Jahre 861.«

»Der, der den richtigen Weg kennt, kann auch einen Umweg gehen!« bemerkte darauf Muawija. »Uns interessieren nicht die Daten, sondern ob Halevi, der nach Kyrill lebte, Kyrills *Chasarische Reden* bei der Hand hatte, als er sein Buch über die Chasaren schrieb. Und ob er sie in diesem Buch benutzte, dort, wo er die Worte des christlichen Teilnehmers an der

Chasarischen

Chasarischen Polemik anführt. Um es gleich zu sagen, in den Ausführungen des christlichen Weisen bei Halevi gibt es unzweifelhaft Übereinstimmungen mit jenen Argumenten Kyrills, die bis heute erhalten sind. Es ist mir bekannt, daß Sie Kyrills Biographie ins Englische übersetzt haben, so daß Sie Teile davon unschwer wiedererkennen werden. Achten Sie einmal darauf, um wessen Text es sich beispielsweise hierbei handelt: es wird davon gesprochen, daß sich der Mensch auf halbem Wege zwischen Engel und Tier befindet…«

Natürlich erinnerte ich mich sofort an diese Stelle und führte sie auswendig an:

»›Als der Schöpfer von allem schuf Gott den Menschen in der Mitte zwischen Engel und Tier… durch Rede und Verstand trennte er ihn von den Tieren, durch Zorn und Begierde aber von den Engeln, so daß er sich, abhängig davon, welchen von diesen Werken er sich nun nähert, jenen höheren oder jenen tieferen desto inniger verbindet…‹ Das ist«, bemerkte ich, den Text anführend, »der Abschnitt der Biographie über die agarenische Mission Kyrills.«

»Genau, doch dasselbe erscheint auch im fünften Teil des Buches von Halevi, in dem mit dem Philosophen polemisiert wird. An solchen Übereinstimmungen gibt es mehr. Das wichtigste ist, daß gerade auch in der Rede, die Halevi in der Chasarischen Polemik dem christlichen Gelehrten zuschreibt, Dinge betrachtet werden, die, der Biographie zufolge, Kyrill in dieser Polemik vorgetragen hat. In beiden Texten wird gesprochen von der Heiligen Dreifaltigkeit und den Gesetzen vor Mose, vom Essen verbotener Fleischsorten und schließlich von den Ärzten, die in Widerspruch zu dem heilen, was erforderlich wäre. Angeführt wird dasselbe Argument, daß die Seele am stärksten sei, wenn der Körper am schwächsten (um das fünfzigste Lebensjahr herum), und so fort. Schließlich wirft der chasarische Kagan dem arabischen und hebräischen Teilnehmer an der Polemik vor – alles nach Halevi –, daß ihre Bücher der Offenbarung (*Koran* und *Thora)* in Sprachen geschrieben seien, die den Chasaren, den Indern und anderen Völkern, die diese Sprachen nicht verstehen, nichts bedeuteten. Das ist eines der wesentlichen Argumente, die auch die Biographie Kyrills im Kampf gegen die ›Dreisprachler‹ (jene, die nur das Griechische, Hebräische und Lateinische als liturgische Sprachen betrachten) vorträgt, so daß deutlich wird, daß der Kagan in diesem Teil unter dem Einfluß des christlichen Teilnehmers an der Polemik stand und Überzeugungen Ausdruck verlieh, von denen wir andererseits wissen, daß sie wirklich diejenigen Kyrills waren. Halevi hat dies nur überliefert.

Schließlich ist es notwendig, sich noch zwei Dinge vor Augen zu halten. Da wir erstens nicht wissen, was alles in den verlorengegangenen *Chasarischen Reden* Konstantins aus Saloniki (Kyrills) gestanden hat, so wissen wir auch nicht, was von ihnen der Text Halevis bringt. Das heißt, es ließe sich vorstellen, daß es mehr an solchem Material gibt, als ich es hier vortrug. Zweitens ist der Text Halevis gerade in jenem Teil, der sich auf den christlichen Teilnehmer an der Polemik bezieht, verstümmelt. Dieser Teil ist nicht in der arabischen Urfassung, sondern nur in der später entstandenen hebräischen Übersetzung erhalten, während die gedruckten Ausgaben Halevis, besonders diejenigen aus dem 16. Jahrhundert, wie man weiß, der christlichen Zensur unterlagen.

Kurz, Halevis Buch über die Chasaren bewahrte teilweise, obwohl wir heute nicht wissen, in welchem Umfang, Kyrills *Chasarische Reden*. Im übrigen wird hier in Istanbul«, schloß Dr. Muawija, »an unserem Kongreß auch ein gewisser Dr. Isajlo Suk teilnehmen, der gut Arabisch spricht und sich mit den islamischen Quellen der Chasarischen Polemik beschäftigt. Er sagte mir, daß er über ein *Chasarisches Wörterbuch* aus dem 17. Jahrhundert verfüge, das ein gewisser Daubmannus herausgegeben habe, und man ersehe aus diesem Wörterbuch, daß Halevi Kyrills *Chasarische Reden* benutzte. Ich bin gekommen, um Sie zu bitten,

mit

mit Dr. Suk zu sprechen. Er will nicht mit mir reden. Er sagt, ihn interessierten nur die Araber von vor mehr als tausend Jahren. Für die übrigen habe er keine Zeit. Könnten Sie mir behilflich sein, Dr. Suk zu einem Kontakt zu bewegen, um Licht in diese Sache zu bringen?«

So schloß Dr. Abu Kabir Muawija seine Interpretation ab, und in meinem Verstand verknüpften sich auf einmal blitzartig alle Fäden. Wenn du vergißt, in welche Richtung die Zeit abläuft, bleibt, wie ein Kompaß, die Liebe. Sie wird von der Zeit stets im Stich gelassen. Mich packte nach so vielen Jahren wieder Deine verfluchte Begier nach der Wissenschaft, und ich verriet Isaak. Anstatt zu schießen, lief ich davon, um Dr. Suk zu rufen, während ich meine Papiere und die Waffe darunter zurückließ. Am Eingang war niemand vom Personal; in der Küche hielt jemand ein Stück Brot ins Feuer und aß. Ich sah Van der Spaak, wie er aus einem Zimmer herauskam, und begriff, daß es das Zimmer Dr. Suks war. Ich klopfte an, doch niemand rief mich herein. Irgendwo hinter mir tropften beschleunigte Schritte, und zwischen ihnen vermochte man die Glut weiblichen Fleisches zu spüren. Ich klopfte erneut, und jetzt öffnete sich durch dieses Klopfen die Tür für einen Spalt. Sie war nicht verschlossen. Ich sah zunächst nur ein Nachttischchen mit einem Ei und einem Schlüssel auf einem kleinen Teller. Als ich die Tür ein wenig weiter öffnete, schrie ich auf. Dr. Suk ruhte auf seinem Bett, mit einem Kissen erstickt. Er lag da mit angebissenem Schnurrbart, als eile er durch den Wind. Ich lief schreiend davon, als man vom Garten her einen Schuß hörte. Es war ein einzelner Schuß, doch hörte ich ihn auf jedem Ohr gesondert. Ich erkannte sofort den Klang meiner Waffe. Ich flog in den Garten und sah, wie Dr. Muawija auf dem Kies lag, mit zertrümmertem Schädel… Am

Nachbartisch trank das Kind mit den Handschuhen seine Schokolade, als wäre nichts geschehen... Niemand sonst war im Garten.

Ich wurde augenblicklich meiner Freiheit beraubt; den Smith & Wesson, auf dem einzig meine Abdrücke gefunden wurden, fügte man als Beweismaterial hinzu, und ich wurde angeklagt, mit Vorbedacht Dr. Abu Kabir Muawija getötet zu haben. Ich schreibe Dir diesen Brief aus dem Untersuchungsgefängnis, und noch immer begreife ich nichts. Eine Quelle süßen Wassers trage ich im Munde und ein Schwert, von beiden Seiten geschärft... Wer hat Dr. Muawija getötet? Stell Dir vor, die Anklage lautet: Eine Jüdin tötete einen Araber aus Rache! Die ganze islamische Internationale, die gesamte ägyptische und türkische Öffentlichkeit wird gegen mich aufstehen. »Der Herr, dein Gott, wird dich deinen Feinden überantworten, auf daß sie dich schlagen; auf dem einen Wege wirst du vor sie hinaustreten, auf sieben Wegen aber vor ihnen flüchten...« Wie beweisen, daß du nicht getan hast, was du in der Tat beabsichtigt hattest zu tun? Es gilt, eine faustdicke Lüge zu finden, so wie der Vater eine schreckliche und starke Lüge fand, um die Wahrheit zu beweisen. Hörner anstelle der Augen tun demjenigen not, der eine solche Lüge erdenken will. Wenn ich sie finde, werde ich leben und Dich aus Krakau zu mir nach Israel führen. Und ich werde zu den Wissenschaften unserer Jugend zurückkehren. Unser falsches Opfer wird uns retten, sprach der eine von unseren beiden Vätern... Wie schwer ist es, Seine Gnade zu ertragen, wieviel schwerer aber Seinen Zorn.

PS. Ich lege Dir hier die Repliken des Philosophen aus Halevis Buch über die Chasaren bei *(Liber Cosri*✡*)*, von denen Dr. Muawija behauptete, daß sie Abschnitte der verlorenen *Chasarischen Reden* Konstantins des Philosophen, des heiligen Kyrill, darstellen:

מאמר ראשון 9

היהודים די לי במה שהוא
נראה משפלותם ומיעוטם
ושהכל מואסים אותם וקרא
לחכם מחכמי אדום ושאל
אותו על חכמתו ומעשיהו ו
ואמר לו אני מאמין בחדוש
הנבראות ובקדמו׳ הבורא ית׳
ושהוא ברא העולם כלו
בשש׳ ימים ושכל המדברים
צאצאי אדם ואליו הם מ
מתייחסים כלם ושיש לבורא
השגחה על הברואים והדבקות
במדברים וקצף ורחמים
ודבור והראות והגלות לנביאיו
וחסידיו והוא שוכן בתוך
רצויו מהמוני בני אדם וכללו
של דבר אני מאמין בכל מה
שבא בתורה ובספרי בני
ישראל אשר אין ספק ב
באמתתם בעבור פרסומם
והתמדתם והגלותם בהמונים
גדולים [ובאחריתם ו
ובעקבותם נגשמה האלהות
והיה עובר ברחם בתולה
מנשיאות בני ישראל וילדה
אותו אנושי הנראה אלקי
הנסתר נביא שלוח בנראה
אלוה שלוח בנסתר והוא
המשיח הנקרא בן אלקים
והוא האב והבן והוא רוח
הקדש ואנחנו מיחדים א
אמתתו ואם נראה על לשוננו
השלוש נאמין בו האחדו׳ ו

COSRI PARS I.

Ad Judæos quod attinet, ſatis mihi eſt cognita illorum humilitas, vilitas, paucitas; & quòd illos ab omnibus reprobari & contemni videmus (*ut non opus ſit, illos audire*).

Accerſivit itaq; Sapientem ex Edomæis, (*h.e. è* [1.] *Chriſtianis*) & quęſivit ex eo de Sapientiâ & Operibus ſeu Actionibus ipſius. Qui ei dixit; Ego credo Innovationem Creaturarum (*i. e. omnia eſſe creata, non ab æterno*), & Æternitatem Creatoris Benedicti; quòd ſc. ille Mundum totum creaverit ſpatio ſex dierum; quòd omnes homines rationales ſint progenies Adami, ab illo familiam ſuam ducentes; quòd ſit Providentia Dei ſuper res creatas, quòd item adhæreat rationalibus (*h. e. ſe communicet cum hominibus*): credo etiam Dei iram, amorem, miſericordiam, ſermonem, viſionem, revelationem Prophetis & viris ſanctis factam; denique, quòd Deus habitet inter eos qui accepti ipſi ſunt ex humano genere. Summa: Credo omnia quæ ſcripta ſunt in Lege & libris Iſraëlitarum, de quorum veritate nullus eſt dubitandi locus, eò quòd illa publicata, vel, publicè geſta, continuè conſervata & propagata, revelataque ſint in maxima hominum turba & frequentia. [Et [2.] in extremo ac fine illorum (*Reipublicæ & Eccleſiæ Judæorum*) incorporata (*incarnata*) eſt Deitas, tranſiens in uterum virginis cujuſdam è primariis inter Iſraëlitas, quæ genuit eum Hominem viſibiliter, Deum latenter, Prophetam miſſum viſibiliter, Deum miſſum occultè. Hicque fuit Meſſias, dictus Filius Dei, qui eſt Pater, Filius, & Spiritus Sanctus, cujus Eſſentiam unicam eſſe credimus & fatemur. Licet enim ex verbis noſtris videatur, nos Trinitatem vel Tres Deos credere, credimus tamen unitatem. Habitatio au-

ומשפנו B

Cosri Pars I.

tem ejus fuit inter filios Iſraël, ſummo ipſorum cum honore, quandiu Res Divina ipſis adhæſit (*durante Templo*), donec illi rebellarunt contra Meſſiam iſtum, eumque crucifixerunt. Tum converſa fuit Ira Divina continua ſuper eos, gratia verò & Benevolentia ſuper paucos (*è Judæis*) qui ſequuti ſunt Meſſiam, & poſtea etiam ſuper alios populos, qui hos paucos ſunt ſequuti & imitati, è quibus nos ſumus. Et quamvis non ſimus Iſraëlitæ, longè potiori tamen jure nobis nomen Iſraëlitarum debetur, quia nos ambulamus ſecundum verba Meſſiæ, & Duodecim Sociorum (*h. e. Diſcipulorum vel Apoſtolorum*) ejus è filiis Iſraël, loco Duodecim tribuum, prout etiam populus magnus è filiis Iſraëlis ſunt ſequuti illos Duodecim, qui fuerunt quaſi Paſta populi Chriſtiani. Unde nos digni facti ſumus Dignitate Iſraëlitarum, & penes nos nunc eſt potentia & robur in terris, omnesque populi vocantur ad fidem hanc, & jubentur adhærére ei, atque magnificare & exaltare Meſſiam, ejusque Lignum (*h. e. Crucem*) venerari, in quo crucifixus fuit, & ſimilia: Judiciaque & Statuta noſtra ſunt partim Præcepta Simeonis ſocii (*h. e. Petri Apoſtoli*), & partim Statuta Legis, quam nos diſcimus, & de cujus veritate nullo modo dubitari poteſt, quin à Deo ſit profecta. Nam in ipſo Evangelio in verbis Meſſiæ habetur; *Non veni ut deſtruam præceptum aliquod ex præceptis filiorum Iſraël, & Moſis, Propheta ipſorum, ſed veni, ut illa impleam & confirmem, Matth. 5.*]

מאמר ראשון 10

ומשכנו בתוך בני ישראל ל׳
לכבוד להם כאשר היה
הענין האלקי נדבק בהם עד
ח׳יו המוניהם במשיח הזה
ותלוהו ושב הקצף מתמיד
עליה׳ ועל המונם והרצון
ליחידים ההולכים אחרי
המשיח ואחרי כן לאומות
ההולכים אחרי היחידים
האלה ואנחנו מהם ואם
לא נהיה מבני ישראל אנחנו
יותר ראויי׳ שנקרא בני ישראל
מפני שאנחנו הולכים אחרי
דברי המשיח וחביריו מבני
ישראל שנים עשר במקום
השבטים ואחר כן הלכו עם
רב מבני ישראל אחרי השנים
עשר ההם והיו כמחמצת
לאומת הנוצרים והיינו אנו
ראויים למעלת בני ישראל
והיתה לנו הגבורה והעצמה
בארצות וכל האומות נקראים
אל האמונה הזאת ומצוים
להדבק בה ולגדל ולרומם
למשיח ולגדל את עצו אשר
נתלה עליו והדומה לזה
ודינינו וחקינו ממצות שמעון
החבר וחוקים מן התורה
אשר אנו לומדים אותה ואין
ספק באמתתה שהיא מאת
האלקים : וכבר בא באון
גליון בדברי המשיח לא באתי
לסתור מצוה ממצות בני
ישראל ומשה נביאם אבל
באתי לחזקם ולאמצם :]

N O T Æ.

[†.] *Ubi prima editio habet* אֱדוֹם, h. e. Chriſtianum; *pro eo in ſecundâ ſubſtitu...*

TIBBON, JEHUDA BEN (12. Jahrhundert) – Übersetzer des *Buches über die Chasaren* von Juda Halevi✡ aus dem Arabischen ins Hebräische. Die Übersetzung entstand 1167; ihre Uneinheitlichkeit läßt zwei Erklärungen zu. Erstens: die später gedruckten Versionen wurden in den Händen der christlichen Inquisition kastriert; zweitens: es hing nicht alles nur von Tibbon ab, sondern auch von den Umständen.

Die Übersetzung war getreu, wenn Ben Tibbon beim Übersetzen in seine Anvertraute verliebt; gut, wenn er zornig war; langatmig, wenn die Winde wehten; tiefgründend im Winter; das Original kommentierte und erzählte er nach, wenn Regen fiel. Doch war seine Übersetzung falsch, wenn er glücklich war.

Hatte er ein Kapitel beendet, ging Tibbon vor wie die ehrwürdigen alexandrinischen Übersetzer der *Bibel* – er gab die Übersetzung jemandem zu lesen, der sich im Gehen immer weiter von ihm entfernte, Tibbon aber pflegte stehenzubleiben und zu lauschen. Mit zunehmender Entfernung verlor der Text Teile im Wind und hinter den Ecken, gelangte in Strauchwerk und Bäume, entledigte sich im Schutz von Türen und Umzäunungen der Substantive und Konsonanten, brach sich an den Treppenstufen und beendete schließlich den Weg, den er als männliche Stimme begonnen, als weibliche, wobei man aus der Ferne nur noch Verben und Zahlen vernahm. Bei der Rückkehr des Lesenden pflegte sich dann das Umgekehrte zu ereignen, und Tibbon verbesserte die Übersetzung auf der Grundlage der Eindrücke, die er bei diesem Lesen im Gehen gewonnen hatte.

VERLÖBNISVERTRAG DES SAMUEL KOËN UND DER LIDISIJA SARUK (17. Jahrhundert) – im Archiv von Dubrovnik wird im Dossier des dort ansässigen Sepharden Samuel Koën✡ ein Verlöbnisvertrag mit folgendem Wortlaut aufbewahrt:

»Unter gutem Vorzeichen und zu gesegneter Stunde wird das Verlöbnis zwischen Samuel Koën und Fräulein Lidisija, Tochter des ehrwürdigen Greises, Herrn Schelom Saruk, er ruhe in Frieden, Einwohner der Stadt Saloniki, geschlossen, und zwar zu Bedingungen wie folgt. Erstens: die Mutter des Mädchens, Frau Siti, gebenedeit sei sie unter den Weibern, macht ihren Möglichkeiten und ihrer Würde gemäß ihrer oben erwähnten Tochter ein spanisches Polsterkissen und eine Aussteuer zur Mitgift. Zweitens: die Hochzeit soll vom heutigen Tag an gerechnet in zweieinhalb Jahren stattfinden. Zwischen den Parteien ist vereinbart, daß im Falle der oben erwähnte Herr Samuel, aus was für einem Grunde auch immer, nicht nach der angegebenen Frist erscheint, um Lidisija zu ehelichen, sei es auf eigenen Wunsch oder aufgrund höherer Gewalt, vom jetzigen Zeitpunkt an nach Gesetz und Recht alle Schmuckstücke und Gegenstände, die der Verlobte seiner Verlobten gegeben hat, als nicht zurückzuerstattende anzusehen sind, wogegen der Verlobte keinerlei Recht auf Einspruch und Mißbilligung hat. Im einzelnen sind dies folgende Sachen: Armreifen, die sie am Arm trägt, Halsketten, Ringe, eine Kopfbedeckung, Strümpfe und Gamaschen, insgesamt 24 an der Zahl. All dies beläuft sich auf eine Summe über 2200 Aspern, und alles ist eine unwiderrufliche Gabe an das oben erwähnte Mädchen, im Falle er nicht zur vereinbarten Zeit erscheint, um sie zu ehelichen. Außerdem ist der oben erwähnte Herr Samuel Koën durch einen strengen Eid verpflichtet, wie alle, die unter Strafandrohung schwören, kein anderes Weib auf der Welt zu umarmen und in keine Ehe einzuwilligen außer mit besagter Verlobten Lidisija.

All dies ist geschehen und bestätigt gemäß allen gesetzlichen Vorschriften, und Herr Samuel legte den entsprechenden Eid heute, am Montag, im Neumond des *schebat* im Jahre 5442, ab, und alles ist auf ewig und getreu besiegelt.

Avram Hadida, Schelomo Adroke und Josef Bahar Izrael Alevi, Richter.«

Auf

Auf der Rückseite dieser Urkunde stehen von der Hand irgendeines Dubrovniker Denunzianten ein paar Fußnoten zu Koën vermerkt. Eine Fußnote besagt, daß Koën am Tage des 2. März 1680 in einem Gespräch auf dem Stradun folgende Geschichte zum besten gab:

Die Chasaren[▽] setzten auf einigen Schiffen ihrer Flotte anstelle von Segeln Fischernetze. Und diese Schiffe fuhren wie alle anderen auch. Als ein Grieche die chasarischen Priester befragte, wie sie das bewerkstelligten, antwortete ein Jude, der am Gespräch teilnahm, anstelle des Befragten: Ganz einfach, anstelle des Windes fangen sie in diesen Netzen etwas anderes.

Eine weitere Notiz des Dubrovniker Spitzels bezieht sich auf die Adlige Efrosinija Lukarević[✡]. Im Mai desselben Jahres begegnete Samuel Koën in Lučarice Frau Efrosinija und fragte sie folgendes:

»Bist du immer schön, oder bist du es am Freitagabend, wenn die Seelen sich wandeln, nicht, da du mich nicht einlässest, damit ich dich sehe um diese Stunde?«

Darauf zog Frau Efrosinija hinter ihrem Gürtel eine kleine Laterne hervor, hielt sie vor die Augen, zwinkerte mit dem einen Auge und sah mit dem anderen auf den Docht. Dieser Blick beschrieb Koëns Namen in der Luft, entzündete den Docht und erhellte ihr den Heimweg.

APPENDIX I

Vater Teoktist Nikoljski als Vorbereiter der ersten Ausgabe des *Chasarischen Wörterbuchs*

Vater Teoktist Nikoljski schrieb die letzte Beichte vor seinem Tode dem Patriarchen Asenije III. Čarnojević von Peć in völliger Finsternis, Pulver mit Speichel vermischend, irgendwo in Polen, in schnellgeschriebener Kyrilliza, während die Herbergswirtin durch die verriegelte Tür hindurch schalt und fluchte.

»Ihr wißt, Eure Heiligkeit«, schrieb Teoktist dem Patriarchen, »daß ich zu gutem Erinnerungsvermögen verurteilt bin, welches meine Zukunft unaufhörlich anfüllt, meine Vergangenheit aber um gar nichts abnehmen läßt. Geboren wurde ich im Jahre 1641, im Weiler des Klosters Jovanje am Tag des heiligen Spiridon, des Beschützers der Töpfer, in einer Familie, auf deren Tischen stets von zwei Händen geschaffene Schüsseln standen und in ihnen Nahrung für die Seele und Nahrung für das Herz. So wie mein Bruder im Schlaf noch weiter den hölzernen Löffel festhielt, so halte ich in der Erinnerung alle Augen fest, die mich angesehen haben, seit ich bin. Sobald ich bemerkte, daß sich die Anordnung der Wolken über dem Ovčargebirge alle fünf Jahre änderte, und ich die Wolken wiedererkannte, wie sie an den Himmel zurückkehrten, die ich vor fünf Herbsten sah, erfaßte mich Furcht, und ich begann meinen Fehler zu verbergen, denn ein solches Erinnerungsvermögen ist eine Strafe. Unterdessen lernte ich das Türkische von den Münzen aus Konstantinopel, das Jüdische von den Kaufleuten aus Dubrovnik, und ich lernte, aus Ikonen zu lesen. Zum Aufbewahren des Erinnerten trieb mich etwas wie Durst, doch war es nicht der Durst nach Wasser, denn Wasser vermochte ihn nicht zu löschen, sondern es war ein andersgearteter Durst, der nur durch den Hunger verging und gestillt wurde, doch wiederum nicht durch einen Hunger nach Nahrung, sondern durch einen andersgearteten Hunger, und ich habe vergeblich geforscht, wie das Schaf nach der salzigen Mauer, um zu entdecken, welch ein Hunger es ist, der mich vor dem Durst zu erretten vermöchte. Denn ich fürchtete mich des Erinnerns; ich wußte, unser Gedächtnis und unsere Erinnerungen sind wie Eisschollen. Wir sehen von ihnen im Vorübergehen nur die Spitzen, die gewaltigen Brocken aber unter Wasser rücken weiter, unsichtbar und unerreichbar. Ihre unermeßliche Schwere fühlen wir nur deshalb nicht, weil sie in der Zeit untergetaucht sind wie in Wasser. Wenn wir uns jedoch arglos auf ihrem Wege finden, laufen wir an der eigenen Vergangenheit auf, und der Schiffbruch ist da. Deshalb auch habe ich niemals etwas angerührt von diesem Überfluß, der in mich fiel wie Schnee in die Morava. Und da geschah es zu meiner Bestürzung, daß mich, wenn auch nur auf einen Augenblick, die Erinnerung verließ. Anfangs war ich darüber sehr glücklich, doch dann bereute ich bitter, als ich sah, wohin es führte. Das geschah so.

In meinem achtzehnten Lebensjahr gab mich mein Vater ins Kloster Jovanje und sagte zu mir beim Abschied: ›Während du fastest, nimm kein einziges Wort in deinen Mund, damit wenigstens der Mund rein bleibt von den Worten, wenn es schon die Ohren nicht vermögen. Denn die Worte kommen nicht aus dem Kopf und aus der Seele, sondern aus der Welt, von klebrigen Zungen und aus stinkenden Gehirnen; alle sind schon längst abgenagt, ausgespuckt und fettig vom ständigen Kauen. Längst schon sind sie nicht mehr unversehrt, und unzählige Münder haben sie von Zahn zu Zahn weitergegeben...‹ Die Mönche in Jovanje nahmen mich auf, sie sagten, ich hätte zu viele Knochen in der engen Seele, und ließen mich Bücher abschreiben. Ich saß in einer Zelle, voll von Büchern mit schwarzen Bändern, an den Stellen belassen, wo vor mir die Mönche ein letztes Mal vor ihrem Tode gelesen hatten, und ich arbeitete. Da wurde bekannt, daß ins nahe gelegene Kloster Nikolje ein neuer Kalligraph gekommen war.

Der

Der Pfad nach Nikolje läuft unmittelbar an der Morava entlang, zwischen dem steilen Ufer und dem Wasser. Es ist der einzige Weg zum Kloster, so daß man stets einen Stiefel oder ein Paar der Hufeisen beschmutzen muß. Und es ist dieser beschmutzte Stiefel, an dem die Mönche erkennen, woher die Ankömmlinge zum Kloster kommen: vom Meer oder vom Rudnik her, von Westen, moravaabwärts, mit dem rechten oder von Osten, flußaufwärts, mit dem linken Fuß durchs Wasser watend. In der Woche des heiligen Thomas wurde bekannt, daß ins Kloster Nikolje mit einem nassen und verschmutzten linken Stiefel ein stattlicher und schöner Mann gekommen war, mit einem Auge wie ein Ei, einem Bart, daß er einen Abend lang hätte brennen können, während er das Haar wie eine zerrissene Pelzkappe in die Augen gezogen hatte. Der Mann nannte sich Nikon Sevast† und wurde in Nikolje schnell zum Protokalligraphen, denn er hatte bereits früher irgendwo eine außerordentliche Geschicklichkeit erlangt. Er war von der Zunft der Waffenschmiede, doch war seine Arbeit harmlos: er bemalte Fahnen, Zielscheiben und Schilde, womit er Bilder schuf, die im voraus dazu verurteilt waren, durch ein Geschoß, einen Pfeil oder einen Säbel vernichtet zu werden. Er sagte, daß er sich in Nikolje nur vorübergehend aufhalte, auf der Durchreise nach Konstantinopel.

Am Tage des heiligen Kirijak, des Eremiten, wehten drei spätsommerliche Winde, jeder voll seiner Vögel – der eine voller Stare, der andere voll der letzten Schwalben und der dritte voller Sperber; kalte und warme Düfte mischten sich untereinander, und nach Jovanje gelangte die Kunde, daß der neue Kalligraph im Kloster Nikolje eine Ikone gemalt habe, zu der die ganze Schlucht herbeieile, sie zu sehen. So erhob auch ich mich, um zu schauen, wie auf die Wand des Klosters der Herr als Sevastokrator gemalt war, der im Schoß den kleinen Jesus hält. Ich trat mit den übrigen ein und betrachtete genau, was da gemalt war. Später, bei der Mahlzeit, betrachtete ich auch Nikon Sevast zum erstenmal, und sein schönes Gesicht erinnerte mich an jemanden, den ich gut kannte, doch nirgends um mich herum vermochte ich zu entdecken, an wen. Ein solches Gesicht gab es auch in meinen Erinnerungen nicht, obwohl ich sie alle gleich ausgelegten Karten vor mir sah; auch nicht in meinen Träumen, wo sie wie zugedeckte Karten vor mir lagen und ich jede, wann immer ich wollte, aufdecken konnte. Nirgends gab es ein solches Gesicht.

Man hörte, wie irgendwo im Gebirge ein Beil von einer Buche zurücksprang, da ein Beil von einer Buche so, von einer Ulme anders abspringt; schlug man doch zu dieser Jahreszeit Ulme und Buche. Ich erinnerte mich vollkommen an diese Klänge, von jenem ersten Abend an, als ich sie vor einem Jahrzehnt im Schneesturm gehört hatte; ich erinnerte mich an die längst verendeten Vögel, die durch diesen Schneesturm geflogen waren, schwer in den nassen Schnee fallend, aber ich konnte mich um nichts in der Welt daran erinnern, was ich auf dem kurz zuvor betrachteten Gesicht gesehen hatte. Ich vermochte mich nicht an einen einzigen Zug auf dem Gesicht Nikons zu erinnern, nicht an eine einzige Farbe, nicht einmal daran, ob er bärtig gewesen war. Das war das erste und das einzige Mal im Leben, daß mich mein Erinnerungsvermögen im Stich ließ. Und schnell und leicht fand ich den Grund, so sehr war die Sache außergewöhnlich und unwahrscheinlich. Ein einziger kam in Betracht: dessen, was nicht von dieser Welt ist, vermag man sich nicht zu erinnern; es läßt sich sowenig im Gedächtnis aufbewahren wie eine Elritze in einer Ente. Beim Aufbruch forschte ich wieder, wobei ich Nikon geradewegs auf den Mund sah, und ich empfand Angst, als könne man meine Blicke verzehren. Und er tat es wirklich, es war ein wenig, als knirsche sein Mund beim Zubeißen. Und so kehrte ich mit angebissenen Blicken nach Jovanje zurück.

Wie zuvor begab ich mich an das Abschreiben der Bücher, doch wurde ich augenblicklich gewahr, daß ich mehr Wörter in meiner Sprache trug als derjenige,

der

der das Buch geschrieben hatte. So begann ich, dem abgeschriebenen Stoff hier ein Wort hinzuzufügen, dort zwei, Satz für Satz. Es war Dienstag, und meine Wörter waren an diesem ersten Abend etwas säuerlich und hart unter den Zähnen, an den folgenden Abenden jedoch bemerkte ich, daß die Wörter mit fortschreitendem Herbst von Tag zu Tag heranreiften, wie Obst, und daß sie mit jedem Mal saftiger wurden, kerniger und süßer, voll des Inhalts, ebenso angenehm wie kräftigend. Und am siebten Abend, als beeilte ich mich, damit das Obst nicht überreif werde, nicht abfalle und faule, fügte ich der Vita der heiligen Petka eine ganze Seite hinzu, die nicht in einer der Vorlagen, von denen ich abschrieb, vorhanden war. Anstatt meinen Frevel aufzudecken und bloßzustellen, begannen die Mönche danach zu verlangen, daß ich für sie abschrieb, ja sie nahmen meine Bücher mit den erwähnten Einschüben lieber als die anderer Abschreiber, deren es in der Schäferschlucht viele gab. Ich faßte mir ein Herz und beschloß, die Sache auf die Spitze zu treiben. Nicht nur, daß ich den Viten Geschichten beigab, ich begann vielmehr damit, neue Einsiedler zu ersinnen, neue Wunder hinzuzufügen, und meine Bücher wurden bald teurer verkauft als die, von denen sie abgeschrieben waren. Nach und nach wurde ich mir der unheimlichen Macht bewußt, die ich im Tintenfaß festhielt und nach Gutdünken in die Welt entließ. Und dann kam ich zu dem Schluß: jeder Schreiber vermag, ohne sich zu überanstrengen, seinen Helden in nur zwei Zeilen zu töten. Um nun den Leser zu töten, also ein Lebewesen aus Fleisch und Blut, so reicht es aus, ihn für einen Augenblick in eine Gestalt des Buches zu verwandeln, in den Helden der Vita. Danach ist es ein leichtes...

Zu jener Zeit lebte im Kloster Sretenje ein junger Mönch namens Longin. Er lebte wie ein Einsiedler und fühlte sich wie ein Schwan, der mit ausgebreiteten Flügeln darauf wartet, daß ein Wind weht, um über das Wasser dahinzusegeln. Adam, der die Tage taufte, hätte kein so reines Gehör haben können wie er. Augen aber hatte er wie die Wespen, die dem Menschen die heilige Pest übertragen. Das eine ein männliches, das andere ein weibliches Auge, jedes aber mit einem Stachel. Auf das Gute stürzte er sich wie der Sperber auf das Küken. Und gewöhnlich pflegte er zu sagen: ›Jedem von uns fällt es leicht, sich zum Vorbild einen Besseren als sich selbst zu wählen; so ließe sich von den Geistern so etwas wie eine Jakobsleiter herstellen, die von der Erde zum Himmel führt, alles würde sich leicht und freudig verbinden und einrichten lassen, denn es fällt dem Menschen nicht schwer, einem Besseren als sich selbst zu folgen und ihm Gehör zu schenken. Alles Böse kommt daher, daß wir auf dieser Welt ständig in Versuchung sind, einem schlechteren, als wir es sind, zuzuhören und ihn zum Vorbild zu nehmen...‹ Als er mich aufforderte, für ihn die Vita des heiligen Petar Koriški zu übertragen, der nach fünf Tagen des Fastens das nichtalternde Licht gesehen habe, war es dämmrig, und wie schwarze Blitze fielen die Vögel auf ihr Lager in den Zweigen nieder. Mit gleicher Geschwindigkeit flogen meine Gedanken auf, und ich fühlte, daß es in mir keine Kraft gab, sich der Empfindung von Macht entgegenzustellen, die erwachte. Ich begann die Vita des heiligen Petar Koriški abzuschreiben, und sobald ich zu jener Stelle über die Tage des Fastens gelangte, schrieb ich 50 anstelle von 5 auf und überreichte eine solche Abschrift dem jungen Mann. Singend nahm er sie entgegen, las sie noch am selben Abend, und am nächsten Tag vernahm man überall in der Schlucht, der Mönch Longin habe mit dem großen Fasten begonnen.

Am einundfünfzigsten Tage, als sie Longin dort in Blagoveštenje unterhalb des Gebirges begruben, beschloß ich, keine Feder mehr in die Hand zu nehmen. Ich blickte mit Schrecken auf mein Tintenfaß und dachte: zu viele Knochen in der engen Seele. Und ich faßte den Entschluß, meine Schuld zu sühnen. Am nächsten Morgen ging ich zum Iguman und bat ihn,

mich

mich dem Skriptorium des Klosters Nikolje zuzuteilen, als Gehilfen des Protokalligraphen Nikon Sevast. Man schickte mich hinüber, und Nikon führte mich in die Schreibstube, wo der Same des Kürbis und die Salbeiblüte dufteten, von der die Mönche glauben, sie verstünde zu beten. Aus anderen Klöstern oder von reisenden Verkäufern aus der Ukraine entliehen die Mönche auf vier, fünf Tage Bücher, die es in Nikolje nicht gab, und überreichten sie mir, damit ich sie schnell auswendig lernte. Daraufhin gab man sie den Eigentümern zurück, und ich diktierte dann monatelang, Tag für Tag, die auswendig gelernten Bücher dem Protokalligraphen Nikon in die Feder. Er aber schnitt die Federn an und erzählte, daß nur die grüne Farbe nicht pflanzlicher Herkunft sei – sie allein gewinnt man aus Eisen –, alle übrigen Farben preßte er aus Pflanzen und schmückte die Bücher, die wir in verschiedenfarbigen Lettern schrieben. So begann ich mit Nikon paarweis zu gehen wie die männlichen Tage der Woche. Er war Linkshänder und arbeitete alles mit der Linken, während er, was er arbeitete, vor der Rechten verbarg. Wir schrieben tagsüber, und wenn es keine Arbeit gab, bemalte er die Wände im Kloster, doch wandte er sich alsbald von der Ikonographie ab und widmete sich ganz dem Abschreiben der Bücher. So stiegen wir in unser Leben hinab, Nacht für Nacht, über Jahre.

Am heiligen serbischen Euthymius-Tage des Jahres 1683 ging der Frost aus, Hirse zu säen, man ließ die Hunde in die Betten, während die Stiefel und die Zähne beim Lachen vor grimmiger Kälte barsten. Am grünen Himmel erstarrten die Dohlen im Fluge und fielen wie Steine, hoch oben in der Luft hinterließen sie nur ihren Schrei. Die Zunge spürte die eisige Lippe, doch die Lippe spürte die Zunge nicht mehr. Die Winde heulten vom jenseitigen Ufer der Morava, deren Lauf erstarrt war zu Eis; das aber lag an den Ufern ungemäht, voller Schilf, Waldreben und Binsen im Rauhreif, als ließe es sich einen silbernen Bart wachsen. Die Trauerweiden verharrten mit hängenden Zweigen eingefroren im Fluß wie in Käfigen. Im Nebel tauchten unvermittelt einzelne Krähen auf, die auf der Stelle flogen, mit Mühe die Flügel aus der weißen Strähne der salzigen Feuchtigkeit ziehend. In der Höhe aber, über den scharf gezeichneten Hügeln, durchflogen die unüberschaubare Weite, während sie von dieser Landschaft Abschied nahmen, meine und Nikons Gedanken, in Bewegung geraten gleich schnellen Sommerwolken; in ihnen vergingen unsere Erinnerungen, träge, wie die Krankheiten des Winters. Bald darauf, im März, in der dritten österlichen Fastenwoche, stellten wir einen Topf in die siedenden Bohnen, um Schnaps zu kochen, tranken ihn, aßen und verließen Nikolje auf immer. Wir erreichten Belgrad mit dem ersten und letzten Schnee jenes Jahres, hielten Gottesdienst zu Ehren der heiligen Belgrader Märtyrer Stratonik, Donat und Hermil und begannen ein neues Leben.

Wir wurden reisende Schreiber und begannen unsere Federn und Tintenfässer über Wasser und Reichsgrenzen umzusiedeln. In dem Maße, wie sich die Sprachen vermehrten, in denen wir unsere Bücher abschrieben, nahm unsere Arbeit für die Kirchen ab. Außer für Männer begannen wir auch Bücher für Frauen abzuschreiben, denn männliche und weibliche Geschichten können nicht den gleichen Ausgang haben. Hinter uns blieben Flüsse und Ebenen zurück (die Namen nur trugen wir mit uns fort), stinkende Blicke, eiserne Ringe mit Schlüsseln im Ohr, Wege voller Stroh, zusammengebunden zu einem Knoten von Vogelschnäbeln, Holzlöffel, die dampften, und Gabeln, aus Löffeln gemacht; und wir erreichten die Kaiserstadt an der Donau am Dienstag vor Pfingsten im Jahre 1684. Die große Glocke vom Dom des heiligen Stephan zu Wien begann uns die Stunden zu zählen, die kleinen eilig, als ließe sie Messer vom Turm fallen, die großen feierlich, als trage sie Eier aus und lege sie in die Nacht um den Dom herum. Doch als wir in die Dämmerung unter dem Turm eintraten, fielen zur klingenden Steinplatte an

langen

langen Fäden Kronleuchter gleich angezündeten Spinnen herab, und um sie herum stieg ein Duft von Wachs auf und stand senkrecht in Gestalt der Kirche, ganz im Stein der Wände wie der Körper im Kleid. Man sah nichts, aber je weiter der Blick durch den Turm hinanstieg, desto dichter und dichter wurde die Dunkelheit, so daß man erwarten konnte, daß dort an der Spitze jeden Augenblick die geballten Finsternisse den Faden unterbrechen würden, an dem am Grunde der Kirche das Licht hing… Hier fanden wir eine neue Arbeit und lernten unseren Herrn Avram kennen, einen Adligen derer von Branković[†], einen Menschen, der mit der Feder zu reisen verstand und mit dem Schwert Kirchen erbaute. Warum man ihn ebenso fürchtete wie liebte, davon will ich in ein oder zwei Sätzen sprechen.

Von Branković denkt man im Volk, daß er ›nicht allein‹ war, daß er sich als junger Mensch 40 Tage lang nicht wusch, daß er in die Abendmahlzeit des Teufels hineinplatzte und zum Geist wurde. Auf jeder Schulter wuchs ihm ein Haarbüschel, er war hellsichtig, verschlafen im März, von glücklicher Hand, vermochte weit mit dem Körper zu springen, noch weiter aber mit dem Geist, der, während sein Körper schlief, aufflog wie eine Täubchenschar, er führte Wind und Wolken an, brachte und vertrieb den Hagel und schlug sich um der Ernte und des Viehs, der Milch und des Korns willen mit den Geistern von jenseits des Meeres und ließ nicht zu, daß sie ihm die Ernte seiner Gegend abjagten. Daher glaubt das Volk, daß sich Branković mit den Engeln trifft, und sagt von ihm: ›Wo kein guter Geist, gar wenig man speist.‹ Wie man erzählt, gehörte er den Geistern des zweiten Lagers an, zusammen mit den Wesiren von Skadar und den Begs von Plav-Gusinje, und in einem Scharmützel mit den Geistern aus Trebinje wehrte er Mustaj-Beg Sabljak[☾], den Pascha aus Trebinje, ab, der einem dritten Lager angehörte. Bei diesem Zusammenstoß, bei dem er Sand, Federn und Eimerchen als Waffen bei sich trug, verletzte sich Branković am Fuß, und seither nahm er sich ein schwarzes Pferd, den Sultan aller Pferde, das im Schlaf wieherte und selbst auch ein Geist war, so daß Branković, während er seinen himmlischen Zahlen nachging, auf solche Weise erlahmt, die in einen Strohhalm verwandelte Seele seines Pferdes ritt. Man sagt auch, daß er in Konstantinopel gebeichtet und preisgegeben habe, ein Geist gewesen zu sein, und daß er danach nicht mehr zum Geist getaugt und auch das Vieh in Transsilvanien sich nicht länger rücklings bewegt habe, wenn er an den Hürden vorübergegangen sei...

Solch ein Mensch also, von so schwerem Schlaf, daß man ihn bewachte, damit ihm nicht jemand den Kopf dorthin legte, wo die Füße waren, denn er wäre nicht mehr aufgewacht, solch ein Mensch, einer von denen, die man bäuchlings beerdigt und die man auch nach ihrem Tode noch liebt, nahm uns als Schreiber in seine Dienste und führte uns in seine und seines Onkels, des Grafen Georgije Branković, Bibliothek ein. Und wir verloren uns unter den Büchern wie in einer Straße voller blinder Gassen und gewundener Treppenaufgänge. Auf den Marktplätzen Wiens und in seinen Kellern kauften wir für Kir Avram Handschriften auf in Arabisch, Hebräisch und Griechisch, und ich bemerkte, als ich die Häuser in Wien sah, daß auch sie gleich den Büchern in der Bibliothek des Branković eins neben dem anderen aufgereiht waren wie in Regalen. Und ich schloß daraus, daß Häuser den Büchern am ähnlichsten sind: so viele davon sind um dich herum und doch nur ein paar, in die du hineinsehen, und noch weniger, denen du einen Besuch abstatten oder in denen du dich für längere Zeit einrichten wirst. In den meisten Fällen gibt es da für dich eine Schenke, einen Gasthof, ein für eine Nacht gemietetes Zelt oder einen Keller. Und selten, ganz selten, geschieht es, daß du – durch ein Unwetter verschlagen – zufällig wieder in dasselbe, einmal vor langer Zeit benutzte Gebäude eintrittst und dort wiederum übernachtest, während du dich erinnerst, wo du einmal gelegen hast und wie alles, obwohl es

dasselbe

dasselbe ist, anders war und in welchem Fenster der Frühling erwachte und zu welcher Tür man in den Herbst hinaustrat...

Kurz vor Peter und Paul, im Jahre 1685, in der vierten Woche vor Pfingsten, trat unser Herr Avram von Branković in die diplomatischen Dienste des englischen Gesandten in der Türkei, und wir siedelten um nach Konstantinopel. In einem Turm über dem Bosporus nahm man uns auf, wo sich unser Herr bereits eingerichtet hatte mit seinen Säbeln, Kamelsätteln, Teppichen und wie Kirchen großen Schränken, mit darbenden Augen, von der Farbe nassen Sandes. Er befahl, in diesem Turm der heiligen Angelina, der Despotin und Urahnin seines Onkels, Graf Georgijes, wie der seinen, auf dem Vaterunser ein Gotteshaus zu errichten; zum Kammerdiener aber bestellte er einen gewissen Anatolier, der seinen Zopf als Peitsche benutzte und in die Spitze seines Zopfes Schrot einflocht. Dieser neue Diener nannte sich Jusuf Masudi☾, er unterrichtete unseren Herrn Avram im Arabischen und wachte über seine Träume. Er führte eine Art Hafersack mit sich, angefüllt mit beschriebenem Papier, und man sagte von ihm, daß er ein Traumleser oder Jäger auf Schatten sei, wie auch immer man diejenigen nennt, die sich untereinander mit den menschlichen Träumen herumschlagen. Nikon und ich verbrachten das ganze erste Jahr damit, die Bücher und Handschriften unseres Herrn in Regale und Schränke einzuordnen; sie stanken noch nach den Kamelen und Pferden, die sie aus Wien hierhergebracht hatten. Bei einer Gelegenheit, während Kammerdiener Masudi im Schlafgemach Kir Avrams wachte, bemächtigte ich mich des Hafersackes von Masudi, las und prägte mir Wort für Wort die ganze Handschrift ein, ohne ein einziges davon zu verstehen, da sie in Arabisch abgefaßt war. Nur so viel weiß ich, daß sie die Form eines Wörterbuchs oder Glossars besaß, zusammengestellt in der Reihenfolge des arabischen Alphabets, das heißt, daß sie wie ein Krebs voranschritt und daß man sie las, als fliege ein Eichelhäher rückwärts...

Die Stadt selbst und die Brücken über dem Meer überraschten mich nicht. Sobald wir Konstantinopel erreichten, begann ich auf der Straße die Gesichter, die Empfindungen des Hasses, die Frauen und die Wolken, die Tiere und die Arten der Liebe wiederzuerkennen, denen ich seit langem entronnen war, Augen, die ich einmal getroffen und für alle Zeit im Gedächtnis aufbewahrt hatte. Ich kam zu dem Schluß, daß sich nichts ereignet im Strom der Zeit, daß die Welt sich nicht im Lauf der Jahre, sondern zu gleicher Zeit in sich und innerhalb des Raums verändert, in einer Vielzahl der Formen, die sie wie Karten mischt, wobei sie die Vergangenheit der einen den anderen als Zukunft oder Gegenwart zur Aufgabe macht. Hier in Konstantinopel verwirklichen sich alle Erinnerungen, alle Erfahrungen, die gesamte Gegenwart eines Menschen an verschiedenen Orten und in verschiedenen Personen zu gleicher Zeit, im selben Augenblick. Man muß all diese Nächte um uns herum heute nacht – so dachte ich – nicht für ein und dieselbe Nacht halten, denn das ist sie nicht: das sind Tausende, Hunderttausende von Nächten, die, anstatt hintereinander herzufliegen, wie Vögel durch die Zeit, durch Kalender und Uhren, mit einem Mal Wirklichkeit werden. Meine und deine Nacht sind nicht einmal kalendarisch dieselbe Nacht. Die Päpstlichen haben heute in Rom und hier das Marienfest, die Christen des östlichen Ritus dagegen, die Griechen und die Griechen des nicht unierten Glaubens, feiern die Überführung der Reliquien des heiligen Archidiakon Stephan des Bartlosen; für die einen wird dieses Jahr, das Jahr 1688, fünfzehn Tage früher enden; für die Juden verstreicht in ihrer Mahalla bereits das 5446. Jahr; den Arabern, gerechnet nach der Hedschra,. erst das 905. Eine ganze Woche an Nächten werden wir, die sieben Diener des Kir Avram, bis zur Morgendämmerung vergeuden. Einen ganzen September an Nächten werden wir ernten, unterwegs von hier zum Topkapi-Serail, von der Hagia Sophia aber zum Blachernen Tor verbrauchen

chen sie schon den Oktober. Während sich die Träume unseres Kir Avram irgendwo als Leben bewahrheiten, träumt ein anderer die Wirklichkeit Kir Avrams; und wer weiß, ob unser Kir Branković nicht hierher nach Konstantinopel kam, um jenen anderen zu sehen, dessen Wirklichkeit er träumt, den, der in seinen Träumen das Leben Kir Avrams verbraucht, und nicht, um für den Herrn englischen Gesandten der Pforte Übersetzer zu sein. Denn es gibt keine Wirklichkeit eines Menschen um uns herum, die ein anderer Mensch, irgendwo in diesem menschlichen Meer, nicht träumte, heute abend, und es gibt nirgends den Traum eines Menschen, der sich nicht als Wirklichkeit eines anderen realisierte. Wolltest du dich von hier bis zum Bosporus aufmachen, von Gasse zu Gasse, so könntest du, von Datum zu Datum, alle Zeiten eines Jahres aneinanderreihen – doch sind nicht jedem von uns alle Zeiten des menschlichen Lebens, Herbst und Frühling, zu gleicher Zeit gegeben, da niemand an jedem Tag gleichermaßen alt ist und jung –, und es ließe sich ein ganzes Leben zusammenfügen, wie ein Feuer aus Kerzen, ohne daß zwischen Geburt und Tod ein Atemzug bliebe, um es auszulöschen. Und wenn du genau wüßtest, wohin du dich wenden solltest, du würdest noch in dieser Nacht jemanden finden, an dem sich deine zukünftigen Tage und Nächte ereignen, jemanden, der deine Mittagsmahlzeit von morgen verspeist, einen zweiten, der deine Verluste von vor acht Jahren beweint oder deine zukünftige Frau küßt, und einen dritten, der genau den gleichen Tod stirbt, den auch du sterben wirst. Würdest du schneller gehen und tiefer und weiter greifen, du würdest sehen, daß sich eine ganze Ewigkeit an Nächten heute nacht mit einem Male ereignet auf riesigem Raum. Zeit, die in der einen Stadt bereits abgelaufen, beginnt in einer anderen, so daß ein Mensch zwischen diesen beiden Städten durch die Zeit hin- und herreisen kann. In der Stadt Adams könnt ihr eine Frau am Leben treffen, die in der Stadt Evas schon tot ist, und umgekehrt. Nicht nur einzelne Leben, alle künftigen und vergangenen Zeiten, alle Ärmel der Ewigkeit sind schon da, zerstückelt in winzige Bissen und aufgeteilt unter die Menschen und ihre Träume. Der riesige Körper des Urmenschen Adam bewegt sich im Schlaf und atmet. Die Menschheit kaut die Zeit ganz, mit einem Mal, und wartet nicht auf morgen. Die Zeit also gibt es hier nicht. Sie kommt und überspült diese Welt von irgendeiner anderen Seite her...

»Woher?« fragte mich an dieser Stelle Nikon, als habe er meine Gedanken gehört, doch ich schwieg. Ich schwieg, denn ich wußte, woher. Die Zeit kommt nicht aus der Welt, sie kommt aus der Unterwelt. Die Zeit gehört Satan; es trägt sie folglich wie ein Knäuel in der Hosentasche der Teufel, wickelt sie ab nach dem Gutdünken seiner unbegreiflichen Ökonomie, und ihm muß man sie entreißen. Denn wenn man von Gott die Ewigkeit fordern und erhalten kann, können wir die Zeit allein von Satan nehmen...

Am Tage des heiligen Apostels Judas, des Bruders des Herrn, versammelte uns Kir Avram und sprach, daß wir Konstantinopel verlassen würden. Alles war gesagt, die Befehle für den Weg ausgegeben, als plötzlich zwischen Nikon und jenem Anatolier Masudi ein kurzer, aber heftiger Streit ausbrach, so daß Nikon begann, wie ein Vogel mit den unteren Lidern nach oben zu blinzeln. Solchermaßen erzürnt riß er Masudis schon für die Reise vorbereiteten Hafersack (jenen mit dem arabischen Glossar, das ich bereits auswendig kannte) an sich und schleuderte ihn ins Feuer. Masudi erregte sich nicht sonderlich, er wandte sich lediglich Kir Avram zu und sagte zu ihm:

»Sieh ihn an, Herr, dieser da fickt mit dem Schwanz und das nach rückwärts, und er wendet sich ab und sieht denjenigen oder diejenige nicht, die er befruchten wird. In der Nase aber besitzt er keine Scheidewand!«

In diesem Augenblick wandten sich alle Blicke Nikon zu: Kir Avram nahm einen Spiegel von der

Wand

Wand und hielt ihm diesen unter die Nase wie einem Toten. Alle streckten wir die Köpfe vor, und wirklich, im Spiegel zeigte sich, daß Nikon die besagte Scheidewand zwischen den Nasenflügeln nicht besaß. So erfuhren auch die übrigen, was ich seit langem wußte – mein Mitbruder in der Arbeit, der Protokalligraph Nikon Sevast, war der Satan in Person. Im übrigen leugnete er dies jetzt selbst nicht ab. Doch ich blickte nicht wie die anderen auf seine Nase. Ich blickte in den Spiegel, und da entdeckte ich, was allen um uns herum seit langem bekannt sein mußte. Das Gesicht Nikon Sevasts, das mich so sehr erinnerte an ein anderes, schon früher gesehenes, war mit meinem Gesicht nahezu identisch. Wie Zwillinge gingen wir durch diese Welt, das Brot Gottes mit der Träne Satans verknetend...

In dieser Nacht dachte ich: Jetzt ist die Gelegenheit! Wenn ein Mensch sein Leben schläfrig zubringt, rechnet niemand damit, daß er plötzlich auffahren könnte. So war es auch mit Nikon. Ich gehöre nicht zu jenen, die vor Angst erwachen, wenn ihnen der Arm im Traum auf den Boden rutscht, doch vor Sevast fürchtete ich mich. Seine Zähne hatten ein genaues Bild von meinen Knochen. Und doch brach ich auf. Ich wußte, der Teufel bleibt stets einen Schritt hinter dem Menschen zurück. Deshalb trat ich in jede seiner Fußspuren, und er bemerkte mich nicht. Seit langem hatte ich beobachtet, daß er unter allen Papieren der riesigen Bibliothek von Kir Avram Branković einem chasarischen Glossar seine besondere Aufmerksamkeit schenkte, einer Art alphabetischem Verzeichnis, für das wir Schreiber beauftragt waren, das Material über Herkunft und Untergang, Gebräuche und Kriege eines verschollenen Volkes zu ordnen. Mit diesem Volk beschäftigte sich Avram Branković in besonderer Weise, er kaufte, ohne die Kosten zu scheuen, alte Urkunden und bestach die Leute, damit sie ihm die ›Zungen‹ einfingen – jene, die etwas über die Chasaren▽ wußten –, oder er schickte gar Leute aus, die ihm die Traumjäger† zutreiben sollten, deren

Geschicklichkeit von den uralten chasarischen Wahrsagern herrührte. Während ich dieses Material im Auge behielt, denn es beanspruchte unter all den anderen tausend Schriftrollen der Bibliothek des Branković Nikons größte Aufmerksamkeit, lernte ich das *Chasarische Wörterbuch* des Branković auswendig und begann zu verfolgen, was Nikon mit ihm bezweckte. Bis zu dem erwähnten Abend jedoch fing Nikon nichts Besonderes damit an. Jetzt hingegen, nach jenem Vorfall mit dem Spiegel, stieg er in das obere Stockwerk des Turmes hinauf, nahm den Papagei, setzte ihn auf einen Leuchter und ließ sich nieder, um zuzuhören, was ihm der Papagei erzählen würde. Denn der Papagei des Kir Avram rezitierte des öfteren Gedichte, von denen unser Herr glaubte, daß sie zu denen der chasarischen Prinzessin Ateh▽ gehörten, und wir, die Schreiber, hatten die Aufgabe, für das chasarische Glossar des Kir Avram alles aufzuzeichnen, was der Vogel äußerte. An diesem Abend schrieb Nikon indessen nichts. Er hörte nur zu, und der Vogel sprach:

Zuweilen blühen noch einmal längst vergangene Frühlinge in uns auf, voller Duft und Wärme. Und wir tragen sie durch die Kälte unserer Gegenwart und schützen sie mit unserer Brust. Dann aber, eines Tages, wenn wir uns auf der anderen Seite des Fensters befinden, auf welcher der Frost nicht nur ein Bild ist, beginnen diese längst vergangenen Frühlinge unsere Brust zu schützen. Für einen solcher Frühlinge in mir ist schon der neunte Winter, und noch immer wärmt er mich. Stell dir jetzt, mitten in diesem Winter, zwei solcher Frühlinge vor, wie sie sich berühren, gleich zwei Wiesen mit ihren Düften. Das ist es, was wir brauchen, anstelle des Überwurfs...

Als der Vogel seine Erzählung beendet hatte, fühlte ich mich unsäglich einsam, so verborgen, ohne Frühling in der Seele, und nur die Erinnerung an die gemeinsame Jugend mit Nikon Sevast blieb noch wie ein Licht in der Erinnerung zurück. Ein schönes Licht, dachte ich, als Nikon den Vogel ergriff und ihm mit dem Messer die Zunge einschnitt. Darauf näherte er sich

sich dem *Chasarischen Wörterbuch* des Avram Branković und begann im Kaminfeuer Blatt auf Blatt zu entzünden, einschließlich jenes letzten. Auf ihm stand mit der Hand Kir Avrams geschrieben

Die Erzählung von Adam, dem Bruder Christi

Die Chasaren glaubten, daß der erste und der letzte Mensch, Adam, der ältere Bruder Christi und der jüngere Bruder Satans sei, erschaffen aus sieben Teilen. Erschaffen hat ihn Satan: sein Fleisch schuf er aus Erde, die Knochen aus Stein, die Augen, schnell wie das Böse, aus Wasser, das Blut aus Tau, den Atem aus Wind, den Gedanken aus den Wolken, den Verstand aber aus engelgleicher Schnelligkeit. Doch vermochte er sich nicht zu bewegen, bis ihm Gott, sein eigentlicher und zweiter Vater, die Seele eingehaucht hatte. Als die Seele in ihn einging, berührte Adam mit dem linken seinen rechten Daumen, mit dem männlichen den weiblichen, und begann zu leben. Von zwei Welten – der unsichtbaren, geisterfüllten, die Gott erschuf, und der sichtbaren, materiellen, die der ungerechte Ökonom, der Teufel, einrichtete, ist folglich nur Adam das Kind zweier Schöpfer und das Werk zweier Welten. In seinen Körper schloß Satan vor Zeiten zwei gefallene Engel ein; es erwachte in ihnen aber eine solche Begierde, daß sie bis zum Ende der Welt nicht satt werden und zur Ruhe gelangen können. Adam hieß der eine der Engel, der andere Eva. Eva hatte anstelle des Blickes Netze, anstelle der Zunge ein Seil. Sie besaß die Gestalt einer Großen Spange oder eines Fußeisens. Adam begann sofort zu altern, denn seine Seele war ein Zugvogel, sie teilte sich und siedelte sich in anderen Zeiten an. Im Anfang war Adam nur aus zwei Zeiten erschaffen, der männlichen und der weiblichen in sich, später aus vier (die Eva gehörten und seinen Söhnen Kain, Abel und Seth). Danach aber vermehrte sich die Anzahl der Zeitteilchen ständig, eingeschlossen in seine menschliche Gestalt, und der Körper Adams vervielfachte sich, bis er zu einem riesigen Staat geworden war, ähnlich dem Staat der Natur, aber von andersartiger Zusammensetzung. Der letzte Sterbliche wird sein ganzes Leben lang von innen den Kopf Adams umlaufen, da er einen Ausgang sucht, doch wird er ihn nicht finden, denn Eingang und Ausgang aus Adams Körper fand allein Christus. Der riesige Körper Adams befindet sich nicht im Raum, sondern in der Zeit, doch ist es nicht leicht, sich in Wunder zu kleiden und aus Worten eine Schaufel zu machen. Deshalb siedelt sich nicht allein Adams Seele in allen nachfolgenden Geschlechtern an (die Umsiedlung der Seelen ist nämlich stets die einer einzigen Seele, der Adams), sondern es siedeln sich auch alle Tode der Nachfahren Adams in Adams Tod an und kehren zu ihm zurück, sie bauen auf diese Weise, als Teilchen, den einen, den großen Tod, Körper und Leben Adams angemessen. Es ist, als zögen weiße Vögel fort und kehrten als schwarze von der Wanderung zurück. Wenn sein letzter Nachfahre stirbt, wird also auch Adam sterben, denn in ihm wiederholen sich die Tode aller seiner Kinder. Und wie in der Fabel vom Raben und den fremden Federn werden dann kommen: die Erde, der Stein, das Wasser, der Wind, die Wolke und der Engel, und jeder wird von Adam das seine nehmen und ihn zerstören. Wehe dann jenen, die von Adams Körper abfielen, vom Körper des Urvater-Menschen, denn sie werden nicht mit ihm und wie er sterben können. Sie werden zu etwas anderem werden, doch nicht zu Menschen.

Deshalb forschen die chasarischen Traumjäger nach dem Urmenschen Adam und stellen ihre Wörterbücher, ihre Glossare und alphabetischen Verzeichnisse zusammen. Man muß indes wissen, daß die Chasaren nicht als Traum benennen, was wir dafür halten. An unsere Träume erinnert man sich so lange, bis man auf ein Fenster sieht; sobald man hineinblickt, zerplatzen sie und sind für immer verschwunden. Bei den Chasaren ist das nicht so.

Sie

Sie sind der Meinung, daß es im Leben eines jeden Menschen Knotenpunkte gibt, Zeitteilchen, wie Schlüssel. Jedermann bei den Chasaren besaß daher einen Stab und schnitzte in ihn im Verlaufe seines Lebens, wie in ein Kerbholz, die Zustände hellwachen Bewußtseins oder die Augenblicke höchster Erfüllung des Lebens. Jedes dieser Zeichen auf dem Kerbholz erhielt seinen Namen nach einem Tier oder einem Edelstein. Und es wurde Traum genannt. Der Traum war also bei den Chasaren nicht nur der Tag unserer Nächte, er wußte auch die geheimnisvolle Sternennacht unserer Tage zu sein. Die Jäger oder Deuter von Träumen waren Priester, die die Zeichen auf den erwähnten Kerbhölzern auslegten und Wörterbücher von Biographien aus ihnen anfertigten, doch nicht im althergebrachten Sinne des Wortes wie Plutarch oder Cornelius Nepos. Es waren Sammelbände namenloser Lebensläufe, zusammengesetzt aus jenen Augenblicken der Erleuchtung, in denen der Mensch zu einem Teil vom Körper Adams wird. Denn jeder Mensch wird wenigstens in einer einzigen Stunde seines Lebens zu einem Teil Adams. Nimmt man all diese Stunden zusammen, so bekommt man den Körper Adams auf Erden, aber nicht als Gestalt, sondern in der Zeit. Denn nur ein Teil der Zeit ist erleuchtet, begehbar und zu gebrauchen: Adams Stück der Zeit. Das übrige liegt für uns im dunkeln und dient zu etwas anderem. Unsere Zukunft, das sind die Fühler der Schnecke; sie zieht sich vor uns zusammen, sobald sie etwas Hartes berührt, und sie sieht nur, wenn sie gänzlich ausgeschlüpft ist. Adam sieht immer auf diese Weise, denn der, der die Tode aller Menschen im voraus bis zum Ende der Welt kennt, kennt auch die Zukunft dieser Welt. Deshalb werden wir nur unter Einbeziehung in Adams Körper auch selbst hellsichtig und Miteigentümer unserer Zukunft. Darin besteht der grundsätzliche Unterschied zwischen Satan und Adam: der Teufel sieht die Zukunft nicht. Deshalb forschten die Chasaren nach Adams Körper, deshalb bedeuteten die weiblichen und männlichen Bücher der chasarischen Traumjäger so etwas wie eine Ikone Adams, wobei die weiblichen seinen Körper, die männlichen aber sein Blut bezeichneten. Die Chasaren waren sich natürlich bewußt, daß ihre Wahrsager nicht den ganzen Körper zu erlangen und mit Hilfe ihrer Wörterbuch-Ikonen darzustellen vermochten. Sie haben sogar häufig zwei Ikonen gemalt, auf denen keinerlei Figuren, vielmehr zwei Daumen zu sehen waren – der linke und der rechte, der weibliche und der männliche Daumen Adams. Denn jeder Teil, gewonnen in den Wörterbüchern, konnte sich erst in Bewegung setzen und Leben gewinnen, wenn die Berührung zweier Finger, des männlichen und des weiblichen, vollzogen war. Deshalb verwandten die Chasaren in ihren Wörterbüchern besondere Aufmerksamkeit darauf, diese beiden Teile vom Körper Adams zu erhalten, und man ist sogar der Ansicht, daß sie darin erfolgreich waren, doch blieb ihnen nicht genug Zeit für die übrigen Teile. Adam aber gibt es, und er wartet. So wie sich seine Seelen in seinen Kindern ansiedeln und als die Tode dieser Kinder in seinen Körper zurückkehren, so läßt sich auch ein Teil seines riesigen Körperstaates in jedem Augenblick in jedem von uns erneut töten oder zum Leben erwecken. Es genügt die prophetische Berührung der Finger, des männlichen und des weiblichen, unter der Bedingung, daß wir wenigstens einen Teil vom Körper Adams hinter diesen Fingern errichtet haben. Daß wir zu seinem Teil wurden...

Diese Worte des Avram Branković hallten mir die ganze Zeit des Weges über in den Ohren, zu dem wir während einer Dürre aufbrachen; die Donau zeigte sich daher an ihrer Mündung ins Schwarze Meer wie sonst in Regensburg und in Regensburg wie gewöhnlich im Schwarzwald, an ihrer Quelle. Diese Worte verschwanden auch nicht, als wir den Kriegsschauplatz erreichten und als ich sah, wie der Wind den Qualm der

der Kanonen schnell und den Nebel langsam über die Donau trieb. Dann, in der dreizehnten Woche vor Pfingsten, im Jahre 1689, hörte die Trockenheit auf, und wir sahen den höchsten Regen unseres Lebens. Die Donau floß wieder tief wie der Himmel über ihr, der Regen aber stand senkrecht im Fluß wie ein Gitter auf hoher Umzäunung, wobei er unser Lager von dem türkischen trennte. Und hier, im Lager, auf dem Kriegsschauplatz, schien es mir, daß jeder von uns aus einem anderen Grund an die Donau gekommen war und daß ich von jedem von uns hätte sagen können, auf was er in seinem Hinterhalt wartete. Seit er das Wörterbuch von Masudi und das von Branković verbrannt hatte, war Nikon ein anderer Mensch geworden. Nichts fand länger seine Aufmerksamkeit, er ließ sich das ›fünfte Vaterunser‹ vorlesen, jenes, das man für die Selbstmörder liest, und warf einen Federhalter nach dem anderen ins Wasser. Er und Masudi saßen hinter einem bunten Tuch und warfen darüber die Würfel, wobei Nikon gewaltige Summen verlor, wie jemand, der nicht länger zu leben gedachte. Auch ich fühlte, daß er vom Leben Abschied nahm und hoffte, der Tod würde ihn hier im Krieg leichter finden als irgendwo anders. Kir Avram Branković war nicht an die Donau gekommen, um Krieg zu führen, obwohl er dies seit langem verstand und auch bei dieser Gelegenheit mit Erfolg tat. Er hatte hier an der Donau offensichtlich eine verabredete Zusammenkunft. Masudi saß und würfelte, doch wartete er, um zu sehen, mit wem sich Kir Avram hier, am Djerdap, treffen würde, Blut und Regen erduldend auch an jenem verhängnisvollen Tag der Kreuzerhöhung, als die türkischen Kanonen näher rückten. Was den Lehrmeister des Avram Branković in der Säbelführung anging, einen Kopten namens Awerkije Skila†, so blieb er unter türkischem Geschützfeuer an der Donau zurück, denn dies war die Gelegenheit, um ungestraft an den feindlichen oder an unseren Soldaten (ihm war das einerlei) einen neuen Säbelgriff zu erproben, den er längst eingeübt, doch dessen Wirkung er noch nicht an lebendem Fleisch und Knochen überprüft hatte. Ich meinerseits saß hier bei ihnen, weil ich auf den dritten Teil des *Chasarischen Wörterbuchs* wartete. Ich kannte die ersten beiden Teile bereits auswendig – den von Masudi, den islamischen, und den von Kir Avram, den griechischen Teil –, es verblieb mir zu sehen, ob jemand mit dem dritten, dem hebräischen Teil dieses Glossars auftauchen würde, da man aus den ersten beiden ersah, daß ein dritter folgte. Nikon hatte die ersten beiden verbrannt und fürchtete nicht länger, daß sich der dritte den ersteren zugesellen könnte, und sah daher keine Aufgabe mehr. Ich aber, der ich die ersten beiden auswendig kannte, wollte auch den dritten sehen, doch wußte ich nicht, wie das geschehen sollte. Ich vertraute auf Kir Avram, der, wie es mir schien, auf dasselbe wartete wie ich. Er allerdings wartete ergebnislos. Im Gefecht erschlugen die türkischen Soldaten alsbald Branković und Nikon, Masudi hingegen nahmen sie gefangen. Zusammen mit den Türken erschien auf dem Kampfplatz auch ein rotäugiger Jüngling mit gleich Flügeln zusammengefügten Augenbrauen. Er besaß eine graue Schnurrbarthälfte und eine rote und kam daher mit staubigen Augenbrauen und einem Bart, der von laufendem Rotz verschmiert war. Wer hätte gedacht – kam mir in den Sinn, als ich ihn sah –, daß auch seine Zeit einer Uhr bedarf! Doch erkannte ich, daß er mein Mann war. Dann fiel auch er wie hingemäht nieder, und seiner Hand entglitt der Futtersack, angefüllt mit kleinbeschriebenem Papier. Nach dem Kampf schlüpfte ich, sobald sich alle entfernt hatten, aus meinem Versteck und sammelte jene Blätter ein. Ich überschritt die Donau, und in der Walachei, im Kloster Del, las ich die hebräischen Schriften aus jenem Reisesack, während ich mich bemühte, nichts von dem, was in ihnen geschrieben stand, zu begreifen und zu deuten. Daraufhin ging ich nach Polen, um das zu tun, woran Nikon Sevast so sehr gelegen war, es zu vereiteln. Ich suchte einen Drucker auf und verkaufte ihm alle drei chasarischen Wörterbücher: das hebräische,

gefunden

gefunden auf dem Kriegsschauplatz, das griechische, zusammengetragen im Auftrag des Avram Branković, und das arabische, das Masudi, der Traumdeuter, gebracht hatte. Der Drucker nannte sich Daubmannus✡, er litt an einer Krankheit, die erst in der fünften Generation ausreift und den Tod herbeiführt, wie in einer langen Partie Dame. Er zahlte mir die Wohnung für zwei Monate, die Nahrung und die Knöpfe für mein Hemd, ich dagegen schrieb alles auf, was ich auswendig gelernt hatte. Jetzt nahm ich wieder die Arbeit des Erzählers auf und zum erstenmal nach so vielen Jahren auch jene andere, längst aufgegebene Arbeit des Nikon Sevast, die Arbeit des Schreibers. Am Tage der zehntausend Jungvermählten zu Bethlehem des Jahres 1690 beendete ich meine Arbeit in Schnee und einem Frost, von dem die Nägel sich schälten. Aus dem alphabetischen Verzeichnis des Branković, aus Masudis Glossar und dem jüdischen Namensverzeichnis, dem Ränzel des rotäugigen Jünglings entnommen, fügte ich so etwas wie ein *Chasarisches Wörterbuch* zusammen und überreichte es dem Drucker. Daubmannus nahm alle drei Hefte, das rote, das grüne und das gelbe, und sagte, daß er sie drucken werde.

Ob er es tat oder nicht, ist mir unbekannt, auch weiß ich nicht, Euer Hochwürden, ob ich gut daran tat, das zu tun, was ich tat. Nur weiß ich jetzt, daß ich auch weiterhin nach dem Schreiben hungere und daß mir erst von diesem Hunger der Durst nach Erinnerung erlosch. So als verwandelte ich mich in den Protokalligraphen Nikon Sevast...«

APPENDIX II

Auszug aus dem Gerichtsprotokoll mit den Zeugenaussagen zum Mordfall Dr. Abu Kabir Muawija

Istanbul, 18. Oktober 1982

Virginia Ateh, Kellnerin des Hotels Kingston, Zeugin im Fall Dr. Dorota Schulz, trat vor das Gericht und machte folgende Aussage:

An dem erwähnten Tag (2. Oktober 1982) war das Wetter sonnig, und ich war sehr beunruhigt. Sehnen salziger Luft drangen vom Bosporus heran, und mit ihnen schlüpften schlangengleich schnelle unter langsame Gedanken. Der Garten des Hotels Kingston, in dem bei schönem Wetter gefrühstückt wird, ist viereckig. Die eine Ecke ist sonnig, die zweite besitzt ein wenig fruchtbare Erde für Blumen, die dritte ist windig, in der vierten Ecke aber befindet sich ein steinerner Brunnen und neben ihm eine Säule. Ich stehe gewöhnlich hinter dieser Säule, denn ich weiß, daß die Gäste es nicht mögen, wenn man sie betrachtet, während sie essen. Das ist auch gar nicht verwunderlich. Wenn ich einen Gast beobachte, wie er frühstückt, weiß ich zum Beispiel sofort, daß ein weichgekochtes Ei ihm dazu dienen wird, sich vor dem Mittag zu baden, ein Fisch, um gegen Abend zum Topkapi-Serail zu gehen, ein Glas Wein aber als Energie für ein Lächeln vor dem Schlafengehen, das niemals bis zu den kurzsichtigen Spiegeln des Hotelzimmers vordringen wird. Man vermag also von dieser Stelle neben dem Brunnen aus die Stufen zu sehen, die in den Garten führen, und man kann stets im Auge behalten, wer kommt und wer geht. Da gibt es noch einen weiteren Vorteil. So wie sich alle Wasser aus den umgebenden Rinnsalen in den Brunnen ergießen, so treffen sich in ihm auch alle Stimmen des Gartens, und wenn man das Ohr ein wenig gegen die Öffnung des Brunnens neigt, vermag man ganz deutlich jedes im Garten gesprochene Wort zu hören. Man hört, wenn ein Vogel nach einer Fliege pickt oder die Schale eines gekochten Eis zerplatzt, man nimmt wahr, wie die Gabeln mit immer der gleichen, die Gläser aber jedes mit anderer Stimme einander etwas zurufen. Da nun die Gäste gewöhnlich, bevor sie sich an den Kellner wenden, im Gespräch den Grund ihrer Zuwendung an das Personal erwähnen, sehe ich mich in der Lage, ihrem Wunsch nachzukommen, noch bevor sie ihn mir mitteilen, denn ich habe davon schon aus dem Brunnen gehört. Weiß man aber um eine Sache ein paar Minuten früher als andere, so ist das von großem Vorteil und bringt stets Gewinn. An dem erwähnten Morgen kamen zuerst in den Garten die Gäste aus dem Zimmer Nr. 18, Familie Van der Spaak mit belgischem Paß, Vater, Mutter und Sohn. Der Vater ist bei Jahren, er spielt, wie man abends hören konnte, sehr schön auf einem Instrument, das aus dem Panzer der weißen Schildkröte gefertigt ist. Er ist ein wenig verschroben und ißt immer mit der eigenen Gabel, die zwei Zinken besitzt und die er in der Tasche trägt. Die Mutter ist eine junge und hübsche Person, und das war der Grund, sie ein wenig genauer anzusehen. So wurde ich gewahr, daß sie mit einem Makel behaftet ist – sie hat keine Scheidewand in ihrer Nase. Jeden Tag ging sie in die Hagia Sophia und kopierte dort sehr gekonnt die Wandmalereien. Ich fragte sie, ob ihr diese Bilder als Notenaufzeichnungen zu den Liedern ihres Mannes dienten, doch sie verstand nicht. Ihr Söhnchen von nicht ganz vier Jahren besaß vermutlich selbst einen Makel. Es trug immer Handschuhe, auch bei den Mahlzeiten. Mich aber beunruhigte etwas drittes. Bei dem sonnigen Wetter an diesem Morgen verfolgte ich, wie die Belgier zum Frühstück die erwähnten Treppenstufen herunterkamen. Und ich sah folgendes: das Gesicht des alten Herrn war nicht wie andere Gesichter.

Richter: Was soll das heißen?

Zeugin: Setzen Sie zwei linke Hälften desselben Gesichts von einer Photographie zusammen, und Sie werden aus einem schönen Menschen ein Monstrum machen.

machen. Verdoppeln Sie eine halbe Seele, und Sie werden keine ganze erhalten, sondern die mißgestalteten zwei Hälften einer Seele. Die Seele wie das Gesicht haben eine linke wie eine rechte Seite. Aus zwei linken Füßen läßt sich kein Zweibeiner machen. Der alte Herr besaß zwei linke Gesichtshälften.

Richter: Und das war der Grund für Ihre Beunruhigung an diesem Morgen!

Zeugin: Ja!

Richter: Die Zeugin wird ermahnt, der Glaubwürdigkeit ihrer Aussagen Rechnung zu tragen. Was geschah weiter?

Zeugin: Ich bediente die Van der Spaaks, sagte ihnen beiläufig, daß man Pfeffer und Salz nicht in dieselbe Hand nehmen solle, und sie entfernten sich nach dem Essen, außer dem Knaben, der zurückblieb, um zu spielen und um seine Schokolade zu trinken. In den Garten kam darauf die hier anwesende Dr. Dorota Schulz und setzte sich an ihren Tisch. Noch bevor ich dazu kam, sie zu bedienen, trat an ihren Tisch der jetzt ermordete Dr. Muawija und setzte sich zu ihr. Es ließ sich klar erkennen, daß ihre Zeit wie Regen strömte, die seine aber wie Schnee verwehte. Er war schon bis an die Kehle zugeschneit. Ich bemerkte, daß er keine Krawatte trug und daß sie heimlich den Revolver aus der Tasche zog, doch reichte sie nach wenigen mit Dr. Muawija gewechselten Worten diesem die Hand, und er übergab ihr ein Bündel Papier. Daraufhin lief sie die Treppen hinauf den Zimmern zu, während sie die Waffe unter den Papieren auf dem Tisch zurückließ. All das beunruhigte mich zusehends. Dr. Muawija zeigte ein kindliches Lächeln, gefangen in seinem Bart wie das Insekt im Bernstein und versengt vom Grün seiner traurigen Augen. Als werde er von diesem Lächeln angezogen, näherte sich dem Tisch Dr. Muawijas der Knabe der belgischen Familie. Ich erinnere das Gericht daran, daß das Kind kaum vier Jahre alt war. Niemand sonst war im Garten. Der Knabe trug wie gewöhnlich Handschuhe, und Dr. Muawija fragte ihn, warum er sie nicht ausziehe.

Weil ich hier Ekel empfinde, antwortete der Knabe.

Du ekelst dich? fragte Dr. Muawija. Wovor?

Vor eurer Demokratie! sagte der Knabe wörtlich.

Da rückte ich noch näher an den Brunnen heran und belauschte das Gespräch, das mir mit zunehmender Dauer immer ungewöhnlicher erschien.

Vor was für einer Demokratie?

Vor einer solchen, wie sie von dir und dir ähnlichen Leuten geschützt wird. Sieh dir die Resultate dieser eurer Demokratie an: Bisher unterdrückten die großen Völker die kleinen. Jetzt ist es umgekehrt. Jetzt terrorisieren im Namen der Demokratie die kleinen Völker die großen. Sieh dir die Welt um uns herum an: das weiße Amerika fürchtet die Schwarzen, die Schwarzen die Portorikaner, die Juden die Palästinenser, vor den Juden fürchten sich die Araber, vor den Albanern die Serben, die Chinesen fürchten sich vor den Vietnamesen, die Engländer vor den Iren. Die kleinen Fische beißen den großen Fischen die Ohren ab. Anstatt daß die Minderheiten terrorisiert werden, hat die Demokratie eine neue Mode eingeführt; und jetzt findet sich die Mehrheit der Bewohner dieses Planeten in die Enge getrieben... Eure Demokratie ist eine dampfende Fotze...

Richter: Die Zeugin wird ermahnt, keine unglaubwürdigen Aussagen zu machen. Das Gericht verhängt eine Geldstrafe. Sie behaupten unter Eid, daß dies alles ein Kind von nicht ganz vier Jahren von sich gab?

Zeugin: Ja, ich behaupte es, denn ich habe es mit eigenen Ohren gehört. Jetzt wollte ich auch sehen, was ich gehört hatte, und ich bewegte mich so, daß ich hinter der Säule hervor in den Garten blicken konnte. Das Kind ergriff vom Tisch den Revolver von Dr. Schulz, spreizte die Beine, gab ein wenig in den Knien nach, und während es wie ein Profi mit beiden Händen zielte, rief es Dr. Muawija zu: Sperr den Mund auf, damit ich dir deine Zähne nicht ruiniere!

Dr. Muawija erstarrte, sperrte wirklich den Mund auf, und das Kind drückte ab. Ich dachte, es handle sich um eine Spielzeugpistole, doch Dr. Muawija fiel

zusammen

zusammen mit dem Stuhl auf den Rücken. Blut spritzte auf, und da sah ich, daß ein Hosenbein Dr. Muawijas schon beschmutzt war – mit einem Bein befand er sich im Grab. Das Kind warf die Waffe weg, ging zu seinem Tisch und fuhr fort, Schokolade zu trinken. Dr. Muawija lag reglos, und ein Blutstrahl band sich unter seinem Bart zu einem Knoten. Da dachte ich: Nun hat er also eine Krawatte... Kurz zuvor hörte man den Aufschrei von Frau Schulz. Was danach geschah, ist allen bekannt. Der Tod Dr. Muawijas wurde konstatiert, der Körper beiseite geschafft, Dr. Schulz aber meldete den Tod eines weiteren Gastes unseres Hotels, den Dr. Isajlo Suks...

Ankläger: »Da dachte ich: Nun hat er also eine Krawatte!« Ich möchte vor dem Gericht meine tiefste Mißbilligung gegenüber einer solchen Ausdrucksweise der Zeugin zum Ausdruck bringen. Welche Volkszugehörigkeit besitzen Sie, Fräulein oder Frau Ateh?

Zeugin: Das ist schwer zu erklären.

Ankläger: Ich bitte Sie darum, sich zu bemühen.

Zeugin: Ich bin Chasarin.

Ankläger: Was haben Sie gesagt? Von einem solchen Volk ist mir nichts bekannt. Wessen Paß besitzen Sie? Einen chasarischen?

Zeugin: Nein, einen israelischen.

Ankläger: Da haben wir's. Das wollte ich hören. Was heißt da Chasarin, aber mit israelischem Paß? Haben Sie Ihr Volk verraten?

Zeugin (lacht): Nein, man könnte das Gegenteil sagen. Die Chasaren sind in den Juden aufgegangen, und ich habe mit den übrigen den Judaismus angenommen, auch den israelischen Paß. Was soll ich allein auf der Welt? Wenn sich alle Araber zum Judentum bekehrten, würden Sie Araber bleiben?

Ankläger: Ein Kommentar ist nicht notwendig, hier werden die Fragen nicht von Ihnen gestellt. Ihre Zeugenaussage ist darauf angelegt, der Angeklagten zu helfen, die den gleichen Paß besitzt. Keine weiteren Fragen mehr. Wie ich hoffe, auch nicht seitens der Geschworenen...

Anschließend an diese Aussage wurde die Familie Van der Spaak aus Belgien verhört. Einmütig stellte sie drei Dinge heraus. Erstens sei es unsinnig, der Erzählung Glauben zu schenken, ein Kind von drei Jahren habe angeblich den Mord verübt. Zweitens habe die Ermittlung ergeben, daß Dr. Muawija mit einer Waffe ermordet wurde, auf der die Fingerabdrücke von nur einer Person gefunden wurden – von Dr. Dorota Schulz. Im Verlauf des Untersuchungsverfahrens wurde bestätigt, daß die erwähnte Waffe (Marke Smith & Wesson, Modell 36, Kaliber 38), mit der Dr. Muawija getötet wurde, Eigentum von Dr. Schulz war. Drittens versicherte Frau Van der Spaak, als Hauptzeugin der Anklage, daß Dr. Schulz ein Motiv für den Mord an Dr. Muawija gehabt habe und daß sie nach Istanbul mit der Absicht gekommen sei, Dr. Muawija zu ermorden, was sie dann auch tat. Es sei nämlich während des Untersuchungsverfahrens festgestellt worden, daß Dr. Muawija im ägyptisch-israelischen Krieg den Ehemann von Dr. Dorota Schulz schwer verwundet habe. Das Motiv liege also auf der Hand. Mord aus Rache. Die Zeugenaussage der Kellnerin des Hotels Kingston lasse sich nicht als glaubwürdig akzeptieren. Das sei alles.

Auf der Grundlage des Vorgetragenen forderte die Anklage, Dr. Dorota Schulz des vorbedachten Mordes anzuklagen, der noch dazu mit politischen Motiven behaftet sei. Daraufhin wurde die Angeklagte vor das Gericht geführt. Dr. Schulz gab eine ganz knappe Erklärung ab. Sie sei am Tod Dr. Muawijas nicht schuld. Für diese Behauptung gebe es einen Beweis. Sie habe ein Alibi. Auf die Frage des Richters, was dies für ein Alibi sei, antwortete sie:

Im Augenblick, als Dr. Muawija ermordet wurde, ermordete ich eine andere Person – Dr. Isajlo Suk. Ich erstickte ihn mit einem Kissen in seinem Schlafzimmer.

Im Untersuchungsverfahren war festgestellt worden, daß auch Herr Van der Spaak an diesem Morgen im Zimmer Dr. Suks zum Zeitpunkt des Todes gesehen

hen worden war, doch befreite das Geständnis von Dr. Schulz den Belgier von jeglichem Verdacht.

Die Gerichtsverhandlung war abgeschlossen, und man verkündete das Urteil. Dr. Dorota Schulz wurde von der Anklage freigesprochen, Dr. Abu Kabir Muawija mit Vorbedacht und aus Rache getötet zu haben, doch wurde sie verurteilt für den Mord an Dr. Isajlo Suk. Der Mord an Dr. Muawija blieb unaufgeklärt, während die Familie Van der Spaak freigesprochen wurde. Die Kellnerin des Hotels Kingston, Virginia Ateh, wurde wegen des Versuchs der Irreführung des Gerichts und weil sie versucht hatte, die Untersuchungskommission auf eine falsche Spur zu lenken, mit einer Geldstrafe belegt.

Dr. Dorota Schulz wurde zur Verbüßung einer Gefängnisstrafe von sechs Jahren in die Kasematten von Istanbul geschickt. Sie schreibt Briefe nach Krakau, adressiert an den eigenen Namen. Alle Briefe werden durchgesehen, sie enden stets mit dem unverständlichen Satz: »Unser falsches Opfer errettete uns vor dem Tode.«

Im Verlauf der Durchsuchung des Zimmers von Dr. Suk wurden keinerlei Bücher noch Papiere gefunden. Gefunden wurde ein Ei, am breiteren Ende eingedrückt. Die Finger des Ermordeten waren mit Eigelb verschmiert, was bedeutet, daß die letzte Sache, die er im Leben tat, darin bestand, das Ei zu zerschlagen. Gefunden wurde auch ein ungewöhnlicher Schlüssel mit goldenem Griff, der verwunderlicherweise zum Schloß eines der Zimmer für das Personal des Hotels Kingston paßte. Des Zimmers der Kellnerin Virginia Ateh.

Auf dem Tisch der Familie Van der Spaak war auch eine dem Untersuchungsmaterial beigefügte Rechnung gefunden worden, die sich auf der Rückseite des Kassenblocks notiert fand. Sie lautete:

$$\begin{array}{r} 1689 \\ +\ \ 293 \\ \hline =1982 \end{array}$$

Abschliessende Bemerkung über den Nutzen dieses Wörterbuchs

Das Buch kann ein Weinberg sein gegossen mit Regen oder ein Weinberg gegossen mit Wein. Dieses ist von jenen letzteren, wie alle Wörterbücher. Das Wörterbuch ist ein Buch, das jeden Tag ein wenig, auf Jahre hinaus jedoch viel Zeit beansprucht. Man sollte einen solchen Verlust nicht unterschätzen. Besonders wenn man berücksichtigt, daß das Lesen, allgemein betrachtet, eine zweifelhafte Angelegenheit ist. Während des Gebrauchs kann man das Buch bei der Lektüre heilen oder töten. Man kann es ändern, fett werden lassen oder ihm Gewalt antun. Sein Lauf kann in andere Bahnen geraten, ständig kommt aus ihm etwas abhanden, zwischen den Zeilen fallen Buchstaben heraus, Seiten zwischen den Fingern, und neue sprießen fortwährend zwischen euren Augen wie Kohlköpfe. Legt ihr es heute beiseite, kann es sein, daß ihr es morgen findet wie einen erloschenen Herd, auf dem euch nicht länger ein warmes Abendessen erwartet. Noch dazu steht dem Menschen heutzutage nicht so viel Einsamkeit zur Verfügung, als daß er ohne Schaden Bücher zu lesen vermöchte, nicht einmal Wörterbücher. Aber auch damit hat's ein Ende – das Buch gleicht einer Waage: erst schlägt sie nach rechts aus, bis sie sich nach links neigt, für immer. Sein Gewicht geht so von der rechten in die linke Hand über, und auch im Kopf hat sich etwas Ähnliches ereignet – aus dem Bereich der Hoffnung haben sich die Gedanken in den Bereich der Erinnerungen verlagert, und alles ist vorbei. Im Ohr des Lesers bleibt vielleicht ein wenig Spucke aus dem Munde des Schriftstellers, herbeigetragen vom Wind der Wörter mit einem Körnchen Sand am Grunde. Um dieses Körnchen herum werden sich auf Jahre hinaus, wie in einer Muschel, Stimmen ablagern und sich eines Tages in eine Perle verwandeln, in den Käse

der

der schwarzen Ziege oder in eine Leere, wenn sich die Ohren gleich einer Muschel schließen. Das jedoch hängt am wenigsten vom Sand ab.

In jedem Fall aber bedeutet das Lesen eines so dicken Buches, lange allein zu sein. Lange ohne jenen zu sein, dessen Gegenwart euch unentbehrlich ist, denn das vierhändige Lesen ist noch nicht gebräuchlich. Den Schriftsteller plagt deshalb das Gewissen, und er wird versuchen, sich loszukaufen. Jene hübsche Person flinken Auges und trägen Haares, die sich einsam fühlt, während sie dieses Wörterbuch liest und durch die eigene Angst läuft wie durch ein Zimmer, möge folgendes tun. Sie finde sich mit dem Wörterbuch unter dem Arm am Mittag des ersten Mittwochs im Monat vor der Konditorei am Marktplatz ihrer Stadt ein. Dort wird sie der junge Mann erwarten, der sich, gerade wie sie, einsam fühlte, während er die Zeit mit der Lektüre des gleichen Buches vergeudete. Mögen sie sich beim Kaffee zusammensetzen und sodann das männliche und das weibliche Exemplar ihres Buches vergleichen. Sie unterscheiden sich. Wenn sie also den kurzen kursiv gesetzten Absatz des letzten Briefes dieses Wörterbuchs in der *weiblichen Ausgabe* mit seiner Entsprechung in der *männlichen Ausgabe* vergleichen, wird sich für sie das Buch zu einer Einheit zusammenfügen wie eine Partie Domino, und sie werden es nicht mehr brauchen. Daraufhin mögen sie den Lexikographen gehörig beschimpfen, doch dies alsbald im Namen dessen beenden, was danach kommen wird; denn das, was danach kommt, ist allein ihre Sache und bedeutsamer als alles Lesen.

Ich sehe sie, wie sie auf dem Straßenbriefkasten ihr Abendessen ausbreiten und wie sie essen, Arm in Arm auf den Sätteln ihrer Fahrräder.

Belgrad, Regensburg, Belgrad 1978–1983

Verzeichnis der Ordnungswörter

ROTES BUCH

GRÜNES BUCH

GELBES BUCH

Die Originalausgabe erschien 1984 unter dem Titel
Hazarski rečnik bei Prosveta.

ISBN 3-446-15200-8 Weibliches Exemplar
ISBN 3-446-15077-3 Männlıches Exemplar

Satz: SchumacherGebler, München
Druck und Bindung: Franz Spiegel Buch GmbH., Ulm
Printed in Germany